PROTECTION JURIDIQUE DU CONSOMMATEUR D'ALIMENTS ET LIBÉRALISME ÉCONOMIQUE DANS LES PAYS EN DÉVELOPPEMENT

L'exemple du Mali

Collection Etudes Eurafricaines
Dirigée par André Julien Mbem

Le Sahara et la Méditerranée, frontières entre l'Afrique et l'Europe, sont aussi des passerelles par lesquelles, depuis des siècles, au-delà des tragédies et des drames, se rapprochent et se remodèlent ces deux ensembles géographiques et leurs civilisations. La collection « Etudes Eurafricaines » encourage la diffusion d'études historiques et prospectives sur les symbioses dont cette partie du monde est l'antique théâtre.

Déjà parus

TOUNKARA K. Mamoutou, *La migration des Maliens vers la France. Enjeux politiques, économiques et socioculturels*, 2020.

MOUVONDO Epiphanie, *La logistique de l'aval pétrolier dans les pays de la CEMAC. Révélateur et facteur des disparités socio-spatiales d'accès aux produits pétroliers*, 2020.

MBA MISSANG Frederik, *La professionnalisation de l'armée au Gabon*, 2019.

DJAME François Narcisse, *Aspects éthiques du droit public*, 2019.

OUMAR SAGARA Cheick, *Etudes de la confiance dans les transaction « M-banking » en Afrique. Le cas « Orange money » au Mali*, 2019.

BOGNI Téguia, *La cuisine camerounaise. Mots, pratiques et patrimoine*, 2019.

SOUGANE Arouna, *Migrations Internes au Mali et insertion des migrants de retour*, 2019.

AMABIAMINA Flora, NANKEU Bernard Bienvenu, *Discours et sexe dans les littératures francophones d'Afrique. Vers un changement des mentalités ?*, 2018.

ILBOUDO Jean Christophe, *Gouvernance d'entreprise et développement des partenariats public-privé. Cas de pays d'Afrique au sud du Sahara*, 2018.

SALEH Adam, *La cogestion des réserves de biosphère de Waza et de la Bénoué dans le nord du Cameroun. Un modèle et son revers*, 2018.

Alhousseini DIABATÉ

PROTECTION JURIDIQUE DU CONSOMMATEUR D'ALIMENTS ET LIBÉRALISME ÉCONOMIQUE DANS LES PAYS EN DÉVELOPPEMENT

L'exemple du Mali

Préface de
Marine FRIANT-PERROT

L'Harmattan

5-7, rue de l'École-Polytechnique, 75005 Paris

http://www.editions-harmattan.fr

ISBN : 978-2-343-19183-6
EAN : 9782343191836

À mon père in memoriam

À ma mère pour ses prières

À mon oncle Inakonak Ag GOUMA pour son soutien indéfectible durant toutes mes études

REMERCIEMENTS

Je tiens à remercier Madame Marine FRIANT-PERROT dont le soutien en qualité de directeur de thèse m'a permis de conduire à terme un travail difficile de plusieurs années qui a inspiré le présent ouvrage. La bienveillante attention avec laquelle elle a dirigé ma recherche doctorale a constitué un appui inestimable. Qu'elle en trouve ici l'expression de ma profonde gratitude.

Je remercie également Monsieur le Professeur Mohamed MERDJI et Madame Catherine DEL CONT, en qualité de Co-encadrant pour leur disponibilité et leurs soutiens tout au long de ces années.

J'exprime toute ma gratitude au Professeur François COLLART DUTILLEUL, pour ses conseils avisés et pour tout le soutien qu'il m'a apporté tout au long de ces années. Je remercie également le Programme de recherche européen Lascaux qui a financé cette étude en partie et pour le cadre exceptionnel de réflexion dans lequel j'ai mené mes recherches. Mes remerciements également à tous mes collègues du programme Lascaux.

Je remercie aussi le Pôle Nantais Alimentation et Nutrition (PONAN), à travers son délégué général, Monsieur Jean-Claude LEBOSSÉ, qui a également participé au financement de cette étude.

Je remercie Monsieur Denis ROCHARD et le Professeur Moussa SAMB pour leur disponibilité et l'attention toute particulière qu'ils ont pu consentir à l'étude de mes travaux.

Mes remerciements à Madame Fanny GARCIA pour ses conseils et ses relectures, ainsi qu'à mes collègues de l'Université de Nantes et de l'Université de Nice.

Enfin, je tiens à remercier Madame Martine et Monsieur Claude BOUILLOT, ainsi qu'Estelle RIO et Pierre-Etienne BOUILLOT pour leur soutien indéfectible et inestimable durant toutes mes études à Nantes.

SIGLES, ABREVIATIONS ET ACRONYMES

ADPIC : Accord sur les aspects des droits de propriétés intellectuelles qui touchent au commerce

AMM : Autorisation de Mise sur le Marché

ANSSA : Agence Nationale de la Sécurité Sanitaire des Aliments

AS : Accord sur l'agriculture

ASCOMA : Association des consommateurs du Mali

BM : Banque mondiale

Bull. civ. : *Bulletin civil des arrêts de la Cour de cassation*

CADHP : Cour Africaine des Droits de l'Homme et des Peuples

C.C.A : Commission du *Codex alimentarius*

CEDEAO : Communauté Economique Des Etats de l'Afrique de l'Ouest

CNC : Comité national du *Codex Alimentarius*

CNUCED : Conférence des Nations Unies sur le Commerce et le Développement

CPJI : Cour permanente de justice internationale

DEL : Doctrine économique libérale

DESC : Droits économiques, sociaux et culturels

DIT : Division internationale du travail

DNA : Direction nationale de l'agriculture

DNCC : Direction nationale du commerce et de la Concurrence

DNSI : Direction nationale de la statistique et de l'informatique

DUDH : Déclaration universelle des Droits de l'Homme

ECOWAP : Politique Agricole Régionale pour la Communauté Economique des Etats d'Afrique de l'Ouest

FAO : Organisation des Nations Unies pour l'alimentation et l'agriculture

FMI : Fonds monétaire international

GATT : Accord général sur les tarifs douaniers et le commerce

IED : Investissement étranger indirect

IFI : Institutions financières internationales

MIC : Accord sur les mesures concernant les investissements et liées au commerce

OCDE : Organisation de coopération et de développement économiques

OHADA : Organisation pour l'harmonisation en Afrique du droit des affaires

OMA : Observatoire des Marchés Agricoles

OMC : Organisation mondiale du Commerce

OMD : Objectifs du Millénaire pour le développement

OMS : Organisation mondiale de la santé

ONU : Organisation des Nations-Unies

OPAM : Office des produits agricoles du Mali

OSRP : Office de Stabilisation et de Régulation des Prix

OTC : Accord sur les obstacles techniques au commerce

OUA : Organisation de l'Unité Africaine

PAS : Programmes d'Ajustement Structurel

PAU : Politique agricole de l'UEAMO

PED : Pays en développement

PDPC : Principes directeurs des Nations Unies pour la protection des consommateurs

PIDESC : Pacte international des droits économiques sociaux et culturels

PNISA : Plan national d'Investissement dans le Secteur Agricole

Préc. : Précité

PRMC : Programme de restructuration du marché céréalier

PUND : Programme des Nations Unies pour le développement

RTD Eur. : *Revue Trimestrielle de Droit Européen*

SFI : Société Financière Internationale

SIM : Système d'Information des Marchés

SOMIEX : Société malienne d'importation et d'exportation

SPS : Accord sur les mesures sanitaires et phytosanitaires

UA : Union africaine

UEMOA : Union économique et monétaire ouest-africaine

PRÉFACE

Dans un contexte de conflits armés et de dégradation des conditions climatiques, près de 257 millions de personnes souffrent de la faim et d'insécurité alimentaire en Afrique. Bien que le droit à une alimentation adéquate soit consacré par l'article 11 du PIDESC et reconnu implicitement comme un corollaire du droit à la vie et du droit à la santé par la Charte africaine des droits de l'homme et des peuples (CADHP), le continent africain ne parvient pas à garantir à tous un accès à une alimentation suffisante et de qualité et est régulièrement secoué par des crises alimentaires aigües.

Au cours d'un virage réalisé sous l'influence de la Banque mondiale, de nombreux pays, dont le Mali, ont opéré une transition libérale en s'écartant du modèle de l'économie dirigée pour se convertir à l'économie de marché. Cela s'est traduit dans les secteurs agricoles et alimentaires par une ouverture des marchés, une libéralisation des prix, la promotion du secteur privé et l'adoption de régimes juridiques favorables aux investissements étrangers. Dans ce contexte de plus grande place laissée au libre jeu des mécanismes de marché, le consommateur devient un acteur majeur censé être l'arbitre du marché. Selon Lucas de Leyssac et Gilbert Parléani, dans leur ouvrage consacré au droit du marché, « *le consommateur et l'intérêt du consommateur sont au cœur du mécanisme concurrentiel parce que le consommateur qui est le moteur de la compétition est aussi le bénéficiaire final de la concurrence* ».

Mais l'observation du fonctionnement des marchés et des comportements des acteurs montre que le modèle abstrait de *l'homo economicus*, arbitre souverain, est éloigné de la réalité. Cette image du « client roi » est presque une vue de l'esprit lorsque se pose la question de l'accès aux biens de consommation vitaux que constituent les denrées alimentaires. La mise en place d'un marché mondialisé, gouverné par les règles du libéralisme économique, n'a pas produit les bienfaits escomptés. Elle ne garantit pas un accroissement de la production alimentaire, une disponibilité accrue des aliments et un gain de qualité, autant d'attentes des consommateurs non satisfaites au mépris des droits fondamentaux.

L'objectif poursuivi par Monsieur Alhousseini Diabate dans sa thèse a consisté à rendre compte de ces évolutions et à analyser la manière dont un Etat africain, le Mali, conçoit la protection juridique des consommateurs d'aliments dans ce contexte de libéralisme économique. C'est dire l'ambition du propos qui n'est pas démentie par la lecture de l'ouvrage. Monsieur Alhousseini Diabaté vient ainsi nourrir la réflexion générale sur les mécanismes de protection du consommateur et contribue pleinement à enrichir la doctrine d'une analyse novatrice sur la manière dont le droit de la consommation alimentaire peut ou non garantir l'effectivité du droit à l'alimentation.

Partant d'une analyse concurrentielle, l'auteur démontre avec pertinence que l'encadrement juridique des marchés par le droit malien et par le droit communautaire de l'Union économique et monétaire ouest africaine (UEMOA), dont le Mali est membre, est piloté par une logique libre-échangiste qui ne tient pas suffisamment compte de l'impératif de protection des consommateurs, et plus spécifiquement de leur santé. Certes, l'Etat malien intervient régulièrement dans les mécanismes de fixation des prix pour soustraire les producteurs et les consommateurs aux effets de la volatilité des prix des produits agricoles et alimentaires. Mais, Monsieur Alhousseini Diabaté démontre avec conviction que la marge de manœuvre du Mali est réduite quand il s'agit de protéger la santé publique en adoptant des mesures de restriction de commercialisation dans des contextes de crises sanitaires. Conçues comme autant d'exceptions au système libre-échangiste et perçues comme de possibles manifestations du protectionnisme, les normes sanitaires demeurent ponctuelles et ne sont pas à la hauteur des enjeux de sécurité sanitaire des aliments. Suivent des développements nourris relatifs à l'encadrement juridique des relations entre consommateurs et professionnels qui montrent qu'à l'image du droit français, le droit malien conçoit le droit de la consommation comme un droit fonctionnel et pluridisciplinaire qui fait appel au droit civil, au droit pénal, dès lors que la règle mobilisée a un effet protecteur. Selon Monsieur Alhousseini Diabaté, certaines règles de transparence destinées aux consommateurs sont tout à fait inadaptées et méconnaissent les réalités maliennes. Que dire en effet d'une information obligatoire sur les prix et les produits délivrée par écrit et en français quand 73% des Maliens ne savent tout simplement pas lire et que l'usage de plusieurs langues constitue un frein notable à la compréhension des mentions d'étiquetage. Ce décalage entre un modèle juridique abstrait et la réalité est particulièrement remarquable dans les développements que l'auteur consacre à la mise en œuvre des règles protégeant le consommateur. En théorie, l'organisation administrative est à même d'assurer un contrôle préventif et à sanctionner les manquements aux règles édictées au bénéfice des consommateurs. Mais la réalité que nous dévoile Monsieur Alhousseini Diabaté est très éloignée des objectifs fixés et les moyens humains et techniques manquent cruellement pour permettre à l'Etat malien de maintenir un niveau de protection satisfaisant.

Les règles spécifiquement dédiées à la consommation alimentaire sont-elles en mesure de pallier les faiblesses des règles générales destinées aux consommateurs ? Selon Monsieur Alhousseini Diabaté, on peut nourrir des espoirs en constatant l'implication de l'UEMOA dans la définition de normes de sécurité sanitaire des aliments et la mise en place de structures communautaires venant au soutien des actions nationales. Pour autant, la question majeure de la sécurisation des approvisionnements alimentaires demeure soumise aux tensions entre les libertés de circulation et les droits fondamentaux. La mondialisation des marchés et les tentations monopolistiques des multinationales de l'agro-alimentaire fragilisent la régularité des approvisionnements. La fin de l'économie dirigée a en réalité laissé la place à une forme de « main mise » des multinationales étrangères sur les ressources nécessaires à la production alimentaire. Monsieur Alhousseini Diabaté démontre ainsi avec justesse combien les Etats peuvent être dépossédés de leur pouvoir d'action et être victimes de phénomènes d'accaparement des terres par le jeu des contrats d'investissement étrangers. L'auteur ne s'arrête pas à ce constat et montre qu'il existe des voies tracées par la FAO pour permettre à l'Etat malien d'élaborer une véritable politique de l'alimentation pour assurer son autosuffisance alimentaire.

On le voit, l'ouvrage de Monsieur Diabaté soulève des questions politiques et économiques majeures dans un contexte de pays en développement.

Nourrir la planète constitue un défi que les juristes ne peuvent méconnaître et l'auteur contribue de manière novatrice et particulièrement convaincante à montrer que les denrées alimentaires, biens vitaux, ne sont pas des marchandises comme les autres, que la primauté de l'objectif de libéralisation des échanges doit être repensée pour ne pas faire obstacle à l'effectivité du droit pour tous à une alimentation adéquate. Confronté à la pauvreté, aux crises politiques, à la menace terroriste et aux effets délétères du changement climatique sur les zones sahariennes, le Mali doit explorer de nouvelles voies pour affronter le défi de la sécurité alimentaire et le travail de recherche accompli par Monsieur Alhousseini Diabaté, enseignant-chercheur à l'Université de Bamako, peut pleinement y contribuer en devenant un ouvrage de référence sur les outils juridiques de la protection du consommateur d'aliments.

Marine Friant-Perrot
Maître de conférences HDR à la Faculté de droit et de sciences politiques de Nantes

INTRODUCTION GÉNÉRALE

En 1981, la Banque mondiale publiait une étude intitulée *« programme indicatif d'actions pour le développement accéléré en Afrique au sud du Sahara »*[1]. Dans cette étude couramment appelée *rapport BERG*, du nom de son principal coordinateur, Eliott BERG, les experts de la Banque mondiale pour l'Afrique constatent que « *les fonds destinés à la fourniture des services de base dépassent largement ceux que les gouvernements pourront générer dans les décennies qui viennent. Il est donc hautement improbable que les gouvernements puissent, dans la limite de leurs budgets, renforcer les services publics* ». Aux experts de la Banque mondiale de conclurent que « *la privatisation et la libéralisation sont les seules alternatives* »[2].

Le rapport BERG intervient, en effet, dans un contexte de grandes difficultés économiques dans de nombreux pays en développement, notamment dans les pays d'Afrique au sud du Sahara. Ces difficultés se manifestaient surtout par une dégradation des conditions de vie des populations, des crises budgétaires des Etats et des difficultés de paiement de la dette extérieure. Pour aider les pays en développement à sortir de ces difficultés, les institutions financières internationales siégeant à Washington, notamment la Banque mondiale et le Fonds monétaire international, ont établi un corpus de mesures appelées *« consensus de Washington »* [3]qu'elles vont appliquer aux économies en difficulté sous la

---

[1] Banque mondiale, *Le développement accéléré en Afrique au sud du Sahara. Programme indicatif d'action*, Washington, DC, 1981, VIII p. 223.

[2] E. BERG, coordinateur, *Le développement accéléré en Afrique au sud du Sahara. Programme indicatif d'action*, Banque mondiale, préc.

[3] Cette expression a été inventée par l'économiste américain James WILLIAMSON pour qualifier l'ensemble des mesures structurelles accompagnant les prêts du FMI et de la Banque mondiale aux pays en développement. C'est le principe de conditionnalité des prêts. Cette conditionnalité peut se résumer en trois principes (libéralisation, privatisation, dérégulation).

forme de programmes d'ajustement structurel (PAS). Dans son ouvrage paru en 1990, l'économiste britannique John WILLIAMSON, a donné une interprétation du *« consensus de Washington »* à travers les *« dix commandements »* : la discipline budgétaire ; la réorientation de la dépense publique ; la réforme fiscale ; la libéralisation financière ; l'adoption d'un taux de change unique et compétitif ; la libéralisation des échanges ; l'élimination des barrières à l'investissement direct étranger ; la privatisation des entreprises publiques ; la réforme de la réglementation des marchés pour assurer l'élimination des principales barrières à l'entrée et à la sortie et enfin la garantie des droits de propriété. Pour l'auteur, le développement des pays touchés par des difficultés économiques passe par le respect de ces *« dix commandements »* qui constituent autant de mesures structurelles et de stabilisation[4].

Les politiques agricoles et la réalisation des besoins alimentaires occupent une place importante dans le rapport BERG. Ce rapport souligne en effet que l'insuffisance de la production agricole, la croissance démographique et l'urbanisation constituent de forts risques d'accroître la dépendance alimentaire de l'Afrique par rapport au marché mondial des denrées alimentaires. Ensuite, dans une approche fondamentalement libérale et qui épouse la philosophie générale de *« la théorie des avantages comparatifs »* formulée par l'économiste britannique David RICARDO en 1817[5], le rapport BERG préconise pour les pays africains, la libéralisation du secteur agricole, la promotion du secteur privé, le développement du libre-échange ainsi que le développement des cultures d'exportation. Pour les auteurs du rapport BERG, la libéralisation des échanges et le développement des cultures d'exportation permettraient aux pays africains d'accéder aux marchés des pays développés pour commercialiser les produits pour lesquels ils disposent le plus d'atouts pour dégager les ressources nécessaires au financement des importations alimentaires et ainsi assurer

---

[4] J. WILLIAMSON, « What Washington Means by Policy Reform », *in* « Latin American Adjustment: How Much Has Happened? », Institute for International Economics, Washington, 1990.

[5] D. RICARDO, *Des principes de l'économie politique et de l'impôt*, Flammarion, Paris, 1977.

la disponibilité et l'accès des denrées alimentaires pour tous. À la suite du rapport BERG et dès le début de la décennie 1980, les institutions financières internationales (IFI), suivies par les pays donateurs de l'aide publique au développement en Afrique, font de la mise en œuvre des programmes de réformes libérales et de l'adoption de la démocratie un modèle d'organisation politique des Etats, des conditionnalités de leurs aides financières[6].

Ainsi, les pays en développement sont poussés, dans le cadre des programmes d'ajustement structurel, à la mise en œuvre de réformes qui vont se traduire par l'ouverture des économies, la libéralisation des échanges et des prix, la promotion du secteur privé ou encore l'adoption de politiques et de régimes juridiques attractifs pour les investisseurs étrangers censés apporter les capitaux et la technologie. Les secteurs agricoles et alimentaires sont les premiers concernés par ces programmes d'ajustement structurel.

Pour le cas du Mali, la mise en œuvre de ces réformes libérales dans le secteur agricole et alimentaire est opérée par l'adoption en 1981, du Programme de restructuration du marché céréalier (PRMC) chargé de libéraliser ce marché, de supprimer les monopoles de l'Etat dans la production et la commercialisation des céréales, et de développer les capacités des opérateurs économiques privés de ce marché[7]. Ce programme est suivi par l'adoption des lois de privatisation conçues pour organiser le désengagement de l'Etat de la production et de la commercialisation des denrées alimentaires au profit des opérateurs économiques privés. Toutes ces mesures, sont complétées par l'adoption d'un cadre juridique et d'un Programme national d'investissement dans le secteur agricole (PNISA) faisant de l'agriculture un secteur prioritaire dans lequel des investissements peuvent s'effectuer et bénéficier d'une sécurité juridique et de multiples privilèges. Ce processus de libéralisation du

---

[6] Sur ce point voir par exemples : B. DIOUBATE, *La Banque mondiale et les pays en développement : de l'ajustement structurel à la bonne gouvernance*, L'Harmattan, 2009. *Add,* S. BOLLE, « La conditionnalité démocratique dans la politique africaine de la France », *Afrilex*, n°2, septembre 2001.

[7] Sur ce programme voir site internet : http://www.prmc-mali.org/prmc.html.

secteur agricole et alimentaire est accéléré avec l'insertion du Mali dans deux organisations sous régionales économiquement intégrées que sont la Communauté Économique des Etats d'Afrique de l'Ouest (CEDEAO) en 1975 et l'Union Economique et Monétaire Ouest Africaine (UEMOA) en 1994. Ces deux organisations sous régionales, qui ont pour traits communs de libéraliser les échanges ainsi que les moyens de production au sein de leurs espaces, établissent des mesures supprimant les monopoles d'Etats, abolissant les entraves à la libre circulation des denrées alimentaires au sein de leurs marchés, adoptent, chacune, une politique agricole commune à l'ensemble des Etats membres[8] et initient des mesures favorisant l'émergence d'un secteur privé et d'un marché agricole et alimentaire répondant aux règles de l'économie libérale.

La mise en œuvre du libéralisme économique au Mali, s'est amplifiée avec l'adhésion du pays à l'Organisation mondiale du commerce (OMC) en 1994. Fondée sur le credo du libre-échange, l'OMC est une organisation intergouvernementale créée en 1994 par les Accords de Marrakech, avec pour mission fondamentale de libéraliser les échanges en fixant des règles pour réguler les marchés mondiaux et promouvoir les échanges à l'échelle mondiale. Pour la réalisation de cette mission l'OMC, constituant un *« cadre institutionnel commun pour la conduite des relations commerciales entre ses Membres »*, s'est dotée d'un corpus d'accords et annexes, qui posent les principes directeurs de la libéralisation des échanges et encadrent le commerce mondial. Quasiment tous les domaines ou presque, sont concernés : l'agriculture, l'alimentation, la santé, les capitaux, et même l'eau et la terre.

Dans tous ces domaines, les Etats sont tenus d'assurer l'application des règles de l'OMC. Comme pour les institutions financières internationales, à l'OMC, on affirme que le développement du libre-échange accroîtrait les échanges commerciaux, augmenterait l'activité économique qui à son tour permettrait d'éliminer le chômage, et favoriserait la concurrence bénéfique aux consommateurs. C'est ainsi que la libéralisation des secteurs

---

[8] L'ECOWAP pour la CEDEAO et la Politique Agricole de l'Union (PAU) pour l'UEMOA.

alimentaire et agricole et leur *« pénétration par la logique et le droit de la mondialisation »*[9] est intervenue au Mali, comme dans l'ensemble des pays d'Afrique au sud du Sahara.

À l'égard des consommateurs en général, le postulat de base est que la libéralisation de l'économie nationale et le développement du libre-échange aboutissent à une meilleure satisfaction de leurs besoins. À l'égard, du consommateur d'aliments en particulier, ce modèle économique lui garantirait un approvisionnement des denrées de première nécessité et une diversification de celles-ci. De plus, le libre jeu de la concurrence qu'instaure la libéralisation des secteurs agricole et alimentaire permettrait d'engendrer une compétition qui conduirait à l'amélioration de la qualité des denrées alimentaires et à une diminution de leurs prix.

Afin de déterminer la problématique inhérente à notre sujet (§III), il convient de définir les notions qui constituent son noyau (§I) et de procéder à la délimitation de ses frontières matérielles (§II) avant de présenter les divisons de l'étude (§IV).

§ I. Les concepts du sujet

Pour mieux mesurer les enjeux de notre étude, il est nécessaire de saisir le sens des deux notions qui constituent son noyau, à savoir la notion de libéralisme économique **(A)** et celle de consommateur d'aliments **(B)**.

A- Le libéralisme économique

1. Le libéralisme économique est un courant de pensée apparu et développé en Occident dès les XVIIe et XVIIIe siècles. La paternité de ce courant est

---

[9] L'expression emprunter à Th. BREGER, « Mondialisation, marchandisation des biens essentiels et ordre public », In Programme Lascaux, Penser une démocratie alimentaire, Vol. 1, (F. COLLART DUTILLEUL sous la dir. Th. BREGER, Coordinateur éditorial), p. 273à284,

attribuée au philosophe et économiste écossais Adam SMITH, qui dans son ouvrage *Recherche sur la nature et les causes de la richesse des nations* de 1776, a théorisé les principes de base autour desquels s'ordonne la doctrine du libéralisme économique : *« spécialisation » et « division du travail », « main invisible », « non-interventionnisme de l'Etat », « libre échange »* et « théorie de la valeur »[10]. Ces principes furent affinés et développés par de nombreux auteurs tels que Thomas MALTHUS[11], Jean STUART-MILL[12] et David RICARDO[13] en Angleterre, ou encore Jean-Baptiste SAY[14] en France. Ce courant de pensée pose le postulat selon lequel les libertés économiques (libre-échange, liberté d'entreprendre, libre choix de consommation, de travail, etc.) sont nécessaires au bon fonctionnement de l'économie et que l'intervention de l'État doit y être aussi limitée que possible.

Cette période correspond en effet, au plan philosophique à l'émergence d'un nouveau courant de pensée en Occident qui s'oppose à l'idéologie mercantiliste favorable à l'intervention directe de l'État dans la sphère économique et privilégiant le protectionnisme. Aux plans industriel et politique, cette période est surtout caractérisée par la révolution industrielle qui marque l'essor général des méthodes de production et bouleverse les structures économiques en Occident. C'est dans ce contexte que naît la doctrine économique libérale (DEL) qui apparaît comme étant à la fois une doctrine philosophique et économique.

La DEL est une doctrine philosophique car elle relève d'un raisonnement de nature philosophique qui consiste essentiellement en l'application dans

---

[10] A. SMITH, *« Recherches sur la nature et les causes de la richesse des nations »*, (1776), Economica, Édition : Nouv. Trad. (31 mai 2000), 414 pages.
[11] T-R MALTHUS, *« Essai sur le principe de population »*, (1798), Paris, Éditions Gonthier, 1963, 236 pages. Collection : Bibliothèque Médiations. (Préface et traduction par le docteur Pierre THEIL).
[12] J. STUART-MILL, *« Principes d'économie politique »*, (1848), (éd. Guillaumin, Paris, 1873,
[13] D. RICARDO, *« Des principes de l'économie politique et de l'impôt »*, prec.
[14] J-B. SAY, *« Traité d'économie politique ou simple exposition de la manière dont se forment, se distribuent ou se consomment les richesses »*, (1803), Paris : Calmann-Lévy Éditeur, 1972. Collection Perspectives de l'économique - Les fondateurs, 572 pages.

la sphère économique des principes philosophiques, qui découlent de la primauté de la liberté individuelle sur toutes les formes de pouvoir. Cette vision commande de garantir les libertés individuelles et dans tous les cas que l'Etat n'intervienne pas là où l'initiative privée est susceptible de le faire[15]. Les propos, de Frédéric BASTIAT économiste français, résument bien cette vision, lorsqu'il écrit *« n'attendre de l'État que deux choses : liberté, sécurité. Et bien voir que l'on ne saurait, au risque de les perdre toutes deux, en demander une troisième »*[16]. Certains auteurs vont encore plus loin pour soutenir que les interventions de l'Etat dans l'économie sont non seulement illégitimes, mais inefficaces. Ainsi, TURGOT économiste français, écrivait que *« l'intérêt particulier abandonné à lui-même produira plus sûrement le bien général que les opérations du gouvernement, toujours fautives et nécessairement dirigées par une théorie vague et incertaine »*[17].

La DEL est également une doctrine économique car elle repose sur des arguments d'efficacité économique présentant le marché comme un facteur essentiel d'enrichissement et de réalisation du bien-être général. Les arguments forts de cette doctrine s'ordonnent autour de *« la théorie des avantages comparatifs »* développée par David RICARDO, ou encore la célèbre formule du *« laisser-faire, laisser-passer »* d'Adam SMITH. Dans la théorie des avantages comparatifs, David RICARDO avance, en effet, que la spécialisation internationale du travail et le libre-échange sont mutuellement avantageux pour les pays. Les pays ont donc intérêt à se spécialiser dans une activité, même s'ils n'ont pas d'avantages absolus, c'est-à-dire de secteur d'activité dans lequel leur productivité du travail est supérieure à celle des pays partenaires. Selon lui, chaque pays doit se spécialiser dans les secteurs dans lesquels il dispose d'un avantage relatif,

---

[15] F. VERGARA, « Libéralisme et éthique. Les fondements philosophiques du libéralisme », Coll. Poche Sciences humaines et sociales, éd. La Découverte, 2002, 220 p., 9,50 T.

[16] F. BASTIAT, (1801-1850), *« Les Harmonies Économiques »* éd. Guillaumin, 1850, pp. 463.

[17] A-R-J. TURGOT (1727-1781), « Éloge de Vincent de Gournay » (1759), Œuvres de Turgot *In* Formation et distribution des richesses, Classiques Garnier Flammarion, 1997.

c'est-à-dire là où son avantage en termes de productivité relative est le plus élevé, ou là où son désavantage est le plus faible. La formule célèbre *« laisser-faire, laisser-passer »* d'Adam SMITH, prône le développement de l'initiative privée, le libre-échange et la libre circulation des produits comme un vecteur essentiel du développement économique des nations et de réalisations du bien-être général. Pour ces raisons, il incite à la suppression des barrières douanières et de tous les obstacles au développement des échanges et de la concurrence.

À la faveur de cette doctrine libérale, le libéralisme économique va s'instaurer et s'épanouir en Occident jusqu'à la fin du XIXe siècle. En effet, la fin du XXe siècle, est marquée par des évènements majeurs : une première et seconde guerre mondiale ainsi qu'une crise économique et financière en 1929. Les besoins de reconstruction économique et sociale provoqués par ces évènements vont alors favoriser le retour en force de l'interventionnisme étatique dans la sphère économique en Occident. Ce retour de l'Etat, dans la sphère économique s'opère sous la forme du repli des Etats sur eux-mêmes à travers notamment des mesures protectionnistes[18]. Mais, ce repli des pays sur eux-mêmes ne va pas définitivement sonner le glas du libéralisme économique puisque dès la fin de la Seconde Guerre mondiale, l'Occident renoue avec un libéralisme économique, qui s'étendra par la suite au reste du monde, notamment à l'Afrique au cours des années 1980.

Cette renaissance du libéralisme économique en Occident et son expansion à travers le monde, sont surtout favorisées par la création d'organisations internationales ayant pour missions de contribuer à l'instauration et au développement du libre-échange à travers le monde. La première de ces organisations est l'Organisation Européenne de Coopération Economique (OECE) instituée quelques années après la Seconde Guerre mondiale le 16 avril 1948 plus précisément avec pour missions d'organiser la distribution de l'aide financière prévue par le Plan dit « MARSHALL » pour la

---

[18] Voir : P. ROSIAK, *« les transformations du droit international économique, Les Etats et la société civile face à la mondialisation économique »*, préface de François FERAL, L'Harmattan, 2003, 330 p.

reconstruction de l'Europe et de développer les échanges économiques. Cette organisation à dimension européenne, sera remplacée en 1961 par l'Organisation de coopération et de développement économiques (OCDE) chargée de promouvoir le libre-échange et la concurrence pour favoriser l'innovation et les gains de productivité à travers le monde[19]. Cependant, la véritable expansion de la DEL à travers le monde, notamment en Afrique, résulte des accords dits de « Bretton Woods » conclus lors de la conférence monétaire et financière qui se tint à Bretton Woods en 1944, instituant des institutions financières internationales (IFI), lesquelles reçurent pour mandat de contribuer à l'instauration d'un régime économique libéral à travers le monde. Il s'agit notamment du Fonds monétaire international (FMI), de la Banque mondiale qui regroupe la Banque internationale pour la reconstruction (BIRD) et la Société Financière Internationale (SFI). La signature le 30 octobre 1947 de l'Accord général sur les tarifs douaniers et le commerce (le GATT selon son acronyme anglais) a pour objectif d'assurer la libéralisation des échanges internationaux au moyen de l'abaissement des droits de douanes. Celle des Accords de Marrakech, créant l'OMC en 1994 avec pour mission fondamentale de libéraliser le commerce mondial et d'assurer à l'échelle mondiale le bon déroulement des échanges. Ces deux accords sanctifient le libéralisme économique à travers le monde. Ainsi, le libéralisme économique en Afrique, peut être perçu comme étant un processus consistant à transformer les économies africaines afin qu'elles répondent pleinement aux principes de la doctrine économique libérale : spécialisation dans la production, ouverture aux échanges mondiaux, retrait de l'Etat de l'activité économique, développement du secteur privé et garantie des libertés individuelles, libre concurrence, etc.

B- Le consommateur d'aliments

La compréhension de la notion de consommateur d'aliments exige une étude sous deux angles : tout d'abord, une présentation de la notion d'aliment puis de celle de consommateur d'aliments.

---

[19] Voir le site internet de cette organisation : http://www.oecd.org/fr/

1. L'aliment

Dans le langage courant l'aliment désigne *« toutes les matières comestibles, ingérées pour satisfaire un besoin nutritif ou un plaisir gastronomique »*[20]. Dans son sens littéraire la notion est définie comme étant *« ce qui sert de nourriture à un être vivant »*[21]. Elle peut aussi s'entendre comme étant *« toute substance susceptible d'être digérée, de servir à la nutrition d'un être vivant »*[22].

Pour leur part, les dictionnaires juridiques font état d'une acception assez large de la notion d'aliment puisqu'ils reprennent le terme au pluriel *« aliments »* et le définissent comme étant *« ce qui est nécessaire pour vivre »*[23]. Ainsi défini le terme aliment est plus large et recouvre, outre les besoins nutritionnels, les frais d'habillement et de logement, ainsi que les moyens qui doivent être mis en œuvre à des fins thérapeutiques[24]. Dans le prolongement de cette acception la notion d'aliment est essentiellement appréhendée sous la forme d'une obligation juridique mise à la charge du débiteur d'une obligation alimentaire au profit d'un tiers en raison d'un lien familial qui unit le débiteur et le créancier. Cette acception large du terme juridique d'aliments est ancienne. En droit romain la notion renvoyait aux termes *alimenta* et *victus*, dérivant des verbes *alere* et *vivere*, qui signifient se nourrir et vivre. Alors que l'acception juridique de ces termes se limitait aux vivres, elle s'est développée à travers les siècles pour gagner toutes les dépenses nécessaires à la vie[25]. Ainsi considérée la signification du terme aliment déborde le seul domaine de la nourriture, pour s'étendre à tous les besoins vitaux de l'être humain. Toutefois, au

---

[20] G. RAOUL-CORMEIL, « Aliments et notions voisines », *Petites affiches*, 24 juin 2010, n° 125, p. 4.

[21] *Le Petit LAROUSSE*, éd. LAROUSSE, 2010, p. 29.

[22] *Le Petit ROBERT*, éd. ROBERT, 1998, p. 57.

[23] G. CORNU (sous la dir. de), *Vocabulaire juridique Association Henri Capitant*, Presse Universitaire de France (PUF), 2011, p. 48.

[24] G. RAOUL-CORMEIL, « Aliments et notions voisines », préc.

[25] V. F. WYCISK, « "Alimenta" et "victus" dans le droit romain classique », *Rev. Hist.*, fac. Droit, 1972, p. 205 à 228, où sont pris en exemple les chaussures et le matelas pour illustrer l'élargissement du sens de ces mots.

regard de notre problématique c'est le sens relatif à la nourriture qu'il convient de retenir. C'est d'ailleurs, dans ce sens que le législateur de l'UEMOA définit la notion dans son règlement n° 007/2007 relatif à la sécurité sanitaire des végétaux, des animaux et des aliments[26]. La définition qu'en donne le législateur de l'UEMOA, inspirée de celle utilisée par le *Codex alimentarius* est la suivante *« toute substance traitée, partiellement traitée ou brute, destinée à la consommation humaine, et englobant les boissons, les gommes à mâcher et toutes les substances utilisées dans la fabrication, la préparation et le traitement des aliments, à l'exclusion des substances employées uniquement sous forme de médicaments, de cosmétiques ou de tabac »*[27]. La notion ainsi définie englobe tous les produits destinés à la consommation humaine directe, notamment les boissons, les gommes à mâcher et toutes les substances utilisées dans la fabrication, la préparation et les traitements des aliments y compris les matières premières, les ingrédients. Le texte ne définit pas la notion de consommation humaine, mais il est permis d'y voir l'ingestion par l'être humain. Cette ingestion pouvant englober tous les produits qui passent par le tube digestif qu'ils soient *« consommés par voies orale ou nasale ou administrés par intubation gastrique »*[28].

1. Le consommateur d'aliments

La notion de consommateur d'aliments ne fait l'objet d'aucune définition spécifique : ni dans le droit communautaire de l'UEMOA, ni dans le droit national malien. Le règlement communautaire relatif à la sécurité sanitaire des végétaux, des animaux et des aliments dans l'UEMOA, appréhende cette notion à travers la notion générale de consommateur. Selon ce règlement, le consommateur est *« toute personne physique ou morale qui achète ou offre d'acheter, utilise ou est bénéficiaire en tant qu'utilisatrice finale, d'un bien, service ou technologie, quelle que soit la nature publique ou privée, individuelle ou collective des personnes ayant produit, facilite*

---

[26] Règlement n°007/2007/CM/UEMOA/ relatif à la sécurité sanitaire des végétaux, des animaux et des aliments dans l'UEMOA, http : // www. Uemoa. Int/ actes/ 2008.

[27] Règlement n°007/2007/CM/UEMOA, préc.

[28] J-C. ANDRE et DEPREZ P., Compléments alimentaires et aliments santé, éditions TOC & DOC, Lavoisier, 1999.

leur fourniture ou leur transmission »[29]. Typique d'une conception finaliste, le consommateur en droit, de l'UEMOA est avant tout l'utilisateur final d'un produit (y compris alimentaire) ou d'un service. Cette définition à travers son approche finaliste permet d'appréhender la notion de consommateur d'aliments par référence à l'affectation du produit alimentaire. Ainsi, le consommateur d'aliments peut être entendu comme étant « l'utilisateur final d'un produit alimentaire ». C'est cette acception que retient la législation alimentaire européenne lorsqu'elle définit la notion de consommateur d'aliments, à travers la notion de « consommateur final », comme étant *« le dernier consommateur d'une denrée alimentaire qui n'utilise pas celle-ci dans le cadre d'une opération ou d'une activité d'une entreprise du secteur alimentaire »*[30].

On peut toutefois, remarquer que la définition du consommateur dans le règlement communautaire UEMOA semble faire fi de la complexité de la notion de consommateur qu'il convient de préciser davantage. Elle semble surtout négliger la position de vulnérabilité du consommateur qui justifie d'ailleurs la protection que lui accorde le droit de la consommation.

À ce propos, les principes directeurs des Nations Unies pour la protection des consommateurs (PDPC) ont été adoptés *« compte tenu des intérêts et des besoins des consommateurs de tous les pays, en particulier des pays en développement et de la position souvent désavantageuse des consommateurs sur le plan économique et du point de vue de l'éducation et du pouvoir de négociation, et considérant que les consommateurs doivent jouir du droit d'obtenir des produits qui ne sont pas dangereux et qu'il importe de promouvoir un développement économique et social juste, équitable... et soutenu »*[31]. En droit de la consommation, la définition de

---

[29] Règlement n°007/2007/CM/UEMOA, préc.

[30] Article 3 point 18 du Règlement (CE) n° 178/2002 du parlement européen et du conseil du 28 janvier 2002, établissant les principes généraux et les prescriptions générales de la législation alimentaire, instituant l'Autorité européenne de sécurité des aliments et fixant des procédures relatives à la sécurité des denrées alimentaires, *JOCE*1.2.2002.

[31] Résolution N° 39/248 de l'Assemblée Générale des Nations Unies adoptant la Charte Mondiale des Droits des consommateurs ou les Principes Directeurs pour la Protection du Consommateur, ST/ESA/170, Nations Unies, New York, 1986.

consommateur repose traditionnellement, à la fois sur le rapport avec le produit et sur la qualité de la personne[32]. Aussi, l'attention particulière que lui accorde le législateur est justifiée par sa situation d'agent économique potentiellement vulnérable[33].

S'agissant d'une définition reposant à la fois sur le rapport avec le produit et sur la qualité de la personne, CALAIS-AULOY et TEMPLE retiennent que *« le consommateur est une personne physique qui se procure ou qui utilise un bien ou un service pour un usage non professionnel »*[34]. Ainsi, le consommateur est défini en référence à l'acquisition et à l'affectation d'un bien ou d'un service. Il est celui qui acquiert un bien ou un service qu'il utilise à des fins non professionnelles. S'il bénéficie de la sollicitude de la loi, c'est donc parce qu'il est acquéreur d'un bien ou d'un service et qu'il l'utilise à des fins personnelles ou familiales. Pour ce qui est de la qualité - physique ou morale - de la personne, cette définition doctrinale est sans ambiguïté, lorsqu'elle indique que *« le consommateur est une personne physique »*. Cette conception semble largement partagée par la jurisprudence, car il apparaît clairement de nos jours, que les juridictions sont de plus en plus réticentes à reconnaître la qualité de consommateur aux personnes morales. La Cour de cassation française, par exemple, ne retient cette possibilité que lorsque la personne morale accomplit des actes qui n'ont aucun rapport direct avec son activité professionnelle[35].De son côté, le droit de l'Union européenne retient une conception beaucoup plus

---

[32] J. CALAIS-AULOY, H. TEMPLE, « Droit de la consommation », Paris, Dalloz, précis droit prive, 8e édition, 2010, Add. F. DIDIER, « La protection des consommateurs », Dalloz coll. Connaissance du Droit, 1996 ; Y. AUGUET (sous la coord. de), « Droit de la consommation », Ellipses, 2008 ; S. PIEDELIEVRE, « Droit de la consommation », Economica, 2008 ; Y. PICOD et H. DAVO, « Droit de la consommation », Armand Colin, 2005 ; E. BAZIN, « L'essentiel du droit de la consommation », Goaliano, 2011 ; G. RYAMOND, « Droit de la consommation », Lextenso 2011; C. NOBLOT, « Droit de la consommation », Montchrestien, 2012 ; N. SAUPHANOR, « Les contrats de consommation règles communes », LGDJ 2013.

[33] Sur la notion de consommateur vulnérable V. par exemple M. FRIANT-PERROT, « Le consommateur vulnérable à la lumière du droit de la consommation de l'Union européenne », *RTD Eur.* 2013, p. 483.

[34] J. CALAIS-AULOY, H. TEMPLE, « Droit de la consommation », préc..

[35] Cf. Cass. civ. 1re, 24 janvier 1995, *Bull. civ.* 1995 I, n° 54.

stricte et précise qu'il exclut les personnes morales de la notion de consommateur, comme le rappelle la Cour de justice des communautés européennes dans sa décision du 22 novembre 2001. Dans cette décision, la Cour énonce, en effet qu'*« une personne autre qu'une personne physique, qui conclut un contrat avec un professionnel, ne saurait être regardée comme un consommateur »*[36].

Lorsque le produit est une denrée alimentaire, la nuance tenant au « rapport direct » ne s'applique pas et ne présente pas d'intérêt. En effet, le consommateur d'aliments est forcément une personne physique, car il doit être en mesure d'ingérer l'aliment[37]. Cette affirmation découle de la définition de l'aliment retenue par le législateur de l'UEMOA, définie comme étant *« toute substance (...) destinée à la consommation humaine,... »*. Ainsi, toute personne physique qui ingère l'aliment, même si elle est professionnelle du secteur agroalimentaire, bénéficie de la qualité de consommateur. Il existe, toutefois, une exception, tenant à la personne physique du secteur agroalimentaire qui ingère l'aliment dans le cadre de son activité professionnelle, c'est le cas notamment du goûteur ou testeur d'aliments, dont l'activité professionnelle consiste justement à goûter ou tester certains aliments.

S'agissant de la notion de vulnérabilité du consommateur, elle vient consolider la sollicitude de la loi à l'égard des consommateurs. En effet, en droit de la consommation la protection traditionnellement accordée au consommateur a comme base la présomption que la relation entre consommateurs et professionnels est naturellement déséquilibrée à la défaveur des premiers. Ce déséquilibre pouvant s'expliquer par *« la compétence du professionnel, les informations dont dispose, et souvent à la dimension financière lui permettant de dicter sa loi aux consommateurs »*[38]. Cette protection renforcée des consommateurs est consolidée par l'attention que les législateurs contemporains accordent de

[36] CJCE, 22 nov. 2001, Sté Cape SncetIdealserviceSrl, aff. C-541-99 : Rec. I, p. 9049.
[37] H. A. MUÑOZ U. (Préface de F. COLLART DUTILLEUL), « Principe de transparence et information des consommateurs dans la législation alimentaire européenne », INIDA, 2011, p. 38 à 42.
[38] J. CALAIS-AULOY, H. TEMPLE, « Droit de la consommation », préc.

plus en plus à la notion de *« consommateur vulnérable »*. Selon FRIANT-PERROT, la notion de consommateur vulnérable *« couvre des réalités variées »*. Ainsi précise-t-elle que *« les consommateurs pouvant être vulnérables en raison d'une infirmité mentale ou physique, de leur âge ou de leur crédulité »*[39]. Dès lors, le consommateur fait l'objet d'une protection particulière et renforcée, parce qu'il fait partie d'une catégorie de personnes rendues vulnérables par « *l'âge, l'infirmité ou la crédulité* ». S'agissant d'un législateur attentif à cette catégorie de consommateurs, le législateur de l'Union européenne, il a, dans sa directive 2005/29/CE[40], prévu d'accorder une attention particulière aux consommateurs vulnérables[41].

Au bénéfice de ces précisions nous pouvons retenir la définition suivante de la notion de consommateur d'aliments : toute personne physique, utilisatrice finale d'une denrée alimentaire et qui n'utilise pas celle-ci dans le cadre d'une activité professionnelle. Maintenant que la notion de consommateur d'aliments est précisée, il convient de tracer les frontières de notre sujet afin de déterminer les règles juridiques qui participent à la protection de ce dernier.

§ II. Les frontières du sujet

Tracer les frontières matérielles de notre sujet, c'est identifier et sélectionner l'ensemble des instruments juridiques qui participent à la protection du consommateur d'aliments ou qui induisent des effets négatifs sur les conditions de ce dernier. Une telle tâche, indispensable à une bonne

---

[39] M. FRIANT-PERROT, « Le consommateur vulnérable à la lumière du droit de la consommation de l'Union européenne », préc.

[40] Directive 2005/29/CE du parlement européen et du conseil du 11 mai 2005 relative aux pratiques commerciales déloyales des entreprises vis-à-vis des consommateurs dans le marché intérieur et modifiant la directive 84/450/CEE du Conseil et les directives 97/7/CE, 98/27/CE et 2002/65/CE du Parlement européen et du Conseil et le règlement (CE) no 2006/2004 du Parlement européen et du Conseil (« directive sur les pratiques commerciales déloyales »), JOUE, du 11 juin 2005, L 149/22.

[41] Sur l'ensemble de cette question V. M. FRIANT-PERROT, « Le consommateur vulnérable à la lumière du droit de la consommation de l'Union européenne », préc.

compréhension du sujet, est rendue fastidieuse par les processus de régionalisation et de mondialisation des échanges, qui s'épanouissent à travers le phénomène contemporain de libéralisation et de globalisation des économies. En effet, du fait de la régionalisation et de la mondialisation des échanges et leurs corollaires, la construction d'espaces juridiques à l'échelle régionale et mondiale, les questions touchant à la protection du consommateur d'aliments font l'objet d'une construction normative à laquelle participent plusieurs acteurs, notamment l'Etat, les organisations régionales et internationales. Au-delà des normes juridiques, les questions touchant à la protection du consommateur d'aliments font aussi l'objet de politiques publiques nationales et communautaires, voire à l'échelle internationale, de stratégies des acteurs de la mondialisation, qu'il convient de décrypter pour aboutir à un examen exhaustif de la protection du consommateur d'aliments. C'est donc à chacune de ces échelles qu'il faut rechercher, identifier et sélectionner les normes juridiques ou politiques qui protègent ou induisent des effets négatifs sur la protection du consommateur d'aliments.

À l'échelle nationale, l'Etat, garant du développement économique et social, tient un rôle, certes affaibli par l'émergence des grandes entités supranationales mais encore significatif, dans l'adoption des politiques ou instruments juridiques concourant à la protection du consommateur d'aliments. Le droit public économique, constitue le cœur de l'action normative de l'Etat en faveur de la protection des consommateurs en général et du consommateur d'aliments en particulier. Parmi les règles du droit public économique, nous nous intéresserons plus particulièrement à celles régissant l'organisation et le fonctionnement du marché et de manière générale toutes les règles encadrant les comportements des opérateurs économiques pouvant entraver le fonctionnement régulier du marché ou qui portent atteinte au principe du libre jeu de la concurrence. Nous nous intéresserons également à la réglementation des prix ainsi qu'aux règles édictées par l'Etat pour préserver la santé publique. Dans une économie de marché, la protection des consommateurs relève aussi et surtout d'un ordre public économique de protection, c'est-à-dire, d'un ensemble de règles régissant de manière impérative les rapports privés dans le but spécifique de protéger une partie vulnérable[42]. C'est pourquoi, nous nous intéresserons à toutes les règles régissant les rapports entre opérateurs économiques et consommateurs dans le but de protéger ces derniers. Aussi, une meilleure protection du consommateur d'aliments requiert l'adoption par l'Etat des politiques publiques de sécurité alimentaire. Pour cette raison, nous accorderons une attention particulière aux politiques publiques initiées par l'Etat, pour garantir un meilleur accès des consommateurs à une alimentation suffisante et saine.

À l'échelle régionale, à la faveur de l'émergence des organisations régionales et sous régionales africaines et l'intérêt que celles-ci accordent au développement socio-économique des populations africaines, les questions liées à la protection des consommateurs et l'accès de ces derniers aux biens essentiels, notamment alimentaires, sont de plus en plus considérées au sein des nombreuses instances telles que l'Union africaine (UA), l'UEMOA ou encore la CEDEAO. Au niveau de l'Union africaine, des instruments juridiques relatifs aux droits de l'homme, notamment la Charte africaine des droits de l'homme et des peuples (CADHP), garantissent le droit à l'alimentation pour tous dans l'espace régional africain[43].

À l'échelle sous régionale, la protection des intérêts des consommateurs et l'amélioration des conditions de vie de ces derniers occupent une place importante dans la réglementation et les politiques communautaires initiées par l'UEMOA et la CEDEAO, comme en témoignent les nombreuses mesures initiées par ces deux organisations pour la construction et l'amélioration du marché commun, l'adoption de politiques agricoles communes de l'UEMOA(PAU) et de la CEDEAO dont l'un des objectifs majeurs est de réaliser la sécurité alimentaire dans leurs espaces afin *« ... de garantir aux consommateurs (...) la qualité et la régularité de*

---

[42] M. CUMYN, « Les sanctions des lois d'ordre public touchant à la justice contractuelle : leurs finalités, leur efficacité », *Revue juridique Thémis*, 2007, éd. Thémis 41 RJT 1.

[43] La charte africaine des droits de l'homme et des peuples (CADHP) a été adoptée le 27 juin 1981 à Nairobi (Kenya) lors de la 18e Conférence de l'Organisation de l'Unité Africaine. Elle est entrée en vigueur le 21 octobre 1986.

leur approvisionnement »[44], ou encore le cadre législatif et institutionnel adopté par l'UEMOA et la CEDEAO en vue d'assurer l'innocuité des produits alimentaires ainsi qu'à garantir la santé et la sécurité des consommateurs[45]. Tous ces instruments juridiques et politiques initiés au niveau régional ou sous régional, nous servirons de matériaux dans cette étude.

À l'échelle internationale, on peut recenser de nombreux instruments juridiques présentant un rapport avec la protection du consommateur d'aliments. Au premier rang de ces instruments, il y'a les instruments juridiques de protection de droit de l'homme adoptés sous l'égide de l'Organisation des Nations Unies (ONU), notamment le Pacte international des droits économiques sociaux et culturels (PIDESC) et de la Déclaration universelle des droits de l'homme (DUDH) qui garantissent tous, explicitement ou implicitement « le droit à la nourriture » et « le droit d'être à l'abri de la faim ». De même, la Commission du Codex alimentarius (C.C.A) créée en 1962 sous l'égide conjointe de l'Organisation des Nations Unies pour l'alimentation et l'agriculture (F.A.O) et de l'Organisation mondiale de la santé (O.M.S) établit des normes internationales relatives aux denrées alimentaires, qui participent à la protection du consommateur d'aliments. Ces instruments seront sollicités dans cette étude. Egalement, dans les instruments juridiques régissant le commerce international, plus précisément dans le droit de l'Organisation mondiale du commerce (OMC) on recense quelques accords qui admettent certaines exceptions dans le but de protéger la santé du consommateur d'aliments ou de préserver l'accès de ce dernier à l'aliment. C'est le cas notamment de l'Accord général sur les tarifs douaniers et le commerce (GATT) de 1994, de l'accord sur l'agriculture (AS), de l'accord sur les mesures sanitaires et phytosanitaires (SPS) ou encore de l'accord sur les obstacles techniques au commerce (OTC). Nous nous servirons également de ces instruments dans cette étude. Toutefois, si l'on peut relever des instruments juridiques de l'OMC prenant en

---

[44] Article 8.2.1de l'Acte additionnel N° 03 /2001 portant adoption de la Politique Agricole de l'UEMOA, consultable en ligne à l'adresse suivante : http://www.uemoa.int/Pages/ACTES/ConseildesMinistres.aspx

[45] Règlement n°007/2007/CM/UEMOA, préc.

compte l'intérêt du consommateur d'aliments et l'impératif de protection de la santé de ce dernier, il faut aussi admettre qu'il existe dans le droit de l'OMC de nombreux instruments qui fragilisent la situation du consommateur d'aliments, surtout dans les pays en développement. Parmi ces textes il y a l'accord sur les aspects des droits de propriété intellectuelle qui touchent au commerce (ADPIC) et l'accord sur les mesures concernant les investissements liés au commerce (MIC). Dès lors, nous est-il paru nécessaire et justifié de les intégrer dans notre champ d'étude.

§ III. Problématique

Le libéralisme économique réalise l'ouverture et l'intégration de l'économie nationale malienne dans des espaces économiques régionalisés et mondialisés. Ce processus favorise le développement des échanges commerciaux, des activités économiques, ainsi que la circulation des capitaux et des technologies nécessaires à l'accroissement de la production alimentaire. Il est un facteur de progrès dans la réalisation des besoins alimentaires des consommateurs dans la mesure où il permet un meilleur approvisionnement du marché en denrées alimentaires, diversifie l'offre des produits alimentaires et engendre une compétition par le prix et la qualité. En même temps, le système mondialisé de libre-échange, qu'intègre le pays, favorise le contrôle de ses ressources productives d'aliments par de puissantes multinationales et facilite la concentration et la formation de monopoles qui éliminent toute concurrence et réduisent le choix des consommateurs. Il réalise, sous les auspices de l'Organisation mondiale du commerce, la *« mondialialisation de l'économie »,* consacre *« la mondialisation du droit »* et l'immixtion du *« droit de la mondialisation »* dans des domaines jusque-là réservés à l'Etat tels que l'agriculture et l'alimentation, et par là même, il affaiblit et minore le rôle de l'Etat dans la détermination des politiques agricoles et alimentaires. Ainsi, le droit du commerce international, en accordant plus d'intérêts à la libre circulation des marchandises sur les marchés mondiaux et aux intérêts économiques et financiers des acteurs de la mondialisation, sans trop se préoccuper des valeurs non marchandes telles que l'accès à l'aliment, favorise des tensions croissantes entre les enjeux humains et économiques qui entourent l'accès à l'aliment.

Au regard de ces observations, la question majeure qui mérite d'être posée est la suivante : l'instauration du libéralisme économique dans un pays en développement, en l'occurrence le Mali, assure-t-elle une meilleure satisfaction des besoins du consommateur d'aliments ? Cette question constitue la problématique générale de notre étude.

Dans ce prolongement, d'autres interrogations méritent d'être posées. En particulier au regard de la protection juridique du consommateur d'aliments, l'instauration du libéralisme économique au Mali a-t-elle été suivie de l'adoption de mécanismes juridiques ayant pour effet ou pour objet de protéger le consommateur d'aliments ? Cette question s'intègre dans la problématique de notre étude.

Par ailleurs, la substitution d'acteurs privés à l'Etat dans le tissu économique et subséquemment le passage d'une logique de service public à la logique de marché qui en résulte, nourrit des interrogations. En effet, le secteur privé vise à satisfaire une demande solvable, c'est-à-dire des individus dotés d'un pouvoir d'achat, cherchant la meilleure qualité au prix le plus faible, et non pas des personnes, qui parce qu'elles sont citoyennes d'un Etat, bénéficient d'un droit à disposer d'une nourriture.

Or, dans son Rapport sur le développement humain de 2013, le Programme des Nations Unies pour le développement (PNUD) indique que l'Afrique subsaharienne est la région du monde où se trouve le plus grand nombre de personnes vivant dans l'extrême pauvreté, avec en moyenne 64,5 % de la population vivant avec moins de 1,25 $ par jour[46]. Dès lors, la logique du marché peut-elle mieux satisfaire les besoins alimentaires des consommateurs africains que celle du service public ? Autrement dit le marché peut-il mieux que l'Etat, garantir l'accès des consommateurs à l'aliment dans les pays en développement ? Cette question s'intègre aussi

---

[46] « Rapport sur le développement humain 2013 L'essor du Sud : le progrès humain dans un monde diversifié » Programme des Nations Unies pour le développement (PNUD), One United Nations Plaza New York, NY 10017, document consultable en ligne : http://www.undp.org/content/dam/undp/library/corporate/HDR/2013GlobalHDR/French/HDR2013%20Report%20French.pdf.

dans la problématique de notre étude. Aussi, l'existence d'un droit international venant régir les relations commerciales interétatiques soulève la question essentielle de l'exercice de la souveraineté nationale dans les domaines alimentaire et agricole, dès lors qu'il limite le pouvoir des Etats à définir librement leurs politiques alimentaires en vue de préserver l'accès des consommateurs nationaux à l'aliment. Dans ce contexte, quelles sont les mesures susceptibles d'être prises par l'Etat pour préserver l'accès des consommateurs nationaux à l'aliment ? Cette question suscite une autre question, à savoir : l'accès des consommateurs à l'aliment peut-il être garanti par le droit du commerce international ou par les politiques nationales ? Ces questions s'intègrent également dans la problématique de notre étude.

Enfin, le développement du commerce international conduit tout à la fois à une « mondialisation des risques sanitaires » et à une diversification des sources et des facteurs d'atteinte à la santé des consommateurs.

Dès lors, quelles mesures de sécurité sanitaire des aliments l'Etat est-il susceptible de prendre pour préserver la santé des consommateurs et garantir à ces derniers un accès à une alimentation saine, sans heurter de front le sacrosaint principe de libre circulation des produits qui domine le commerce international ? Cette question s'intègre également dans la problématique de notre étude.

§ IV. Plan de l'étude

Lorsque l'on entreprend l'étude de la protection juridique du consommateur d'aliments dans le contexte actuel de libéralisme économique au Mali, on constate que celle-ci emprunte deux voies :

En premier lieu, par le biais du développement du secteur privé, de l'organisation concurrentielle et du fonctionnement régulier du marché, l'Etat cherche à créer les conditions d'une meilleure prise en charge des besoins de l'ensemble des consommateurs. Cette démarche est complétée par l'établissement d'un cadre juridique et institutionnel, visant d'une part, à assurer la protection contractuelle des consommateurs dans leurs relations avec les opérateurs économiques, et d'autre part, à préserver la santé publique des risques que font peser sur elle la production et la commercialisation des produits.

En second lieu, en vue de garantir la sécurité des approvisionnements alimentaires et faciliter leur accès au plus grand nombre, des politiques nationales sont formulées. Un cadre juridique et institutionnel est également mis en place par l'Etat dans la double optique de garantir aux consommateurs un accès à une alimentation suffisante et saine. Toutefois, avec l'émergence des espaces juridiques supranationaux, l'Etat n'est plus le seul acteur engagé de manière prépondérante dans la construction des politiques et instruments juridiques sur la production et la commercialisation des aliments destinés aux consommateurs nationaux. Plusieurs acteurs sous-régionaux, régionaux et internationaux, aux objectifs parfois différents, participent à cette construction. À cet égard, un double constat se dégage : les préoccupations relatives à la protection de la santé du consommateur et à l'accès de ce dernier à l'aliment sont présentes dans de nombreux instruments juridiques d'origines sous régionales, régionales ou internationales, en même temps les objectifs libre-échangistes et économiques défendus par ces acteurs dans le domaine de la production et de la commercialisation des aliments favorisent une fragilisation croissante des conditions d'accès des consommateurs à l'aliment dans les pays en développement.

Au vu de ces divers paramètres et enjeux, s'agissant d'une étude qui a pour objet d'apprécier la protection juridique du consommateur d'aliments à l'heure du libéralisme économique au Mali, il nous paraît opportun, pour en saisir tous les aspects, d'étudier dans une première partie les mesures participant à la protection de l'ensemble des consommateurs - les règles générales - profitant au consommateur d'aliments (Première partie) et dans une deuxième partie la protection spécifique - les règles spécifiques - au consommateur d'aliments (Seconde partie).

PREMIÈRE PARTIE

LA PROTECTION GÉNÉRALE DES CONSOMMATEURS PROFITANT AU CONSOMMATEUR D'ALIMENTS

L'un des postulats de base qui a sous-tendu le libéralisme économique en Afrique, était que le désengagement de l'Etat du secteur économique, le développement d'un secteur privé, l'organisation concurrentielle et le fonctionnement régulier du marché constituent des conditions indispensables à une meilleure prise en charge des besoins de l'ensemble des consommateurs. Ces conditions, soutient-on, conduisent au développement d'un système d'approvisionnement plus performant du marché national, diversifient l'offre des produits, augmentent leurs qualités et engendrent une compétition par le prix profitable aux consommateurs[47].

Ainsi, l'Etat du Mali, guidé par la volonté de créer les conditions d'une meilleure prise en charge des besoins des consommateurs nationaux, a entrepris aux débuts de la décennie 1980, un vaste processus de libéralisation ayant pour objet le désengagement de l'Etat du secteur économique, le développement du secteur privé et la création d'un marché ouvert et concurrentiel.

L'objet de cette première partie est de faire une sorte de cliché photographique, un état des lieux, de ce processus de libéralisation. Le but étant non seulement de vérifier l'effectivité de ce processus de libéralisation et rechercher s'il a induit des changements allant dans le sens d'une meilleure prise en charge des besoins de l'ensemble des consommateurs maliens, mais aussi rechercher s'il a été suivi de la mise

---

[47] P. ALLARD, La privatisation des services publics dans les pays de périphéries, Recherches internationales, n°81, janvier-mars 2008, pp. 9-32

en place de mécanismes juridiques ayant pour objet ou pour effet de garantir la protection des consommateurs maliens. Plus précisément, le souci de clarté nous conduit, préalablement à l'étude des questions de fond, à procéder à la photographie du processus du désengagement de l'Etat du tissu économique, ainsi qu'à celle des initiatives prises par ce dernier pour promouvoir et développer le secteur privé. Ensuite, nous nous intéresserons aux mesures juridiques mises en place, le cas échéant, pour assurer l'organisation concurrentielle et le fonctionnement régulier du marché, ainsi qu'au cadre juridique établi pour assurer la protection de l'ensemble des consommateurs dans leurs relations contractuelles avec les opérateurs économiques.

Nous nous intéresserons également, aux mesures juridiques mises en place pour préserver la santé publique des risques que font peser sur elle la production, la circulation et la commercialisation des produits (TITRE I). Dans ce prolongement, nous présenterons les institutions publiques chargées de veiller et de garantir la mise en œuvre correcte des initiatives prises en direction de l'ensemble des consommateurs. Dans cette dynamique, nous nous intéresserons au rôle des associations de consommateurs pour pallier, le cas échéant, les faiblesses de l'appareil d'État (TITRE II).

TITRE I

L'EMERGENCE D'UN CADRE JURIDIQUE FAVORABLE À LA PROTECTION DE L'ENSEMBLE DES CONSOMMATEURS

La promotion des intérêts des consommateurs dans une économie de marché et la protection de ces derniers dans leurs rapports avec les opérateurs économiques privés est une œuvre de longue haleine dont l'aboutissement et le succès dépendent surtout de l'existence d'un cadre juridique approprié. Passer du stade de simple citoyen administré à celui de consommateur évoluant dans un marché ouvert et concurrentiel et établissant librement des relations contractuelles avec des opérateurs économiques privés est un véritable saut qualitatif qui appelle un accompagnement juridique de qualité. Aussi, l'élargissement du marché national aux frontières des marchés régionaux et internationaux, s'il constitue théoriquement un facteur de progrès dans la prise en charge des besoins des consommateurs, n'en demeure pas moins un facteur d'accroissement des sources et des risques d'atteinte à la santé et à la sécurité de ces derniers. S'y ajoute que l'intégration du Mali dans le marché communautaire de l'UEMOA soumet le pays aux impératifs de la réglementation communautaire, limitant considérablement les mesures nationales de protection des consommateurs.

Ces changements et les facteurs de vulnérabilité des consommateurs qu'ils engendrent requièrent l'établissement d'un cadre juridique conciliant d'une part, les impératifs de développement poursuivis par l'Etat et la protection de l'intérêt collectif des consommateurs, et d'autre part, les objectifs de liberté de circulation du marché commun de l'UEMOA et l'impératif de protection de la santé publique.

Les autorités nationales et communautaires en sont conscientes, c'est pourquoi elles ont développé un ensemble de mesures juridiques cherchant à la fois à assurer un meilleur encadrement du marché de la consommation, et garantir une meilleure protection des agents économiques vulnérables - les consommateurs - dans ce marché.

La protection juridique du consommateur d'aliments, envisagée d'un point de vue des mécanismes assurant la protection de l'ensemble des consommateurs dans le contexte actuel de libéralisme économique, résulte finalement des mesures assurant l'encadrement juridique du marché de la consommation (Chapitre I) et d'un ordre public de protection développé dans le cadre des relations entre consommateurs et opérateurs économiques, dans le but d'assurer la protection du consommateur (Chapitre II).

CHAPITRE I

L'ENCADREMENT JURIDIQUE DU MARCHÉ DE LA CONSOMMATION

La libéralisation de l'économie a considérablement modifié le rôle de l'Etat du Mali dans le secteur économique. Véritable chef d'orchestre des activités économiques, ce dernier tient désormais le rôle de celui qui « aide à faire », au lieu de « faire » directement. Ainsi s'évertue-t-il à stimuler l'initiative privée, à développer et à encadrer juridiquement le marché national (section I). Toutefois, avec la construction du marché commun de l'UEMOA conçu comme étant « un espace sans frontières intérieures dans lequel les marchandises, les personnes, les services et les capitaux circulent librement », l'Etat n'est plus le seul acteur assurant l'encadrement juridique du marché de la consommation. Les autorités communautaires de l'UEMOA participent également à cette tâche. Mais les objectifs poursuivis dans les deux ordres ne sont pas toujours les mêmes. Dans l'ordre national, les règles d'encadrement du marché de la consommation peuvent être perçues comme étant un complément à la libéralisation du marché intérieur. Elles cherchent surtout à encadrer les libertés économiques des opérateurs privés et à garantir le fonctionnement régulier du marché national en vue de promouvoir et préserver les intérêts des consommateurs. Dans l'ordre communautaire, l'objectif premier n'est pas la promotion des intérêts des consommateurs, mais l'épanouissement des libertés économiques inscrites dans le Traité constitutif de l'UEMOA (la libre circulation des marchandises, des capitaux, des personnes, la libre prestation) dont l'effectivité concourt à la réalisation du marché commun.

Dans l'optique de réalisation du marché commun le droit communautaire de l'UEMOA impose d'ailleurs aux Etats de ne prendre aucune mesure constitutive d'obstacles aux libertés de circulation. Néanmoins, pour une réalisation harmonieuse du marché commun, le législateur de l'UEMOA concilie les objectifs de libre circulation et d'autres objectifs légitimes concernant la protection des consommateurs, notamment la protection de la santé publique (section II).

Section I - L'encadrement juridique du marché national

L'adoption du libéralisme économique comme modèle de développement économique et social a conduit à la redéfinition du rôle de l'État du Mali dans l'activité économique. Désormais, ce dernier est amené à être à la fois modeste et entreprenant. Il doit, tout en se désengageant du secteur économique, promouvoir et stimuler l'initiative privée, favoriser l'émergence d'une économie de marché, œuvrer à la performance du marché, assurer le fonctionnement régulier de celui-ci et faire en sorte que les consommateurs tirent le meilleur profit de ce modèle économique en veillant tout particulièrement à la santé et aux intérêts économiques de ces derniers.

Les missions ainsi assignées à l'État du Mali, vont orienter ce dernier vers la réalisation de deux objectifs qui constituent les objectifs normalement poursuivis par tout État libéral : développer le secteur privé à travers la libéralisation du marché national (§ I) et assurer, par un encadrement juridique approprié, le fonctionnement régulier du marché national (§ II).

§ I. La libéralisation du marché national

1. Avec l'idée que le secteur privé est plus apte à créer les conditions d'une meilleure réalisation des besoins sociaux, l'Etat du Mali a entrepris à la fin de la décennie 1980, un processus de libéralisation du secteur économique national. Concrètement, cette libéralisation s'est traduite par le désengagement de l'Etat du secteur économique (A) et l'adoption de mesures visant à développer le secteur privé (B).

A- Le désengagement de l'État

1. En 1985, le Président du Sénégal, Abdou DIOUF, déclarait que *« l'État ne doit pas prendre à sa charge des secteurs d'activités qui peuvent être* *mieux gérés, c'est-à-dire à un coût social inférieur, par d'autres secteurs économiques »*. L'homme d'État ajoutait : *« je suis convaincu qu'un potentiel de développement important peut être réactivé par une plus grande libéralisation des initiatives »*[48]. Ces propos, invitant les États africains à se désengager du secteur économique et à libérer l'initiative privée, furent repris dix ans plus tard dans un rapport de la Banque mondiale intitulé *« la bureaucratie aux affaires »*. Dans ce rapport, les responsables de la Banque mondiale affirment que la présence d'entreprises d'État inefficaces fait obstacle à la croissance économique et à la réalisation des besoins sociaux de base dans beaucoup de pays en développement[49]. Les mentalités des dirigeants africains semblaient déjà préparées à ce changement de paradigme puisque déjà en 1980 le « Plan d'Action de Lagos pour le développement économique de l'Afrique », adopté lors de la deuxième Session Extraordinaire de la Conférence des Chefs d'Etat et de Gouvernement de l'OUA, à Lagos au Nigeria, recommandait aux gouvernements africains un changement dans leurs stratégies de développement et préconisait un relatif retrait de l'Etat de la sphère économique.

En réponse à ces analyses et dans le cadre des programmes d'ajustements structurels imposés par les bailleurs de fonds, le Mali a entrepris un processus de désengagement de l'État du secteur économique. Ce processus de désengagement de l'Etat est accentué par l'avènement du droit communautaire de l'UEMOA qui impose à tous les Etats membres une obligation de libéralisation et de démantèlement des monopoles des entreprises publiques[50].

Pour le législateur de l'UEMOA, il faut entendre par entreprise publique *« toute entreprise sur laquelle les pouvoirs publics peuvent*

---

[48] Ces propos sont rapportés ce par document du Bureau International de Travail : *Bilan et perspectives des privatisations en Afrique francophone : Une étape de la démocratisation ?* Bureau international de travail, Genève, Avril 1996, 1ere éd. 1996.

[49] V. Rapport de la Banque mondiale intitulé « la bureaucratie aux affaires » Octobre 1995.

[50] V. Article 4 du Traité de l'UEMOA et Article 6.1 du règlement n° 02/2002/CM/UEMOA

exercer directement ou indirectement une influence dominante du fait de la propriété, de la participation financière ou des règles qui la régissent »[51].

Sous cette double contrainte, l'État du Mali a entrepris un processus visant à organiser son retrait du secteur économique au profit des opérateurs économiques privés désormais appelés à jouer un rôle moteur dans le développement socio-économique du pays. A cette fin, un programme de libéralisation notamment dans les secteurs agricole et alimentaire, et une loi de privatisation des entreprises publiques furent adoptés.

Ainsi, dans les secteurs agricole et alimentaire, le processus de désengagement de l'Etat fut amorcé dès 1981 avec l'adoption du Programme de Restructuration du Marché Céréalier (PRMC). Conçu pour opérer le retrait de l'Etat du marché céréalier, libéraliser ce marché et développer les capacités des opérateurs économiques privés dans ce marché, le PRMC a effectivement abouti au retrait des principaux agents de l'Etat impliqués dans la production et la commercialisation des céréales. L'Office des Produits Agricoles du Mali (OPAM) qui était le plus important agent d'intervention du secteur public dans le commerce des céréales, avec un monopole dans la commercialisation des produits agricoles depuis sa création en 1964, a été le premier concerné.

En effet, le PRMC a supprimé le monopole dont bénéficiait l'OPAM pour limiter sa mission à un simple rôle d'intervention en cas de déficit alimentaire sur le marché pour juguler les difficultés alimentaires et tempérer la hausse des prix à la consommation. Plus précisément, l'OPAM n'a plus pour missions que celle de la régulation du marché et de la stabilisation des prix ; d'approvisionnement d'institutions d'intérêt public (forces armées, services de sureté, hôpitaux, prisons, *etc.*) et des zones déficitaires relativement enclavées ; et la constitution et la gestion d'un

---

[51] Article 1 de la directive n° 01/2002/CM/UEMOA relative à la transparence des relations financières d'une part entre les Etats membres et les entreprises publiques et d'autres part entre les Etats membres et les organisations internationales ou étrangers. : http://www.uemoa.int/Pages/Actes/NewPages/directive_01_2002_cm.aspx

stock national de sécurité[52]. En plus de l'OPAM, les monopoles accordés à d'autres structures de l'Etat intervenant également dans la commercialisation et la production des produits alimentaires sont supprimés. C'est le cas de la Société Malienne d'Importation et d'Exportation (SOMIEX) créée en octobre 1960 et dont le monopole d'importation des denrées alimentaires a été supprimé en 1983 ou encore l'Office du Niger (O.N.), créé en 1932 par le pouvoir colonial et nationalisé en 1961, qui disposait jusqu'en 1990 d'un monopole sur l'achat et la vente de céréales.

Ce processus de démantèlement des monopoles de l'Etat, a été suivi de l'adoption d'une loi de privatisation, habilitant le gouvernement à privatiser les entreprises du secteur public, et organisant les opérations de privatisation. Il s'agit de la loi du 22 août 1994, fixant les principes fondamentaux de la privatisation des entreprises du secteur public[53]. Cette loi, en établissant les principes fondamentaux de la privatisation des entreprises du secteur public, crée les conditions juridiques du désengagement de l'État des activités de production et de commercialisation et subséquemment elle favorise le transfert des entreprises d'État au secteur privé devant dorénavant assurer des tâches jadis accomplies par l'État. De plus, pour mener à bien la conduite des opérations de privatisation des entreprises publiques, il a été institué, auprès de la Direction générale de l'administration des biens de l'État, un Bureau de gestion de la privatisation dont la principale mission est d'assurer l'exécution de la politique nationale en matière de privatisation et de réforme des entreprises publiques[54].

Sur la base de cette politique, de nombreuses entreprises publiques furent privatisées. À titre d'exemples, on citera la privatisation de l'Office du Niger intervenue en 1990, celle de l'Huilerie Cotonnière du Mali

---

[52] Sur les nouvelles missions de l'Office des produits agricoles du Mali (OPAM) voir site internet du PRMC prec : http://www.prmc-mali.org/prmc.html.

[53] Loi n°93-041 du 22 Aout 1994 fixant les principes fondamentaux de la privatisation des entreprises du secteur public, JORM du 17 septembre 1994.

[54] Cf. Ordonnance n°00-067/P-RM du 29 Septembre 2000 portant création de la Direction générale de l'administration des biens de l'État.

(HUICOMA) en 2005, ou encore celle de l'Énergie du Mali (EDM), chargée de la production, du transport et de la distribution des énergies dans le pays ainsi que de la distribution de l'eau, intervenue le 20 décembre 2000.

S'agissant des modalités de privatisation ou de transfert des entreprises publiques du patrimoine de l'Etat à celui des opérateurs économiques privés, diverses techniques juridiques sont utilisées. Il s'agit pour l'essentiel de cession partielle ou de transfert intégral de propriété, de location, de l'affermage et des contrats de gestions[55]. Les mesures ainsi adoptées dessinent les contours d'un désengagement de l'Etat malien du secteur économique. Il s'agit désormais pour ce dernier d'organiser le développement économique et social en facilitant l'émergence d'un secteur privé par la mise en place d'un environnement juridique, économique et politique plus favorable.

B- Le développement du secteur privé

Lors de la Conférence internationale tenue à Nairobi au Kenya en octobre 1986, les gouvernements africains ont été fortement incités à *« adopter des politiques concertées visant à élargir le rôle du secteur privé, de réduire les contrôles administratifs sur le secteur privé, de simplifier les procédures de création d'entreprises privées et de promouvoir l'esprit d'entreprise ».* Ces recommandations, qui rejoignent du reste les préconisations des initiateurs des PAS en Afrique subsaharienne, constituent en fait, une réponse à l'échec des politiques macro-économiques jusque-là mises en œuvre par les États africains. La prise en compte de ces recommandations devait faciliter l'émergence d'un secteur économique apte à jouer un rôle moteur dans le développement socio-économique des Etats. À la suite de ces recommandations, l'Etat du Mali

[55] Sur ce point voir M. SAMB, *« Privatisation des services publics en Afrique sub-saharienne »,* Afrilex, Revue d'étude et de recherche sur le droit et l'administration dans les pays d'Afrique, Juin 2009.*Add.* L. RAPP, *« Techniques de privatisation des entreprises publiques »*, Paris, Librairies techniques, 1986.

a entrepris une double démarche consistant d'une part, à la mise en place d'un cadre institutionnel chargé d'appuyer, de conseiller et de promouvoir l'initiative privée, et d'autre part, l'élaboration d'un cadre juridique favorable à l'épanouissement du secteur privé.

Ainsi, au plan institutionnel, outre le ministère du Commerce et celui de la Promotion des Investissements et des Petites et Moyennes Entreprises, traditionnellement chargés de promouvoir et de dynamiser le secteur privé, de nouvelles structures sont créées. Les plus significatives d'entre elles sont : le Centre du secteur privé (CSP) et le guichet unique.

Créé en 1992 dans le cadre de la mise en œuvre du Projet d'Appui au Secteur Privé (PASP) initié par l'Etat du Mali et son partenaire la Banque Mondiale, le Centre du Secteur privé (CSP) a pour mission fondamentale de favoriser la création d'entreprises privées au Mali en fournissant aux acteurs privés désirant créer une entreprise au Mali, les conseils et les informations utiles[56].

Le Guichet unique résulte également de la volonté des pouvoirs publics maliens de se doter d'une structure permettant de faciliter et de simplifier les démarches des opérateurs économiques dans la création d'entreprises et de guider ceux-ci dans leurs démarches. Il est situé auprès de l'agence pour la promotion des investissements au Mali, l'API-MALI, elle-même placée sous la tutelle du ministère de l'Industrie et du Commerce[57].

Le Guichet simplifie considérablement les procédures de création d'entreprises au Mali, car il offre l'opportunité aux commerçants individuels, aux opérateurs économiques personnes physiques ou morales, nationaux et étrangers, d'effectuer en un même lieu, sur un formulaire

---

[56] Pour une vision plu sample sur ce centre voir son site internet : http://www.csp-mali.org/

[57] Cf. Décret n°08/276/ P-RM du 13 mai 2008 fixant les formalités administratives de création d'entreprise par un guichet unique, Disponible en ligne à l'adresse suivante : http://mali.eregulations.org/media/decret%20n08-276%20p-rm%20du%2013%20mai%202008.pdf

unique et devant un seul interlocuteur, les formalités exigées. En outre, il regroupe tous les services de l'État intervenant dans la chaîne de création d'entreprises notamment le représentant des Impôts pour l'enregistrement des statuts, le représentant du tribunal de Commerce pour l'obtention du certificat d'immatriculation au Registre du Commerce et du Crédit Mobilier (RCCM), le représentant du Numéro d'Identification National (NINA) pour les formalités déclaratives « post-création ». En plus, il dispose d'une permanence notariale, pour l'authentification des actes que la loi soumet à authentification. Le cadre institutionnel ainsi établi, est renforcé par la mise en place d'un département du Développement de l'Entreprise au niveau de l'UEMOA. Ce dernier a pour principale tâche la promotion du secteur privé dans l'espace UEMOA.

Au plan juridique, le contexte du sous-développement justifie le besoin des investissements étrangers directs (IED) pour la fourniture desquels les investisseurs étrangers ont sollicité et obtenu de l'Etat la souplesse dans les procédures de création d'entreprises privées et l'adoption d'un cadre juridique incitatif et garantissant la sécurité de leurs investissements. La souplesse dans la création des entreprises privées résulte du Décret du 20 août 2012 fixant les modalités d'application du Code des investissements. Ce décret assouplit considérablement les procédures de création de l'entreprise privée en apportant une innovation majeure dans les procédures de création d'entreprises privées, dans la mesure où les opérateurs économiques n'ont plus besoin d'une autorisation préalable pour entreprendre une activité commerciale, un simple agrément suffit. Pour faciliter et garantir la célérité dans l'obtention de cet agrément, la demande est effectuée auprès du guichet unique, le jour même de la demande, l'opérateur économique reçoit un récépissé, l'agrément lui-même étant mis à sa disposition dans un délai de vingt jours[58]. L'attractivité et la sécurité juridique de l'IED résultent de l'adoption d'une loi d'orientation agricole adoptée en 2006[59], suivie d'un Programme

[58] Décret n°2012-475/P-RM du 20 aout 2012 fixant les modalités d'application de la loi n°2012-016 du 27 février 2012 portant Code des investissements, prec.

[59]Loi n° 06-40/AN-RM du 16 aout 2006 portant loi d'orientation agricole, Document consultable sur le site dédié à la loi d'orientation agricole à l'adresse suivante : http://loa-mali.info/IMG/pdf/LOA_VOTEE.pdf

national d'Investissement dans le secteur Agricole (PNISA), qui a fait du secteur de l'agriculture un secteur prioritaire dans lequel des investissements peuvent s'effectuer et bénéficier de multiples privilèges[60]. L'attractivité et la création d'un cadre juridique garantissant la sécurité de l'IED se sont poursuivies par la modification de la loi du 19 août 2005 relative aux investissements et par l'adoption le 27 février 2012 d'une nouvelle loi portant création du Code des investissements[61].

Ce texte offre de nombreux avantages à l'investisseur étranger, à titre d'exemple, l'investisseur dont l'IED est supérieur à 12.500.000francs CFA H.T., bénéficie, au titre de la fiscalité de porte, d'une exonération totale, pendant une durée de trente ans, de tous droits et taxes sur les matériels, machines, outillages et leurs pièces de rechange, de même au titre de la fiscalité intérieure, il bénéficie d'une exonération totale, pendant une durée de trente ans, de tous impôts, droits et taxes liés à l'activité de production et de commercialisation, à l'exception de la T.V.A. sur les ventes effectuées sur le marché national, de la taxe sur les véhicules automobiles (vignettes), de l'impôt sur les traitements et salaires (ITS) y compris ceux du personnel expatrié[62]. S'agissant de la sécurité juridique de son investissement, l'État s'engage à garantir le respect de son droit de propriété, il s'engage également à garantir l'investisseur contre toute mesure de nationalisation, d'expropriation ou de réquisition de son entreprise, sauf pour cause d'utilité publique[63]. Ainsi, l'Etat du Mali a entendu créer les conditions favorables à l'émergence du secteur privé devant se substituer à l'Etat dans le développement socio-économique.

---

[60] F. COLLART DUTILLEUIL et A. DIABATE, *« La sécurité alimentaire et le droit à l'alimentation à l'épreuve des investissements internationaux en Afrique de l'Ouest : les risques d'une désillusion »*, HAL, 2013 (accessible en ligne)

[61] Loi n°2012-016 du 27 février 2012 portant code des investissements. Consultable en ligne à l'adresse suivante : http://www.ccimmali.org/pdf/pdfinvest.pdf, Décret n°2012-475/P-RM du 20 aout 2012 fixant les modalités d'application de la loi n°2012-016 du 27 février 2012 portant Code des investissements.

[62] Art. 17 du décret n°2012-475/P-RM du 20 aout 2012, prec.

[63] 14 Art. 7 de loi n°2012-016 du 27 février 2012 portant code des investissements, prec.

§ II. Les règles d'encadrement du marché national

Adopter des règles assurant le fonctionnement régulier du marché (A) et établir une réglementation des prix, à la fois conforme à la philosophie d'une économie de marché et permettant à l'Etat d'intervenir pour faciliter l'accès des consommateurs aux produits de première nécessité à des prix abordables (B), ont été les compléments de la libéralisation du marché national.

A- Les mesures destinées à assurer le fonctionnement régulier du marché

L'adoption des mesures garantissant le fonctionnement régulier du marché apparaît d'autant plus nécessaire que la libéralisation de l'économie malienne correspond à une période où l'État ne se présente plus comme le principal agent économique chargé de la réalisation de l'intérêt général et du bien-être collectif. Cette période correspond surtout à une phase de l'histoire du pays où les opérateurs économiques privés se substituent aux pouvoirs publics dans la sphère économique, pour remplir des missions traditionnellement accomplies par ces derniers. Or, comme le relèvent à juste raison MM. CAS et FERRIER *« l'idée qu'entre les professionnels se disputant la clientèle des consommateurs, ces derniers joueraient le rôle d'arbitrages souverains n'est qu'une vue de l'esprit »*[64]. D'où la nécessité d'établir des mesures permettant à l'Etat d'arbitrer la compétition des acteurs économiques afin de préserver le libre jeu de la concurrence et permettre aux consommateurs d'en tirer profit. L'Etat du Mali en est conscient, pour ces raisons, il a institué des structures et un cadre législatif et réglementaire à cette fin. Ce dispositif national est complété par la réglementation communautaire de l'UEMOA et un organe institué par la commission de l'UEMOA avec pour tâche de garantir le respect du libre jeu de la concurrence au sein du marché de l'Union.

---

[64] G. CAS et D. FERRIER, *« Traité de Droit de la consommation »*, Presses Universitaires de France (PUF), avril 1986, 255 p.

En premier lieu, s'agissant des structures chargées de veiller au fonctionnement régulier du marché, il y a non seulement la Direction Nationale du Commerce et de la Concurrence (DNCC), la Commission nationale de lutte contre la fraude et les pratiques de concurrence déloyale, et le Conseil National de la Concurrence (CNC), mais aussi la commission de l'UEMOA chargée de discipliner la concurrence entre acteurs économiques au sein du marché commun.

Placée sous la tutelle du ministère du Commerce et de l'Industrie, la Direction Nationale du Commerce et de la Concurrence est créée par l'ordonnance n°98-019/P-RM du 20 août 1998[65]. L'exposé des motifs de cette ordonnance indique que la création de la DNCC résulte de la volonté des pouvoirs publics de se doter d'un organe apte à garantir le bon fonctionnement du marché et à assurer la protection des consommateurs dans un environnement marqué par le développement des pratiques anticoncurrentielles. À ces fins, la DNCC est investie d'une mission de surveillance au quotidien, du fonctionnement du marché et de lutte contre toutes les formes de pratiques pouvant entraver le bon fonctionnement du marché. Ces missions assignées à la DNCC résultent de l'article 2 de l'ordonnance du 20 août 1998 ainsi libellé : *« la Direction Nationale du Commerce et de la Concurrence a pour mission l'élaboration des éléments de la politique nationale dans le domaine du commerce et de la concurrence et la mise en œuvre de cette politique. À ce titre, elle est chargée notamment de : l'organiser, développer et appuyer les activités de promotion commerciale en vue d'accroître leur rôle dans le développement économique et social du pays ; élaborer la réglementation en matière de commerce et de concurrence en relation avec les autres structures compétentes ; veiller à l'application de la réglementation nationale et internationale en matière commerciale et de concurrence ».*

Quant à la Commission nationale de lutte contre la fraude et les pratiques de concurrence déloyale, elle est instituée par le décret n°050/P-RM du 8 février 2005 qui lui assigne un rôle majeur dans le fonctionnement du marché et la défense du libre jeu de la concurrence. En tant que structure

---

[65] Texte disponible à l'adresse suivante : http://dncc-miic.gouv.ml/ JO-1998.p.894

nationale ayant pour mission fondamentale de garantir le bon fonctionnement du marché, cette Commission connaît de toutes les questions relatives aux pratiques anticoncurrentielles. À cet effet, elle peut être saisie par toute personne physique ou morale, victime de concurrence déloyale. Ce qui implique la possibilité pour les consommateurs pris individuellement et les associations de défense de consommateurs, de saisir cette commission lorsqu'ils s'estiment victimes de pratiques entravant le libre jeu de la concurrence.

Le Conseil national de la concurrence, pour sa part tient un rôle phare dans la politique nationale de concurrence du pays dans la mesure où ses tâches consistent essentiellement à conseiller les pouvoirs publics et donner des avis sur toutes les questions concernant la concurrence. Aux termes de l'article 86 de l'ordonnance du 18 juillet 2007 portant organisation de la concurrence *« le Conseil national de la concurrence est chargé de conseiller le gouvernement sur toute question intéressant la concurrence, notamment sur les projets de textes législatifs ou réglementaires dont l'adoption pourrait en affecter le jeu ; de donner aux ministres compétents un avis sur les opérations ou projets d'opérations d'ordre économique et commercial qui peuvent affecter le fonctionnement de la concurrence ; de donner des avis sur l'application des dispositions législatives et réglementaires relatives aux pratiques concurrentielles restrictives ; fournir un rapport annuel sur l'évolution de la concurrence dans le pays »*[66].

Enfin, il y a la Commission instituée par l'UEMOA pour garantir le libre jeu de la concurrence au sein de son marché intérieur[67]. Créée par le

---

[66] Ordonnance n°07-025/PRM du 18 juillet 2007 portant organisation de la concurrence au Mali, disponible en ligne à l'adresse suivante : http://www.droit-afrique.com/images/textes/Mali/Mali%20-%20Ordonnance%202007%20concurrence.pdf

[67] V. A. KANTE, *« Réflexions sur le droit de la concurrence et la protection des consommateurs dans l'UEMOA : l'exemple du Sénégal »*, Penant, Avril juin 2010, n° 871, p. 141-166 *Add.* A-S. COULIBALY, *« Le droit de la concurrence de l'Union economique et monetaire ouest africaine »*, Revue burkinabbé de droit, n° 43-44, 1er et 2ème semestres 2003.

règlement n° 3/2002/CM/UEMOA, cette commission est dotée d'importants pouvoirs pour constater et contraindre les opérateurs économiques fautifs à mettre fin aux actes constitutifs d'abus d'ententes ou abus de positions dominantes. Elle peut être saisie par les Etats ou toute personne physique ou morale. Lorsqu'elle est saisie d'une pratique portant une atteinte grave, irréparable et immédiate à l'économie générale, ou à celle du secteur intéressé, ou à l'intérêt des consommateurs ou des concurrents, elle peut adopter des mesures provisoires, consistant à enjoindre aux opérateurs accusés, soit de ne pas donner suite à leurs actes ou de rétablir la situation de droit antérieure, soit de modifier ou de compléter l'opération ou de prendre toute mesure propre à assurer ou à rétablir une concurrence suffisante. Au-delà, la Commission peut par voie de décision, infliger aux opérateurs économiques concernés des amendes allant de 500 000 CFA à 100 000 000 Francs CFA. Cette sanction pécuniaire peut être assortie des astreintes à raison de 50 000 CFA à 1 000 000 CFA par jour de retard[68].

En deuxième lieu, s'agissant des dispositions législatives ou réglementaires visant à garantir un fonctionnement régulier du marché, une série d'actes ont pu être définis et considérés par le législateur malien comme étant constitutifs d'entraves au libre jeu de la concurrence et comme tels, prohibés et condamnés. Ce fût le cas avec l'adoption de l'Ordonnance n° 92-021/P-CTSP en 1992 instituant la liberté des prix et de la concurrence au Mali[69]. Toutefois, avec l'adoption du traité constitutif de l'UEMOA en 1994 et par suite la mise en place par l'UEMOA de règles communes en matière de concurrence, ce texte a été révisé en juillet 2007, pour se conformer à la compétence exclusive de l'UEMOA dans le domaine de la définition des infractions au libre jeu de la concurrence. Aux termes de l'article 43 de l'ordonnance n°07-025/PRM du 18 juillet 2007 portant organisation de la concurrence, modifiant l'ordonnance n°92-021/P-CTSP – précitée -, *« la définition et la répression des infractions liées aux pratiques anticoncurrentielles relèvent exclusivement de la*

---

[68] Cf. Article 23.1du règlement n° 3/2002/CM/UEMOA, prec.

[69] Ordonnance n°92-021/P-CTSP en 1992 instituant la liberté des prix et de la concurrence au Mali, disponible en ligne à l'adresse suivante : http://www.droit-afrique.com/images/textes/Mali/Mali%20-%20Prix%20et%20concurrence.pdf

compétence de l'Union. Elles concernent : les ententes ; les abus de position dominante les aides d'Etat ». Toutefois selon le même texte, *« les structures nationales chargées de la concurrence assurent une mission générale d'enquête, conformément aux pouvoirs et aux procédures d'investigation prévus par les droits nationaux et le droit communautaire fixées par règlements »*[70].

Dans ce cadre, la Commission de l'UEMOA a adopté une législation communautaire destinée à garantir le libre jeu de la concurrence au sein du marché commun.

À cet égard, le règlement n° 2/2002/CM/UEMOA relatif aux pratiques anticoncurrentielles à l'intérieur de l'UEMOA énumère une série de comportements considérés comme les plus nuisibles à la concurrence et devant être combattus en priorité. Ainsi, recense-t-on à la lecture des articles 3 et 4 de ce règlement : *« les accords limitant l'accès au marché ou le libre exercice de la concurrence par d'autres entreprises ; les accords visant à fixer directement ou indirectement le prix, à contrôler le prix de vente, et de manière générale, à faire obstacle à la fixation des prix par le libre jeu du marché en favorisant artificiellement leur hausse ou leur baisse ; en particulier des accords entre entreprises à différents niveaux de production ou de distribution visant à la fixation du prix de revente ; les répartitions des marchés ou des sources d'approvisionnement, en particulier des accords entre entreprises de production ou de distribution portant sur une protection territoriale absolue ; les limitations ou des contrôles de la production, des débouchés, du développement technique ou des investissements ; les discriminations entre partenaires commerciaux au moyen de conditions inégales pour des prestations équivalentes ; les subordinations de la conclusion des contrats à l'acceptation, par les partenaires, de prestations supplémentaires, qui, par leur nature ou selon les usages commerciaux, n'ont pas de lien avec l'objet de ces contrats »*[71] ou encore *« imposer de façon directe ou indirecte*

---

[70] Ordonnance n°07-025/PRM du 18 juillet 2007 portant organisation de la concurrence au Mali, prec.
[71] http://www.uemoa.int/Pages/Actes/NewPages/reglement_2_2002_CM_UEMOA.aspx

des prix d'achat ou de vente ou d'autres conditions de transactions non équitables ; limiter la production, les débouchés ou le développement technique au préjudice des consommateurs ; appliquer à l'égard de partenaires commerciaux des conditions inégales à des prestations équivalentes, en leur infligeant de ce fait un désavantage dans la concurrence ; subordonner la conclusion de contrats à l'acceptation, par les partenaires, de prestations supplémentaires, qui, par leur nature ou selon les usages commerciaux, n'ont pas de lien avec l'objet de ces contrats »[72].

B- La réglementation des prix à la consommation

Selon M. PEBEREAU *« dans une économie de marché, les prix des biens et des services sont déterminés par une libre confrontation de l'offre et de la demande. L'intervention des pouvoirs publics dans ce domaine a normalement pour seul objectif de créer les conditions nécessaires au libre exercice de la concurrence, de faire en sorte que les agents économiques n'y fassent pas obstacle et puissent la faire jouer »*[73]. Cette assertion de PEBEREAU, qui rejoint du reste la doctrine économique libérale, a-t-elle valeur de principe dans le contexte d'un pays en développement, à l'économie de marché encore balbutiante et dont le pouvoir d'achat des consommateurs reste encore assez faible ?

L'accès des consommateurs à des prix abordables aux produits de première nécessité est, depuis l'indépendance, l'une des préoccupations majeures de l'Etat du Mali. La recherche de la réalisation de cet objectif a conduit l'Etat à la mise en place d'une réglementation des prix à la consommation qui a évolué de concert avec les mutations politiques et économiques du pays. Ainsi, aussitôt après son indépendance en 1960, le Mali qui opta pour une gestion étatique de son économie, a mis en place une réglementation des prix favorable à l'intervention de l'Etat dans la fixation des prix à la consommation. Dans le domaine du commerce des

---

[72] Art. 4 du règlement n° 2/2002/ CM/UEMOA, prec.

[73] M. PEBEREAU, *« La politique économique de la France. Les instruments »*, Paris, A. Colin, 1985.

aliments, à la faveur de cette orientation, le commerce intérieur et extérieur était confié à des organismes étatiques, notamment : la Société Malienne d'Importation et d'Exportation (SOMIEX) qui fut chargée de l'exportation, de l'importation et de la distribution des biens de consommation courants, et l'Office Malien des Produits Agricoles (OPAM) qui avait le monopole légal de la commercialisation des céréales. Les prix étaient alors fixés par l'Etat à travers l'OPAM. Cette fixation devait permettre de fournir aux consommateurs des céréales à des prix bas et d'offrir en même temps des prix incitateurs aux agriculteurs. L'Office de Stabilisation et de Régulation des Prix (OSRP) était chargé de gérer les subventions occasionnées par cette politique des prix financée à partir de ressources tirées pour l'essentiel des taxes spécifiques sur les hydrocarbures et autres produits[74]. La libéralisation du commerce des céréales intervenue en 1981 à travers le PRMC, suivie de l'adoption de la loi n° 82-35/ANRM du 8 Février 1982 qui dispose que *« le commerce des céréales au Mali est ouvert à toute personne physique et morale agréée comme commerçant »* n'ont pas mis fin à l'interventionnisme de l'Etat dans la fixation des prix, puisque cette loi du 8 Février 1982 fait obligation aux opérateurs économiques privés de respecter les prix fixés par l'Etat. L'adoption le 13 avril 1992 de l'ordonnance n° 92-021/P-CTSP instituant la liberté des prix et de la concurrence au Mali[75], modifiée par l'Ordonnance n°07-025/PRM du 18 juillet 2007 portant organisation de la concurrence, devrait fondamentalement bouleverser le régime juridique antérieur de fixation des prix par l'Etat. En effet, aux termes de l'article 2 de cette ordonnance, devenu article 3 de l'ordonnance du 18 juillet 2007, *« les prix des biens, produits et services sont libres sur toute l'étendue du territoire national et*

---

[74] Sur ce sujet voir : N. N. DEMBELE, J. DIONE, *« Description des Circuits Céréaliers au Mali et Analyse des Données Secondaires de Prix de Céréales (mil-maïs-sorgho) »*, ministère de l'Agriculture, Institut d'Economie Rurale, Sécrétariat Technique de la CESA, Projet Sécurité Alimentaire MSU-CESA, Document de Travail n°86-02, Mars 1986. *Add.* Cl. ARDITI, P. JEANIN et A. MARIE, *« la lutte contre l'insecurité alimentaire au Mali, Realités et faux semblants »*, éd. Karthala, 2011, 379 p.

[75] Ordonnance n° 92-021 / P-CTSP du 13 avril 1992 instituant la liberté des prix et de la concurrence, consultable sur internet à l'adresse suivante : http://www.droitafrique.com/images/textes/Mali/Mali%20%20Prix%20et%20concurrence.pdf

sont déterminés par le seul jeu de la concurrence »[76]. Cette loi consacre donc la liberté des prix des produits et services qui ne sont dès lors déterminés que par le libre jeu de la concurrence. L'instauration du libre jeu de la concurrence apparaît comme étant un moyen d'agir sur les prix à la consommation dans la mesure où il permet de créer une compétition par le prix entre opérateurs économiques. Aussi, il n'est admis par la loi que deux situations exceptionnelles dans lesquelles l'Etat peut intervenir pour fixer les prix des produits et services : l'une d'ordre structurel et l'autre d'ordre conjoncturel. L'article 3 de l'ordonnance du 18 juillet 2007 précitée indique : *« dans les secteurs économiques et dans les localités où la concurrence par les prix est limitée, pour quelque raison que ce soit »* et *« dans les situations de crise ou dans les cas de hausse excessive sur le marché »,* le gouvernement peut, par décret pris en conseil des ministres, réglementer les prix ou les fixer[77].

Ces deux exceptions au principe de la liberté des prix peuvent être perçues comme étant des exceptions admises par le législateur pour permettre à l'Etat de mettre en œuvre des politiques économiques et sociales en vue de lutter contre les hausses excessives des prix et d'assurer une uniformisation des prix dans des localités ou secteurs économiques dans lesquels les conditions objectives du libre exercice de la concurrence ne sont pas réunies. Il en résulte qu'en dehors de ces exceptions limitativement énumérées par la loi, justifiées par des raisons conjoncturelles ou structurelles, l'Etat ne peut normalement intervenir dans la fixation des prix à la consommation. Pourtant, malgré cette consécration légale de la fixation des prix par le libre jeu de la concurrence et la précision par laquelle le législateur malien a entendu encadrer les exceptions dont le principe de la liberté des prix est assorti, la présence de l'État dans la détermination des prix à la consommation est encore assez perceptible. Cette présence de l'Etat dans la fixation des prix à la consommation trouve son fondement juridique dans l'ordonnance du 18 juillet 2007 puisque l'alinéa 3 de l'article 3 de cette ordonnance, permet à

---

[76] Article 3 al. 1er de l'Ordonnance n°07-025/PRM du 18 juillet 2007 Portant organisation de la concurrence au Mali, prec.

[77] Cf. Article 3 al. 2 de l'Ordonnance n°07-025/PRM du 18 juillet 2007 Portant organisation de la concurrence au Mali, prec.

l'Etat d'intervenir de manière permanente dans la fixation des prix par voie de conventions conclues avec les opérateurs économiques. Ce texte dispose, en effet que le gouvernement peut *« fixer les prix dans le cadre de conventions appropriées »*[78]. La faculté ainsi donnée à l'Etat permet à ce dernier de ne pas laisser les prix se former au gré des seuls mécanismes du marché et d'intervenir toutes les fois que les conditions du marché lui semblent défavorables à la formation des prix abordables pour les consommateurs.

Ainsi, l'Etat intervient-il régulièrement dans la fixation des prix à la consommation pour assurer un accès plus aisé des consommateurs aux produits de première nécessité, notamment les denrées alimentaires. Cette fixation des prix par l'Etat a pour cadre des conventions conclues avec les opérateurs économiques auxquels l'Etat accorde des exonérations fiscales ou des subventions à l'importation. Plus concrètement, sur la base de ces conventions, l'État accorde des subventions ou exonérations douanières ou fiscales à l'opérateur économique et en contrepartie, l'opérateur économique s'engage à approvisionner le marché national ou local en produits à un prix fixé par l'Etat. Ainsi, à titres illustratifs, au cours des trois années successives (2008 à 2010) l'Etat est intervenu pour maintenir une certaine stabilité des prix des denrées alimentaires et des hydrocarbures, par des exonérations fiscales estimés à 62 milliards de Frcs CFA (1,6 % du PIB) en 2008, 7 milliards de Frcs CFA (0,2 % du PIB) en 2009 et 13 milliards de Frcs CFA (0,3 % du PIB) en 2010[79]. En définitive, en réponse à notre question de départ, on peut affirmer que le principe de la libre détermination des prix par le libre jeu de la concurrence, n'a pas

---

[78] Art.3. de Ordonnance n°07-025/PRM du 18 juillet 2007 article 3 « Les prix des biens, produits et services sont libres sur toute l'étendue du territoire national et sont déterminés par le seul jeu de la concurrence. Toutefois, dans les secteurs économiques et dans les localités où la concurrence par les prix est limitée, pour quelque raison que ce soit, dans les situations de crise ou dans les cas de hausse excessive sur le marché, le gouvernement peut, par décret pris en conseil des ministres, réglementer les prix ou les fixer. Il peut également fixer les prix dans le cadre de conventions appropriées ».

[79] Sur ces données Cf. S. TRAORE, ministère Délégué Chargé du Budget du Mali, « Expérience du Mali face à la récente flambée des prix alimentaires et énergétiques », communication au Forum fiscal africain – Défis de la politique budgétaire en Afrique, Hôtel et centre de conférences Townhouse Le Cap 9-10 novembre 2011.

encore valeur de principe dans le cas du Mali. Cela paraît d'autant plus compréhensible que l'économie de marché est encore balbutiante. Ce qui justifie la réglementation actuelle des prix faisant une large place à l'Etat dans la détermination des prix à la consommation.

Section II - La conciliation des libertés de circulation et la protection de la santé publique dans le marché commun de l'UEMOA

L'Union économique et monétaire ouest africaine (UEMOA) est une organisation sous régionale créée par un Traité de Dakar le 10 janvier 1994 et regroupant huit pays[80]. Aux termes de l'article 4.C du dit Traité, l'UEMOA a pour objectifs de *« créer entre les Etats membres un marché commun basé sur la libre circulation des personnes, des biens, des services, des capitaux et le droit d'établissement des personnes exerçant une activité indépendante ou salariée, ainsi que sur un tarif extérieur commun et une politique commerciale commune »*[81]. Il en résulte que la libre circulation des personnes, des biens, des capitaux et des services, de même que la réalisation d'un marché commun, c'est-à-dire *« un espace sans frontières intérieures dans lequel la libre circulation des personnes, des biens, des capitaux et des services est assurée »*[82], constituent des objectifs fondamentaux de l'UEMOA. L'article 7 du même Traité prescrit aux Etats membres de ne prendre aucune mesure susceptible de faire

---

[80] Le Bénin, le Burkina Faso, la Côte-d'Ivoire, le Mali, le Niger, le Sénégal et le Togo et la Guinée-Bissau.

[81] Les autres objectifs définis par ledit Traité sont : « renforcer la compétitivité des activités économiques et financières des Etats membres dans le cadre d'un marché ouvert et concurrentiel et d'un environnement juridique rationalisé et harmonisé ; assurer la convergence des performances et des politiques économiques des Etats membres par l'institution d'une procédure de surveillance multilatérale ; instituer une coordination des politiques sectorielles nationales, par la mise en œuvre d'actions communes et éventuellement de politiques communes notamment dans les domaines suivants : ressources humaines, aménagement du territoire, transports et télécommunications, environnement, agriculture, énergie, industrie et mines ; et harmoniser, dans la mesure nécessaire au bon fonctionnement du marché commun, les législations des Etats membres et particulièrement le régime de la fiscalité ». Article 4 du Traité de l'UEMOA du 10 janvier 1994. Ce traité a été publié dans le Bulletin Officiel de l'UEMOA, n° 5, édition spéciale, p. 2-14.

[82] V. Article 4 du Traité de l'UEMOA du 10 janvier 1994, prec.

obstacle à la réalisation des objectifs de l'Union. Ainsi, les quatre libertés de circulation définies par le Traité entretiennent-elles un lien étroit avec l'objectif de réalisation du marché commun dans la mesure où leur épanouissement est nécessaire à la construction du marché commun. L'on comprend dès lors l'importance que leur attache le Traité UEMOA ainsi que la rigueur par laquelle le Traité ordonne aux Etats de s'abstenir de prendre toute mesure susceptible de faire obstacle à l'épanouissement de ces libertés de circulation.

Toutefois, quelles que soient l'importance qu'attache le législateur de l'UEMOA à ces libertés de circulation et la rigueur par laquelle il impose aux Etats membres d'assurer leur pleine application, elles ne sont pas pour autant des libertés absolues. En effet, le Traité UEMOA permet aux Etats membres d'apporter des limites à ces libertés de circulation pour des raisons notamment de protection de la santé publique. La protection de la santé publique est en effet considérée par le Traité constitutif de l'UEMOA comme un objectif légitime qui autorise les Etats membres à déroger aux exigences communautaires de liberté de circulation[83]. Avant d'étudier l'étendue et les limites des mesures pouvant être prises par l'Etat dans ce cadre (§II), il convient au préalable de s'intéresser à la prise en compte de l'objectif de protection de la santé publique par le droit communautaire de l'UEMOA. Cela nous permettra de comprendre comment le législateur de l'UEMOA concilie l'objectif de libre circulation et l'impératif de protection de la santé publique (§I). Avant toutefois de présenter ces deux points de notre étude, il n'est pas inutile d'indiquer que la santé publique vise *« à analyser l'ensemble des questions et des phénomènes qui touchent ou concourent à la santé des individus afin d'assurer non seulement une maîtrise des risques et des maladies, mais aussi une réelle amélioration de l'état de santé des populations »*[84]. Deux remarques importantes peuvent être faites à partir de cette définition. La première touche à la dimension collective de la santé à laquelle renvoie la notion de santé publique. La santé publique met l'accent sur la santé des populations et non celle d'un individu en particulier. La deuxième remarque permet de distinguer la

---

[83] Cf. Articles 79 et 91 du Traité constitutif de l'UEMOA révisé le 29 janvier 2003, prec.
[84] Cf. F. BOURDILLON, G. BRÜCKER G, et D. TABUTEAU, Traité de santé publique, Flammarion, 2004.

notion de santé publique, d'une notion voisine qui est au centre de nos développements dans la deuxième partie de notre étude, à savoir la notion de sécurité sanitaire[85]. Cette définition montre que la notion de santé publique couvre un champ extrêmement large, comprenant aussi bien les actions favorables à la santé des individus que celles visant à réduire les risques les menaçant. Or, la sécurité sanitaire quant à elle, ne concerne que le second aspect de la santé publique, à savoir réduire les risques[86].

§ I. La protection de la santé publique, un objectif présent dans le droit communautaire de l'UEMOA

Même si elle ne constitue pas encore une politique autonome de l'UEMOA, l'objectif de protection de la santé publique est pris en compte, au moins indirectement, dans le droit communautaire de l'UEMOA (A) et les actions de l'UEMOA dans ce domaine ne sont pas négligeables (B).

A- La prise en compte de l'objectif de protection de la santé publique par le droit communautaire de l'UEMOA

L'objectif de protection de la santé publique apparaît aussi bien dans le droit primaire que dans le droit dérivé de l'UEMOA.

Dans le droit primaire de l'UEMOA, la protection de la santé publique est envisagée comme étant une possibilité permettant de déroger aux objectifs fondamentaux définis par le traité constitutif de l'UEMOA puisqu'au nom de la santé publique, il permet de faire obstacle à la libre circulation des marchandises, à la libre circulation des personnes ainsi qu'à la libre prestation de services. Ainsi, les articles 79 et 91 du Traité constitutif de l'UEMOA révisé le 29 janvier 2003, prévoient expressément que pour protéger la santé publique les Etats membres peuvent déroger aux principes de libre circulation des marchandises et des personnes.

---

[85] Deuxième partie, Titre II.

[86] V. MACCHI, « Protection de la santé publique et droit communautaire », thèse dactylographiée, Université de Metz, 2007.

Avant d'analyser plus en détail ces deux textes, on notera l'article 3 du Traité UEMOA qui dispose : *« l'Union respecte dans son action les droits fondamentaux énoncés dans la Déclaration universelle des droits de l'homme de 1948 et la Charte africaine des droits de l'homme et des peuples de 1981 »*. Chacun de ces deux instruments consacre le droit à la santé puisque aux termes de l'article 25 de la Déclaration universelle des droits de l'homme *« toute personne a droit à un niveau de vie suffisant pour assurer sa santé, son bien-être et ceux de sa famille, notamment (...) pour les soins médicaux ainsi que pour les services sociaux nécessaires »*[87]. De même l'article 16 la Charte africaine des droits de l'homme et des peuples de 1981 dispose : *« toute personne a le droit de jouir du meilleur état de santé physique et mentale qu'elle soit capable d'atteindre. Les Etats parties à la présente Charte s'engagent à prendre les mesures nécessaires en vue de protéger la santé de leurs populations et de leur assurer l'assistance médicale en cas de maladie »*[88]. La protection de la santé est ainsi érigée en véritable droit fondamental de la personne humaine. À ce propos, selon la Constitution de l'OMS, *« la possession du meilleur état de santé qu'il est capable d'atteindre constitue l'un des droits fondamentaux de tout être humain, quelles que soient sa race, sa religion, ses opinions politiques, sa condition économique et sociale »*[89].

Pour revenir aux articles 79 et 91 du Traité constitutif de l'UEMOA, par le prisme de la *« réserve de santé publique »*, ces deux textes admettent respectivement des dérogations aux principes de la libre circulation des marchandises et celui de libre circulation des personnes, qui sont pourtant des objectifs fondamentaux de l'UEMOA. Ainsi, l'article 79 du Traité

---

[87] Déclaration universelle des droits de l'homme du 10 décembre 1948, consultable à l'adresse suivante : http://www.un.org/fr/documents/udhr/

[88]Charte africaine des droits de l'homme et des peuples de 1981, consultable à l'adresse suivante : http://www.achpr.org/fr/instruments/achpr/#a16

[89]Adoptée par la Conférence internationale de la Santé, tenue à New York du 19 juin au 22 juillet 1946, signée par les représentants de 61 Etats le 22 juillet 1946 (Actes off. Org. mond. Santé, 2, 100) et est entrée en vigueur le 7 avril 1948. Les amendements adoptés par la Vingt-Sixième, la Vingt-Neuvième, la Trente-Neuvième et la Cinquante et Unième Assemblée mondiale de la Santé (résolutions WHA26.37, WHA29.38, WHA39.6 et WHA51.23) sont entrés en vigueur le 3 février 1977, le 20 janvier 1984, le 11 juillet 1994 et le 15 septembre 2005 respectivement ; ils sont incorporés au présent texte.

relatif à libre circulation des marchandises dispose : *« sous réserve des mesures d'harmonisation des législations nationales mises en œuvre par l'Union, les Etats membres conservent la faculté de maintenir et d'édicter des interdictions ou des restrictions d'importation, d'exportation et de transit, justifiées par des raisons de moralité publique, d'ordre public, de sécurité publique, de protection de la santé ou de la vie des personnes et des animaux, de préservation de l'environnement, de protection des trésors nationaux ayant une valeur artistique, historique ou archéologique et de protection de la propriété industrielle et commerciale »*. De même, l'article 91 du Traité relatif à la libre circulation des personnes indique que *« sous réserve des limitations justifiées par des motifs d'ordre public, de sécurité publique et de santé publique, les ressortissants d'un Etat membre bénéficient sur l'ensemble du territoire de l'Union de la liberté de circulation et de résidence »*[90]. Ainsi, en vue de protéger la santé publique, le traité constitutif de l'UEMOA admet des dérogations à la libre circulation des marchandises et des personnes.

On remarquera cependant que l'objectif de protection de la santé publique n'est envisagé dans le Traité constitutif de l'UEMOA que de façon indirecte, c'est-à-dire pas de manière autonome mais comme étant accessoire au bon fonctionnement du marché commun. Cette approche particulière de la protection de la santé a été qualifiée par le Professeur Michel BELANGER d'approche sanitaire *« négative »* ou *« défensive »*[91]. Faisant le même constat à propos des Traités originaires antérieurs à l'Acte unique européen (AUE) de 1986, l'auteur n'a pas manqué de qualifier une telle approche de défense sanitaire *« archaïque »*[92]. À cet égard, il faisait remarquer qu'*« une approche plus moderne de la santé publique existait pourtant, consistant à envisager la protection de la santé publique d'une façon plus positive, c'est-à-dire offensive, marquée notamment par des actions à moyen ou long terme axées à la fois sur les soins et sur la*

---

[90] Traité de l'UEMOA du 10 janvier 1994, révisé le 29 janvier 2003, consultable à l'adresse suivante : http://www.uemoa.int/Documents/TraitReviseUEMOA.pdf

[91] M. BELANGER, « Les Communautés européennes et la santé », Presses universitaires de Bordeaux, 1985, p. 20.

[92] M. BELANGER « Le droit communautaire de la santé : Un droit en formation lente », Les cahiers du droit, 1985, tome II, p.189.

prévention »[93]. L'approche *« positive »*, consiste donc à envisager la protection de la santé publique non pas comme une possibilité de déroger aux principes communautaires, mais comme un objectif autonome explicitement mentionné parmi les objectifs communautaires. À ce propos, avec l'adoption du protocole additionnel n° II relatif aux Politiques sectorielles de l'UEMOA, il est permis de penser que l'UEMOA s'oriente vers *« une approche positive »* dans l'objectif de protection de la santé publique, puisque le chapitre I de ce protocole prévoit expressément à son article 3 que *« l'Union met en œuvre, de concert avec les organisations internationales ou régionales spécialisées, des actions communes en vue de l'amélioration du niveau sanitaire des populations »*[94].

Cette dernière disposition constitue un progrès en matière de politique communautaire de santé publique dans la mesure où elle pose une nouvelle base sectorielle permettant le développement d'une politique communautaire de santé publique dans l'UEMOA.

Quoi qu'il en soit, l'ensemble de ces dispositions témoigne d'une prise en compte de l'impératif de protection de la santé publique dans le droit primaire de l'UEMOA.

Le droit dérivé de l'UEMOA témoigne également de la prise en compte de cet objectif de santé publique. Dans le champ de notre étude on peut citer à titre d'illustration, le règlement relatif à la sécurité sanitaire des végétaux, des animaux et des aliments dans l'UEMOA adopté en 2007, et dont les considérants mentionnent explicitement que son adoption résulte de la volonté des autorités communautaires de l'UEMOA *« d'assurer un niveau élevé de protection de la santé des personnes, des végétaux et des animaux »*[95]. En définitive, on peut affirmer, même si la protection de la santé publique n'est pas explicitement mentionnée parmi les objectifs fondamentaux de l'UEMOA, qu'il n'en demeure pas moins que cet objectif est présent dans le droit communautaire de l'UEMOA.

---

[93] BELANGER M., Les bases juridiques de la politique communautaire de la santé, RMC, nov. 1989, n°331, p.565.

[94] http://www.uemoa.int/Pages/Actes/NewPages/Protocole_additionnel_II.aspx

[95] Cf. Paragraphe 8 des considérants du Règlement n°07/2007/CM/UEMOA relatif à la sécurité sanitaire des végétaux, des animaux et des aliments dans l'UEMOA.

B - Les actions de l'UEMOA en matière de protection de la santé publique

La volonté de promouvoir les exigences sanitaires au sein du marché commun en vue de sa réalisation et de son bon fonctionnement, a conduit l'UEMOA à adopter d'importantes mesures réglementaires et institutionnelles ayant une incidence sur la protection de la santé publique. Les fondements juridiques de cette intervention se trouvent dans diverses dispositions du Traité constitutif de l'UEMOA, notamment l'article 4.e du Traité qui autorise le Conseil de l'UEMOA à *« harmoniser, dans la mesure nécessaire au bon fonctionnement du marché commun, les législations des États-membres »*. Pour atteindre cet objectif, le Conseil, *« statuant à la majorité des deux tiers (2/3) de ses membres, sur proposition de la Commission »*[96] a compétence pour édicter *« des règlements, des directives et des décisions »*[97]. Aussi, pour l'établissement et le fonctionnement du marché commun, le conseil peut, dans les mêmes conditions, entreprendre *« l'harmonisation et la reconnaissance mutuelle des normes techniques ainsi que des procédures d'homologation et de certification du contrôle de leur observation »*[98].

Dans cette optique et sur la base des textes ci-dessus énoncés, l'UEMOA a entrepris un vaste chantier d'harmonisation en matière sanitaire. Dans le champ de notre étude, on peut noter le règlement communautaire adopté en avril 2007 en vue d'assurer la sécurité sanitaire des végétaux, des animaux et des aliments dans l'UEMOA. Ce règlement établit les principes généraux ainsi que les dispositions et procédures organisationnelles permettant d'assurer la sécurité sanitaire des végétaux, des animaux et aliments, dans l'ensemble des pays membres de l'UEMOA. Il harmonise les législations et réglementations nationales régissant la production, la transformation et la distribution des végétaux, des animaux et des aliments commercialisés dans l'espace UEMOA[99]. De même, dans le domaine

---

[96] Article 61 du Traité de l'UEMOA du 10 janvier 1994, révisé le 29 janvier 2003, prec.
[97] Article 42 du Traité de l'UEMOA du 10 janvier 1994, révisé le 29 janvier 2003, prec.
[98] Article 76 du Traité de l'UEMOA du 10 janvier 1994, révisé le 29 janvier 2003, prec.
[99] Règlement n°07-2007 relatif à la sécurité sanitaire des végétaux, des animaux et aliments dans l'UEMOA, consultable à l'adresse suivante :

vétérinaire, le règlement n° 02/2OO6 établit des procédures communautaires pour l'autorisation de la mise sur le marché et la surveillance des médicaments à usage vétérinaire dans l'UEMOA[100]. Toujours dans le domaine vétérinaire, de nombreux autres champs ont fait l'objet d'une harmonisation.

La volonté de l'UEMOA de promouvoir les exigences sanitaires au sein de son marché commun, s'est également traduite par la mise en place d'un ensemble de structures qui participent également à la protection de la santé publique. Avant de présenter ces structures, il n'est pas inutile de souligner qu'il n'existe pas dans l'organisation institutionnelle de la Commission de l'UEMOA, qui est un organe central dans l'exécution des politiques communautaires de l'UEMOA[101], un département spécialement chargé des questions de santé, comme c'est le cas par exemple, de l'Union européenne avec sa Direction générale dite « DG SANCO », exclusivement chargée de la politique des consommateurs et de la protection de la santé[102]. Au sein de la Commission de l'UEMOA, en effet, la santé constitue une mission parmi tant d'autres, confiée à un département à vocation générale, à savoir le Département du Développement Humain (DDH) chargé de l'enseignement supérieur, de la formation professionnelle, de la Santé, de la Protection sociale et la mutualité, de la promotion du genre dans le développement économique et social, ainsi que des Arts et de la Culture. Une restructuration de la

---

http://www.uemoa.int/Documents/Actes/Reglement_07_relatif_e_la_securite_sanitaire.pdf

[100] http://www.uemoa.int/Documents/Actes/Reg_08_2010_CM_UEMOA.pdf

[101] Prévue par l'article 26 du Traité aux termes duquel « la Commission exerce, en vue du bon fonctionnement et de l'intérêt général de l'Union, les pouvoirs propres que lui confère le présent Traité. A cet effet, elle transmet à la Conférence et au Conseil les recommandations et les avis qu'elle juge utiles à la préservation et au développement de l'Union ; exerce, par délégation expresse du Conseil et sous son contrôle, le pouvoir d'exécution des actes qu'il prend ; exécute le budget de l'Union ; recueille toutes informations utiles à l'accomplissement de sa mission ; établit un rapport général annuel sur le fonctionnement et l'évolution de l'Union qui est communiqué par son Président au Parlement et aux organes législatifs des Etats membres ; élabore un programme d'actions qui est soumis par son Président, à la session ordinaire du Parlement, qui suit sa nomination ; assure la publication du Bulletin officiel de l'Union ».

[102] http://ec.europa.eu/dgs/health_consumer/index_fr.htm

Commission de l'UEMOA est donc nécessaire pour assurer une meilleure promotion des exigences sanitaires au sein du marché commun.

Conscientes de cette insuffisance les autorisées de l'UEMOA, se sont progressivement dotées d'organismes à vocation sanitaire participant directement ou indirectement à l'élaboration des normes et politiques sanitaires communautaires ou à leur application. Plusieurs catégories d'organismes ont ainsi été constituées. Il s'agit de « comités » comprenant en leur sein des représentants des milieux professionnels et économiques, de « comités » regroupant des fonctionnaires d'Etat ainsi que des membres issus des milieux socio-professionnels ou encore de « comités » composés d'hommes de science, d'experts scientifiques ou de personnalités hautement qualifiées. Nous pouvons citer « le Comité régional de sécurité sanitaire » créé en 2007 avec pour principales tâches *« d'assister la Commission dans l'organisation de la coopération sanitaire entre les Etats membres et de contribuer à la cohérence de la politique de sécurité sanitaire de l'Union en lui fournissant les avis techniques appropriés »*[103], les sous-comités de sécurité sanitaire des végétaux et de sécurité sanitaire des aliments, constitués d'experts scientifiques et de personnes représentant les milieux professionnels et économiques. Ils sont chargés chacun dans leurs domaines, d'aider le Comité régional de sécurité sanitaire dans ses missions[104]. On citera également le Comité Vétérinaire chargé de *« donner des avis techniques consultatifs sur l'ensemble des questions et mesures d'intérêt communautaire dans les domaines de la santé et du bien-être des animaux aquatiques et terrestres, de la sécurité sanitaire des aliments d'origine animale, de la pharmacie vétérinaire, des zoonoses et de la profession vétérinaire »*[105]. Ce Comité est composé des directeurs des services vétérinaires de chaque Etat, du président du Comité Régional du Médicament Vétérinaire et des observateurs nommés par la Commission de l'UEMOA[106]. Plus précisément, et de manière générale, la

---

[103] Cf. Articles 13 et 14 du Règlement n°07-2007 relatif à la sécurité sanitaire des végétaux, des animaux et aliments dans l'UEMOA, prec.
[104] Cf. Articles 15 du Règlement n°07-2007 relatif à la sécurité sanitaire des végétaux, des animaux et aliments dans l'UEMOA, prec.
[105] http://www.uemoa.int/Documents/Actes/reglement_01_2006_CM_UEMOA.pdf
[106] Article 3 Règlement N° 01/2006/CM/UEMOA du 23 mars 2006, prec.

création de ces organismes répond à l'accroissement des compétences des institutions communautaires et à la difficulté dans laquelle se trouve la Commission pour remplir certaines tâches d'ordre technique ou scientifique. Il s'agit donc principalement d'aider la Commission à la préparation de ses décisions relatives à la santé par des moyens scientifiques et techniques[107].

Ainsi, par le biais de l'harmonisation des législations nationales et de l'institution de structures spécialisées en matière sanitaire, l'UEMOA participe à la protection de la santé publique. Cet apport de l'UEMOA est d'autant plus important qu'il contribue à combler un important déficit réglementaire et institutionnel dans le domaine de la protection de santé publique au niveau des Etats. En effet, de nombreux Etats ne disposent pas d'un cadre réglementaire et institutionnel adéquat pour garantir la santé publique.

§ II. La protection de la santé publique un objectif traditionnel de l'Etat

Malgré les contraintes du droit communautaire de l'UEMOA (A), les pouvoirs publics maliens s'efforcent de préserver et d'élever le niveau de santé des populations (B).

A- Une protection limitée par le droit communautaire de l'UEMOA

La libre circulation des marchandises, tout comme celles des personnes et des services font partie des objectifs prioritairement poursuivis par l'UEMOA dans le cadre de la réalisation du marché commun[108]. Pour assurer une meilleure réalisation de cet objectif, l'UEMOA a institué des règles destinées à empêcher que des mesures nationales de protection de santé publique ne fassent obstacle à la libre circulation des marchandises.

---

[107] V. MACCHI, *« Protection de la santé publique et droit communautaire »,* prec.
[108] V. Article 4. C du Traité de l'UEMOA, prec.

Ces règles ont pour siège l'article 77 du Traité UEMOA. Cet article est ainsi libellé : *« en vue de la réalisation de l'objectif défini à l'article 76 paragraphe a), les Etats membres s'abstiennent, dès l'entrée en vigueur du présent Traité : d'introduire entre eux tous nouveaux droits de douane à l'importation et à l'exportation ainsi que toutes taxes d'effet équivalent et d'augmenter ceux qu'ils appliquent dans leurs relations commerciales mutuelles ; d'introduire entre eux de nouvelles restrictions quantitatives à l'exportation ou à l'importation ou des mesures d'effet équivalent, ainsi que de rendre plus restrictifs les contingents, normes et toutes autres dispositions d'effet équivalent ».*

À la lecture de ces dispositions, il apparaît que c'est essentiellement par le biais de l'interdiction des mesures nationales *« d'effet équivalent à des restrictions quantitatives »* que le droit communautaire de l'UEMOA cherche à empêcher que les Etats, en se fondant sur un motif de santé publique, ne fassent obstacle à la libre circulation des marchandises. Que recouvre donc cette notion ? La notion de *« mesures nationales d'effet équivalent à des restrictions quantitatives »* de l'article 77 du Traité UEMOA, ne fait pas l'objet d'une définition en droit de l'UEMOA. Il y a donc une difficulté à saisir le sens exact de cette notion. Toutefois, cette difficulté conceptuelle peut être surmontée en recourant au droit comparé, et en particulier à la jurisprudence de la Cour de justice des Communautés européennes (CJCE). Dans son arrêt *« Dassonville »* la CJCE affirme en effet que constitue une mesure d'effet équivalent à des restrictions quantitatives *« toute réglementation commerciale des Etats membres susceptible d'entraver directement ou indirectement, actuellement ou potentiellement le commerce intra-communautaire »*[109].Comme l'a bien décrit Virginie MACCHI, trois éléments ressortent de cette définition prétorienne de *« mesures nationales d'effet équivalent à des restrictions quantitatives »*. En premier lieu, la mesure doit être exclusivement d'origine étatique. Il peut s'agir de dispositions législatives ou réglementaires voire de simples pratiques émanant d'autorités centrales, locales ou de tout organisme public. Ensuite, la mesure incriminée doit avoir sa source dans une *« réglementation commerciale »*. Enfin, le troisième critère d'identification ressortant de la définition de la CJCE est

---

[109] CJCE, 11 juillet 1974, Dassonville, aff. 8/74, rec. p. 837.

celui de l'effet restrictif sur les échanges que la mesure est susceptible de produire[110]. Ce dernier critère, de par son caractère général, est susceptible d'englober de nombreuses situations dans lesquelles intervient la réglementation commerciale, comme en témoigne d'ailleurs la jurisprudence constante de la CJCE. Celle-ci, en effet, retient généralement toutes les situations dans lesquelles la mesure est simplement *« susceptible »* de produire un effet restrictif sur les échanges[111]. Toutefois, la CJCE précise que l'effet restrictif ne doit pas être *« trop aléatoire »* ou *« trop indirect »*[112].

Dans tous les cas, cette conception jurisprudentielle assez large de la notion de *« mesures nationales d'effet équivalent à des restrictions quantitatives »* conduit à considérer une diversité de situations comme étant des *« mesures nationales d'effet équivalent à des restrictions quantitatives »*. Il en résulte que la plupart des mesures nationales fondées sur des considérations de protection de la santé publique sont susceptibles de recevoir la qualification de « mesures nationales d'effet équivalent à des restrictions quantitatives ».

B- Les mesures nationales de protection de la santé publique

À l'échelle nationale, l'Etat, gardien de l'ordre public, doit au premier chef garantir et préserver la santé publique. L'UEMOA, en vertu du principe de subsidiarité, s'abstient d'intervenir dans tous les domaines qui ne relèvent pas de sa compétence exclusive, à l'instar de la protection de la santé publique, l'intervention de l'Union n'est nécessaire que dans la mesure où les objectifs de l'action envisagée ne peuvent être réalisés de manière suffisante par les Etats membres et être mieux réalisés au niveau communautaire. Aussi, la *« réserve de santé publique »,* prévue aux articles 79 et 91 précités du Traité de l'UEMOA, permet-elle à l'Etat de tenir en échec les principes communautaires lorsque la sauvegarde de la santé publique est en jeu. Dans ce cadre, diverses mesures prenant la forme

---

[110] V. MACCHI, « Protection de la santé publique et droit communautaire », prec. p. 238 et Ss.

[111] Voirpar exemples : CJCE, 16 déc. 1986, Commission c/ Grèce, aff. 124/85, rec. p. 3935 ; CJCE, 14 juil. 1981, Oebel, aff.155/80, rec. p. 1993.

[112] CJCE, 14 juil. 1994, Matteo Perralta, aff. C—379/ 92, rec. p. I-3453.

de mesures d'interdictions ponctuelles, d'autorisations préalables à la mise d'un produit sur le marché ou encore de contrôles continus des produits sont-elles prises par les autorités publiques nationales pour préserver la santé publique.

Ainsi, *des mesures d'interdictions ponctuelles* sont prises par les autorités nationales en cas *« d'incertitude »* sur la sécurité d'un produit, pour préserver la santé publique. Il s'agit des mesures d'anticipation qui permettent aux autorités publiques de parer l'incertitude lorsque la dangerosité d'un produit est signalée aux plans international ou national. Dans le domaine des produits alimentaires, les crises internationales intervenues ces dernières décennies et qui ont ravivé dans tous les pays la crainte d'atteinte à la santé et à la sécurité des consommateurs ont justifié que soient adoptées par les autorités publiques maliennes des mesures ponctuelles interdisant l'importation et la vente de certains produits alimentaires sur le marché national. C'est ainsi qu'à la suite de la crise bovine intervenue en 2000 fut adopté l'arrêté interministériel du 5 décembre 2000 portant interdiction d'importation de viande bovine et produits dérivés, des farines de viande, de sang et d'os, de bovins vivants, d'ovules et d'embryons de bovins[113]. De même, à la suite des crises de la grippe aviaire intervenue successivement en 2004 et en 2006 ont été adoptés deux arrêtés interministériels. L'un, le 18 mars 2004 interdisant l'importation de la viande de poulet[114]. L'autre, le 4 septembre 2006 interdisant l'importation de volaille et de produits de volaille[115]. Ces dernières interventions des pouvoirs publics, dictées par *« l'incertitude »* trouvent leurs fondements dans un principe juridique consacré par le droit communautaire UEMOA : *le principe de précaution.* Le vocabulaire juridique CAPITANT, définit ce principe comme étant une *« directive de politique juridique qui, pour la sauvegarde d'intérêts essentiels*

---

[113] V. Arrêté interministériel N° 00 3445 -/MDR/MIC/MEP - du 05 décembre 2000, portant interdiction d'importation de viande bovine et de produits dérivés, des farines de viande, de sang et d'os, de bovin vivants, d'ovules et d'embryons de bovins.
[114] V. Arrêté interministériel N° 04-0596/MIC/MEF/MAEP-SG du 18 Mars 2004, portant interdiction d'importation de la viande de poulet au Mali.
[115] V. Arrêté interministériel N°04-0596/MIC/MEF/MEP-MA-SG du 4 septembre 2006, portant interdiction d'importation de volaille et de produits de volaille au Mali.

(protection de la santé publique, de l'environnement) recommande (aux gouvernants en particulier) de prendre, à titre préventif, des mesures conservatoires propres à empêcher la réalisation d'un risque éventuel, avant même de savoir avec certitude (preuve scientifique à l'appui) que le danger contre lequel on se prémunit constitue une menace effective »[116]. Aux termes de l'article 7 du règlement communautaire UEMOA du 27 janvier 2007 relatif à la sécurité sanitaire des végétaux, des animaux et des aliments, il en ressort que *« dans le cas où il existe une incertitude scientifique, mais où une évaluation des informations disponibles indique des possibilités d'effets nocifs sur la santé des personnes, des végétaux et des animaux, l'Union et ses États membres peuvent adopter, dans l'attente d'informations scientifiques, des mesures provisoires de prévention des risques pour assurer un niveau élevé de protection de la santé »*[117].

S'agissant de *l'autorisation préalable*, elle vise à la fois à vérifier la conformité du produit à la réglementation nationale en vigueur et à assurer que seuls les produits ne présentant pas de danger pour la santé publique sont mis sur le marché. Au Mali et dans le champ de notre étude, ce mécanisme résulte du décret n° 06/252/P6RM du 23 juin 2006 instituant l'autorisation de mise sur le marché des denrées alimentaires, des aliments pour animaux et des additifs alimentaires. Selon l'article 6 de ce décret, *« sont soumis à autorisation de mise sur le marché : les denrées alimentaires produites au Mali, les denrées alimentaires importées, les aliments pour animaux, les additifs alimentaires »*.

Enfin, vu que *les contrôles préalables* à la mise sur le marché ne permettent pas d'éliminer tous les risques, et vu aussi que des risques non envisagés initialement peuvent survenir une fois le produit mis sur le marché, des contrôles *a posteriori* ont également été mis en place sous la forme de contrôles continus. Ces contrôles visent surtout à permettre aux pouvoirs publics de prendre des mesures de réactions sanitaires

---

[116] G. CORNU sous la dir. de), Association Henri CAPITANT, Vocabulaire Juridique, 7e éd., Paris, Quadrige, Presse Universitaire de France, 2005.

[117] Règlement n°007/2007/CM/UEMOA relatif à la sécurité sanitaire des végétaux, des animaux et des aliments dans l'UEMOA, prec.

appropriées en cas de danger ou de risque pour la santé publique. À cette fin, l'article 40 de l'ordonnance du 18 juillet 2007 portant organisation de la concurrence, tout d'abord, met à la charge du ministre du Commerce et du ou des ministres intéressés une obligation d'agir en « cas de danger ». Selon ce texte , *« en cas de danger, le ministre chargé du commerce et le ou les ministres intéressés peuvent suspendre par arrêté pour une durée nécessaire à l'éradication du danger, la fabrication, l'importation, l'exportation, la mise sur le marché à titre gratuit ou onéreux d'un produit »*. Selon le même texte, cette mesure peut être suivie du retrait du produit sur le marché en procédant *« à son retrait en tous lieux où il se trouve ou à sa destruction lorsque celle-ci constitue le seul moyen de faire cesser le danger. Ils ont également la possibilité d'ordonner à la charge de l'opérateur économique la diffusion de mise en garde ou de précautions d'emploi ainsi que la reprise en vue d'un échange ou d'une modification ou d'un remboursement total ou partiel »*[118]. De cette manière, les pouvoirs publics maliens entendent, tout en respectant les principes communautaires de libre circulation des produits, protéger la santé publique.

S'il y'a une constance dans l'attitude des pouvoirs publics maliens, depuis l'avènement du libéralisme économique, c'est bien leur détermination à donner un rôle plus actif aux opérateurs économiques privés dans le secteur économique. Cela a été démontré dans ce premier chapitre, dans lequel nous nous sommes proposé de faire une photographie du processus de libéralisation et de construction d'un marché fondé sur le credo libéral. Nous avons pu constater une double tendance préalable à l'existence de ce type de marché : le désengagement de l'État du secteur économique et la promotion de l'initiative privée. Ce préalable est suivi des politiques publiques visant à consolider et à garantir le fonctionnement normal du marché, ainsi qu'à associer les opérateurs économiques à la réalisation du marché et l'amélioration de la qualité et de la sécurité des produits, le tout orienté vers l'intérêt général des consommateurs.

---

[118] Cf. Art. 40 de l'ordonnance du 18 juillet 2007 portant organisation de la concurrence, prec.

La croyance des pouvoirs publics maliens aux vertus du marché et aux capacités des opérateurs économiques privés à assurer une meilleure prise en charge des besoins des consommateurs est patente.

Puisque le marché constitue désormais le principal cadre de réalisation des besoins des consommateurs maliens, et à cet effet, les opérateurs économiques privés, leurs principaux partenaires, nous allons rechercher si la construction du marché a été suivie de l'adoption de mesures garantissant la protection des consommateurs dans leurs rapports avec les opérateurs économiques. Plus concrètement, nous rechercherons si la construction d'un marché fondé sur le credo libéral est suivie de celle d'un ordre public de protection dans les relations entre consommateurs et opérateurs économiques.

CHAPITRE II

ENCADREMENT JURIDIQUE DES RELATIONS ENTRE CONSOMMATEURS ET OPÉRATEURS

Si l'avènement d'une économie de marché constitue, pour les consommateurs un facteur de progrès dans la réalisation de leurs besoins, il n'en demeure pas moins qu'elle comporte des dangers évidents qui peuvent conduire à des pratiques préjudiciables aux consommateurs et à des risques d'atteinte à la santé et à la sécurité de ces derniers. De plus, l'environnement économique instauré par ce modèle économique engendre de nouveaux rapports entre opérateurs économiques et consommateurs marqués par une inégalité.

Ce nouveau contexte dans lequel évoluent désormais les consommateurs maliens, ajouté aux risques croissants d'atteinte à la sécurité et aux intérêts économiques de ces derniers, ainsi que leur fragilité économique mise à rude épreuve par la réalité d'un marché ouvert et concurrentiel, ont mis en exergue la nécessité d'élaborer des règles beaucoup plus adaptées aux exigences de l'ère nouvelle et pouvant assurer aux consommateurs une protection accrue dans leurs rapports contractuels avec leurs partenaires, opérateurs économiques.

Dans cette perspective, le législateur malien est intervenu par des règles impératives pour imposer aux opérateurs économiques des obligations strictes. Aussi, le législateur a-t-il prévu de punir par des sanctions civiles et répressives appropriées tous les comportements portant atteinte aux intérêts des consommateurs.

Cette attitude du législateur malien s'inscrivant dans la logique d'un droit moderne qui *« admet volontiers qu'il peut y avoir entre les hommes une inégalité dans la jouissance des droits privés et que la règle juridique peut s'appliquer seulement à une catégorie sociale déterminée »*[119] a alors abouti à l'accroissement des obligations des opérateurs économiques dans leurs relations avec les consommateurs et corrélativement au développement d'un ordre public assurant la protection de l'ensemble des consommateurs, y compris celle des consommateurs d'aliments.

La protection du consommateur d'aliments par le biais de cet ordre public de protection se traduira par un ensemble de règles empruntant à la fois au droit civil (Section I) et au droit pénal (Section II).

Section I - L'ordre public de protection dans le droit civil

La notion d'ordre public de protection ne constitue pas un phénomène nouveau en droit malien. Elle y a été introduite par le Code Napoléon qui était en vigueur au Mali jusqu'en 1987, date d'adoption du Régime général des obligations (RGO) du Mali. Déjà dans ce Code, le législateur soucieux de protéger la partie vulnérable au contrat prévoit, à côté d'un ordre public de direction visant à protéger l'intérêt public en général, un ordre public de protection. Cet ordre public de protection peut être défini comme étant l'ensemble des règles régissant de manière impérative les rapports privés dans le but de protéger une partie vulnérable[120].

La loi n° 87/31 portant Régime général des Obligations (RGO), largement inspirée des idéaux philosophiques du droit civil français prônant la limitation de la liberté contractuelle, adoptée le 29 août 1987 reprend et consacre la notion d'ordre public de protection dans le droit positif malien. Les règles d'ordre public de protection se sont, par la suite, multipliées et considérablement accrues dans le domaine des relations contractuelles à partir d'une période qu'on peut approximativement situer vers la fin de la décennie 1980. Cette période correspond au Mali à l'adoption du

---

[119] Cf. RIPERT, *« Ebauche d'un droit civil professionnel », In* Etude de droit civil à la mémoire de H. Capitant, p. 677.

[120] Cf. M. CUMYN, *« Les sanctions des lois d'ordre public touchant à la justice contractuelle : leurs finalités, leur efficacités »*, Revue juridique Thémis 2007, éd. Thémis 41 RJT 1.

libéralisme économique caractérisé par un bouleversement des structures commerciales avec pour corollaires la liberté du commerce et des prix, l'ouverture des marchés, la diversification des produits et la présence sur les marchés locaux de nouveaux produits, y compris alimentaires, jadis inconnus des consommateurs.

De là procèdent un ensemble de règles d'ordre public qui se développent dans un contexte libéral et qui envisagent la protection des consommateurs dans un cadre essentiellement contractuel. Par le truchement des techniques juridiques destinées à protéger l'ensemble des consommateurs et au nom d'un ordre public de protection, le législateur se réserve le droit d'intervenir dans la formation et l'exécution des contrats par lesquels les consommateurs acquièrent les biens de consommation. Il détermine certaines obligations à la charge des opérateurs économiques dans la période qui précède la conclusion du contrat et en impose d'autres dans la phase d'exécution. Ainsi, il engendre des obligations à la charge des opérateurs économiques et accroît corrélativement la protection de l'ensemble des consommateurs.

L'apport de l'actuel droit civil malien à cette protection générale des consommateurs résulte notamment et respectivement des règles civiles de nature impérative visant à garantir la liberté de choix des consommateurs (§I) ainsi qu'à protéger les attentes de ceux-ci (§II).

§ I. Un ordre public visant à garantir la liberté de choix des consommateurs

Dans une économie en développement, la politique de concurrence doit assurer au consommateur final sa juste part des gains dus au progrès. Encore faut-il que son jugement ne soit pas faussé, que son choix puisse s'exercer librement, qu'il bénéficie d'une information suffisante. La meilleure manière de prévenir le consommateur contre les risques d'un jugement erroné et de préserver sa liberté de choix consiste sans doute à lui fournir des informations préalables. Ainsi que nous le rappelle CALAIS-AULOY et TEMPLE, mieux informés les consommateurs sauront mieux choisir et ils se tourneront vers les produits et services dont le rapport qualité-prix est le plus favorable[121]. Dans la perspective de mettre les consommateurs dans de telles conditions, le législateur malien a élaboré une série de dispositions impératives imposant aux opérateurs économiques l'obligation de fournir aux consommateurs des informations précises préalablement à toute décision d'achat.

Ces impositions faites aux opérateurs économiques et visant à assurer une protection préventive de l'ensemble des consommateurs se sont traduites par une obligation de fournir aux consommateurs des informations précises sur les prix **(A)** et sur les produits **(B)** préalablement à toute décision d'achat.

A- L'information préalable sur le prix

L'exigence d'une information préalable sur le prix instituée par le législateur au profit des consommateurs peut tout d'abord se justifier par l'inégalité d'informations entre vendeurs et consommateurs. Cette inégalité d'informations tient au fait que les prix sont, au nom de la liberté des prix, des corollaires de la liberté de commerce et d'industrie, fixés par les vendeurs. S'y ajoutent que les vendeurs connaissent les conditions du marché mieux que le consommateur qui ne peut, par lui-même, se faire une idée des prix et les comparer entre eux. Aussi, cette exigence d'information préalable sur le prix, qui se traduit juridiquement par une publicité des prix, montre nettement la volonté du législateur malien de permettre aux consommateurs nationaux de tirer profit des avantages du libre jeu de la concurrence instituée depuis l'ordonnance n° 92-021 du 13 avril 1992 instituant la liberté des prix et de la concurrence. Car, comme le faisaient remarquer les Professeurs Claude LUCAS de LEYSSAC et Gilbert PARLEANI, la concurrence, outre qu'elle est un facteur d'augmentation de la qualité des produits, engendre une compétition par le prix qui, en principe, conduit à une baisse des prix[122]. Or, le consommateur pour tirer profit de cette compétition par le prix a

---

[121] J. CALAIS-AULOY, et H. TEMPLE, *« Droit de la consommation »*, préc. p. 51, n°49.
[122] Cl-L. DE LEYSSAC et G. PARLEANI, *« Droit du marché »*, Presse Universitaire de France, Janvier 2002,

nécessairement besoin d'une information lui permettant de comparer les prix concurrents et se décider ainsi au mieux de ses intérêts. Pour ces raisons le législateur malien a adopté des dispositions impératives mettant à la charge des opérateurs économiques l'obligation de publier les informations relatives aux prix des produits et services proposés à la vente. Le but étant d'assurer que le consommateur s'engage de manière éclairée et partant, qu'il acquiert les produits et services au prix le plus avantageux. Cette protection à travers l'information sur le prix est d'autant plus louable que le pouvoir d'achat des consommateurs maliens s'est davantage affaibli depuis la dévaluation monétaire du franc CFA intervenu dans la zone UEMOA en 1994.

Actuellement, cette protection à travers l'information sur le prix trouve sa justification légale dans l'ordonnance n° 07-025 du 18 juillet 2007 portant organisation de la concurrence au Mali et dans son décret d'application n° 08-260 du 6 mai 2008.

L'article 32 de cette ordonnance instaure une obligation d'information sur le prix à la charge des opérateurs économiques. Le texte énonce en effet que *« tout vendeur de produits, tout prestataire de service doit, par voie de marquage, étiquetage, affichage, communication des barèmes de prix ou tout procédé approprié, informer le consommateur sur le prix (...) »*[123]. L'article 10 du décret d'application de cette ordonnance ajoute que *« l'information du consommateur sur le prix est obligatoire quel que soit le régime des prix qui s'applique au produit ou au service considéré »*. Il précise en outre que l'information du consommateur sur le prix *« concerne les offres faites au public »*. Les procédés par lesquels cette information doit être assurée à l'égard des consommateurs ont sans conteste une influence sur l'attitude de ces derniers. Le législateur malien en est conscient, c'est pourquoi il prévoit et énumère à l'article 1er du décret d'application de l'ordonnance n° 07-025 précitée, les procédés par lesquels cette publicité est assurée à l'égard des consommateurs. Selon ce texte la publicité des prix est assurée par l'étiquetage, le marquage et l'affichage.

---

[123] Cf. Art. 32 de l'Ordonnance n°07-025/P-RM du 18 juillet 2007 portant organisation de la concurrence, prec.

Par ailleurs, le législateur malien a pris le soin de définir chacun des procédés admis pour assurer la publicité des prix. Ainsi, indique-t-il que l'étiquetage *« consiste en l'apposition sur le produit d'une étiquette permettant d'en connaître la nature exacte et le prix de la vente au détail, que ce produit soit ou non exposé à la vue du public »*[124], le marquage *« consiste en l'indication du prix sur le produit lui-même ou sur son emballage. Le marquage par écriteau consiste en l'apposition sur le produit ou près de lui d'un écriteau »,* enfin le législateur indique que l'affichage *« consiste en l'apposition d'un tableau rédigé distinctement situé à l'entrée du local destiné à l'accueil du public et comportant la liste des produits mis en vente et des services offerts, ainsi que le prix net de chacun d'eux ».* Le contenu de cette information doit être présenté de manière à permettre aux consommateurs de comparer le prix des produits de qualité, de contenance ou de quantité identique. Pour mettre les consommateurs dans une telle condition, le législateur malien a pris le soin de déterminer les éléments qui doivent apparaître dans l'information sur le prix. À cet égard, on remarquera que le législateur malien a fait le choix du *« système du prix tout compris ».* Il énonce en effet que l'information publiée doit faire apparaître le prix net de chaque produit, toutes taxes, frais et services compris. En outre, le prix doit être exprimé en francs CFA[125] et publié en langue française. Si un tel système présente l'avantage de donner en un seul instant une information complète au consommateur sur le prix qu'il devra effectivement payer, il convient de remarquer qu'il ne permet pas au consommateur d'opérer une comparaison beaucoup plus confortable dans la mesure où ce dernier ne peut se faire une idée du prix relativement à la quantité ou à la contenance sur la base de l'unité ou du volume du produit soumis à la vente. Qu'à cela ne tienne, l'obligation d'information sur le prix instituée par cette nouvelle réglementation constitue un progrès important dans la protection de la liberté de choix des consommateurs, dans la mesure où ils peuvent désormais grâce au système du *« prix tout compris »* comparer les prix de produits de quantité ou contenance identiques.

---

[124] Art 1er, Ordonnance n°07-025/P-RM du 18 juillet 2007 portant organisation de la concurrence.
[125] Ibid.

La technique de l'information préalable sur le prix aboutit ainsi à une obligation générale d'information sur le prix, se traduisant juridiquement par la reconnaissance à l'ensemble des consommateurs d'un droit subjectif, se situant exclusivement dans la période précontractuelle.

À l'égard du consommateur d'aliments, l'obligation d'information ainsi instaurée et les droits subjectifs qu'elle engendre peuvent traduire une double protection. Ils garantissent une réelle liberté de choix entre les prix des denrées alimentaires sur le marché et subséquemment, ils permettent de préserver le pouvoir d'achat de ce dernier dans la mesure où grâce à l'information dont il dispose il peut aisément se faire une idée des prix concurrents et acquérir la denrée au prix le plus avantageux.

Une telle protection peut tout d'abord être envisagée dans le cadre des principes généraux établis par la réglementation de l'information sur le prix et visant à préserver la liberté de choix des consommateurs entre les prix des produits et services offerts à la vente. Ces principes peuvent être résumés aux trois règles suivantes : le prix de tout produit destiné à la vente et exposé à la vue du public doit faire l'objet d'une information spécifique des consommateurs. Les consommateurs doivent pouvoir connaître le prix de tout produit destiné à la vente et non exposé à la vue du public sans entrer dans le lieu de vente. Enfin, les consommateurs doivent pouvoir connaître le prix sans avoir à le demander au vendeur.

Ensuite, la protection du consommateur d'aliments peut être envisagée dans le cadre des règles d'information sur le prix visant à garantir la transparence du marché et à favoriser la concurrence par le prix.

Dans le cadre de ces règles, la protection du consommateur d'aliments peut être assurée par les mesures visant à instaurer la transparence des prix et permettant à ce dernier de connaître les prix des denrées offertes à la vente, d'apprécier les prix proposés et de comparer les prix des denrées de qualité ou de quantité identiques.

Ainsi, l'obligation générale d'information sur le prix des produits et services instituée par l'ordonnance du 18 juillet 2007 et son décret d'application, aboutit à une véritable réglementation de l'information sur les prix, capable de concourir à la protection du consommateur d'aliments.

Pour un consommateur d'aliments au pouvoir d'achat limité et érodé par de fréquentes flambées des prix des denrées de première nécessité et évoluant dans un environnement économique dominé par le commerce informel, l'avènement d'une telle réglementation de l'information sur le prix est autant plus appréciable qu'elle a pour effet d'améliorer la transparence du marché, de garantir sa liberté de choix et préserver son pouvoir d'achat.

B- L'information préalable sur les produits

L'exigence d'une information préalable sur les produits imposée aux vendeurs au profit des consommateurs peut tout d'abord se justifier par le déséquilibre qui caractérise la relation entre vendeurs et consommateurs. Comme le précisaient CALAIS-AULOY et TEMPLE, ce déséquilibre tient pour une bonne part à l'inégalité de leurs informations[126]. Ces auteurs ajoutent à juste raison que les professionnels connaissent les biens et services mis sur le marché, alors que les consommateurs sont pour la plupart, incapables de les juger par avance et de les comparer entre eux[127]. Une telle vision de ces auteurs français semble être partagée par le législateur malien qui s'inscrit, depuis l'institution de la liberté de commerce et d'industrie, dans la logique contemporaine qui cherche à rétablir l'équilibre entre vendeurs et consommateurs en exigeant aux premiers de fournir aux seconds une information réelle et la plus complète possible sur les produits mis sur le marché. Cette approche contemporaine de protection traduit aussi la conscience du législateur malien de la faiblesse des consommateurs nationaux évoluant dans un marché ouvert, offrant une diversité des produits, y compris alimentaires, pour la plupart nouveaux, de plus en plus élaborés et jadis inconnus des consommateurs. Les propos de Denise NGUYEN-THAN, traduisent bien la faiblesse des consommateurs évoluant dans un tel environnement lorsqu'elle affirme

---

[126] J. CALAIS-AULOY, et H. TEMPLE, *« Droit de la consommation »,* préc. p. 51, n°49
[127] J. CALAIS-AULOY, et H. TEMPLE, *« Droit de la consommation »*, préc. p. 51, n°49.

que face à des aliments préemballés, qu'il n'a pas la possibilité de goûter ou de palper et face à des biens de plus en plus techniques et compliqués, le consommateur ne peut plus se fier à ses sens et n'est plus libre de son choix[128].

Ces différents facteurs ont conduit le législateur malien à élaborer une série de dispositions impératives imposant aux opérateurs économiques de fournir aux consommateurs des informations précises sur les produits et services offerts.

Ces dispositions impératives auront pour justification légale l'Ordonnance n° 07-025/P-RM du18 juillet 2007 portant organisation de la concurrence et son décret d'application n°08-260/P-RM du 6 mai 2008, précité. L'article 33 de cette ordonnance énonce, en effet, qu'il *« est fait obligation à toute entreprise commerciale, industrielle, artisanale ou agricole d'apposer une marque d'identification sur tout produit fabriqué, transformé et commercialisé sur le territoire du mali ».* Le décret d'application de l'ordonnance précitée, pour sa part, met à la charge des opérateurs économiques l'obligation de faire *« l'apposition sur le produit d'une étiquette permettant d'en connaître la nature exacte... »*[129].

Dans sa mise en œuvre, l'obligation générale d'information sur les produits ainsi instituée repose sur deux techniques prévues par les dispositions précitées à savoir *la marque d'identification* des produits (article 33 de l'ordonnance portant organisation de la concurrence) et *l'étiquetage* des produits (article 1er du décret d'application de l'ordonnance portant organisation de la concurrence).

La marque d'identification peut être définie comme étant un signe qui permet à une personne physique ou morale de distinguer, dans un but

---

[128] D. NGUYEN-THAN, *« Techniques juridiques de protection des consommateurs : la qualité des biens de consommation »*, Collection des études juridiques et économiques de l'I.N.C, Décembre 1970, p. 45, n°81.

[129] Article 1er du *décret N°*08-260/P-RM du 6 mai 2008 fixant les modalités *d'application de l'Ordonnance N°07-025/P-RM du 18 juillet 2007.*

lucratif, ses produits de ceux de ses concurrents[130]. Toute entreprise commerciale, industrielle, artisanale ou agricole est obligée d'apposer une marque d'identification sur tout produit fabriqué, transformé et commercialisé sur le territoire du mali. La règle est énoncée par l'article 33 de l'ordonnance portant organisation de la concurrence précitée. Une telle obligation d'identification des produits par une marque présente de nos jours une grande utilité pour les consommateurs. Outre le fait qu'elle serve son titulaire à vendre et à se faire connaître de la clientèle, elle incite ce dernier désirant conquérir et conserver sa clientèle à maintenir et à améliorer la qualité des produits vendus sous cette marque. Et surtout, pour le consommateur la marque d'identification constitue une technique garantissant la liberté de choix dans la mesure où elle lui permet, à travers la particularité du signe, de repérer aisément un produit déterminé parmi une multitude de produits soumis à son choix. Au vu de cette fonction d'information assurée par la marque d'identification et pour assurer que l'identification se fera sans tromperie ni confusion dans l'esprit des consommateurs, le législateur interdit les marques déceptives ou fallacieuses[131]. Une telle interdiction des marques qui sont de nature à créer la confusion dans l'esprit des consommateurs ou à induire ces derniers en erreur, constitue en fait un complément nécessaire à l'accomplissement d'une telle fonction d'information assignée à la marque d'identification.

À côté de la marque d'identification, le législateur, soucieux d'assurer une protection élargie des consommateurs, a prévu la possibilité d'apposer des *signes de qualité* sur les produits notamment agricoles permettant de renseigner les consommateurs sur leurs qualités. Cette possibilité est

---

[130] Cf. Y. Saint-Gal, *« Protection et défense des marques de fabrique, de commerce ou de service »*, 3e éd., 1966. Voir dans le même sens : Joanna Schmidt-Szalewski qui définit la marque comme étant « Un signe sensible (mot, image, graphisme) servant à distinguer les produits ou services d'une personne physique ou morale », Droit de la propriété industrielle », la protection des créations industrielles-la protection des signes distinctifs. 7e éd. Dalloz 2009, page 78 ; Joanna Schmidt-Szalewski et Jean-Luc Pierre, *in* manuel *Droit de la propriété industrielle*, Litec, 4e éd., juillet 2007 selon qui la marque peut être « Un signe distinctif pouvant être apposé sur des produits ou accompagnant des prestations de services, et destiné à indiquer au public la provenance industrielle ou commerciale de ceux-ci ».

[131] Voir. § I. Section I. Chapitre II.

prévue par le décret du 19 juin 2009 relatif à la qualité et à la labellisation des produits agricoles[132], pris en application de la loi d'orientation agricole (LOA) du 05 septembre 2006[133]. L'article 4 de ce décret énonce, en effet, que tout produit agricole cultivé ou fabriqué au Mali peut revêtir un signe de qualité. Le texte énumère les signes de qualité admis et fixe leurs conditions d'utilisation. Selon ce texte les produits agricoles peuvent revêtir l'un des signes de qualités suivant : *Appellation d'Origine contrôlée*, *Label agricole*, *Certificat de conformité* et *Agriculture biologique*[134].

Sur ce dernier point, il faut bien admettre qu'en réalité l'information des consommateurs ne constitue pas la motivation principale, du moins le premier objectif recherché par les initiateurs de la politique des signes de qualité au Mali. Comme nous le rappelle bien le rapport final de l'étude sur la qualité et la labellisation des produits agricoles du Mali, la promotion des signes de qualité s'inscrit dans la politique générale de développement agricole du pays qui fait désormais de la modernisation et de la promotion volontaire de l'agriculture familiale et de l'entreprise agricole, une stratégie permettant de favoriser l'émergence d'un secteur agro-industriel structuré, compétitif et intégré dans l'économie sous régionale et internationale[135]. Toutefois, le résultat final de la promotion des signes de qualité aboutit à satisfaire l'ensemble des intérêts en présence dans la mesure où au-delà de leur fonction de valorisation des produits agricoles, ces signes valorisants renseignent les consommateurs sur la qualité des produits agricoles par l'apposition d'un signe de qualité.

L'étiquetage peut être défini comme étant l'apposition de toutes les mentions, indications, marques de fabrique ou de commerce, signes se

---

[132] Décret n° 09-314/PRM du 19 juin 2009 relatif à la qualité et à la labellisation des produits agricoles, ...

[133] Loi n° 06-045 du 05 septembre 2006 portant loi d'orientation agricole, prec.

[134] Cf. art. 3 du décret n° 09-314/PRM du 19 juin 2009 relatif à la qualité et à la labellisation des produits agricoles, prec.

[135] Cf. Rapport final de l'étude sur la qualité et la labellisation des produits agricole du Mali, Secrétariat permanent de la loi d'orientation agricole, Juillet-Aout 2007.

rapportant à des denrées alimentaires et figurant sur les documents l'accompagnant, tels que, par exemple, les emballages, les étiquettes et les bagues[136]. L'objectif de l'étiquetage ainsi défini est double. Il vise à la fois à renseigner le consommateur-acheteur et à fournir à toute personne qui utilise la denrée alimentaire des informations utiles. Dans les deux cas, l'information fournie au moyen de l'étiquetage doit permettre au consommateur, pour prendre l'expression utilisée par le législateur malien, de *« connaître la nature exacte »* [137]du produit. Dans le premier cas, l'information fournie au moyen de l'étiquetage est destinée au consommateur-acheteur.

Elle vise à donner à ce dernier des renseignements aussi complets et aussi précis que possible, afin de garantir sa liberté de choix et lui permettre de procéder, en toute connaissance de cause à son choix. Dans le deuxième cas, l'information fournie au moyen de l'étiquetage transcende la période précontractuelle puisqu'elle est destinée à toute personne amenée à consommer le produit. Dans ce dernier cas, l'objectif poursuivi est de permettre à l'utilisateur du produit de se faire une réelle idée des dangers que la consommation dudit produit peut présenter pour sa santé.

L'obligation d'information sur les produits ainsi instituée engendre au profit de l'ensemble des consommateurs des droits subjectifs à l'information sur les produits se situant aux deux stades de l'acte de consommation : il y a d'une part, l'information précontractuelle qui concerne le consommateur-acheteur. Cette information précontractuelle est fournie par la marque d'identification, l'étiquetage et les signes de qualité. D'autre part, il y a l'information qui transcende la période précontractuelle et qui concerne tout utilisateur du produit. Celle-ci est essentiellement fournie au moyen de l'étiquetage. Au regard de notre problématique, comment une telle obligation générale d'information sur les produits et les droits subjectifs qu'elle engendre au profit de l'ensemble des consommateurs participe-t-elle à la protection du consommateur

---

[136] Cf. V. Article premier règlement n°007/2007/CM/UEMOA, préc.

[137] Cf. art. 1er du décret d'application de l'ordonnance portant organisation de la concurrence, préc.

d'aliments ? Une telle protection peut être envisagée aussi bien à l'égard du consommateur d'aliments en qualité d'acheteur, que du consommateur utilisateur final d'une denrée alimentaire.

En premier lieu, le consommateur d'aliments en sa qualité d'acheteur a droit à une information précontractuelle assurant la détermination de son choix. Les éléments de cette information porteront notamment sur tous les renseignements permettant au consommateur d'identifier la denrée alimentaire, de connaître sa qualité et de se faire une idée précise du poids ou du volume de celle-ci. L'identification de la denrée peut se faire par l'indication soit de la dénomination commune, soit de la dénomination commerciale, soit du nom scientifique et par tout autre procédé ou combinaison de ces dénominations[138]. Dans tous les cas, l'indication d'une dénomination est obligatoire[139] et celle-ci doit permettre au consommateur de reconnaître la nature véritable de la denrée et de la distinguer aisément des autres. Mais dans les cas où le consommateur peut facilement constater sans risque d'erreur la nature de la denrée, il est permis de renoncer à l'indication d'une marque d'identification. C'est le cas des fruits et légumes, c'est aussi le cas lorsqu'une enveloppe ou un emballage transparent permettent de reconnaître aisément la nature du contenu, par exemple les pâtes alimentaires sous sachet transparent. Relativement à la qualité des denrées offertes à la vente, le consommateur doit pouvoir en prendre connaissance à travers soit l'étiquetage d'informations, soit la marque d'identification ou les signes de qualité. L'étiquetage d'informations constitue de nos jours une technique d'information garantissant un respect très poussé de la liberté de choix des consommateurs. Celle-ci peut être définie comme étant une technique qui vise à donner au consommateur des renseignements sur la qualité d'une marchandise, afin de lui permettre de procéder le plus judicieusement possible à ses achats[140]. En vertu de la règle générale selon laquelle l'étiquette doit permettre au consommateur de connaître la nature exacte

---

[138] J.-C. FOURGOUX, et M. G. JUMEL, *« Traité de droit alimentaire, Droit interne-Droit international »*, Presses de l'imprimerie de Châtelaudren, février 1968.
[139] Cf. Art. 33 de l'ordonnance portant organisation de la concurrence, prec.
[140] Cf. D. NGUYEN-THAN, *« Techniques juridiques de protection des consommateurs : la qualité des biens de consommation »*, prec. p. 194, n° 709.

du produit[141], l'étiquette doit comporter tous les renseignements permettant au consommateur d'apprécier la qualité des denrées offertes à la vente. Cette appréciation de la qualité des denrées peut être rendue possible grâce aux renseignements portant sur la nature, la composition ou les caractéristiques de celles-ci. Ces renseignements peuvent être fournis au moyen d'une affiche, d'une marque, d'une image ou de toute autre matière descriptive écrite, imprimée, poncée, apposée, gravée ou appliquer sur l'emballage d'une denrée alimentaire ou jointe à celle-ci[142]. Mais de nos jours, l'étiquetage d'informations n'est pas le seul moyen permettant de porter la qualité d'une denrée alimentaire à la connaissance des consommateurs en vue d'orienter leurs choix. La marque d'identification remplit aussi cette fonction dans la mesure où aux yeux du consommateur elle représente *« le symbole d'une certaine qualité »*. Aussi, pour ce dernier elle peut être considérée comme étant une garantie de permanence de qualité et parfois même d'une qualité supérieure. En plus de la marque d'identification, les signes de qualité constituent, depuis l'adoption du décret du 19 juin 2009 relatif à la qualité et à la labellisation des produits agricoles, un autre moyen permettant aux consommateurs de se faire une idée de la qualité des denrées offertes à la vente. À côté de leur fonction de valorisation des produits agricoles, les signes de qualité permettent aux consommateurs d'apprécier les qualités spécifiques d'une denrée dans la mesure où ils garantissent à cette dernière l'existence de certaines qualités. Enfin, le consommateur qui achète une denrée alimentaire a besoin d'informations relatives à la quantité ou au volume de la denrée pour être pleinement éclairé. Ces informations sont portées à la connaissance des consommateurs aux moyens d'une étiquette, d'un marquage ou d'une affiche[143]. L'information relative à la quantité ou au volume de la denrée alimentaire est fournie aux consommateurs d'après le poids pour les solides, le volume pour les liquides ou encore en nombre d'unités pour les denrées vendues à l'unité. Ainsi les dispositions qui exigent l'indication

---

[141] Cf. Art. 1er du décret d'application de l'ordonnance portant organisation de la concurrence, prec.

[142] Voir. Normes générales du Codex alimentarius recommandées pour l'étiquetage des denrées alimentaires.

[143] Cf. art. 1er du décret d'application de l'ordonnance portant organisation de la concurrence, préc.

du poids et du volume précisent-elles qu'il s'agit du poids ou du volume net du produit. Vu que le poids ou le volume net à indiquer est celui de la denrée même il va de soi que, dans le cas des denrées emballées, le poids de l'emballage ne puisse être confondu avec celui de la denrée elle-même.

En deuxième lieu, le consommateur qui est amené à consommer une denrée alimentaire a droit à une information relative à la denrée lui permettant d'utiliser celle-ci en toute connaissance de cause. L'objet de cette information diffère de celle destinée à l'acheteur. Elle a pour objet principal de protéger la santé du consommateur, utilisateur final de la denrée alimentaire. Les éléments de cette information porteront notamment sur la composition de la denrée, sa nature ou encore son innocuité. Si l'on se réfère à la norme générale d'étiquetage du *Codex alimentarius*, l'étiquette doit indiquer la liste complète des composantes de la denrée dans la mesure où cette indication est nécessaire à l'appréciation du risque que peut présenter la denrée pour la santé du consommateur. D'après la norme générale du *Codex alimentarius*, l'étiquette doit satisfaire aux quatre principes suivants : indiquer la liste complète des ingrédients, énumérer par ordre décroissant leurs proportions ; lorsqu'un ingrédient d'une denrée alimentaire est composé de plus d'un constituant, le nom de chacun des constituants doit figurer dans la liste des ingrédients ; les ingrédients doivent être désignés par des dénominations spécifiques ; enfin l'addition d'eau doit être mentionnée dans la liste des ingrédients si cette mention permet au consommateur de mieux comprendre la composition du produit. De plus, l'étiquette doit mentionner la présence des additifs tels que les colorants, les aromatisants ou encore les conservateurs. La mention sur l'étiquette de la présence des tels additifs est indispensable surtout pour la protection des consommateurs allergiques.

En outre, en vertu de la règle générale selon laquelle l'étiquette doit permettre aux consommateurs de connaître la nature exacte du produit, le consommateur doit pouvoir prendre connaissance à travers l'étiquette des traitements spéciaux subis par la denrée ainsi que de l'enrichissement de celle-ci en vitamine et en minéraux. De telles informations sont aussi utiles à la protection du consommateur allergique.

Enfin, dans le cas des denrées périssables, il est nécessaire que le consommateur connaisse la durée de conservation au-delà de laquelle la consommation de la denrée peut présenter un risque pour sa santé. À cet égard, l'information du consommateur peut consister dans l'indication sur l'étiquette, soit de la date de fabrication ou de conditionnement, soit de la date au-delà de laquelle le produit ne saurait être consommé sans risques[144]. Dans tous les cas, la date doit clairement comprendre le jour, le mois et l'année.

On le voit, l'obligation générale d'information sur les produits, mais aussi sur les prix, instituée par le législateur malien aboutit à une véritable réglementation pouvant concourir efficacement à la protection du consommateur d'aliments. Ainsi, les développements qui précèdent nous montrent bien que de véritables efforts ont été menés ces dernières décennies par ce législateur. Ces efforts traduisent à la fois la conscience du législateur des risques auxquels le libéralisme économique expose les consommateurs et une réelle volonté de ce dernier de reconnaître aux consommateurs un véritable *« droit à l'information »*. Toutefois, même si la réglementation actuelle sur l'information des consommateurs constitue un progrès dans la voie de la protection de ces derniers, il reste que la confrontation des mécanismes de protection des consommateurs par l'information, tels qu'ils existent actuellement, aux réalités maliennes, ne manque pas de susciter des interrogations qui donneront l'impression que ces mécanismes sont en avance sur les réalités du pays.

L'illustration peut aisément être faite par le support de communication prévu par la loi pour porter l'information aussi bien sur le prix que sur les produits à la connaissance des consommateurs. L'article 3 du décret fixant les modalités d'application de l'Ordonnance du18 juillet 2007 précitée énonce que l'information devant être fournie au consommateur doit être publiée en langue française[145]. Il se trouve donc que l'information censée

---

[144] Cf. A. GERARD, *« Eléments du droit de l'alimentation (structures, principes et dispositions essentielles) »*, Etude de législation n°7, Organisation des Nations Unies pour l'alimentation et l'agriculture, Rome, 1975, p. 66.

[145] Cf. Article 3 du d*écret N*°08-260/P-RM du 6 mai 2008 fixant les modalités *d'application de l'Ordonnance N°07-025/P-RM du 18 juillet 2007, prec.*

protéger les consommateurs maliens est basée sur l'écrit et son support de communication est la langue française.

Or, selon une enquête menée en 2006 par la Direction nationale de la Statistique et de l'Informatique (DNSI) 73 % des Maliens ne savent pas lire et donc ignorent la langue officielle qui est le français[146]. Il en résulte que pour des consommateurs analphabètes, la compréhension de l'information fournie est tout simplement impossible aussi bien dans son contenu que dans sa forme. Dans ces conditions comment peut-on améliorer la protection des consommateurs analphabètes et l'adapter à l'évolution juridique et économique qui marque actuellement la société malienne ?

L'éradication de l'analphabétisme apparaît dans ce cas comme le seul moyen permettant aux consommateurs analphabètes d'être protégés par la nouvelle réglementation, instituée au profit de l'ensemble des citoyens. Ne pas envisager une telle solution n'est-ce pas engendrer une inégalité de protection des citoyens par la loi et par là même, exacerber les inégalités sociales ? Ce qui selon Platon est la pire des injustices ! Cette solution semble être envisagée par les pouvoirs publics maliens qui ont déclaré l'éradication de l'analphabétisme comme l'un des objectifs prioritaires du millénaire pour le développement (OMD)[147].

Toutefois, en attendant l'atteinte des objectifs du millénaire pour le développement et par la suite l'éradication de l'analphabétisme, pourquoi ne pas aménager une protection juridique adaptée aux réalités de cette majorité de consommateurs analphabètes ?

À ce propos, les Professeurs Claude LUCAS de LEYSSAC et Gilbert PARLEANI estiment que le recours à l'image comme véhicule de l'information peut être un moyen de rendre l'information effective au

---

[146] Cf. Enquête Démographique et de Santé du Mali 2006, Direction Nationale de la Statistique et de l'Informatique, Mai 2006.

[147] Cf. Synthèse du rapport de suivi des objectifs du millénaire pour le développement (OMD), Mali, novembre 2007.

profit de son destinateur. Ces acteurs estiment d'ailleurs qu'on aura à l'avenir *« beaucoup recours aux images parce qu'elles contiennent beaucoup plus d'informations pour un volume d'espace ou de temps identiques, mais surtout parce qu'elles semblent plus accessibles à tous »*[148].

Malgré ces déficiences, qui mettent en exergue la problématique de l'ineffectivité des règles de protection des consommateurs dans un pays en développement au taux d'analphabétisme élevé, il ne fait aucun doute que la réglementation actuelle relative à l'information des consommateurs constitue un progrès considérable dans la voie de la protection générale de ceux-ci. Mais ces progrès ne seront véritablement profitables aux consommateurs que lorsqu'ils garantiront la satisfaction des attentes de ceux-ci quant aux produits qu'ils acquièrent sur le marché.

§ II. Un ordre public visant à satisfaire les attentes des consommateurs

Les attentes portant sur des pratiques équitables dans le commerce des denrées alimentaires, la protection de la santé animale et le bien-être des animaux ou encore la conservation de l'environnement ne semblent pas à présent faire partie des attentes des consommateurs maliens. Peut-il en être autrement au regard de la condition économique de ces derniers qui se caractérise par une pauvreté aiguë qui s'accroît au fils du temps sous les effets conjugués des instabilités économiques, politiques et sécuritaires à répétition et d'incessantes flambées des prix des denrées de premières nécessitées.

Dans ces conditions il apparaît évident que les consommateurs n'ont d'autres choix que de réduire leurs attentes à des considérations de base, mais essentielles, portant notamment sur la qualité des produits mis à leur disposition et à la sécurité de ceux-ci.

---

[148] Cl-L. DE LEYSSAC et Gilbert PARLEANI, « Droit du marché, Presse Universitaire de France, Janvier 2002, p. 232.

Pour garantir des telles attentes, somme toute importantes, le législateur malien a élaboré un ensemble de dispositions de nature impérative obligeant les opérateurs économiques à la délivrance de produits conformes (A) et mettant à la charge de ces derniers une obligation de sécurité des produits qu'ils mettent à la disposition des consommateurs (B).

A- L'obligation de délivrance conforme

Guidé par le souci d'assurer une protection plus efficace des consommateurs évoluant, dans un marché ouvert, leur offrant une diversité de produit face auxquels ils ne disposent pas de connaissances suffisantes permettant d'apprécier les qualités ainsi que les risques éventuels pour leur santé, le législateur malien est intervenu par des dispositions d'ordre public pour mettre à la charge des opérateurs économiques une obligation de délivrance conforme. Cette obligation qui a pour but de donner satisfaction au consommateur, procède d'une manière générale de l'obligation instituée par l'article 76 du régime général des obligations aux termes duquel *« les conventions obligent non seulement à ce qui est exprimé, mais encore à toutes les suites que l'équité, l'usage ou la loi donnent à l'obligation d'après sa nature »*[149].

L'obligation de délivrance conforme s'analyse avant tout comme étant l'obligation de délivrer à l'acheteur le bien objet de la vente. L'article 9 du régime général des obligations précise les contours de la notion de délivrance. Partant de l'idée que la vente crée à la charge du vendeur une obligation de donner, le texte indique que *« celui qui est obligé de donner une chose doit en transférer la propriété... »* et aux termes de l'alinéa 2 de ce texte *« l'obligation de donner comporte celle de livrer la chose... »*. Ainsi considérée, l'obligation de délivrance consiste à la mise à disposition de l'acheteur du bien vendu. Pour prendre la formule du Code civil français, elle se réalise par *« le transport de la chose vendue en la*

---

[149] Article 76 de la loi n° 87-31/AN-RM du 29 août 1987 portant Régime général des Obligations, prec.

puissance et possession de l'acheteur»[150]. Cependant, l'obligation de délivrance conforme ne doit pas s'analyser comme étant seulement la mise à disposition de l'acheteur du produit objet de la vente. Pour satisfaire à son obligation de délivrance conforme, laquelle est d'ordre public, l'opérateur économique doit délivrer au consommateur un produit conforme à ce qui a été convenu à tous égards c'est-à-dire dans sa qualité, sa quantité et son identité[151]. Pour être libératoire, la délivrance doit, en outre, porter sur un produit conforme aux prescriptions légales déterminant les éléments de sécurité ou de qualité auxquels doivent satisfaire les produits et services pour leur mise sur le marché[152].

L'institution d'une telle obligation de délivrance conforme constitue indiscutablement un moyen juridique permettant de protéger efficacement les attentes de l'ensemble des consommateurs. La protection des attentes des consommateurs par un tel moyen juridique est d'autant plus appréciable que c'est dans un contexte marqué par une inégalité croissante dans les rapports entre opérateurs économiques et consommateurs évoluant désormais dans un marché ouvert et concurrentiel, leur offrant une diversité des produits face auxquels ils ne disposent pas de connaissances leur permettant d'en apprécier les qualités encore moins les risques éventuels pour leur santé, que les consommateurs maliens opèrent des achats pour satisfaire à leurs besoins.

Pour mieux apprécier la protection du consommateur d'aliments par le biais de cette obligation générale de délivrance conforme, il convient de s'interroger sur la manière dont se définit la délivrance conforme à l'égard de ce dernier, en particulier dans ses rapports avec les opérateurs économiques. La question est d'autant plus intéressante que des

---

[150] Cf. Art. 1604 du Code civil. Français.

[151] Ph. le TOURNEAU, *« Responsabilité des vendeurs et fabricants »*, Dalloz référence-Droit de l'entreprise, Dalloz, 2001, p.74, n°834 ; V. dans le même sens : D. NGUYEN-THAN, *« Techniques juridiques de protection des consommateurs : la qualité des biens de consommation »*, prec. p. 213, n°767.

[152] Voir. J. CALAIS-AULOY, et H. TEMPLE, qui définissent la conformité comme étant aussi « la conformité du produit ou du services à des règles impératives » *Op. Cit,* p. 229, n°201.

spécificités portant sur la qualité ou même quelquefois sur la quantité des denrées offertes à la vente ne sont pas parfois clairement déterminées par les opérateurs économiques.

À cet égard, les techniques générales d'information des consommateurs et de définition de la qualité des produits se révèlent d'une grande utilité pour définir la délivrance conforme à l'égard du consommateur d'aliments. Ainsi, que nous l'avons étudié dans les sections qui précèdent, le législateur malien a développé diverses techniques d'information telles que l'étiquetage, la marque d'identification ou encore les signes de qualité. L'étiquetage, à travers les caractéristiques détaillées du produit qu'il fournit, annonce aux consommateurs la qualité du produit ; de même les signes de qualité à travers les qualités spécifiques qu'ils promettent, annonce aux consommateurs une qualité déterminée. De même, à travers la particularité du signe, la marque d'identification fournit au produit une identité à laquelle se réfère le consommateur. Ainsi donc, à l'égard du consommateur d'aliments la qualité est annoncée au moyen de l'étiquetage alimentaire ou des signes de qualité. De même, la quantité de la denrée est annoncée par une étiquette ou un écriteau et l'identité est déterminée au moyen d'une marque d'identification. Relativement à la qualité conforme à laquelle le consommateur peut se référer, il est admis que celle-ci peut même porter sur des aspects autres que matériels, par exemple le goût ou l'odeur d'une denrée alimentaire[153].

De la sorte, l'opérateur économique, qui au moyen d'une étiquette, d'un signe de qualité ou d'une marque annonce la qualité d'une denrée alimentaire, sa quantité ou son identité est tenu de délivrer une denrée dont la qualité, la quantité et l'identité sont conformes à celle qu'il a annoncées, sans quoi il ne remplit pas son obligation de délivrance conforme[154].

---

[153] Voir pour une application jurisprudentielle en droit français : CA Paris, 13 décembre 1995, Sté Isea industrie SPA c/SA Lu, JCP éd. G 1997, II, 22772, note P. de Vareilles-Sommières.

[154] Pour une application jurisprudentielle en droit français voir par exemple : Cass. Crim. 17 fevrier 1934, Bull. Crim.1934, n°38.

En l'absence de précisions relatives aux éléments constitutifs de la conformité, l'article 189 du régime général des obligations prévoit la détermination de ce qui est attendu par renvoi à une *« chose de genre »*. Selon ce texte *« le débiteur d'une chose de genre qui n'est déterminé que par son espèce est libéré par la livraison d'une chose de qualité moyenne »*, donc ni la meilleure qualité, ni la moins bonne qualité, ainsi que le formule l'expression latine *nec optimus, nec pessimus.* De manière générale, il est admis que la denrée livrée au consommateur doit être d'une qualité loyale et marchande, ces caractères pouvant être appréciés conformément aux usages loyaux et constants du commerce. Et surtout le consommateur est en droit d'obtenir une denrée conforme aux prescriptions impératives et aux spécificités du contrat[155].

Au-delà de ces différents éléments que le consommateur peut légitimement attendre du produit acquis, encore faut-il, pour véritablement satisfaire ce dernier, que le produit acquis soit apte à satisfaire l'utilité qui en était attendue. À cet égard, M. le Professeur Philippe LE TOURNEAU établit une distinction présentant la conformité ou son contraire, la non-conformité, sous deux aspects. Selon l'auteur, dans son premier aspect, la conformité ou son contraire la non-conformité se présenterait de façon *objective*, sous un aspect matériel qui correspond à une non-conformité tangible, évidente entre ce qui a été prévu et la réalité, elle recouvrerait une série de situations, par exemple un manque qualitatif ou quantitatif[156], ou encore une différence d'espèce ou de nature[157]. Dans un second aspect, la non-conformité serait *subjective,* elle tient au dessein de l'acheteur ; elle est dite aussi *fonctionnelle,* car l'accent est mis sur l'aptitude de la chose à remplir l'usage qui en était attendu. Et l'auteur ajoute que ce qui est primordial, pour l'acheteur-consommateur, c'est *l'utilité* qu'il attend de l'objet[158]. Si cette idée est présente dans la deuxième définition de la

---

155 Cf. D. NGUYEN-THAN, *Op. Cit.* p. 213, n°768. Voir dans le même sens : Ph. le TOURNEAU, *Op. Cit.* p. 147, n°871.

156 Pour une application jurisprudentielle, voir par exemple en droit français : Cass. 1re civ., 16 juin 1993, Baduel c/Peaquin, D. 1994, jur. p. 210.

157 Voir pour une application jurisprudentielle, en droit français : Cass. Com., 1re déc. 1992, Contrats, conc., consom. 1993, n° 86, Obs. L. LEVENEUR.

158 Cf. Ph. LE TOURNEAU, *Op. Cit.,* p. 156, n°951.

conformité où la finalité recherchée est de garantir au consommateur que le produit acquis remplisse l'utilité attendue, comme le relevait déjà M. CALAIS-AULOY pour qui *« la conformité c'est l'aptitude à l'emploi »*[159], elle ne l'est pas dans la première définition où la finalité de la conformité consiste seulement à garantir au consommateur d'obtenir un produit conforme à ce qui a été convenu, et non la garantie de l'utilité attendue.

Ainsi donc, à l'égard du consommateur d'aliments, il y a défaut de conformité et manquement à l'obligation de délivrance conforme lorsque, non seulement, la denrée fournie ne correspond pas aux spécificités qualitatives et quantitatives convenues, et n'est pas conforme aux prescriptions impératives, mais aussi, lorsque cette dernière est inapte à satisfaire l'utilité attendue du consommateur. En outre, compte tenu des dangers que peuvent présenter les produits ainsi acquis à la santé et à la sécurité des consommateurs, le législateur malien a institué, une obligation légale de sécurité des produits.

B- L'obligation légale de sécurité des produits

Avec l'ordonnance du 18 juillet 2007 portant organisation de la concurrence, le législateur malien a institué pour la première fois une obligation légale de sécurité des produits et services. Elle est ainsi appelée, car il existe une obligation contractuelle de sécurité héritée du droit civil français. D'origine prétorienne, cette dernière obligation a été développée par les tribunaux dans les contrats de transport des personnes[160] et ensuite répandue aux autres contrats[161]. En vertu de cette obligation, le professionnel est tenu envers son client, soit de garantir l'intégrité

---

[159] J. CALAIS-AULOY, *« Ne mélangeons plus conformité et sécurité »*, Dalloz 1993, chronique, p. 130 S.

[160] Cass. Civ., 21 nov. 1911, S. 1912. 1.73, note Lyon-Caen (Transport maritime de personnes), *Add.* D. 1913.1.249, note Sarrut, V. aussi Yvonne LAMBERT-FAIVRE, *« Fondement et régime de l'obligation de sécurité »*, Recueil Dalloz-Sirey, 1994, 11e Cahier, Chronique XXVIII, p. 13.

[161] PAISANT, G., « l'obligation de sécurité et le droit de la consommation », Gazette du palais du 23 septembre 1997, page 1189.

corporelle de celui-ci, soit de faire tout son possible pour l'assurer[162]. L'article 38 de l'ordonnance du 18 juillet 2007 portant organisation de la concurrence, qui est le siège de l'obligation légale de sécurité des produits et services, énonce en effet que *« les produits et les services doivent, dans des conditions normales d'utilisation ou dans d'autres conditions raisonnablement prévisibles par le professionnel, présenter la sécurité à laquelle on peut légitimement s'attendre et ne pas porter atteinte à la santé des personnes »*.

L'obligation légale de sécurité des produits et services ainsi instituée marque l'adhésion du législateur malien à la tendance contemporaine de protection des consommateurs qui cherche à assurer que seuls des produits sûrs soient fournis à ces derniers. De plus, l'instauration de cette obligation légale de sécurité des produits et services traduit la volonté du législateur malien de reconnaître à l'ensemble des consommateurs, qu'ils soient partis au contrat ou non, un véritable *« droit à la sécurité »*. En fait, l'institution de cette obligation de sécurité des produits et services répond à un impératif de sécurité des consommateurs né des évolutions économiques, politiques et sociales qu'ont connues le pays ces dernières décennies. Ces évolutions, marquées par l'adhésion du pays à des organisations sous régionales d'intégration économique et à l'organisation mondiale du commerce auront pour effet d'une part, l'élargissement du marché intérieur aux frontières du marché des deux espaces sous régionaux que sont la CEDEAO et l'UEMAO avec une priorité accordée à la libre circulation des produits notamment alimentaires au sein de ces deux espaces sous régionaux, et d'autre part, une internationalisation du commerce des produits qui résulte de la mondialisation du commerce instituée par l'OMC. Ces différents facteurs ont eu pour conséquences une diversification des sources d'approvisionnement et corrélativement un accroissement du risque d'atteinte à la santé et à la sécurité des consommateurs des produits et services.

---

[162] V. par exemple : Y. LAMBERT-FAIVRE, *« fondement et régime de l'obligation de sécurité »*, prec., *Add.*D. MAZEAUD, *« le régime de l'obligation de sécurité »*, GAZ. Pal., 23 septembre 1997, p.1201.

La prise en compte de ces différents facteurs et les conséquences qu'ils engendrent ont alors conduit le législateur malien à l'instauration d'une obligation légale de sécurité des produits et services dont l'article 38 de l'ordonnance du 18 juillet 2007 précitée, constitue la base textuelle. L'objectif étant de garantir aux consommateurs qui utilisent des produits et qui sollicitent des services de la part des opérateurs économiques, que les produits et services acquis ne présentent pas de danger pour leur santé ou leur sécurité.

Cette obligation légale de sécurité des produits et services est soutenue par des mesures visant à anticiper les risques d'atteinte à la santé et à la sécurité des consommateurs. Dans le but de prévenir les risques d'atteintes à la santé des consommateurs, le législateur impose certaines obligations en matière de sécurité à l'opérateur économique qui met un produit sur le marché. À cet égard, l'opérateur économique est tout d'abord tenu d'une obligation d'autocontrôle. Cette obligation est énoncée par l'article 35 de l'ordonnance du 18 juillet 2007 portant organisation de la concurrence précitée, aux termes duquel *« le responsable de la première mise sur le marché d'un produit ou d'un bien est tenu de vérifier que celui-ci est conforme aux prescriptions en vigueur »*. Et lorsque, malgré les vérifications effectuées par l'opérateur économique, le produit présente des risques d'atteintes à la santé et à la sécurité des consommateurs, le ministre chargé du commerce et le ou les ministres intéressés peuvent suspendre par arrêté pour une durée nécessaire à l'éradication du danger, la fabrication, l'importation, l'exportation, la mise sur le marché à titre gratuit ou onéreux du produit.

En outre, l'opérateur économique est tenu de procéder à son retrait en tous lieux où il se trouve ou à sa destruction lorsque celle-ci constitue le seul moyen de faire cesser le danger. Enfin, l'opérateur économique peut être contraint de diffuser des mises en garde ou de précautions d'emploi ainsi que la reprise en vue d'un échange ou d'une modification ou d'un remboursement total ou partiel dudit produit[163]. À l'égard du

---

[163] *Cf. Article 40 de* l'ordonnance *n°07-025*/P-RM du *18 juillet 2007* portant organisation de la concurrence, prec.

consommateur d'aliments, l'avènement de cette obligation générale de sécurité des produits et services est d'autant plus appréciable que la sécurité sanitaire des produits alimentaires offerts à la vente, qu'ils soient locaux ou d'importation, manque de garantie nécessaire compte tenu de leurs conditions de production, de conservation et de distribution.

Pour mieux apprécier la protection du consommateur d'aliments par le prisme de cette obligation générale de sécurité des produits et services, il convient de s'interroger sur le contenu des deux notions ressortant de l'article 40 de l'ordonnance portant organisation de la concurrence précitée, à savoir la notion de *sécurité des produits* et celle *d'attente légitime à l'égard de la sécurité*. Selon la formule du législateur communautaire UEMOA définissant la sécurité à l'égard des produits alimentaires par renvoi à la notion de *produit sûr*, une denrée sûre est *« toute denrée alimentaire, agricole ou d'origine agricole destinée à l'alimentation humaine ou animale qui, dans des conditions d'utilisation normales ou raisonnablement prévisibles, ne présente aucun risque ou seulement un risque réduit à un niveau considéré comme acceptable, compte tenu des connaissances du moment »*[164]. Notons que l'appréciation de la sécurité présentée par le produit ou la denrée tient compte non seulement de ses propriétés, caractéristiques et effets connus, mais aussi de son emballage, de son étiquetage et des catégories de consommateurs auxquelles elle est destinée[165]. Le risque auquel fait référence cette définition pouvant être considéré comme étant *« fonction de la probabilité d'un effet adverse pour la santé et de sa gravité, du fait de la présence d'un danger dans un aliment »*[166]. Il en résulte qu'à l'égard des produits alimentaires la sécurité s'établit par rapport à l'absence d'un risque présentant un danger pour la santé des consommateurs. Le danger lui-même peut être lié à un agent biologique, chimique ou physique présent

---

[164] Article 1er du règlement n° 007/2007/CM/UEMOA/relatif à la sécurité sanitaire des végétaux, des animaux et des aliments dans l'UEMOA, http : www. *Uemoa*. Int/actes/2008.

[165] Cf. Article 80 al. 6 du règlement n° 007/2007/CM/UEMOA/relatif à la sécurité sanitaire des végétaux, des animaux et des aliments dans l'UEMOA, prec.

[166] Voir, considérants du règlement n° 007/2007/CM/UEMOA/relatif à la sécurité sanitaire des végétaux, des animaux et des aliments dans l'UEMOA, prec.

dans la denrée alimentaire. Cet agent biologique, chimique ou physique peut avoir une origine externe et venir s'incorporer à la denrée alimentaire, par exemple une bactérie ou être lié à l'état même de la denrée, par exemple un aliment avarié.

Relativement à la notion *« d'attente légitime à l'égard de la sécurité »*, en dépit de la difficulté d'en déterminer le contenu, il est admis qu'elle *« doit être jugée d'après l'attente du public à qui est destiné le produit ou le service, et non par référence à l'opinion de tel ou tel spécialiste »*[167]. Cela implique que la sécurité ne doit pas être jugée d'après l'attente particulière d'un consommateur, mais plutôt d'un *« consommateur moyen »* ou du *« public dans son ensemble »*[168]. Cette acception de la notion *« d'attente légitime à l'égard de la sécurité »* renvoie du reste , ainsi que l'affirme M. le Professeur Philippe LE TOURNEAU, au *« rappel de la relativité des choses humaines : la sécurité ne peut pas être absolue en ce bas monde »*[169]. Même s'il est vrai que la sécurité absolue n'existe pas, s'agissant de l'objectif de sécurité des produits et services que poursuit le législateur malien à travers l'institution d'une obligation légale de sécurité des produits et services, il n'en demeure pas moins que l'avènement d'une telle obligation, de même que celle de délivrance conforme, constitue un progrès considérable dans la voie d'une meilleure protection des attentes des consommateurs, y compris celles du consommateur d'aliments.

Il reste que la garantie de sécurité des produits, et particulièrement des produits alimentaires, ne tient pas seulement à l'existence ou à la qualité des textes. Pour atteindre le résultat escompté, l'environnement dans lequel les textes sont appelés à s'appliquer doit être propice à une application efficiente de ceux-ci. Or, au regard des réalités qui caractérisent l'environnement socio-économique du Mali, il apparaît que de nombreux facteurs militent en faveur d'une application déficiente des textes relatifs à la sécurité des produits. Au nombre de ces facteurs, il y a

---

[167] Cf. J. CALAIS-AULOY, et H. TEMPLE, *Op. Cit,* n° 250.

[168] J. CALAIS-AULOY, « L'attente légitime : une nouvelle source du droit subjectif ? » *In,* Mélange en l'honneur d'Yves GYON, Dalloz, 2003, p. 171-181.

[169] Ph. LE TOURNEAU, « Responsabilité des vendeurs et fabricants », Dalloz référence-Droit de l'entreprise, Dalloz, 2001, p. 74, n°332.

tout d'abord, le développement du commerce informel, par ailleurs implicitement toléré par les pouvoirs publics du fait de sa capacité à absorber le chômage et à nourrir un nombre important de la population. Selon une enquête menée par le BIT à Bamako, les petits commerces évoluant dans l'informel, occupent 67,30% de part du marché fournisseur des produits et services[170]. Aussi, les conditions d'hygiène et de salubrité dans lesquelles ces produits sont fabriqués et commercialisés par ces petits commerces ne satisfont pas aux exigences de la réglementation sur l'hygiène et la sécurité des produits. À ces facteurs, s'ajoutent la porosité des frontières et l'inefficacité du dispositif de contrôle de la sécurité sanitaire des produits présents sur le marché. Enfin, nous avons pu relever dans les développements qui précèdent que, de nos jours, la protection de la sécurité des consommateurs repose en grande partie sur l'obligation faite aux opérateurs économiques de fournir à ces derniers des informations nécessaires leur permettant de mesurer les risques que la consommation du produit peut présenter pour leur santé. Or, cette information fournie aux consommateurs reste incomprise par la majorité des consommateurs, comme nous l'avons déjà indiqué, du fait du taux d'analphabétisme estimé selon l'enquête menée en 2006 par la Direction nationale de la Statistique et de l'Informatique (DNSI) à 73 % de la population.

Malgré ces facteurs qui mettent en exergue les difficultés d'application des lois relatives à la protection générale des consommateurs, il est permis d'affirmer que les nouveaux textes ouvrent la voie vers une meilleure protection des consommateurs. L'affirmation ne doit pas étonner, surtout lorsqu'on sait qu'en Afrique, la conscience des difficultés d'application des lois nouvelles conduit l'État à mener un travail de sensibilisation, d'explication et de persuasion pour aboutir à un environnement propice à une application efficiente de la loi. Ainsi que l'affirme M. ALLIOT, *« en Afrique, les effets de la loi se font sentir beaucoup plus lentement. La loi agit alors comme un idéal plus que comme un instrument de transformation immédiate de l'ordre juridique. La loi semble ainsi pouvoir*

---

170 Voir. Etude, *Le dialogue Etat - Secteur informel au Mali*, Institut international de planification de l'éducation, UNESCO 1999.

être dans son texte, plus révolutionnaire en Afrique, puisque si elle fixe des objectifs lointains, elle ne contraint pas les populations à les atteindre »[171].

Ainsi qu'on a pu s'en apercevoir tout au long des développements qui précèdent, la construction d'un ordre public de protection qui s'opère actuellement dans le droit positif malien aboutit à un ensemble de règles, plus spécialement de droit civil, capables de servir opportunément la protection juridique du consommateur d'aliments.

Mais de nombreuses situations, susceptibles de porter atteinte aux intérêts économiques de ce dernier, à sa santé ou sa sécurité demeurent hors du champ classique du droit civil. En contribuant à les maîtriser, la construction d'un ordre public de protection dans le droit pénal apparaît comme étant un moyen capable de servir la protection du consommateur d'aliments.

Section II - L'ordre public de protection dans le droit pénal

Si l'étude de l'ordre public de protection dans le droit civil a permis de révéler l'existence de nombreuses règles de nature civile assurant la protection de l'ensemble des consommateurs, il est permis de constater que cette protection générale s'exprime de plus en plus par des dispositions de nature pénale. Ce recours croissant à ces dispositions répressives trouve sa justification dans l'insuffisance des techniques classiques du droit civil à assurer efficacement la protection générale des consommateurs. Ainsi que le remarque un auteur, le droit civil n'assure qu'une protection limitée par rapport à la protection pénale qui va au-delà de la théorie traditionnelle des vices du consentement ; la protection civile suppose, pratiquement, qu'un contrat ait été conclu. Elle ne coiffe donc que les contractants[172]. À travers ses nombreuses règles établissant des sanctions plus graves des comportements déjà sanctionnés par le droit civil, ses nombreuses

---

[171] M. Alliot, « Un droit nouveau est-il entrain de naître en Afrique ? » In Dynamique et finalité des droits africains, Paris, Economica, 1980, p. 486.

[172] M. WAZIR ABDELAZIM, *« la protection pénale des consommateurs en Égypte »*, Revue internationale de Droit pénal, Vol. (54), p.179 à 209.

dispositions ayant une fonction préventive et intervenant en amont dans le respect de l'ordre public économique et dans la protection de la santé publique, ainsi que ses nombreuses mesures intervenants en aval pour réprimer toute forme d'atteinte à la santé ou à la vie des personnes, le droit pénal malien se révèle actuellement d'une grande utilité pour le consommateur d'aliments en vue de protéger aussi bien ses intérêts économiques (§ I) que sa santé ou sa vie (§ II).

§ I. Un ordre public visant à assurer la protection des intérêts économiques des consommateurs

Le droit pénal et plus spécialement le droit pénal économique joue actuellement un rôle important dans la protection des intérêts économiques de l'ensemble des consommateurs.

La sauvegarde du pouvoir d'achat de ces derniers, la moralisation de la compétition concurrentielle et la rationalisation de l'action des pouvoirs publics en faveur des citoyens pris en qualité de consommateurs sont assurément à la base de l'émergence de ce droit pénal économique.

Grâce à ses nombreuses règles consacrées à la protection de la loyauté des informations fournies aux consommateurs (A) et à la moralisation des pratiques commerciales (B), le droit pénal malien se révèle actuellement capable de concourir efficacement à la protection de l'ensemble des consommateurs, y compris celle du consommateur d'aliments.

A- La protection de la loyauté des informations fournies aux consommateurs

M. P. PIGASSOU affirmait que les rapports entre la morale et les affaires ne sont pas aisés, il commentait à ce sujet que *« leurs rapports sont souvent difficiles. Ceci n'est pas nouveau et il sera vain de rechercher dans l'histoire la première tromperie sur la marchandise vendue, la première vente d'un matériel défectueux, la première manifestation d'un comportement déloyal quelconque à l'occasion d'une vente »*[173]. Une maxime bien connue résume parfaitement ce commentaire de M. PIGASSOU : *« la morale et les affaires ne font pas bon ménage »*. Sur ce point déjà, le droit comparé, notamment français, nous rapporte qu'au XIXe siècle des fraudes alimentaires pratiquées par des commerçants peu scrupuleux ont amené le législateur à adopter la loi du 1er aout 1905 sur les fraudes dans la vente des marchandises et la falsification des denrées alimentaires[174]. Le consommateur malien n'échappe pas à cela. D'ailleurs, les risques de déloyauté des informations que lui fournissent les opérateurs économiques s'aggravent sous les influences conjuguées de deux facteurs.

Le premier facteur du risque de déloyauté se trouve dans l'ouverture du marché intérieur et la diversification de l'offre qui en résulte : désormais, au cœur d'une économie de marché le consommateur malien se trouve devant une multitude de produits dont il ignore presque tout, ce qui rend difficile toute appréciation, par lui-même, relativement à la qualité du produit offert. Le deuxième facteur du risque de déloyauté se trouve dans le développement exponentiel de la publicité qui intervient au Mali depuis l'avènement du libéralisme économique.

Certes, moins traqué que le consommateur des pays développés, le consommateur malien est de plus en plus matraqué par des messages publicitaires à la télévision et dans la presse écrite, des affiches sur des panneaux posés le long des routes ou collés à divers endroits des quartiers. Sans en être suffisamment préparé à comprendre les messages que véhiculent subtilement ces publicités, le consommateur devient alors une proie qui n'est plus maîtresse de son choix et ne peut se rendre compte, *a priori*, de la qualité des produits soumis à son choix.

Ces différents facteurs ont alors conduit le législateur malien à élaborer une multitude de dispositions impératives visant à garantir la sincérité des

---

[173] PIGASSOU : « L'entreprise face au consommateur » DUNOD Entreprise. éd. Bordas. Paris 1978. P. XV.

[174] Loi du 1 août 1905 sur la répression des fraudes dans la vente des marchandises et des falsifications des denrées alimentaires et des produits agricoles.

informations fournies aux consommateurs. Les dispositions ainsi adoptées ont pour justification légale les articles 22 et 36 de l'ordonnance du 18 juillet 2007 précitée. Aux termes de l'article 22 qui incrimine la publicité mensongère et détermine les éléments de cette incrimination *« sont qualifiées de publicités mensongères : toute publicité comportant, sous quelque forme que ce soit, des allégations, indications ou présentations fausses ou de nature à induire en erreur lorsque celles-ci portent sur un ou plusieurs des éléments ci-après du bien ou du produit : l'existence, la nature, la qualité, l'espèce, l'origine, le mode et la date de fabrication, les quantités substantielles, les prix et les conditions de vente, les conditions d'utilisation ; les résultats attendus de l'utilisation du produit, le motif ou le procédé de vente ; la conformité avec les normes de sécurité en vigueur lorsque le produit y est soumis, l'identité, les qualités ou aptitudes du fabricant, du revendeur, des prestataires, des promoteurs et la qualité des engagements pris par ces derniers ; l'indication de réduction de prix ou d'avantages quelconques qui ne sont pas effectivement accordés à tout acheteur dans les conditions énoncées par la publicité ; toute publicité à l'égard du consommateur portant sur des articles qui ne sont pas disponibles à la vente ou de services qui ne peuvent être fournis pendant la période à laquelle se rapporte cette publicité »*[175]. Pour sa part, l'article 36 de cette ordonnance interdit à toute personne, qu'elle soit ou non partie au contrat, de tromper ou tenter de tromper le contractant, par quelque moyen ou procédé que ce soit, même par l'intermédiaire d'un tiers *« soit sur la nature, l'espèce, l'origine, les qualités substantielles, les dates de production et de consommation, la composition ou la teneur en principes utiles de toute marchandise ; soit sur la quantité de marchandises livrées ou sur leur identité par la livraison d'une marchandise autre que celle qui fait l'objet du contrat ; soit sur l'aptitude à l'emploi, ou les risques inhérents à l'utilisation du produit, les contrôles effectués, les modes d'emploi ou les précautions à prendre »*[176].

---

[175] Article 22 de l'ordonnance n°07/25 du 18 juillet 2007 portant organisation de la concurrence au Mali, préc.

[176] Article 36 de l'ordonnance n°07/25 du 18 juillet 2007 portant organisation de la concurrence au Mali, préc.

Pourtant, malgré l'énumération de ces diverses incriminations pouvant laisser croire à l'existence d'infractions distinctes, il semble que toutes ces incriminations puissent être assimilées à une infraction unique qui est le *« délit de publicité mensongère »*. Une telle qualification peut s'autoriser du contenu même des articles 22 et 36 de l'ordonnance du 18 juillet 2007 précitée, selon laquelle l'infraction de *publicité mensongère*, qui porte atteinte à la sincérité de l'information fournie, consiste à toute publication d'informations pouvant induire en erreur au travers de l'un des procédés précités. Bien qu'une telle infraction contribue sans doute à garantir la sincérité des informations fournies aux consommateurs, il semble bien qu'au regard des évolutions subies par cette infraction en droit comparé, le législateur malien ne semble pas accorder une vigueur à *« la notion de publicité mensongère »* lui permettant d'assurer une protection plus élargie des consommateurs. En droit français notamment, c'est par une loi du 2 juillet 1963 que le législateur a créé l'infraction de publicité mensongère afin d'éradiquer les pratiques abusives des professionnels. Mais dans sa mise en œuvre, cette infraction, qui pour être consommée faisait appel à *« la mauvaise foi »* du professionnel, s'est révélée moins efficace. Pour pallier cet inconvénient, le législateur français par l'article 44 de la « loi Royer» du 27 décembre 1973, remplaça l'infraction de publicité mensongère par celle plus large de *« publicité trompeuse »* qui permet de réprimer la simple négligence ou l'imprudence du professionnel.

Si l'on admet une telle qualification, comment le délit de publication d'informations mensongères de l'ordonnance du 18 juillet 2007, participe-t-il à la protection du consommateur d'aliments ?

À l'égard du consommateur d'aliments, une telle protection peut être envisagée dans le cadre de deux incriminations distinctes : il y a d'une part, l'incrimination de fausses publications d'informations sur les prix des produits et services, et d'autre part, l'incrimination de la publication d'informations pouvant induire le consommateur en erreur sur les attributs des produits.

La première incrimination interdisant la publication de fausses informations sur les prix permet de contraindre les opérateurs économiques à fournir aux consommateurs des informations sincères sur les prix des produits et services. Dans le cadre de cette incrimination, deux délits peuvent être retenus. D'abord, le délit peut consister à la publication d'informations inexactes sur les prix des denrées sur le marché.

Ensuite, le délit peut consister à diffuser des informations de toute nature touchant aux conditions du marché. Sur ce dernier point, il est admis que le délit est constitué dès lors que la publication touche non seulement aux conditions actuelles du marché, mais aussi à ses conditions futures[177]. Appréciant, les éléments matériels de ces délits, la doctrine remarque que ces derniers ont été considérablement élargis dans la mesure où ils se réfèrent non seulement aux prix, mais aussi à des informations de toute nature ; l'essentiel est que ces délits soient en relation avec les conditions du marché, d'une part, et d'autre part, qu'ils soient de nature à troubler la politique des prix ou de l'approvisionnement[178]. La deuxième incrimination interdisant la publication d'informations pouvant induire en erreur sur les attributs des produits permet de sanctionner toute tromperie du consommateur sur la denrée alimentaire. Dans le cadre de cette incrimination, trois délits peuvent être retenus.

Tout d'abord, le délit peut être constitué par la tromperie sur la nature, l'espèce, l'origine, les qualités substantielles, les dates de production et de consommation, la composition ou la teneur en principes utiles de la denrée alimentaire. Ensuite, le délit est constitué par la tromperie sur la quantité de la denrée livrée ou sur son identité par la livraison d'une autre que celle qui fait l'objet du contrat. Enfin, le délit peut être constitué par la tromperie sur l'aptitude à l'emploi, ou les risques inhérents à la consommation de la denrée, les contrôles effectués, les modes d'emploi ou les précautions à prendre[179]. Relativement à la nature du support de l'information, il est

---

[177] Cf. A., KANTE, *« Réflexions sur le droit de la concurrence et la protection des consommateurs dans l'UEMOA : l'exemple du Sénégal »*, Penant, Avril -juin 2010, n° 871, p. 141-166.

[178] A., KANTE, Op. Cit. *Add* Elie Alfanderie, « Droit des affaires », Ed. Litec, 1993, n°110, p. 88.

[179] Voir : Article 36 de 36 de l'ordonnance n°07/25 du 18 juillet 2007 portant organisation de la concurrence au Mali, préc.

admis que celui-ci peut indifféremment concerner l'étiquetage[180], l'emballage[181] ou même les propos tenus par le vendeur[182].

L'ensemble de ces incriminations aboutit ainsi à une véritable réglementation pénale économique garantissant la loyauté des informations fournies aux consommateurs. À l'égard du consommateur d'aliments l'avènement d'une telle réglementation est d'autant plus appréciable que la déloyauté des informations portant sur les denrées alimentaires devient de plus en plus fréquente, suite à l'avènement des techniques modernes d'information et au développement de la publicité qui n'épargnent aucun secteur de la consommation.

B- La moralisation des pratiques commerciales

La protection des intérêts des consommateurs va de pair avec la moralité des pratiques commerciales. Cette affirmation est fondée sur l'idée que sans des comportements sains et loyaux de la part des opérateurs économiques, permettant un choix libre et éclairé des consommateurs et un fonctionnement normal des mécanismes du marché, ces derniers ne peuvent s'épanouir et tirer pleinement profit des avantages que le modèle libéral est censé procurer.

En conséquence le législateur ne peut se désintéresser des comportements des opérateurs économiques pouvant avoir un effet néfaste sur les consommateurs et la liberté de choix de ces derniers.

Dans cette optique et dans la perspective de moraliser le monde des affaires, le législateur malien a adopté dans l'ordonnance du 18 juillet 2007 portant organisation de la concurrence, précitée, de nombreuses dispositions incriminant tout comportement ou agissement de la part des opérateurs économiques pouvant restreindre la liberté de choix des

---

[180] En droit français, Cf. CA Grenoble, 29 mars 2000, JCP. 2001, IV. 1716.
[181] En droit français, Cf. CA Paris, 24 mars 1987, D.1987. IR. 201.
[182] En droit français, Cf. CA Paris, 19 mars 1999, D. 1999, IR.150.

consommateurs ou conduire ces derniers à une mauvaise décision d'achat. Ainsi, le législateur s'est-il évertué non seulement à réglementer minutieusement certains procédés par lesquels les opérateurs économiques invitent les consommateurs à acquérir les produits à la consommation, mais aussi à incriminer tout agissement ou comportement troublant la politique d'approvisionnement ou des prix.

La conscience du danger que présentent pour les consommateurs certaines pratiques commerciales attrayantes a tout d'abord conduit le législateur à réglementer minutieusement certains procédés par lesquels les opérateurs économiques attirent les consommateurs en leur faisant espérer des avantages en nature ou en argent. Dans cette optique l'ordonnance du 18 juillet 2007 énumère une multitude de procédés prohibés : la vente subordonnée, la vente jumelée, la vente à la boule de neige, la vente avec prime. Dans ce prolongement, le législateur malien soucieux de protéger à la fois les consommateurs et les concurrents, contre certains procédés commerciaux préjudiciables incrimine également une autre pratique commerciale dite pratique du *« prix d'appel »*.

Pour cerner chacune de ces incriminations, il convient de se référer à leurs définitions légales. À cet égard, on retiendra avec le texte que la vente subordonnée *« consiste à conditionner l'achat d'une quantité minimale d'un produit ou la prestation d'un service à la vente d'autres produits ou prestations de service »*[183]. La vente jumelée *« consiste à imposer l'achat d'un autre produit ou d'un autre service que celui faisant l'objet de la vente principale »*[184]. La vente à la boule de neige « *consiste à subordonner l'octroi d'un avantage à un acheteur à la condition qu'il procure de nouveaux clients au vendeur. L'avantage promis peut revêtir la forme d'une gratuité ou d'une réduction de prix »*[185]. La vente avec prime concerne quant à elle *« toute vente de produits, toute prestation de*

---

[183] Art. 14 de l'ordonnance n°07/25 du 18 juillet 2007 portant organisation de la concurrence au Mali, préc.
[184] Art. 16 de l'ordonnance n°07/25 du 18 juillet 2007 portant organisation de la concurrence au Mali, préc.
[185] Art. 17 de l'ordonnance n°07/25 du 18 juillet 2007 portant organisation de la concurrence au Mali, préc.

services, toute offre, proposition de vente de produit ou de prestation de services, donnant droit à titre gratuit immédiatement ou à terme, à une prime constante en produits ou en prestations de services différents de ceux qui font l'objet de la vente ou de la prestation de service réalisée »[186]. Enfin, la pratique de prix d'appel s'entend de *« tout procédé qui consiste pour le distributeur à mener une action de promotion sur les prix, sur un produit déterminé ou adopter pour ce produit un niveau de marge si faible tout en disposant de quantités tellement insuffisantes que les avantages à attendre ne peuvent être en rapport avec l'action de promotion engagée »*[187].

Ces différentes incriminations ont pour trait commun de protéger les consommateurs contre la ruse des opérateurs économiques. Elles traduisent ainsi la volonté du législateur malien de protéger les consommateurs contre les dangers de certaines pratiques commerciales qui peuvent, pour prendre l'expression de M. Jean BEAUCHARD, les détourner des vraies questions portant sur la qualité, le prix ou l'utilité des produits[188].

À l'égard du consommateur d'aliments, de telles incriminations constituent incontestablement un moyen de protection utile lui permettant de préserver sa liberté de choix et d'opérer une bonne décision d'achat. Cette protection est d'autant plus appréciable que ce dernier affaibli et fragilisé par d'incessantes flambées des prix des denrées alimentaires, des crises alimentaires à répétitions et l'amenuisement du pouvoir d'achat, résiste difficilement aux ruses des opérateurs économiques. À côté de ces incriminations, le législateur malien, conscient de la fragilité de cette catégorie de consommateurs, a adopté une série de dispositions sanctionnant certaines pratiques pouvant porter atteinte aux intérêts spécifiques du consommateur d'aliments. Ces dispositions visent la

---

[186] Art. 18 de l'ordonnance n°07/25 du 18 juillet 2007 portant organisation de la concurrence au Mali, préc.
[187] Art. 9 de l'ordonnance n°07/25 du 18 juillet 2007 portant organisation de la concurrence au Mali, préc.
[188] J. BEAUCHARD, Droit de la concurrence et de la consommation, Presse universitaire de France, 1996, p. 376.

rétention des stocks des denrées alimentaires, la spéculation sur les prix des denrées alimentaires et l'usage des poids et mesures non conformes à la réglementation métrologique.

La rétention des stocks est prévue et sanctionnée par l'article 31 de l'ordonnance du 18 juillet 2007 portant organisation de la concurrence. Cette incrimination répond surtout à la nécessité d'assurer l'approvisionnement régulier du marché en denrées de première nécessité, d'éviter les pénuries des denrées alimentaires et faire en sorte que les consommateurs ne soient pas soumis à une surenchère[189]. L'article 278 de la loi du 20 août 2001 portant Code pénal, pour sa part, incrimine toute forme de spéculations illicites sur les denrées alimentaires. Aux termes de ce texte sont punies *« ceux qui, soit afin de se procurer un gain qui ne serait pas le résultat de la concurrence libre du commerce ou du jeu naturel de la loi de l'offre et de la demande, soit dans toute autre intention immorale ou contraire à l'intérêt général auront par quelque moyen que ce soit, directement ou par personne interposée, opéré ou tenté d'opérer la hausse ou la baisse artificielle du prix des denrées... »*[190]. De son côté, l'article 325-3 du même Code qui traite du respect de la réglementation des prix des denrées, punit *« ceux qui auront vendu les denrées ou aliments au-dessus des prix qui auront été fixés par l'autorité »*[191]. Enfin, l'article 325-18 du Code pénal relatif aux poids et aux mesures punit *« ceux qui auront employé des poids ou des mesures différentes de ceux qui sont établis par les règlements en vigueur »*[192]. Ainsi, l'ordre public dans le droit pénal, aboutit à une réglementation pénale assurant la moralisation des pratiques commerciales, de même que la protection de la loyauté des informations fournies aux consommateurs, contribuant ainsi à la protection des intérêts économiques du consommateur d'aliments.

---

[189] Cf. Art. 31 point 15 de l'ordonnance n°07/25 du 18 juillet 2007 portant organisation de la concurrence au Mali, préc.

[190] Article 278 de la loi n° 01-079 du 20 aout 2001, JORM du 1er février 2002, 43e année.

[191] Article 325 point 3 de la loi n° 01-079 du 20 aout 2001, JORM du 1er Février 2002, 43e année.

[192] Article 325 point 18 de la loi n° 01-079 du 20 aout 2001, prec.

En plus de la protection des intérêts économiques des consommateurs, le développement de l'ordre public de protection dans le droit pénal permet de garantir la protection de la santé ou de la vie de l'ensemble des consommateurs, y compris celle du consommateur d'aliments.

§ II. Un ordre public visant la protection de la santé des consommateurs

La protection des consommateurs par le droit pénal ne saurait se limiter à la seule protection de leurs intérêts économiques. Cette protection pénale prendra aussi en compte l'impératif de protection de la santé des consommateurs. La prise en compte par le droit pénal de la protection de la santé des consommateurs est d'autant plus nécessaire que comme l'affirment MM. les Professeurs CALAIS-AULOY et TEMPLE *« les problèmes de santé et de sécurité sont les plus importants de ceux que pose la protection des consommateurs »*[193]. Dans la perspective d'assurer une telle protection le législateur malien a élaboré des règles incriminant des faits mettant en danger la vie ou la santé d'autrui (A) et tous ceux portant atteinte à la santé ou à la vie des personnes (B).

A- L'incrimination de mise en danger d'autrui

Le droit pénal malien ne connaît pas encore l'infraction de prévention telle qu'on en connaît aujourd'hui en droit pénal français sous le nom de *« délit de mise en danger d'autrui »*. Introduit dans le dispositif répressif français par le nouveau Code pénal du 1er mars 1994, ce délit est destiné à mieux prévenir les risques mettant en danger la vie ou l'intégrité physique des personnes. Ce délit de risques causés à autrui peut être défini comme *« le fait d'exposer directement autrui à un risque immédiat de mort ou de blessures de nature à entraîner une mutilation ou une infirmité permanente par la violation manifestement délibérée d'une obligation particulière de sécurité ou de prudence imposée par la loi ou le règlement »*. Pour qu'il soit consommé, ce délit ne nécessite pas la

---

[193] J. CALAIS-AULOY, et H. TEMPLE, Droit de la consommation, préc. p. 285, n°249.

réalisation effective d'un dommage. Il suffit, d'après le texte, qu'il y ait un manquement aux obligations de sécurité ou de prudence imposées par la loi ou le règlement et que ce manquement expose autrui à un risque[194].

Bien qu'un tel délit semble être absent de l'arsenal répressif malien, force est cependant de constater que le droit pénal malien regorge de nombreuses incriminations qui s'inscrivent dans la logique de prévenir toutes les formes d'atteintes à l'intégrité physique et à la vie des personnes. Au regard de notre sujet, deux incriminations peuvent être retenues : l'incrimination visant à prévenir la falsification des aliments et la falsification proprement dite pouvant avoir pour résultat de rendre l'aliment dangereux pour la santé des consommateurs.

En premier lieu, la protection du consommateur d'aliments peut être envisagée dans le cadre de l'incrimination visant à prévenir la falsification des produits. Dans le cadre de cette incrimination, prévue par l'article 37 de l'ordonnance portant organisation de la concurrence précitée, deux délits peuvent être retenus. Le premier délit peut être constitué par l'exposition, la détention, la mise en vente ou la vente, sans motif légitime, des produits propres à effectuer la falsification de denrées alimentaires. Le délit est prévu à l'alinéa 9 de ce texte qui incrimine le fait d'*« exposer, détenir en vue de la vente, mettre en vente ou vendre, connaissant la destination des produits, objets ou appareils propres à effectuer la falsification des produits »*. Selon ce texte l'incrimination s'étend également à *« toute personne qui aura provoqué leur emploi par le moyen de brochures, prospectus, affiches, annonces ou instructions quelconques »*[195]. Ce délit, s'analysant comme étant une phase préparatoire de la falsification, a pour objet d'empêcher les détenteurs ou fabricants de denrées alimentaires de trouver aisément des fournisseurs d'instruments ou des moyens chimiques de falsification, ou encore de les avoir à leur

---

[194] Sur cette question voir plus amplement : M. PUECH, De la mise en danger d'autrui, Recueil Dalloz Sirey, 1994, 21e Cahier-Chronique, p.153 à 157 ; M. PRALUS, le délit de risque causé à autrui dans ses rapports avec les infractions voisines, JCP, éd. générale n°11, p. 119 à 121 ; V. MALABAT, Le délit dit de « mise en danger » la lettre et l'esprit, Semaine juridique édition générale, n°9 du 1er mars 1999, p. 339 à 342.

[195] Article 37, al. 9 de l'ordonnance portant organisation de la concurrence préc.

disposition[196]. Le deuxième délit peut être constitué par la simple détention sans motif légitime, même lorsqu'ils ne sont pas considérés comme se trouvant offerts à la vente, des denrées alimentaires avariées, périmées, contaminées, falsifiées, ou corrompues si elle a lieu en certains endroits déterminés tels que les magasins, les locaux ou entrepôts servant au commerce, les moyens de transport, les ateliers ou les lieux de fabrication ou de conditionnement[197]. Appréciant le fondement de ce délit la doctrine estime que l'existence d'un tel délit se fonde sur la présomption que cette détention a pour aboutissement nécessaire le délit de vente de denrées avariées, périmées, contaminées, falsifiées, ou corrompues[198]. Un tel délit est prévu à l'alinéa 2 de l'article 37 précité qui incrimine le fait d'*« exposer, détenir en vue de la vente, mettre en vente, vendre, ou utiliser comme matière première, tout produit avarié, périmé, falsifié, corrompu, ou contaminé »*[199].

En deuxième lieu, la protection du consommateur d'aliments peut être envisagée dans le cadre de l'incrimination visant la falsification proprement dite pouvant avoir pour résultat de rendre le produit dangereux pour la santé des consommateurs. Deux délits peuvent être retenus dans le cadre de cette incrimination qui peut être définie comme étant *« le recours à une manipulation ou à un traitement illicite ou non conforme à la réglementation, de nature à altérer la constitution physique du produit »*[200]. Le premier délit peut être constitué par toute addition, substitution, soustraction d'une composante de la denrée ou une altération de cette dernière la rendant dangereuse pour la santé des consommateurs. Ce délit est prévu à l'alinéa 4 de l'article 37 précité, qui incrimine le fait d'*« utiliser tout produit toxique cancérigène ou nocif pour la santé du consommateur dans la production en violation des normes en vigueur »*[201].

---

[196] Cf. A. GERARD, Eléments du droit de l'alimentation (structures, principes et dispositions essentielles), Etude de législation n°7, Organisation des Nations Unies pour l'alimentation et l'agriculture, Rome, 1975, p. 93.
[197] *Ibid.*
[198] Cf. A. GERARD, *Op. Cit.*, p. 96.
[199] Article 37, al. 2 de l'ordonnance portant organisation de la concurrence préc.
[200] Cf. Crim., 15 déc. 1993, JCP, éd. E., 1994. Pan. 432.
[201] Article 37, al. 4 de l'ordonnance portant organisation de la concurrence préc.

Appréciant l'élément moral de ce délit, la doctrine remarque que celui-ci demeure un délit intentionnel[202]. Il s'en suit que non seulement l'auteur du délit n'est punissable que s'il a eu une intention frauduleuse, mais aussi que sa mauvaise foi ne peut être présumée[203]. Toutefois, cette idée qui part du principe du droit pénal selon lequel *« il n'y a point de crime ou de délit sans intention de le commettre »*, semble connaître quelques assouplissements dans la mesure où il est admis que les juges peuvent souverainement déduire la mauvaise foi du prévenu du fait que celui-ci n'a pas satisfait à son obligation d'autocontrôle avant la mise du produit sur le marché[204]. Le deuxième délit peut être constitué par la fabrication ou la production illicite de denrées nuisibles à la santé. Un tel délit a été suggéré par une doctrine, guidée par le souci d'assurer une protection plus élargie de la santé des consommateurs, dans le cadre des délits non intentionnels. Elle suggère en particulier que ce délit punisse *« ceux qui, dans la fabrication ou la production des denrées destinées soit à l'alimentation de l'homme ou des animaux, soit à entrer en contact avec ces denrées, auront utilisé des composants, additifs ou des procédés physiques ou chimiques non autorisés par les règlements ou les usages, même sans intention de falsifier la marchandise et même si toute trace d'addition ou d'emploi du procédé de fabrication est éliminée au stade de la vente. Les peines seront celles de la falsification nuisible si l'addition ou le procédé utilisé est susceptible d'avoir des effets nuisibles sur la santé du consommateur »*[205]. De tels faits peuvent être réprimés sur le fondement de l'alinéa 8 de l'article 37 qui incrimine le fait de *« vendre tout produit de qualité douteuse ou non conforme aux normes de sécurité et de santé »*.

L'ensemble de ces incriminations aboutit, ainsi qu'on a pu s'en apercevoir tout au long des lignes qui précèdent, à de véritables infractions de préventions permettant d'assurer la protection du consommateur d'aliments contre des faits mettant sa santé ou sa vie en danger.

---

[202] J. CALAIS-AULOY, et H. TEMPLE, *Op. Cit,* n° 219.
[203] En droit français, voir Crim. 4 jan. 1977, D. 1977. J. 336, note Fourgoux.
[204] Cf. Crim., 5 nov. 1985 et 5 mai 1986, D. 1986. IR. 402, Obs. Roujou de Boubée.
[205] J.-C. FOURGOUX, et M. G. JUMEL, « Traité de droit alimentaire, Droit interne-Droit international », prec.

Mais au-delà de la prévention, il est nécessaire de prévoir d'autres moyens incriminant les atteintes à la santé et à la vie des personnes lorsque celles-ci se réalisent effectivement.

B- L'incrimination des atteintes à la santé ou la vie des personnes

Les principes directeurs pour la protection des consommateurs adoptés par l'assemblée générale des Nations Unies le 9 avril 1985, pour orienter les politiques des États membres de l'organisation, en particulier celles des pays en développement, énoncent en tête des droits des consommateurs celui *« d'être protégé contre la vente de biens portant atteinte à leur santé ou leur vie »*[206]. Or, si l'on excepte les médicaments, les produits alimentaires sont ceux qui présentent le plus de dangers pour la santé ou la vie des consommateurs des pays en développement. Ainsi que le relève une étude conjointement réalisée par la FAO et l'OMS, les facteurs qui contribuent aux dangers que présentent les aliments pour la santé ou la vie des consommateurs résultent notamment des pratiques agricoles inadéquates, de l'hygiène insuffisante à tous les stades de la chaîne alimentaire ; de l'absence de mesures préventives dans le cadre des opérations de transformation et de préparation des aliments ; de l'utilisation à mauvais escient de produits chimiques ; de la contamination des matières premières, des ingrédients et de l'eau ; des conditions inadéquates ou impropres d'entreposage, *etc.*[207].

---

[206] Cf. Résolution N° *39/248* de l'Assemblée Générale des Nations Unies adoptant la Charte Mondiale des Droits des consommateurs ou les Principes Directeurs pour la Protection du Consommateur, ST/ESA/170, Nations Unies, New York, 1986.

[207] Cf. Garantir la sécurité sanitaire et la qualité des aliments : Directives pour le renforcement des systèmes nationaux de contrôle alimentaire. Publication conjointe FAO/OMS, consultable en ligne à l'adresse suivante : http://www.who.int/foodsafety/publications/capacity/en/French_Guidelines_Food_control.pdf

Dans ce contexte, mettant en exergue la nécessité de protéger la santé ou la vie des consommateurs, comment le droit pénal participe-t-il à la protection des atteintes à la santé ou à la vie du consommateur d'aliments ?

Une telle protection peut être envisagée dans le cadre des incriminations des délits d'homicide et des blessures involontaires.

Les délits d'homicide et des blessures involontaires sont prévus par la loi du 20 août 2001 portant instauration du Code pénal[208]. L'article 203 de cette loi incrimine l'atteinte à l'intégrité physique ou à la vie des personnes *« commis ou causé par maladresse, négligence, inattention ou inobservation des règlements ».* De même, l'article 210 de ce Code punit *« celui qui, par maladresse, imprudence, inattention, négligence ou inobservation des règlements, aura involontairement porté des coups, fait des blessures, ou occasionné des maladies à autrui ».*

À l'égard du consommateur d'aliments, le délit peut être constitué par une atteinte à la santé ou à la vie, faisant par exemple suite à une intoxication alimentaire, résultant de la négligence, de l'inattention, de l'imprudence, de la maladresse de l'opérateur économique fournisseur d'aliments ou de l'inobservation par ce dernier de la réglementation sanitaire en matière d'aliments.

La *négligence* ou *l'inattention* punissable couvrira *« toutes les fautes qui pouvaient être évitées avec plus de prévoyance, de soin, de diligence »*[209]. On assimile à ces fautes, une légèreté ou une distraction[210] ou un manque de précaution ou encore l'absence de précaution venant du manque d'aptitude ou du mépris d'autrui manifesté par l'auteur[211]. Appréciant ce délit, la doctrine admet que la négligence ou l'inattention soient punies, parce que l'auteur de l'infraction n'a pas *« usé de toute la prudence dont*

---

[208] Loi n° 01-079 du 20 aout 2001, JORM du 1er février 2002, 43e année.

[209] J.-C. FOURGOUX, et M. G. JUMEL, Traité de droit alimentaire, Droit interne-Droit international, Presses de l'imprimerie de Châtelaudren, février 1968.

[210] P. GATTEGNO, Droit pénal spécial, préc. n° 100.

[211] Ibid.

il était capable pour éviter que le dommage se produise »[212]. La *maladresse* est considérée comme étant *« un manque d'habileté dans l'exercice d'une activité »*[213]. Une telle attitude punissable couvre « la situation de celui qui, exerçant une activité quelconque, ne le fait pas dans les règles de l'art, même sans en être forcément conscient »[214]. La notion *de réglementation sanitaire en matière alimentaire* couvre un domaine très large : elle concerne l'état sanitaire du personnel qui participe à la fabrication, au transport et à la vente des denrées alimentaires ; elle concerne également les normes d'hygiène du matériel de fabrication, de transport et des lieux de distribution ; elle couvre enfin, les règles relatives à l'innocuité et à la qualité de la denrée elle-même[215].

On le voit, le droit pénal malien regorge de nombreuses incriminations qui, bien que bon nombre d'entre elles ne soient pas spécifiquement élaborées au profit direct du consommateur d'aliments, permettent non seulement de prévenir toute forme d'atteintes à la santé ou à la vie de ce dernier, mais aussi de sanctionner toute atteinte à sa santé ou à son intégrité physique. Grâce à ces incriminations de portée générale, qui viennent s'ajouter à l'obligation générale de sécurité des produits instituée par l'ordonnance du 18 juillet 2007, on peut affirmer que les mesures générales de protection des consommateurs sont aujourd'hui capables de concourir efficacement à la protection de la santé du consommateur d'aliments.

Au terme de ces développements, il apparaît que la libéralisation de l'économie malienne et son corollaire la construction d'une économie de marché ont été suivis par l'adoption d'une réglementation d'ordre public visant à garantir la protection sur le marché de l'ensemble des consommateurs. Cependant, cette réglementation telle qu'elle existe actuellement ne constitue pas la panacée en matière de protection générale des consommateurs, car elle présente de nombreuses faiblesses.

---

[212] J.-C. FOURGOUX, et M. G. JUMEL, *Op.Cit.*
[213] Cf. P. GATTEGNO, Droit pénal spécial, 6e éd. Dalloz, 2005, n° 98.
[214] Cf. M-L., RASSAT, Droit pénal spécial, Infraction des et contres les particuliers, préc. n° 291.
[215] J.-C. FOURGOUX, et M. G. JUMEL, *Op.Cit.*

Tout d'abord, loin de constituer un ensemble structuré et cohérent, regroupant des textes qui assurent la protection des consommateurs à tous les stades, de la fabrication des biens de consommation jusqu'à leur vente, elle est constituée de dispositions éparses, contenues dans divers textes. L'élaboration d'un Code de la consommation rassemblant tous les textes qui assurent la protection des consommateurs s'impose.

Un tel travail offrirait un double avantage : une meilleure visibilité et une bonne lisibilité de l'ensemble des règles destinées à la protection des consommateurs, d'une part et d'autre part, il offrirait à ces derniers un cadre juridique mieux élaboré. Par ailleurs, la confrontation de ces mesures de protection aux réalités locales a fait apparaître des problèmes inextricables liés à leur effectivité.

Ces problèmes résultent notamment du phénomène d'analphabétisme qui touche aussi bien les consommateurs censés être protégés grâce à l'information qui leur est fournie, que les opérateurs économiques eux-mêmes pour qui l'accomplissement de leurs obligations est conditionné à une compréhension de l'information qui accompagne les produits ainsi qu'à leur capacité à transmettre l'information. S'y ajoute le développement du secteur informel, qui échappe à l'empire des règles de protection des consommateurs.

Toutefois, malgré ces constats nous observons qu'au moment où le pays connaît des mutations socio-économiques qui constituent autant de facteurs de fragilisation du pouvoir d'achat et d'atteinte à la santé des consommateurs, ces règles générales de protection constituent un progrès considérable dans la voie d'une meilleure protection des consommateurs.

Aussi, dans le cadre de notre problématique, l'étude de ces règles générales de protection des consommateurs nous a permis de constater que, bien qu'elles ne soient pas spécifiquement élaborées au profit direct du consommateur d'aliments, celles-ci participent grandement à la protection de ce dernier. Ainsi que nous l'avons démontré, tout au long des développements qui précèdent, cette protection touche aussi bien la santé du consommateur d'aliments, ses intérêts économiques, ses attentes légitimes, que la protection de sa liberté de choix et plus généralement de son consentement dans ses relations contractuelles avec les opérateurs économiques.

Le processus de libéralisation entamé au Mali, sous l'impulsion des bailleurs de fonds, a orienté le pays vers un modèle économique donnant un rôle central au marché et aux opérateurs économiques privés dans la satisfaction des besoins des consommateurs. Dans la perspective de permettre aux opérateurs économiques privés d'accomplir le rôle qui leur est assigné et de favoriser l'épanouissement du secteur privé, l'État du Mali tout en accordant des libertés économiques aux acteurs privés, va s'évertuer à créer un cadre juridique propice à l'émergence d'un secteur privé.

Cela s'est traduit par un processus de désengagement de l'État des activités économiques, de libéralisation du commerce, la liberté des prix et la libre concurrence, ainsi que par la promotion de l'initiative privée. Toutefois, l'impératif de préservation de la santé publique et de protection du pouvoir d'achat des consommateurs, a conduit l'État à atténuer ces libertés économiques en prévoyant des exceptions aux principes de liberté de commerce et des prix, et impose des contraintes aux opérateurs économiques dans tous les cas où ils estiment qu'il peut être porté atteinte à la santé publique. En complément de ces mesures, des règles destinées à protéger les consommateurs dans leurs relations avec les opérateurs économiques sont adoptées. Il nous semble pertinent à présent d'étudier la mise en œuvre de l'ensemble de ces mesures pour vérifier si la protection des consommateurs maliens apparemment garantie n'est que théorique et illusoire.

TITRE II

LA MISE EN ŒUVRE DE LA PROTECTION GÉNÉRALE DES CONSOMMATEURS

Les efforts consentis par les pouvoirs publics maliens pour créer un environnement économique et un cadre juridique favorables à la réalisation des besoins des consommateurs risqueraient d'être vains s'il n'existait pas des structures et du personnel chargés de veiller au respect des réformes entreprises et d'en assurer la mise en œuvre. Les pouvoirs publics maliens doivent donc disposer matériellement des structures et du personnel pour garantir la bonne exécution de ce qu'ils entreprennent, sinon les réformes entreprises en faveur des consommateurs seraient vaines et la protection de ces derniers apparemment garantie n'est qu'illusoire.

Effectivement, les pouvoirs publics maliens se sont, depuis l'indépendance, évertués à constituer un ensemble de structures relevant de l'administration publique et chargées de veiller au respect des mesures dédiées à la protection des consommateurs et d'en assurer leurs correctes applications. La physionomie et les missions de ces structures administratives, pour l'essentielle héritées de l'administration coloniale, ont, à l'épreuve des orientations politiques et économiques du pays qui s'inscrivent désormais dans le cadre du libéralisme économique et du désengagement de l'administration au profit des opérateurs économiques privés, considérablement évolué pour s'adapter au nouveau contexte économique et permettre à l'administration publique de faire face aux nouveaux défis liés à la protection de la santé des consommateurs et de la loyauté du commerce.

Toutefois, malgré les améliorations qu'a connu l'appareil administratif malien et la volonté des pouvoirs publics maliens de rendre les structures de l'administration en charge de la protection des consommateurs plus performante et plus apte à faire face aux défis contemporains qu'imposent la libéralisation de l'économie et son corollaire la mondialisation du marché, nous constaterons malheureusement que l'administration publique malienne dans sa mission de protection des consommateurs reste, à l'épreuve de la pratique, encore largement déficiente. Aussi, ces déficiences ont-elles conduit les consommateurs, soucieux d'assurer l'efficacité de leur protection, à s'organiser en association de consommateur pour pallier les faiblesses de l'appareil d'État.

Nous étudierons donc la mise en œuvre de la protection générale des consommateurs par les organes de l'administration (Chapitre I) pour ensuite présenter le rôle joué par les associations de consommateurs pour pallier les faiblesses de cette administration chargée de la protection des consommateurs (Chapitre II).

CHAPITRE I

LA MISE EN ŒUVRE DE LA PROTECTION DES CONSOMMATEURS PAR LES ORGANES DE L'ADMINISTRATION

Si l'intérêt pour les pouvoirs publics maliens de se doter de structures administratives aptes à assurer la protection des consommateurs et la nécessité de l'existence même de telles structures ne sont pas récentes, les évolutions socio-économiques qu'a connues le Mali ces dernières décennies ont fortement accru la nécessité pour le pays de se doter de structures administratives pouvant efficacement assurer la protection des consommateurs ainsi que la capacité de ces structures à faire face aux effets de ces récentes évolutions politico-économiques qui se traduisent par la mondialisation du marché et la diversification des sources et des risques d'atteintes à la santé des consommateurs et à la loyauté du commerce.

Avec l'adhésion du pays à des organisations sous régionales d'intégration économique que sont la CEDEAO et l'UEMAO, ainsi que son adhésion aux accords de Marrakech, signés en 1994 qui ont donné naissance à l'organisation mondiale du commerce (OMC), le tout ayant eu pour effet d'une part, l'élargissement du marché intérieur aux frontières du marché des deux espaces sous régionaux, et d'autre part, une internationalisation du commerce des produits, notamment alimentaires, qui résulte de la mondialisation du commerce instituée par l'OMC, l'administration malienne doit désormais faire face à un double défi : Respecter ses engagements en facilitant la libre circulation des produits et en garantissant l'accès au marché et la libre concurrence entre les acteurs économiques tant aux niveaux sous régional qu'international, et en même temps, assurer la sécurité et la santé des consommateurs et préserver la loyauté des transactions. Aussi, avec l'ouverture du marché intérieur, les frontières s'ouvrent également à une variété de produits, y compris alimentaires, nouveaux, de plus en plus élaborés tandis que se développent les moyens techniques facilitant les fraudes touchant aux marchandises et aux aliments grâce notamment aux progrès de la science, accroissant ainsi les risques d'atteinte à la santé et à la sécurité des consommateurs. À cela s'ajoutent la complexité grandissante des transactions commerciales et le développement de la publicité dans la vente des marchandises et des aliments, ce qui complique le choix des consommateurs. S'y ajoute, l'infiltration par voie de contrebande de produits aux qualités douteuses voire dangereux, conséquence de la porosité des frontières et compromettant dangereusement la santé et la vie des consommateurs.

Pour faire face à tous ces défis et dans la perspective de réussir efficacement leurs missions de protection des consommateurs, les pouvoirs publics maliens se sont lancés dans la constitution d'un modèle d'administration dont l'organisation repose sur une vision de modernisation, de performance et qui appelle les lumières de la science pour déceler les fraudes subtiles du commerce moderne (Section I). L'anticipation des atteintes aux consommateurs, à travers une démarche préventive et des procédés d'investigation donnant de larges pouvoirs aux agents de l'administration pour contrôler le commerce et sanctionner toute forme de pratique préjudiciable aux consommateurs, constitue également des moyens que l'administration malienne déploie, mais non pas sans difficulté, pour accomplir sa mission de protection des consommateurs (Section II).

Section I : l'organisation administrative de la protection des consommateurs

L'organisation administrative de la protection des consommateurs au Mali, comme dans la plupart des pays d'Afrique francophone, est fortement marquée par l'héritage du système administratif colonial. En effet, durant la période coloniale on souligne la mise en place, par le pouvoir colonial, d'un système administratif chargé de contrôler les marchés. La mise en place de cette administration répondait à un double objectif : contrôler la qualité des produits alimentaires destinés aux consommateurs de la métropole d'une part, et d'autre part, exercer un contrôle sur une production locale effectuée avec une main-d'œuvre et des matières premières à très bas prix en vue de satisfaire la demande des consommateurs de la métropole à moindre coût[216]. La police administrative léguée par l'administration coloniale symbolise cet héritage qui a constitué depuis l'indépendance le noyau de l'appareil d'État en charge de la protection des consommateurs au Mali (§ I).

Toutefois, avec les récentes évolutions économiques qu'a connues le pays, qui se traduisent par une ouverture active du marché intérieur sur l'extérieur et une accentuation du caractère libéral de l'économie nationale, cette administration est désormais appelée à relever de nouveaux défis : elle doit notamment préserver la santé des consommateurs et sauvegarder le pouvoir d'achat de ces derniers, en maîtrisant, à la fois, les risques pour la santé des consommateurs que cette évolution a suscités et les incidences de ce modèle économique sur les conditions de vie des consommateurs.

Pour répondre à ces exigences, les pouvoirs publics maliens ont initié des réformes tendant à moderniser l'administration chargée de la protection des consommateurs et rendre son intervention sur le marché plus efficiente (§ II).

§ I. L'héritage de l'administration coloniale : la police administrative

Au sens juridique, la police administrative peut être entendue comme étant une forme d'action de l'administration qui consiste à contrôler l'activité des particuliers dans le but d'assurer le maintien de l'ordre public[217]. Pour les autorités du Mali indépendant, dans la perspective de la protection des consommateurs, cette forme d'action de l'administration, sera surtout conçue comme étant un moyen permettant d'assurer le contrôle aussi bien de l'économie que de la qualité des produits et du cadre de vie. Elle

---

[216] V. en ce sens F. FERAL, Les politiques publiques du contrôle des marchandises et de la répression des fraudes aux Maroc, Revue Franco-maghrébine de Droit, n°3-1995, Presses de l'institut d'études politiques de Toulouse, p. 17 à 58.
[217] Y. GAUDEMET, « *Traité de Droit administratif, Droit administratif général* », Tome 1, 16e Ed., LGDJ, Paris, 2001.

s'exercera principalement par les voies de la police économique (A) et de la police sanitaire (B).

A- La police économique

Au lendemain de l'indépendance, l'État du Mali s'était essentiellement fixé une mission de développement économique et social. Cette mission de développement économique et social inspirée par la doctrine socialiste du Président Modibo KEITA visait surtout à permettre aux nouveaux dirigeants de s'émanciper économiquement du pouvoir colonial et de réaliser les besoins fondamentaux des populations[218]. Dans l'esprit des dirigeants de l'État nouvellement indépendant la réalisation de cette mission conduit à *« s'attaquer immédiatement et vigoureusement à la décolonisation économique (...), envisager les voies et moyens pour une économie socialiste planifiée (...), réaliser pleinement ses objectifs politiques, économiques, sociaux et culturels sur la base d'un véritable socialisme et uniquement en fonction des intérêts des couches les plus défavorisées (...) »*.

Dans cette perspective, le pouvoir socialiste va initier une politique *d'étatisation* des secteurs stratégiques de l'économie nationale. Cette politique va conduire l'État à prendre directement en charge, dans le cadre des entreprises publiques orientées vers la réalisation des besoins économiques et sociaux des populations, des secteurs stratégiques tels que le secteur de production et de commercialisation des produits alimentaires.

Une telle situation va entraîner la nationalisation de l'office du Niger, principal secteur de production céréalière du pays, autrefois détenu par le pouvoir colonial. De même, la prise en charge par l'État des secteurs de production et de commercialisation alimentaires va aboutir à la création d'entreprises publiques telles que la Société malienne d'importation et d'exportation (SOMIEX) à qui il est attribué un monopole dans

---

[218] En ce sens voir O., DIARRAH, *« Le Mali de Modibo Keïta »*, éd. L'Harmattan 2000, p. 187.

l'exportation et l'importation des produits alimentaires et manufacturiers, et l'office du programme alimentaire (OPAM) doté d'un monopole de commercialisation des produits alimentaires. Aussi bien pour la réalisation de l'objectif poursuivi par le pouvoir socialiste à savoir la réalisation des besoins économiques et sociaux des populations, l'État socialiste se dota d'une police économique.

Typique d'une administration socialiste, cette police économique dont le rôle était en conformité avec l'inspiration politique de l'époque, marquée par l'idéologie socialiste qui suppose la mise sur pied d'une organisation socio-économique visant à supprimer les inégalités sociales où l'État devient le principal levier de développement[219], avait pour principales missions de garantir le plein exercice du monopole attribué aux entreprises ainsi créées et permettre à l'État d'exercer un contrôle sur les paysans et les différents circuits de commercialisation dans l'intérêt des consommateurs pris en qualité de citoyens[220].

Avec la fin du régime socialiste de Modibo KEITA en 1968 et l'avènement du régime militaire de Moussa TRAORE, qui marque le début d'une nouvelle ère marquée du sceau du libéralisme économique et par le désengagement de l'État des activités économiques au profit des opérateurs économiques privés, cette police économique verra son rôle orienté vers une mission de contrôle de la réglementation économique et du bon fonctionnement du marché devant désormais être régi selon les règles d'une économie de marché.

Dans ce cadre, une des principales missions de la police économique sera de préserver les intérêts économiques des consommateurs en veillant au respect de la réglementation économique et au libre jeu de la concurrence

---

[219] L-V. THOMAS, « l'idéologie socialiste et les voies africaines de développement », éd. Le Livre africain, 1966.

[220] En ce sens v., MORABITO, « L'Office du Niger au Mali, d'hier à aujourd'hui ». In: Journal des africanistes. 1977, tome 47 fascicule 1. pp. 53-82. Consultable sur http://www.persee.fr/web/revues/home/prescript/article/jafr_0399-0346_1977_num_47_1_1786

instituée dans l'intérêt des consommateurs. À ces fins, les pouvoirs publics maliens mettront en place des structures administratives dotées d'importants pouvoirs de police économique. La plus importante de ces structures d'État est la Direction nationale du commerce et de la concurrence, dotée de services déconcentrés présents sur l'ensemble du territoire, qui se substitua en 1998 à la direction nationale des affaires économiques[221].

Selon l'exposé des motifs de l'Ordonnance du 20 août 1998 portant création de la direction nationale du commerce et de la concurrence (DNCC), la création de la DNCC résulte de la volonté des pouvoirs publics de se doter d'un organe plus apte à veiller au bon fonctionnement des marchés, à lutter contre les fraudes et à assurer la protection des consommateurs, dans un environnement marqué par le développement des pratiques anticoncurrentielles, l'influence grandissante des instruments de mesure dans les transactions commerciales, l'introduction des nouvelles technologies et des innovations en matière commerciale et la récurrence de la flambée des prix et des pénuries de denrées[222].

À ces fins, la DNCC, structurée en quatre divisions dont la division du commerce interne et les divisions de la concurrence et de la réglementation, elles-mêmes organisées en équipes et brigades, a été investie d'une mission de police économique et dotée d'importants pouvoirs pour réaliser les missions que lui assignent les pouvoirs publics. En premier lieu, cet organe a pour mission de lutter contre les pratiques illicites qui conduisent à la flambée des prix et aux pénuries des denrées en veillant au respect de la réglementation concernant les prix et l'approvisionnement du marché. À cet effet, les enquêteurs habilités par le ministre chargé de la concurrence sont dotés d'importants pouvoirs de police économique pour rechercher, détecter et poursuivre les hausses illicites des prix, le défaut de publicité des prix, le défaut de facturation et

---

[221] Cf. Ordonnance n°98-019/P-RM du 20 août 1998 portant création de la direction nationale du commerce et de la concurrence, prec.

[222] Cf. Exposé des motifs de l'Ordonnance n°98-019/P-RM du 20 août 1998 portant création de la direction nationale du commerce et de la concurrence, préc.

plus généralement le manquement à la réglementation relative à information des consommateurs sur les conditions de vente[223].Ces enquêteurs sont également doté d'un pouvoir de police économique pour lutter contre les pénuries des denrées alimentaires. À cet effet, ils sont chargés de rechercher, détecter et poursuivre les pratiques de rétention de stocks des denrées de première nécessité, la non-déclaration des stocks des denrées ou la déclaration inexacte des stocks par les opérateurs économiques[224].

En deuxième lieu, cet organe est chargé du maintien et du développement de la concurrence entre opérateurs économiques, ainsi que de la lutte contre toutes les formes de pratiques anticoncurrentielles pouvant porter atteinte au bon fonctionnement du marché. À cet effet, les enquêteurs habilités par le ministre chargé de la concurrence sont dotés d'importants pouvoirs de police économique pour rechercher, détecter et poursuivre toutes les pratiques pouvant entraver le libre jeu de la concurrence. C'est dans ce cadre que s'inscrit la mission des enquêteurs de la concurrence consistant à surveiller et à lutter contre les pratiques d'ententes et d'abus de positions dominantes[225]. Il apparaît en effet que le libre jeu de la concurrence permet aux consommateurs de choisir entre les produits et les services qui leur sont offerts, ceux qui présentent pour eux les meilleures conditions de qualité et de prix[226]. D'où l'importance pour les consommateurs de la mission de contrôle et de lutte contre toutes pratiques anticoncurrentielles assignées à la DNCC et ses services déconcentrés. Enfin, la DNCC est chargée de surveiller l'application des poids et des mesures dans tous les commerces. À cet effet, les enquêteurs habilités par le ministre chargé de la concurrence sont dotés d'importants pouvoirs de police économique pour procéder aux enquêtes, à la constatation des

---

223 Cf. Art. 44 et de l'ordonnance n°07/25 du 18 juillet 2007 portant organisation de la concurrence au Mali, préc.

224 Cf. Art. 44 et 70 de l'ordonnance n°07/25 du 18 juillet 2007 portant organisation de la concurrence au Mali, préc.

225 Cf. Art. 43 de l'ordonnance n°07/25 du 18 juillet 2007 portant organisation de la concurrence au Mali, préc.

226 J. CALAIS-AULOY, Les modes d'intervention de la puissance publique pour la défense des consommateurs, *In* Mélange Pequignot, CERAM Montpellier, 1984, p. 71 à 79.

infractions, à la réglementation métrologique et à leur répression, principalement par des amendes transactionnelles[227].

Ainsi, l'architecture institutionnelle malienne regorge de structures administratives assurant la mise en œuvre des mesures dédiées à la protection générale des consommateurs, plus particulièrement de la protection des intérêts économiques de ces derniers. Le rôle et les missions de ces organes administratifs, peut-on le dire, se sont adaptés au fur et à mesure des évolutions politiques et économiques du pays pour être plus aptes à relever les défis de l'heure en matière de protection économique des consommateurs. Dès lors, il est permis d'affirmer que, grâce aux structures existantes et aux pouvoirs de police qui leur sont reconnus, l'organisation administrative actuelle du Mali permet d'assurer, au moins théoriquement, la protection des intérêts économiques des consommateurs.

À la suite de cet exposé concernant les organes de l'administration chargés d'une mission de police économique, il convient maintenant de présenter celles investies d'une mission de police sanitaire.

B- La police sanitaire

Au Mali, de nombreuses structures de l'État, héritages de l'organisation administrative coloniale, constituent et assurent la protection de la santé des consommateurs et plus généralement de la santé publique. À cette fin, ces structures sont investies d'une mission de police sanitaire. Cette mission de police sanitaire peut être entendue comme étant *« l'ensemble des compétences de polices qui ont été conférées aux autorités administratives afin de protéger la santé physique (...) des individus, envisagés collectivement et individuellement, contre les risques de maladies et d'accidents, et aussi bien contre eux-mêmes que contre leur environnement (au sens large) »*[228]. En effet, actuellement, plusieurs

---

[227] Cf. Art. 55 de l'ordonnance n°07/25 du 18 juillet 2007 portant organisation de la concurrence au Mali, préc.

[228] Ph. MOREAU, « La sécurité sanitaire et l'ordre public », Thèse Dactylographiée, Université Paris, 2004, p. 320.

structures administratives assurent à titre principal ou incidemment une mission de police sanitaire. Ce sont des institutions administratives chargées de protéger la santé publique. Il s'agit de départements ministériels dotés de services centraux chargés de l'élaboration de la politique nationale en matière de protection de la santé publique et des services déconcentrés ayant en charge l'exécution de la politique nationale de santé publique et la protection de la santé des consommateurs.

Ainsi, le ministère de la santé, concerné au premier chef par la protection de la santé publique, est doté d'une direction nationale de la santé publique (DNSP) chargée d'élaborer la politique nationale de santé publique, de l'hygiène publique et de salubrité, ainsi que du contrôle et du bon fonctionnement des services déconcentrés qui concourent à la mise en œuvre de cette politique. Elle est organisée en plusieurs divisions dont la plus caractéristique en matière de protection de la santé publique est la division « Hygiène publique et salubrité ». Cette division est chargée de concevoir et d'élaborer les stratégies en matière de santé publique, d'hygiène publique et de salubrité, elle élabore la réglementation et contribue à l'élaboration des normes et veille à leur application. Elle est dotée de services déconcentrés qui interviennent dans le contrôle de l'hygiène des établissements de production (matériel et équipements), de vente, des moyens de transport, du personnel, de l'eau et des denrées alimentaires. À cet effet, ces services disposent de pouvoirs importants pour rechercher, constater et poursuivre devant les tribunaux toutes infractions à la réglementation relative à la santé et à l'hygiène publique[229].

De même, au sein du ministère de l'élevage et de la pêche garant de la qualité sanitaire des produits alimentaires d'origine animale et de la santé publique vétérinaire, existe une Direction nationale des Services vétérinaires (DNSV), chargée d'élaborer la politique nationale dans le domaine de la protection animale et de la santé publique vétérinaire. Cette direction est organisée en plusieurs divisions dont la division inspection et santé publique qui joue un rôle central dans l'inspection sanitaire des

---

[229] Cf. Ordonnance n° 01-020 / P-RM du 20 mars 2001 portant création de la Direction Nationale de la Santé.

produits alimentaires d'origine animale[230]. Depuis la délibération n° 116/ATS du 12 février1958 de l'Assemblée territoriale du Soudan Français, cette structure est investie d'un pouvoir exclusif de police sanitaire en ce qui concerne les produits alimentaires d'origine animale. Les divers textes adoptés de l'indépendance du pays à nos jours, dont le dernier est la loi du 14 juin 2011 instituant le contrôle des denrées alimentaires d'origine animale et des aliments[231], n'ont pas modifié cette orientation. À cet effet, les agents de la direction nationale des services vétérinaires et ses structures déconcentrées disposent d'importants pouvoirs pour rechercher, constater et poursuivre devant les juridictions toutes infractions à la réglementation de la santé publique vétérinaire[232].

Également, la direction nationale de l'agriculture (DNA) rattachée au ministère de l'Agriculture, chargée d'élaborer les politiques nationales en matière agricole et d'assurer la coordination et le contrôle de sa mise en œuvre, joue un rôle central dans le domaine de l'inspection sanitaire des produits de l'agriculture et dans celui de l'application de la réglementation des produits agricoles[233]. Les agents de cette structure et ses services déconcentrés disposent à cet effet d'importants pouvoirs pour rechercher, constater et poursuivre devant les juridictions toutes infractions à la réglementation.

À côté de ces différentes structures, la direction nationale du commerce et de la concurrence (DNCC), héritière de la direction des affaires économiques et relevant du ministère du Commerce et de l'Industrie, joue un rôle de police générale dont l'accomplissement intéresse au premier plan la santé des consommateurs. Créée par une ordonnance du 20 août

---

230 Cf. Loi n°05-010 du 11 Février 2005 portant création de la direction nationale des services vétérinaires.

231 Cf. Loi N°028 du 14 Juin 2011 instituant le contrôle des denrées alimentaires d'origine animale et des aliments

232 Cf. Décret N°2011-440/P-RM du 14 juillet 2011 fixant les modalités d'application de la loi N°2011-028 du 14 juin 2011, instituant le contrôle des denrées alimentaires d'origine animale et aliments pour animaux.

233 Cf. Loi N°05 - 012 du 12 février 2005 portant création de la Direction Nationale de l'Agriculture.

1998[234], la DNCC, qui est une institution récente dans l'architecture institutionnelle du Mali, traduit la volonté des pouvoirs publics maliens de se doter d'un organe plus apte à relever les défis de santé publique auxquels l'administration malienne fait désormais face avec l'instauration d'un marché libéralisé, caractérisé par la diversité des sources d'approvisionnements et corrélativement la multiplicité des risques d'atteinte à la santé des consommateurs. À cet effet, la DNCC dispose d'importants pouvoirs de police sanitaire. En particulier, elle est chargée non seulement de veiller à la sécurité et à la conformité des produits à la réglementation nationale et internationale, mais aussi de détecter sur le marché les tromperies ou tentatives de tromperie, la vente ou la détention de produits falsifiés ou nuisibles à la santé humaine, de détecter la vente ou la détention de produits périmés, avariés, corrompus ou toxiques et plus généralement tout produit pouvant présenter un danger pour la santé des consommateurs[235]. Pour réaliser cette mission, la DNCC est organisée en quatre divisions dont la division du commerce interne et la division de la concurrence et réglementation. Au sein de ces divisions existent des équipes et brigades dotées de pouvoirs importants pour rechercher et contrôler la qualité et la sécurité des produits sur le marché[236].

Chacune des structures ainsi décrites est représentée par une direction régionale au niveau des huit régions administratives du pays, au niveau subrégional par des services de contrôle et au niveau communal par des postes de contrôle.

On le voit, il existe au Mali divers organes de l'État investis d'une tâche de protection des consommateurs. L'examen de ces structures administratives, de leurs missions et des pouvoirs de police qui leur sont reconnus crée l'illusion sur l'existence d'une administration d'État moderne capable d'assurer efficacement la protection des consommateurs

---

[234] Cf. Ordonnance n°98-019/P-RM du 20 août 1998 portant création de la direction nationale du commerce et de la concurrence

[235] Cf. Art. 44 de l'ordonnance du 18 juillet 2007 portant organisation de la concurrence, prec.

[236] Cf. Décret n°98-332/P-RM du 02 octobre 1998 fixant l'organisation et les modalités de fonctionnement de la direction nationale du commerce et de la concurrence.

face aux nouveaux défis résultant des mutations politiques et socio-économiques qu'a connues le pays ces dernières décennies.

Toutefois, comme l'indique un adage populaire *l'arbre ne doit pas cacher la forêt.* En effet, en dépit de leurs multitudes et de l'importance des pouvoirs de police qui leur est reconnue, l'intervention de ces organes de l'administration dans la mise en œuvre des mesures dédiées à la protection des consommateurs, reste encore largement déficiente.

Comme le montre bien une étude commanditée par l'UEMOA en 2003, le manque de concertation entre les différents organes, le laxisme dans l'application des règles dédiées à la protection des consommateurs et surtout, c'est le point le plus regrettable, l'absence de contrôle effectif par ces structures administratives, explique actuellement la déficience des organes de l'administration dans leur mission de protection des consommateurs au Mali[237].

§ II. La modernisation et le perfectionnement de l'administration chargée de la protection des consommateurs

Moderniser et perfectionner l'administration malienne en charge de la protection des consommateurs, c'est procurer à l'administration des moyens scientifiques permettant de déceler les fraudes du commerce moderne pouvant mettre en danger la santé des consommateurs (A), et amener cette administration à être plus efficiente dans sa mission de protection des consommateurs (B).

---

[237] Cf. « Rapport de synthèse des rapports des experts internationaux concernant le cadre juridique et institutionnel de la Sécurité Sanitaire des Aliments et des contrôles, les moyens et l'organisation pratique de la surveillance et des contrôles, les moyens d'analyse en laboratoire et la décentralisation et la société civile face à la sécurité sanitaire des aliments », prec.

A- Les laboratoires d'analyse scientifique des produits

Jusqu'à une période relativement récente, le contrôle exercé par les différents services investis d'une mission de police pour déceler les produits non conformes à la réglementation où présentant un danger pour la santé des consommateurs étaient principalement axés sur un contrôle visuel des produits sur le marché ainsi que sur l'inspection des pratiques d'hygiène dans les établissements de production et dans les lieux de vente. À cette occasion, lorsque les enquêteurs décèlent un produit non conforme à la réglementation ou présentant un danger pour la santé des consommateurs, ledit produit était saisi et retiré du marché, tandis que l'opérateur économique responsable de la production ou de la commercialisation du produit faisait l'objet de poursuites judiciaires.

Mais, depuis l'ouverture du marché national et son corollaire la mondialisation des marchés, qui font suite à l'établissement des règles du libéralisme économique, ce système de contrôle auquel s'attachait l'administration malienne n'a pas été capable d'assurer un contrôle efficace des produits. En particulier, dans le domaine alimentaire, les services chargés du contrôle font désormais face à des produits nouveaux, de plus en plus élaborés et qui posent des problèmes de fraudes inextricables mettant en jeu la santé des consommateurs et difficilement décelables à travers un simple contrôle visuel.

Face à ces nouveaux défis et convaincus que les problèmes de santé publique qu'ils engendrent ne peuvent être résolus que grâce à l'utilisation des moyens modernes permettant de déceler les fraudes subtiles du commerce moderne, les pouvoirs publics maliens se sont engagés dans une laborieuse constitution d'un corps de laboratoire chargé de l'analyse scientifique des produits.

C'est ainsi, qu'en 1972, le pays s'est doté d'un laboratoire de Contrôle vétérinaire (LCV) dont l'une des principales missions est d'assurer sur le plan de la santé publique, le dépistage des maladies transmissibles à l'homme, ainsi que l'analyse microbiologique des aliments, des eaux et des boissons. Dans ce prolongement, cinq autres laboratoires ont été créés, constituant actuellement avec le LCV, un corps de six laboratoires d'État intervenant dans le contrôle scientifique des produits notamment alimentaires. Outre le LCV, l'on notera la création du laboratoire national de la santé (LNS) ayant pour mission de contrôler la qualité des médicaments destinés aux humains et aux animaux, aliments, boissons ou toutes autres substances importées ou produites en République du Mali et destinées à des fins thérapeutiques, diététiques ou alimentaires en vue de la sauvegarde de la santé des populations humaines et animales ; du Laboratoire National des Eaux (LNE) dont la principale tâche est le suivi, l'analyse et le contrôle de la qualité de l'eau sur l'ensemble du territoire malien ; du Laboratoire du Contrôle du Conditionnement des Produits agricoles chargé de l'analyse des produits et denrées alimentaires d'origine végétale ; du laboratoire de Technologie Alimentaire (LTA) chargé de l'analyse physicochimique et organoleptique des aliments ; enfin du laboratoire de Nutrition Animale (LNA) chargé, entre autres, de la détermination de la valeur nutritive des aliments, de la recherche de mycotoxines et de résidus de pesticides dans les aliments.

Ainsi, se trouve constitué un corps de laboratoires d'État offrant à l'administration les moyens techniques et scientifiques permettant d'effectuer des contrôles efficaces des produits mis sur le marché et de la sorte préserver la santé des consommateurs.

Dans les faits, cet ensemble de structures scientifiques mis à la disposition des organes de l'administration a-t-il concrètement permis à ces derniers de préserver la santé des consommateurs ? Au regard de quelques statistiques que nous avons pu consulter, il est permis d'affirmer que la création de ses structures participe, au moins théoriquement, à la préservation de la santé des consommateurs maliens. À titre d'exemples, en 2012, le Laboratoire national de la santé (LNS) a effectué un contrôle sur 827 échantillons d'aliments et de boissons avec 18,98% de non-conformité, 324 échantillons d'eau avec 8,76% de non-conformité[238]. S'agissant des contrôles scientifiques effectués sur des produits, en 2001 par exemple, le nombre total des analyses effectuées par le laboratoire de

[238] http://www.maliweb.net/news/sante/2012/12/28/article,114589.html

contrôle vétérinaire est estimé à 528 contrôles, ces contrôles effectués par Laboratoire National des Eaux de 2300 contrôles et ces effectués par le laboratoire de Nutrition Animale 1710. Dans l'ensemble, ces contrôles ont porté sur des produits d'origine animale, le lait et des produits laitiers, des céréales, des produits à base de céréales, du sucre, des boissons et eaux[239]. Malgré ces statistiques, qui font illusion quant à l'existence du corps de laboratoires d'État produisant des résultants et relevant efficacement les défis actuels auxquels l'administration malienne est confortée dans sa mission de protection de la santé des consommateurs.

B- La recherche d'une meilleure efficience de l'administration en charge de la protection des consommateurs

Depuis l'avènement du libéralisme économique, les pouvoirs publics maliens se sont lancés dans un vaste mouvement visant à améliorer l'efficacité et la qualité des services rendus par l'appareil d'État. Ce mouvement, impulsé par la Banque mondiale et le FMI, a introduit l'utilisation de nouveaux concepts tels que ceux de performance, de qualité et d'efficacité dans l'action de l'administration. Ainsi, l'idée d'efficacité et de qualité fit son apparition dans de nombreux domaines où l'administration intervient pour protéger l'intérêt général notamment celui des consommateurs.

Dans la perspective d'aboutir à un tel but, dans le domaine de la protection des consommateurs, les pouvoirs publics maliens, ont mis en place diverses structures auxquelles les servies de l'administration centrale s'associent soit pour la conception des politiques visant à protéger les consommateurs, soit pour la mise en œuvre de ces politiques.

Ces structures qui constituent des créations nouvelles dans l'architecture institutionnelle du Mali sont connues sous l'appellation d'« agence » et « conseil national » et apparaissent comme étant des structures dotées d'un haut niveau d'expertise pouvant servir à rationaliser l'action de

---

[239] http://www.hubrural.org/IMG/pdf/uemoa_psrsa_synthese_regionale_ssa.pdf

l'administration centrale et à la rendre plus apte à réussir ses missions dans le domaine de la protection des consommateurs.

À cette fin, les pouvoirs publics ont, pour rationaliser l'action de l'administration centrale et la rendre plus efficace dans le domaine de la sécurité sanitaire des aliments, créé par une loi du 30 décembre 2003 une agence nationale de la sécurité sanitaire des aliments (ANSSA)[240] et un conseil national de la sécurité sanitaire des aliments par un décret du 4 mars 2004[241].

La spécificité du rôle des structures ci-dessous mentionnées, portant sur la sécurité sanitaire des aliments, justifie que nous leur réservions un examen beaucoup plus complet dans la deuxième partie de cette étude qui porte sur les mesures de protections spécifiques au consommateur d'aliments.

À ce stade de l'étude, nous indiquerons simplement leurs rôles dans le perfectionnement de l'action de l'administration centrale malienne. À ce propos, la loi portant création de l'ANSSA indique que l'agence a pour missions de coordonner toutes les actions liées à la sécurité sanitaire des aliments ; apporter un appui technique et scientifique aux structures de contrôle ; assurer l'appui technique et scientifique nécessaire à l'élaboration de la réglementation relative à la sécurité sanitaire des aliments ; évaluer les risques sanitaires que peuvent présenter les aliments destinés à l'homme, aux animaux ; les eaux destinées â la consommation humaine et animale ; les procédés et conditions de production, de transformation, de conservation, de transport, de stockage et de distribution des denrées alimentaires ; les additifs alimentaires ; les résidus de produits vétérinaires, phytosanitaires et autres contaminants ; les résidus de matières fertilisantes et supports de cultures ; les

---

[240] Cf. Loi n° 03 - 043 du 30 décembre 2003 Portant création de l'Agence nationale de la sécurité sanitaire des aliments, disponible en ligne à l'adresse suivante : http://www.sante.gov.ml/index.php?option=com_content&task=view&id=222&Itemid=89

[241] Cf. Décret n° 04-066 P-RM du 4 mars 2004 portant création d'un conseil national de la sécurité sanitaire des aliments, disponible en ligne à l'adresse suivante : http://faolex.fao.org/docs/pdf/mli107468.pdf

conditionnements et matériaux destinés à se trouver en contact avec les éléments ci-dessus cités ; appuyer les activités des systèmes de surveillance et des réseaux épidémiologiques ; assurer la communication sur les risques[242]. Aux termes de l'article 3 de cette loi, l'Agence nationale de la sécurité sanitaire des aliments peut se saisir de toute question relative à la sécurité sanitaire des aliments et proposer aux autorités compétentes toutes mesures de nature à préserver la santé publique lorsque celle-ci est menacée par un danger. Relativement au Conseil national de la sécurité sanitaire des aliments, le décret du 4 mars lui assigne une mission de conseil du Gouvernement sur les stratégies à long et moyen terme en matière de gestion des risques relatifs à la sécurité sanitaire des aliments ; de la coordination de la politique scientifique de l'ANSSA et de mise en application de ses décisions par les services techniques[243].

À côté de ces structures, les pouvoirs publics maliens ont créé diverses structures ayant cette fois pour tâches de rationaliser les interventions des pouvoirs publics sur le marché ainsi que les stratégies visant la sauvegarde du pouvoir d'achat des consommateurs et l'assainissement de la compétition concurrentielle.

On notera à cet égard, la création d'un conseil national de la concurrence par l'ordonnance du 18 juillet 2007 portant organisation de la concurrence, précitée. Aux termes de l'article 86 de ladite loi, qui assigne à cette structure un rôle de conseil de l'État, le Conseil national de la concurrence a pour missions de conseiller le gouvernement sur toute question intéressant la concurrence, notamment sur les projets de textes législatifs ou réglementaires dont l'adoption pourrait en affecter le jeu ; donner aux ministres compétents un avis sur les opérations ou projets d'opérations d'ordre économique et commercial qui peuvent affecter le fonctionnement de la concurrence ; donner des avis sur l'application des dispositions législatives et réglementaires relatives aux pratiques concurrentielles

---

[242] Art. 2 de Loi n° 03 - 043 du 30 décembre 2003 Portant création de l'Agence nationale de la sécurité sanitaire des aliments, prec.

[243] Art. 2 du décret n° 04-066 P-RM du 4 mars 2004 portant création d'un conseil national de la sécurité sanitaire des aliments, prec.

restrictives ; fournir un rapport annuel sur l'évolution de la concurrence dans le pays[244]. On notera également, la création en 2008 d'un Conseil national des prix. Créé par un décret du 31 mars 2008, le Conseil national des prix a pour missions de suivre l'évolution des prix des produits et services et de proposer toutes mesures visant à la maîtrise des prix. À ce titre, il fait périodiquement le point sur l'évolution des prix en rapport avec les services techniques compétents ; propose toutes mesures utiles tendant à la maîtrise des prix ou à limiter les effets de la hausse des prix sur le pouvoir d'achat. Il est en outre tenu de présenter au gouvernement un rapport annuel sur l'évolution des prix, le coût de la vie et le pouvoir d'achat[245].

Par ailleurs, la recherche d'une intervention plus efficace de l'État dans certains secteurs sensibles va conduire à l'institution des autorités administratives indépendantes investies d'une mission de défense des consommateurs dans la compétence spécialisée qui leur est confiée. C'est le cas de la Commission de Régulation de l'Électricité et de l'Eau, dont l'une des missions est de défendre les intérêts des usagers et la qualité du service public ; ainsi que la promotion et l'organisation de la concurrence entre les opérateurs économiques dans le domaine de l'électricité et de l'eau. À ce titre, elle peut poser, dans le cadre de ses pouvoirs, tous les actes nécessaires à la protection et à la défense des intérêts des usagers des services publics de l'électricité et de l'eau[246].

Ainsi, les pouvoirs publics maliens se sont inscrits dans un processus de rénovation institutionnel visant à offrir plus de qualité et d'efficacité à l'action des organes administratifs classiques chargés de la protection des consommateurs et à renforcer les capacités d'intervention de ceux-ci afin de mieux réussir leurs missions.

---

[244] Art. 86 de l'ordonnance du 18 juillet 2007 portant organisation de la concurrence, préc.

[245] Cf. Décret N°08-191/PM-RM du 31 mars 2008, abrogé par le décret N°10-199/PM-RM du 9 avril 2010.

[246] Cf. Ordonnance n° 00-021/P-RM du 15 mars 2000 portant création de la Commission de Régulation de l'Electricité et de l'Eau (CREE)

Cette démarche paraît d'autant plus importante qu'elle permet, *a priori,* à l'administration centrale de mieux maîtriser les incidences du libéralisme économique et son corollaire la mondialisation des marchés sur la santé des consommateurs et le pouvoir d'achat de ces derniers ; cela grâce à l'aide de structures indépendantes, dotées d'un haut niveau d'expertise et constituées de professionnels spécialisés dans leurs domaines et maîtrisant l'environnement socio-économique du pays.

Section II : Les mécanismes administratifs de protection des consommateurs

À l'ère des grandes mutations économiques, qui conduisent le Mali dans un système d'économie de marché, intégrant le marché national dans un large marché mondialisé, à très haut niveau technique et offrant des produits industriels destinés à une consommation de masse, il apparaît nécessaire d'améliorer les méthodes par lesquelles l'administration assure la protection des consommateurs. Car à l'évidence, les méthodes dont use l'administration pour assurer la protection des consommateurs ne peuvent s'exercer dans un marché moderne, offrant des produits industriels et complexes, de la même manière que dans un marché traditionnel où les produits à caractère artisanal étaient *« simples »* et dont les facteurs de tromperie ou de risque pour la santé des consommateurs étaient limités en raison du caractère de production et de commercialisation. L'efficacité de la protection des consommateurs par l'administration malienne doit donc être recherchée à travers l'amélioration et l'adaptation des mécanismes administratifs de protection des consommateurs aux réalités de l'ère actuelle.

Dans cette perspective, les pouvoirs publics maliens, guidés par le souci d'assurer efficacement la protection des consommateurs, vont aménager des mécanismes qui semblent plus aptes à permettre à l'administration de garantir la protection des consommateurs. Ces mécanismes font appel en premier lieu, à des procédés de prévention et des mesures de sanction permettant à l'administration un accomplissement plus réactif et efficace de ses missions (§ I). En deuxième lieu, ces mécanismes font appel à des techniques axées sur un accroissement des pouvoirs et une diversification des procédures d'investigation des agents de l'administration en charge de la protection des consommateurs (§ II).

§ I. Les procédés administratifs de protection des consommateurs

L'intérêt des consommateurs exige que l'administration investie de la mission de protection des consommateurs puissent prendre le devant pour empêcher la réalisation d'actes nuisibles aux consommateurs. Et, lorsque les agents de l'administration découvrent de tels actes, un accomplissement réactif et efficace de leurs missions commande qu'il leur soit reconnu le pouvoir d'énoncer des sanctions à l'encontre de l'opérateur économique indélicat.

La prévention et la sanction constituent donc des procédés importants permettant à l'administration d'accomplir effectivement ses missions. Les pouvoirs publics maliens en sont conscients, c'est pourquoi à côté des textes faisant de la prévention un procédé de protection des consommateurs (A), les pouvoirs publics maliens reconnaissent aux agents de l'administration un pouvoir de sanction (B).

A- La prévention

L'adage bien connu nous enseigne que « *mieux vaut prévenir que guérir* ». Il en est de même de la protection des consommateurs. Afin d'assurer une meilleure protection de ces derniers, il importe que les pouvoirs publics interviennent préventivement, de manière à éviter, empêcher ou tout au moins limiter ou réduire des faits pouvant porter atteinte à la santé ou aux intérêts des consommateurs. Ainsi, que l'affirme M. CAS Gérard, *« on peut juger insuffisant le système de protection du consommateur qui consiste, en quelque sorte, à attendre qu'il soit trompé, intoxiqué ou accidenté pour sanctionner le producteur ou le vendeur »*[247].

---

[247] G., CAS, La défense des consommateurs, Collection Que sais-je, Presse Universitaire de France, 2e éd. 1975, p 26.

Dans son acception juridique la prévention est entendue comme étant *« un ensemble de mesures et institutions destinées à empêcher – ou au moins à limiter – la réalisation d'un risque, la production d'un dommage, l'accomplissement d'actes nuisibles, etc., en s'efforçant d'en supprimer les causes et les moyens »* ou plus largement *« ce qui tend à prévenir la criminalité, à l'empêcher ou à la réduire par avance en s'attaquant à ses causes ou à ses moyens ou plus généralement ce qui tend à éviter la réalisation d'un dommage »*[248].

Si la prévention des atteintes à la santé des consommateurs a de tous les temps été normalement assignée à l'administration investie des missions de police sanitaire, c'est surtout avec l'adoption de l'ordonnance du 18 juillet 2007 portant organisation de la concurrence, que ce rôle fut clairement assigné à l'administration malienne.

Le premier aspect de cette intervention préventive de l'administration est l'obligation d'intervention préventive du ministre du Commerce et du ou des ministres intervenant dans la protection des consommateurs, en *« cas de danger »,* prévue par l'article 40 de cette ordonnance de 2007.

Pour éviter le danger et préserver la santé des consommateurs, ce texte reconnaît aux ministres d'importants pouvoirs de police. Plus concrètement, ces derniers peuvent, par arrêté, suspendre pour une durée nécessaire à l'éradication du danger, la fabrication, l'importation, l'exportation, la mise sur le marché à titre gratuit ou onéreux d'un produit présentant un danger pour la santé des consommateurs. Ils peuvent, faire procéder à son retrait en tous lieux où il se trouve ou à sa destruction. En outre, un véritable pouvoir d'injonction en direction des opérateurs économiques leur est reconnu par l'article 40 précité, qui indique qu'ils peuvent ordonner à l'opérateur économique responsable de la production ou de la vente des produits *« la diffusion de mise en garde ou de précautions d'emploi ainsi que la reprise en vue d'un échange ou d'une modification ou d'un remboursement total ou partiel »*. L'autre aspect de

---

[248] G. CORNU, (Sous la dir. de), Association Henri Capitant, Vocabulaire juridique, 8éme éd. Presse Universitaire de France, 2009, p. 822.

l'intervention préventive de l'administration, correspond à des situations dans lesquelles l'ordonnance du 18 juillet 2007, reconnaît à celle-ci des pouvoirs de saisies provisoires, de consignation, et de destruction de produits pouvant présenter un danger pour la santé des consommateurs ou soupçonnés être non conformes à la réglementation.

Il peut s'agir, des cas de détention, d'utilisation comme matière première ou de vente de produit avarié, périmé, falsifié, contaminé ou corrompu. Ou encore, de vente ou de détention de produit préemballé ne comportant pas les prescriptions relatives aux indications ou marquages obligatoires, conformément à la réglementation en vigueur[249].

Dans tous ces cas, la loi reconnaît à l'administration, en particulier aux enquêteurs habilités par le ministre chargé du commerce ou le ministre intéressé, des pouvoirs de saisies provisoires, de consignation, dans l'attente d'une décision de justice. Après la décision de justice, le produit est détruit s'il est dangereux[250].

L'ordonnance du 18 juillet 2007 portant organisation de la concurrence, intègre ainsi, la technique de l'intervention préventive, dans les procédés administratifs de protection des consommateurs. Avec l'instauration de cette technique de prévention dans l'arsenal juridique malien, il est permis d'affirmer que l'administration malienne peut désormais intervenir pour prévenir les atteintes à la santé ou aux intérêts des consommateurs.

B- Les sanctions

L'arsenal juridique malien, et plus spécialement l'ordonnance du 18 juillet 2007 portant organisation de la concurrence précitée, prévoit de nombreuses sanctions de nature pénale pouvant être prononcées à l'encontre de l'opérateur économique qui enfreint aux mesures dédiées à

---

[249] Cf. Art. 73, 74, 76 et 78 de l'ordonnance du 18 juillet 2007 portant organisation de la concurrence, prec.

[250] Cf. Art. 78 et 79 de l'ordonnance du 18 juillet 2007 portant organisation de la concurrence, prec.

la protection des consommateurs. Ces sanctions vont de l'emprisonnement, de l'amende, de la confiscation, de la destruction de produits dangereux, à la publication des décisions de condamnation.

Toutefois, conformément aux principes de la séparation des pouvoirs entre les autorités administratives et judiciaires, hérités du droit français[251] et chers à Montesquieu[252], les agents de l'administration, ne peuvent, même lorsqu'ils découvrent un produit dangereux ou des pratiques de la part des opérateurs économiques préjudiciables aux consommateurs, faire œuvre juridictionnelle en infligeant des sanctions à l'opérateur économique fautif.

De ce principe, il résulte que, seuls les tribunaux saisis par l'administration, le parquet ou des victimes peuvent prononcer à l'encontre des opérateurs économiques, les sanctions prévues par loi. Il en découle, que les agents de l'administration lorsqu'ils constatent une infraction doivent se limiter à dresser un procès-verbal qu'ils transmettent à l'autorité judiciaire compétente.

Mais, conscient du fait qu'une application rigoureuse de ce principe ne milite pas en faveur d'un accomplissement réactif de la mission assignée à l'administration et du fait que la mission assignée à l'administration ne peut être efficacement accomplie que si cette dernière dispose d'un pouvoir lui permettant, lorsqu'elle découvre un produit dangereux ou des pratiques de la part des opérateurs économiques préjudiciables aux consommateurs, de prononcer des sanctions à l'encontre de l'opérateur économique fautif, le législateur de 2007 a instauré, à côté des sanctions pénales prononcées par le juge, de nombreuses sanctions administratives sous forme d'amendes et de fermetures administratives pouvant être prononcées par l'administration. Dans cette optique, la première catégorie de sanctions pouvant être prononcées par l'administration est constituée d'amendes affectant le patrimoine de l'opérateur économique fautif et

---

251 En Droit français, v. par exemple, M. TROPER, « La Séparation des pouvoirs et l'histoire constitutionnelle française », Paris, LGDJ, 1980.

252 Montesquieu, « De l'esprit des lois », livre XI : De la constitution anglaise, 1748.

pouvant être prononcées dans tous les cas de non-respect des prix réglementés ou fixés par les pouvoirs publics, de non-respect des exigences d'information des consommateurs sur le prix et les produits, de publicité mensongère, de manquement à la réglementation encadrant l'approvisionnement, ou encore de vente ou de détention de produits présentant un danger pour la santé des consommateurs.

Ainsi, l'article 63 de l'ordonnance du 18 juillet 2007 portant organisation de la concurrence précitée, donne pouvoir à l'administration d'infliger une amende allant de 200.000 à 4. 000.000 Frcs CFA à tout opérateur économique qui ne respecte pas le prix réglementé ou fixé par les pouvoirs publics dans les situations de crise ou hausse excessive des prix sur le marché[253]. De même, l'article 67 de cette ordonnance autorise l'administration à prononcer une amende de 25.000 à 2.000.000 Frcs CFA contre tout opérateur économique ayant mis des biens, des produits ou des services à la vente sans en assurer la publicité des prix[254]. Également, en matière de publicité mensongère, l'administration a le pouvoir d'infliger une amende de 200.000 à 8.000.000 Frcs CFA au contrevenant[255]. Pour sa part, l'article 70 de l'ordonnance de 2007, autorise l'administration à punir d'une amende de 100.000 à 5.000.000 Frcs CFA tout opérateur économique qui manquerait à la réglementation encadrant l'approvisionnement[256].

Enfin, pour permettre à l'administration d'accomplir effacement son rôle de protection de la santé publique l'ordonnance de 2007 précitée, donne pouvoir à l'administration de prononcer une amende de 200.000 à 10.000.000 Frcs CFA dans tous les cas suivants : la vente, la détention ou l'utilisation comme matière première de produits avariés, périmés,

---

[253] Cf. Art. 63 al. 4 de l'ordonnance du 18 juillet 2007 portant organisation de la concurrence préc.

[254] Cf. Art. 67 de l'ordonnance du 18 juillet 2007 portant organisation de la concurrence préc.

[255] Cf. Art. 65 de l'ordonnance du 18 juillet 2007 portant organisation de la concurrence préc.

[256] Cf. Art. 70 de l'ordonnance du 18 juillet 2007 portant organisation de la concurrence préc.

falsifiés, contaminés ou corrompus ; la vente ou la détention de produits préemballés ne comportant pas les prescriptions relatives aux indications ou marquages obligatoires, conformément à la réglementation en vigueur ; l'utilisation de tout produit toxique cancérigène ou nocif pour la santé du consommateur dans la production en violation des normes en vigueur ; la vente, la détention en vue de la vente de tout produit toxique, cancérigène ou nocif pour la santé du consommateur en violation des normes en vigueur ; la mise sur le marché d'un produit alimentaire sans autorisation des services compétents ; toute autre tromperie, et toute autre atteinte à la sécurité du consommateur[257].

La deuxième catégorie de sanctions pouvant être prononcées par l'administration consiste essentiellement à la fermeture administrative des magasins et boutiques et l'interdiction d'exercice. La fermeture d'établissements qui selon MERLE et VITU *« consiste à retirer de la vie commerciale ou publique un établissement qui a été le théâtre, l'instrument ou l'occasion de certaines activités dangereuses pour l'ordre public »*[258] vise essentiellement à empêcher la continuation ou le renouvellement d'agissements d'opérateurs économiques dangereux pour l'ordre public.

À cette fin, l'article 82 de l'ordonnance du 18 juillet 2007, qui vise une large gamme d'infractions pouvant conduire à la fermeture administrative et à l'interdiction d'exercer, énonce que le directeur chargé de la concurrence peut ordonner la fermeture des magasins et boutiques de vente et interdire l'exercice de la profession pour une durée maximale de six mois.

Les infractions visées par ce texte et pouvant ainsi conduire à la fermeture administrative et à l'interdiction d'exercer concernent, selon le texte, les cas de récidives pour toutes les infractions qualifiées de publicité mensongère, de pratiques de manœuvres frauduleuses mettant aussi bien en danger la santé et la sécurité des consommateurs que les intérêts économiques de ces derniers. Ainsi, le législateur malien met à la

---

[257] Art. 78 de l'ordonnance du 18 juillet 2007 portant organisation de la concurrence préc.
[258] MERLE et VITU, Traité de droit criminel, T.I, 5ème édition, CUJAS, 1984, p. 736.

disposition de l'administration une gamme de sanctions administratives. Ce faisant, le législateur a entendu renforcer la capacité de mise en œuvre de la protection des consommateurs par les agents de l'administration en leur permettant d'être beaucoup plus réactifs et de limiter beaucoup plus rapidement les atteintes aux consommateurs. Mais, il ne suffit pas d'élaborer une série de sanctions administratives pour garantir la protection des consommateurs, il faut aussi et surtout que les infractions soient recherchées et constatées, car pour sanctionner une infraction il faut d'abord la rechercher et la constater.

§ II. L'accroissement des pouvoirs et procédures d'investigations de l'administration

La volonté de permettre aux agents de l'administration chargés d'assurer la protection des consommateurs d'accomplir efficacement leurs missions a conduit les pouvoirs publics maliens à accorder à ces derniers d'importants pouvoirs et à aménager diverses procédures d'investigations leur permettant de rechercher et de constater les fraudes ou actes préjudiciables aux consommateurs **(A).** Toutefois, malgré ces efforts consentis par les pouvoirs publics et s'ajoutant aux réformes précédemment étudiées, nous constatons malheureusement que l'administration malienne en charge de la protection des consommateurs, peine encore à accomplir sa tâche **(B).**

A- Les pouvoirs et procédures d'investigations de l'administration

Pour assurer efficacement ses missions, l'administration chargée d'assurer la protection des consommateurs doit être dotée d'un nombre quantitativement et qualitativement important de personnels possédant juridiquement des pouvoirs d'investigation et utilisant des procédés d'investigations permettant de déceler les fraudes subtiles du commerce moderne. Sinon, les efforts consentis par le législateur et les autorités publiques, ainsi que leur volonté de se doter d'une administration capable d'assurer efficacement la protection des consommateurs en maîtrisant les effets néfastes du libéralisme économique et son corollaire, la mondialisation du commerce sur la santé et le pouvoir d'achat des consommateurs, resteraient vains.

Les pouvoirs publics maliens en sont conscients, c'est pourquoi ils ont progressivement mis en place un corps d'enquêteurs chargés de la recherche, de la constatation et de la poursuite des infractions aux droits des consommateurs. Ce corps, constitué de fonctionnaires de divers services est doté d'importants pouvoirs d'investigation et dispose des techniques modernes pour rechercher et déceler les pratiques préjudiciables à la santé et aux intérêts des consommateurs.

Relevant de la direction nationale du commerce et de la concurrence, de la direction nationale de la santé publique, de la direction nationale de l'agriculture, de la direction nationale de la pèche et de l'élevage, ce corps d'enquêteurs est constitué d'agents du commerce et de la concurrence, de vétérinaires, d'agronomes, d'ingénieurs zootechniciens, d'ingénieurs technologues alimentaires, d'ingénieurs des industries, de chimistes, de microbiologistes, de toxicologues, de médecins, d'ingénieurs en santé publique, d'épidémiologistes.

Les pouvoirs de ces enquêteurs sont énumérés dans divers textes notamment l'ordonnance du 18 juillet 2007 portant organisation de la concurrence précitée et se traduisent par des pouvoirs de contrôle et le droit d'effectuer diverses opérations, et ce même en l'absence de tout indice de fraude ou de manquement aux règles dédiées à la protection des consommateurs.

À ce propos, l'ordonnance du 18 juillet 2007, précitée qui énonce que *« les enquêteurs chargés de la concurrence, habilités par le ministre chargé de la concurrence procèdent aux enquêtes nécessaires portant sur la recherche, la constatation et la poursuite des infractions à la réglementation de la concurrence »*[259] attribue d'importants pouvoirs aux enquêteurs. Plus concrètement, les enquêteurs peuvent procéder librement

---

[259] Cf. Art. 44 de l'ordonnance du 18 juillet 2007, précitée.

à des opérations de contrôle dans les locaux professionnels privés, les terrains ou moyens de transport, les marchés ou foires et peuvent exiger la communication de documents commerciaux relatifs au produit visé par l'enquête[260]. Dans l'exercice de cette fonction, il est interdit à toutes personnes de les agresser ou d'entraver l'exercice de leurs fonctions[261]. En cas de nécessité, les agents de la force publique sont tenus de prêter main-forte aux enquêteurs[262].

Quant aux opérations elles-mêmes, il y a à côté des opérations classiques que sont les contrôles de routine sur les marchés, les foires ainsi que les visites ou inspections des établissements et lieux de production et de vente, effectuées par les enquêteurs, des procédés modernes d'investigation institués par les pouvoirs publics pour déceler les fraudes subtiles du commerce moderne. Il s'agit des procédés d'analyse des produits saisis ou de prélèvement d'échantillons suivis de l'analyse de l'échantillon prélevé. Un tel acte qui est un moyen pour l'enquêteur de vérifier la qualité sanitaire ou la conformité d'un produit à la réglementation est un acte libre pouvant être effectué même en l'absence de tout indice de fraude[263]. Dans cette tâche, l'administration s'appuie sur le réseau des laboratoires mis en place par les pouvoirs publics pour assurer l'analyse scientifique des produits.

Pour les produits alimentaires, l'analyse des laboratoires évaluant la qualité sanitaire est effectuée en amont, avant sa mise sur le marché. Aussi, cette analyse qui n'exclut pas le contrôle effectué sur le marché par les enquêteurs, est rendue obligatoire par le décret du 23 juin 2006 instituant l'autorisation de mise sur le marché des denrées alimentaires, des aliments pour animaux et des additifs alimentaires. Aux termes de l'article 8 de ce décret, la demande d'autorisation de mise sur le marché des denrées alimentaires, des aliments pour animaux et des additifs alimentaires doit comporter un rapport d'analyse délivré par un laboratoire agréé de la place

---

[260] Cf. Art. 46 de l'ordonnance du 18 juillet 2007, précitée.
[261] Cf. Art. 44 de l'ordonnance du 18 juillet 2007, précitée.
[262] Cf. Art. 61 de l'ordonnance du 18 juillet 2007 portant organisation de la concurrence prec.
[263] Cf. D. NGUYEN-THAN, Techniques juridiques de protection des consommateurs : la qualité des biens de consommation, prec. p. 93, n° 256.

ou un laboratoire accrédité. En outre, l'article 11 de ce décret énonce qu'une commission doit être instituée auprès du ministre chargé de la santé pour examiner le rapport des experts notamment des microbiologistes, des analystes, des toxicologues et des biologistes. Le rapport d'expert, sur lequel s'appuie la commission, doit selon le texte faire ressortir tous les avantages et inconvénients liés à la consommation des aliments pour lesquels la demande d'autorisation de mise sur le marché est formulée.

On le voit, l'intervention de l'administration chargée de la protection des consommateurs au Mali s'inscrit dans une optique scientifique de recherche et de constatation des fraudes. Aussi, les pouvoirs accordés aux agents de l'administration et les procédures d'investigation mises en œuvre pour rechercher et constater les fraudes donnent a priori à l'administration les moyens d'accomplir efficacement sa mission.

Mais malgré ces innovations qui constituent autant de progrès, et qui viennent s'ajouter aux progrès réalisés par cette administration chargée de la protection des consommateurs, aussi bien au plan institutionnel que sur le plan des mécanismes de protection des consommateurs, force est de constater que cette administration malienne reste encore largement faible et peine sérieusement à garantir la protection des consommateurs maliens.

B- Les faiblesses de l'administration chargée de la protection des consommateurs

Les développements qui précèdent peuvent donner une vision assez optimiste quant à la capacité des organes de l'administration malienne investis d'une mission de protection des consommateurs à accomplir efficacement cette mission et à maîtriser les risques auxquels la nouvelle économie libérale expose les consommateurs. Mais, une telle vision serait hâtive et déconnectée des réalités, car à l'épreuve de la pratique il apparaît que l'ensemble de ces structures administratives rencontrent de nombreuses difficultés à accomplir leurs missions et surtout souffrent de nombreuses faiblesses qui entravent sérieusement l'exécution des missions qui leur sont dévolues. Les difficultés de l'administration en charge de la protection des consommateurs au Mali, comme dans la plupart des pays en développement, sont tout d'abord liées, à l'importance du secteur informel. Il s'agit d'un secteur très dominant dans l'économie du pays avec plus de 60% du secteur commercial[264] et qui échappe à toute emprise de l'administration et à son arsenal juridique. Ce secteur informel, est entretenu par des commerçants, boutiquiers, petits marchands et marchands ambulants, pour la plupart analphabètes et sous-qualifiés, qui commercialisent désormais des produits industriels, notamment alimentaires, dont ils ignorent l'origine, la composition et même les dangers pour la santé des consommateurs[265]. La permanence et l'importance du commerce informel et les risques qu'il engendre pour la santé et la sécurité des consommateurs mettent ainsi en lumière les difficultés de l'administration malienne à accomplir convenablement sa mission de protection des consommateurs.

Cette difficulté est aggravée par de nombreuses faiblesses dont souffre encore l'administration malienne malgré les réformes institutionnelles et législatives entreprises ces dernières années.

La faiblesse la plus caractéristique de cette administration est sa déficience dans le contrôle et la détection des produits présentant un danger pour la santé des consommateurs.

Cette déficience provient du fait que les organes chargés de la protection des consommateurs procèdent rarement à des inspections préventives susceptibles d'éviter des situations dommageables pour les consommateurs et consistant par exemple, en des contrôles inopinés sur place ou en des analyses en laboratoire de produits prélevés systématiquement sur les marchés ou dans des structures de production[266].

---

[264] Ce chiffre est tiré du document suivant : Projet Consumer Unity & Trust society (CUTS), Document préliminaire u MALI sur les scenarios de la concurrence, janvier 2009, consultable à l'adresse suivante : http://www.cuts-ccier.org/7up4/pdf/PCP-Mali.pdf

[265] En ce sens V. F. FERAL, Les politiques publiques du contrôle des marchandises et de la répression des fraudes aux Maroc,

[266] En ce sens. V. ZAKANE, « L'état de la protection des consommateurs au BURKINA FASO : vers une codification du droit de la consommation ? », prec.

L'affaire dite « bromate de potassium » intervenue au Mali en 2001 illustre, s'il en faut, cette déficience de l'administration malienne en charge de la protection des consommateurs[267]. L'affaire elle-même fait suite à des dénonciations de l'association des consommateurs du Mali (ASCOMA) révélant l'utilisation dans la fabrication du pain d'un produit le *« bromate de potassium »* par la société « Achkar » et mettant en cause le caractère nocif de ce produit pour la santé des consommateurs. Malgré, les révélations de cette association de consommateurs et son insistance sur le caractère nocif de ce produit, l'administration chargée de la protection des consommateurs n'a guère procédé au contrôle ou à l'analyse en laboratoire de ce produit et au besoin à la saisie du produit mis en cause. Ce n'est qu'après des analyses effectuées par l'association des consommateurs elle-même auprès des laboratoires au Mali et en France et après un lobbying et de fortes pressions exercées sur les pouvoirs publics que ces derniers sont intervenus, par arrêté interministériel pour interdire l'utilisation du bromate de potassium aussi bien dans la fabrication du pain que dans tout autre produit alimentaire au Mali[268].

L'affaire, ainsi décrite montre bien les faiblesses de l'administration malienne en charge de la protection des consommateurs. Aussi, montre-t-elle que cette faiblesse résulte d'un immobilisme lié à un manque de contrôle effectif et à l'absence d'une démarche préventive de l'administration pourtant obligée, nous l'avons vu, par des dispositions pertinentes de l'ordonnance du 18 juillet 2007 précitée, à adopter une démarche préventive dans sa mission de protection des consommateurs pour éviter qu'en présence d'un danger les consommateurs ne subissent des dommages parfois irréversibles.

Mais, la situation la plus déplorable est l'inefficacité de l'administration quand bien même elle intervient. En fait, même dans les cas où l'administration intervient, ses interventions demeurent le plus souvent

---

[267] Sur cette affaire cf. S. DIARRA, Affaire bromate de potassium : défendre et préserver la sécurité alimentaire et la santé des consommateurs, *in* Plaidoyer pour une bonne gouvernance : six cas de succès, Afrique communication, Décembre 2009.

[268] Arrêté N° 01-3236/ MICT - MS/SG du 4 décembre 2001 portant interdiction de la vente et de l'utilisation du Bromate de Potassium au Mali.

infructueuses. Diverses raisons sont mises en avant par quelques études se rapportant au sujet pour expliquer cette inefficacité. Ainsi, les études mettent-elles en avant, la qualité des agents de l'administration en termes de formation, leur nombre, leur maîtrise des textes qu'ils sont chargés de faire appliquer et l'indigence des moyens logistiques mis à la disposition de ces agents. À ce propos, de l'étude commanditée par l'UEMOA en 2003 dans le cadre du Programme Spécial Régional pour la Sécurité Alimentaire des États membres, il ressort qu'au Mali, comme dans de nombreux pays de l'Union, l'administration ne dispose pas de ressources humaines de qualité et en quantité suffisante pour procéder aux contrôles appropriés.

En 2002, le personnel par qualification des laboratoires officiels précédemment évoqués était ainsi constitué : le Laboratoire National de la qualité des Eaux dispose d'un effectif de quatorze personnes, dont seulement deux cadres, onze techniciens et un agent sans qualification ; le laboratoire central vétérinaire enregistre un effectif de 12 personnes, dont sept cadres, quatre techniciens et un agent sans qualifications ; le laboratoire national de la santé dispose d'un effectif de 29 personnes dont onze cadres, dix-sept techniciens et deux agents sans qualification, enfin le laboratoire national de nutrition animale dispose d'un effectif de dix-neuf personnes dont six cadres, neuf techniciens et quatre agents sans qualification[269].

Une autre cause de l'inefficacité de l'administration est la résistance que lui opposent les opérateurs économiques dans ses opérations de contrôle. Nombreux, sont, en effet, les opérateurs économiques, qui font obstruction aux opérations de contrôle de l'administration, arguant le fait que la libéralisation de l'économie nationale équivaut à l'abolition de toute intrusion de l'administration dans leurs affaires[270]. Aussi, n'hésitent-ils pas

---

[269] Ces informations sont fournies par le rapport de synthèse des experts internationaux concernant le cadre juridique et institutionnel de la Sécurité Sanitaire des Aliments et des contrôles, les moyens et l'organisation pratique de la surveillance et des contrôles, les moyens d'analyse en laboratoire et la décentralisation et la société civile face à la sécurité sanitaire des aliments, prec. Spécialement Annexe 6 E 2.

[270] V. ZAKANE, *« L'état de la protection des consommateurs au BURKINA FASO : vers une codification du droit de la consommation ? »* prec.

à proposer des arrangements aux agents de l'administration pour échapper aux sanctions prévues par la loi. On le voit, l'absence d'un personnel qualitativement et quantitativement suffisant, doté de moyens logistiques appropriés, accomplissant leurs missions convenablement, constitue actuellement les faiblesses qui entravent l'administration malienne dans sa mission de protection des consommateurs.

Aux termes de cette présentation, une remarque mérite d'être formulée : malgré le caractère libéral de l'État malien et malgré l'hostilité des bailleurs de fonds à la présence de l'État dans le secteur économique, la place de ce dernier dans la mise en œuvre des politiques de protection des consommateurs reste prépondérante. L'existence et l'importance d'une administration chargée de la protection des consommateurs et relevant de l'autorité centrale de l'État nous montre cette prédominance du rôle de l'État dans la protection des consommateurs au Mali. Nous avons pu noter que même dans le contexte d'une économie libérale, cette prédominance du rôle de l'État s'explique et se justifie par la tâche de gardien de l'ordre public qui incombe naturellement à l'État.

Toutefois, nous avons constaté que la physionomie et les méthodes de cette administration ont considérablement évolué pour s'adapter aux exigences de l'ère nouvelle. S'appuyant sur une police économique et une police sanitaire, dont la physionomie et les missions ont beaucoup évolué, de l'indépendance du pays à nos jours, la protection administrative des consommateurs au Mali s'inscrit désormais dans une tendance contemporaine consistant à assurer préventivement la protection des consommateurs. À cet égard, les procédés préventifs institués par les pouvoirs publics constituent actuellement un moyen permettant à l'administration de contribuer efficacement à la protection des consommateurs. Et lorsque ces procédés préventifs n'ont pas permis d'empêcher la réalisation d'actes ou faits nuisibles aux consommateurs, les pouvoirs de sanction accordés aux agents de l'administration en charge de la protection des consommateurs, permettent de faire cesser ou d'empêcher le renouvellement de tels actes ou faits. Pour faciliter et organiser la recherche et la constatation des actes ou faits préjudiciables aux consommateurs, d'importantes procédures d'investigation sont instituées au profit des agents de l'administration en charge de la protection des consommateurs. Mais, malgré ces innovations, nous avons pu malheureusement constater que l'administration malienne chargée de la protection des consommateurs, rencontre encore de nombreuses difficultés, qui sont autant de signes de faiblesses, dans sa mission de protection des consommateurs. Ainsi les consommateurs soucieux de l'efficacité de leur protection, s'organisent en associations, pour tenter de pallier les faiblesses de l'administration.

CHAPITRE II

LES ASSOCIATIONS DE CONSOMMATEURS, PALLIATIF AUX FAIBLESSES DE L'ADMINISTRATION

La promotion du libéralisme économique et les efforts consentis par le législateur ne peuvent pleinement profiter aux consommateurs que si ces derniers disposent des voies de recours facilitant la revendication du respect de leurs droits, tant il est vrai que l'idée de protection juridique des consommateurs emporte naturellement, et même en premier lieu, l'idée de défense en justice des droits des consommateurs[271]. Dès lors, l'existence des voies de recours facilitant un accès aisé des consommateurs à la justice et permettant de faire sanctionner les atteintes à leurs droits apparaît comme une condition nécessaire à l'effectivité des droits institués en leurs faveurs.

Malheureusement, en l'état actuel du droit positif malien, on ne peut affirmer que le législateur ait accompli un tel travail. Car, à l'épreuve de la pratique, on constate de nombreuses insuffisances dans les règles tendant à assurer la réalisation en justice des droits institués en faveur des consommateurs. En effet, même s'il est vrai, qu'en théorie, le droit du consommateur individuel, qui s'estime lésé, à saisir le juge est consacré, on constatera que ce dernier rencontre de nombreux obstacles à faire valoir ses droits. Dans ces conditions, l'intervention d'une association de consommateurs apparaît comme un palliatif aux difficultés d'accès du consommateur individuel à la protection judiciaire. Mais, malheureusement cette dernière solution rencontre elle aussi de nombreuses difficultés dans la mesure où, à la lumière de la jurisprudence malienne, les actions des associations de consommateurs visant à défendre l'intérêt collectif des consommateurs ne sont pas admises par les

[271] D. NGUYEN-THAN, prec. p. 253, n°918.

tribunaux. Toutefois, malgré cette exclusion des associations de consommateurs des prétoires, il sera permis de constater que celles-ci participent grandement, hors du champ des tribunaux, au respect des droits institués en faveur des consommateurs. Compte tenu du rôle que jouent les associations de consommateurs dans le respect des mesures de protection des consommateurs, il convient d'examiner les formes et moyens d'action dont disposent celles-ci (§ II) après avoir examiné les moyens judiciaires mis à la disposition du consommateur individuel (§ I).

§ I. Les faiblesses du consommateur individuel

Avec l'avènement du libéralisme économique, le législateur malien a pris conscience des risques auxquels sont exposés les consommateurs. Cette prise de conscience a alors conduit le législateur à accorder aux consommateurs une attention se traduisant par de nombreuses mesures accordant à ces derniers un ensemble de prérogatives.

Un tel constat aurait suffi pour imaginer que l'œuvre du législateur s'est poursuivie par l'institution de mécanismes facilitant au consommateur individuel de réaliser en justice le respect de ses droits. Pourtant, l'analyse révèle que les efforts consentis par le législateur ne se sont pas faits accompagner par des mesures allant dans ce sens. En effet, hormis les règles de droit commun destinées à faciliter la réalisation en justice des droits de l'ensemble des justiciables (A), le législateur malien n'a pas établi des mesures spécifiques facilitant la réalisation en justice des droits du consommateur, de telle sorte que le consommateur individuel rencontre de nombreuses difficultés à faire valoir ses droits (B).

A- Les moyens juridiques mis à la disposition du consommateur individuel pour la défense de ses droits

Des principes directeurs pour la protection des consommateurs, adoptés par l'assemblée générale des Nations Unies le 9 avril 1985, il ressort que les États membres doivent garantir au consommateur des recours appropriés lui permettant de faire valoir ses droits[272]. Ces recours auxquels incitent les principes directeurs des Nations Unies ne sont pas seulement des recours juridictionnels. Ils concernent en outre des modes alternatifs de règlement des différends. Bien que le législateur malien n'ait pas établi des recours spécifiques au profit du consommateur, ces droits énoncés par l'assemblée générale des Nations Unies trouvent leur traduction dans de nombreux textes.

La Déclaration universelle des droits de l'homme du 10 décembre 1948 énonce à son article 8 que *« toute personne a droit à un recours effectif devant les juridictions nationales compétentes contre les actes violant les droits fondamentaux qui lui sont reconnus par la Constitution ou par la loi ».* Pour sa part, le Pacte international relatif aux droits civils et politiques du 10 décembre 1966 oblige les États partis au Pacte à *« Garantir que toute personne dont les droits et libertés reconnus dans le présent Pacte auront été violés disposera d'un recours utile ; garantir que l'autorité compétente, judiciaire, administrative ou législative, ou toute autre autorité compétente selon la législation de l'État statuera sur les droits de la personne qui forment le recours et développer les possibilités de recours juridictionnel ; garantir la bonne suite donnée par les autorités compétentes à tout recours qui aura été reconnu justifié »*[273]. tandis que, la Charte africaine des droits de l'homme énonce parmi les droits qu'elle consacre le droit à toute personne de *« saisir les juridictions nationales compétentes de tout acte violant les droits fondamentaux qui lui sont reconnus et garantis par les conventions, les lois, règlements et coutumes en vigueur »*[274].

Ces droits consacrés par des textes à vocation universelle ou continentale trouvent leur traduction en droit national dans deux principes essentiels qui constituent l'expression des libertés fondamentales : le droit à un recours

---

[272] Cf. Résolution N° *39/248* de l'Assemblée Générale des Nations Unies adoptant la Charte Mondiale des Droits des consommateurs ou les Principes Directeurs pour la Protection du Consommateur, ST/ESA/170, Nations Unies, New York, 1986.
[273] Article 2 § 3 du Pacte international relatif aux droits civils et politiques du 10 décembre 1966.
[274] Cf. Art. 7 de la charte africaine des droits de l'homme, www.africa-union.org.

juridictionnel afin de faire valoir ses droits et l'égalité de tous les justiciables dans la revendication de leurs droits[275].

Mais, il ne suffit pas de reconnaître aux justiciables un droit d'accès à la justice et de leur garantir une égalité de droits devant la justice, puisqu'encore faudra-t-il que ces derniers disposent des mécanismes facilitant la réalisation de leurs droits.

À cet égard, le législateur malien, s'inscrivant dans la démarche contemporaine qui consiste à alléger les obligations procédurales du justiciable lésé dans ses intérêts, a entrepris une profonde réforme des procédures d'accès à la justice.

Ce travail, qui témoigne de la volonté du législateur malien de faciliter au justiciable la réalisation aisée de ses droits a été opéré par le décret n°09-220/P-RM du 11 mai 2009 modifiant le décret n° 99-254/P-RM du 15 septembre 1999 portant Code de procédure civile, commerciale et sociale. Deux innovations contenues dans ce décret et allant toutes dans le sens de faciliter la réalisation des droits des consommateurs méritent d'être décrites : l'une vise à simplifier les procédures d'accès à la justice et l'autre offre au consommateur des procédés alternatifs de règlement de litiges.

La première innovation simplifie considérablement l'accès du consommateur à la justice puisqu'au terme de l'article 1er du décret du 11 mai 2009 la déclaration verbale au greffe constitue désormais le mode ordinaire de saisine du tribunal. En permettant au consommateur de saisir le tribunal par une simple déclaration verbale au greffe, le législateur malien facilite ainsi la défense en justice des droits d'un plus grand nombre de consommateurs. Au regard du phénomène de l'analphabétisme qui touche près de 73 °/° des consommateurs maliens, on mesure bien l'intérêt d'une telle innovation. Aussi bien, on imagine aisément l'exaspération et le risque de découragement à saisir un juge vers lequel les formalismes du

---

275 Constitution de la République du Mali 25 janvier 1992, Titre premier : Des droits et devoirs de la personne humaine, disponible en ligne à l'adresse suivante : http://www.wipo.int/wipolex/fr/text.jsp?file_id=193672

texte modifié[276] pouvaient conduire un consommateur victime d'une fraude alimentaire ou abusée par un opérateur économique pratiquant dans la vente des denrées alimentaires des poids et mesures non conforme à la réglementation métrologique. L'article 1er du décret du 11 mai 2009 apporte donc une innovation majeure facilitant la réalisation en justice des droits des consommateurs. Au titre des modes d'introduction de l'instance, ce texte fait de l'assignation le mode ordinaire de l'introduction de l'instance, la procédure par requête n'étant elle utilisée que dans des cas spécifiques[277].

L'autre innovation est relative à l'institution en droit malien d'un mode alternatif de règlement des différends à savoir *la médiation civile*. Il s'agit d'une opportunité qu'offre le législateur aux parties, qui consiste à aller volontairement devant le juge pour chercher avec lui un règlement amiable au litige[278]. Le succès de la conciliation aboutit à une transaction. Celle-ci se définit comme étant *« le contrat par lequel les parties terminent une contestation née ou préviennent une contestation à naître »*[279]. La conciliation est constatée par un procès-verbal qui peut être directement revêtu de la formule exécutoire à la diligence des parties. Le procès-verbal de conciliation n'est susceptible d'aucun recours[280]. Seul l'échec de la conciliation conduit à la poursuite du contentieux. Dans ce cas, la non-conciliation est constatée par un procès-verbal qui est joint à la requête et aux autres pièces ; le tout est transmis au tribunal compétent. Et pour ne pas fermer la porte à toute possibilité de conciliation au cours de la procédure contentieuse, le législateur permet au tribunal en tout état de la procédure, d'office ou à la demande de l'une des parties, de tenter de les

---

276 Aux termes de l'article 1er du décret n° 99-254/P-RM du 15 septembre 1999 portant Code de procédure civile « L'instance est introduite par une requête écrite, datée et signée du demandeur. Cette requête sur laquelle devra être apposé un timbre fiscal sera présentée au président du tribunal. Exceptionnellement le tribunal peut recevoir des requêtes verbales ».

277 Cf. Article 1er al. 1 du décret n°09-220/P-RM du 11 mai 2009 modifiant le décret n° 99-254/P-RM du 15 septembre 1999 portant Code de procédure civile, commerciale et sociale.

278 J., CALAIS-AULAY et H. TEMPLE, Droit de la consommation, prec. n° 492.

279 J., CALAIS-AULAY et H. TEMPLE, *Op. Cit.* n° 492.

280 Article 3 al. 2 CPCC

concilier[281]. L'instauration de ce mode de règlement des différends témoigne de la volonté du législateur malien d'offrir aux justiciables un moyen d'obtenir une solution amiable, rapide et moins onéreuse à leurs litiges.

Au regard de l'ensemble de ces mesures instituées par le législateur, on est tenté de conclure à l'absence de difficultés pour le consommateur malien à réaliser en justice le respect de ses droits. Une telle conclusion serait hâtive et surtout déconnectée des réalités pratiques auxquelles le consommateur malien est confronté. Car en pratique, ce dernier rencontre de nombreuses difficultés à réaliser en justice le respect de ses droits.

B- Les difficultés du consommateur individuel à faire valoir ses droits

Ces droits que nous venons de décrire créent l'illusion sur l'existence de mesures facilitant la réalisation en justice des droits du consommateur. Mais comme l'indique la sagesse populaire, *l'arbre ne doit pas cacher la forêt :* le consommateur malien, malgré ces mesures foisonnantes, rencontre dans la pratique, des nombreuses difficultés à réaliser en justice les droits que faire valoir ses droits.

En dépit de l'idée selon laquelle les mécanismes juridictionnels classiques sont inadaptés aux litiges de consommation[282], la voie judiciaire reste pour le consommateur malien le recours actuellement incontournable de règlements des différends de consommation.

Certes, avec le décret n° 09-220/P-RM du 11 mai 2009 portant Code de procédure civile, commercial et social, le législateur malien a institué la médiation civile et offre ainsi aux parties l'opportunité de résoudre à l'amiable leur litige, sous les offices du juge. Mais, hormis cette opportunité offerte aux parties, il n'existe, pour l'instant, aucune instance

---

[281] Article 3 al. 3 CPCC

[282] J., CALAIS-AULAY et H. TEMPLE, Droit de la consommation, prec. N° 489.

de conciliation ou de médiation permettant au consommateur de trouver une solution amiable, rapide et moins onéreuse au litige, à l'image des commissions de règlement des litiges de consommation (CRLC)[283] ou du conciliateur de justice[284] en France.

La spécificité de certaines autorités de régulation des secteurs économiques, tels que le Conseil national des prix, la commission de régulation de l'électricité et de l'eau[285], la commission nationale de régulation des télécommunications, peut donner l'impression de l'existence d'une activité de médiation ou de conciliation entre consommateurs et opérateurs économiques au sein de ces organes. Toutefois, aucune disposition n'offre au consommateur la possibilité de saisir ces organes. Au Mali et en Afrique de manière générale, les missions de ces organes se résument dans l'ensemble, à assurer la performance économique desdits secteurs et d'y préserver une concurrence saine[286].

Un autre moyen permettant un règlement non juridictionnel pour les litiges de consommation peut être entrevu lorsque les agents de l'administration procèdent au contrôle du respect de la réglementation des prix ou des règles de la concurrence. Agissant sur instruction du directeur national du commerce et de la concurrence, ces agents procèdent aux vérifications du respect de la réglementation des prix et des règles de la concurrence et établissent des amendes à la charge de l'opérateur économique qui contrevient à la réglementation. Lorsque la sanction est fondée, l'opérateur économique peut favorablement formuler une demande de transaction pécuniaire dans les quinze jours suivant la constatation de l'infraction. Lorsque l'offre de l'opérateur économique est acceptée, ce dernier

---

[283] V. Arrêté du 25 mars 2005 portant création et fonctionnement des commissions de règlement des litiges de consommation, JORF n°85 du 12 avril 2005 page 6560.

[284] V. Décret n° 2012-66 du 20 janvier 2012 relatif à la résolution amiable des différends, JORF n°0019 du 22 janvier 2012 page 1280.

[285] Ordonnance n°00-021/P-RM du 15 mars 2000 portant création et organisation de la commission de régulation de l'électricité et de l'eau.

[286] J., CALAIS-AULAY et H. TEMPLE, prec. n°495 ; G. PAISANT, « Libres propos sur les modes alternatifs de règlement des litiges de consommation : variation sur le minimis… », *In Liber amicorum* Jean CALAIS-AULOY, p. 767 et S.

s'acquitte d'une amende, à défaut d'accord, l'affaire est transmise au parquet. Si une telle solution permet d'aboutir à un règlement amiable et rapide du litige entre l'opérateur économique et l'administration, il faut bien admettre qu'une telle opportunité offerte par le législateur a été pensée d'abord et surtout au bénéfice de l'État, dans la mesure où l'amende est acquittée au seul profit de l'État. Le consommateur quant à lui ne bénéficie qu'indirectement de cette intervention des agents de l'administration.

L'absence d'instances extrajudiciaires de conciliation et de médiation ainsi décrite traduit les difficultés du consommateur à trouver, en dehors de la voie du contentieux judiciaire, une solution amiable, rapide et sans effort financier particulier au litige de consommation. Même s'il a été observé, s'agissant de la mise en place de cette justice douce, qu'il s'agit d'une justice au rabais[287], il ne fait aucun doute que, dans un environnement où le chemin du consommateur souhaitant porter une affaire devant les juridictions est truffé d'obstacles, l'existence de tels organes faciliterait la réalisation des droits du consommateur en offrant à ce dernier l'opportunité de trouver une solution amiable, rapide et moins onéreuse au litige qui l'opposerait aux opérateurs économiques.

Des instances de conciliation et de médiation devraient donc être instituées pour permettre aux consommateurs de trouver une solution amiable, rapide et moins onéreuse au litige. Des instances qui s'accommodent, par ailleurs, de l'esprit de dialogue et de la palabre africaine. Car il est bien connu que dans nos sociétés africaines, on préfère généralement transiger plutôt que de déclencher des longues et interminables actions judiciaires[288].

Les difficultés du consommateur à réaliser en justice ses droits sont d'autant plus importantes qu'en l'absence d'un cadre de résolution amiable des litiges, la voie contentieuse reste la seule voie possible. À ce propos,

---

[287] R. NJEUFACK TEMGWA, « Regards sur la protection juridique du consommateur africain : lecture comparée », Penant 868.

[288] S. YONABA, L'accès à la justice au Burkina-Faso, Revue Burkinabé de Droit, n° 13 janvier 1988, p. 138 à 186.

des auteurs, ont déjà relevé les nombreux obstacles se dressant sur le chemin du consommateur qui, s'estimant lésé, s'engage dans la voie du contentieux judiciaire. Les Professeurs CALAIS-AULOY et TEMPLE mettent ainsi en avant, à côté des freins psychologiques, la lenteur de la justice, la complexité de la procédure et le coût du procès tenant aux frais d'expertise et aux honoraires d'avocat disproportionnés au regard de la valeur du litige[289]. À ces difficultés, quasi universelles, M. YONABA ajoute des difficultés spécifiques aux consommateurs africains. En indiquant tour à tour les causes culturelles et structurelles qui entravent le consommateur africain dans la perspective de faire valoir en justice ses droits, l'auteur relève la conception africaine de l'autorité (y compris judiciaire), l'analphabétisme, la faible décentralisation de l'appareil judiciaire, la crise de confiance entre la justice et le justiciable, *etc.*[290].

Pour notre part, nous ajouterons à ces différents obstacles des difficultés inhérentes au droit positif malien.

Au regard du droit positif malien, la demande du consommateur tendant à réaliser en justice ses droits se heurte à des difficultés parfois insurmontables. La première difficulté résulte de l'application de la règle *actori incombit probatio.* Consacrée par l'article 262 du régime général des obligations, cette règle met la preuve à la charge du consommateur[291]. Il doit par exemple, apporter la preuve que l'opérateur économique a manqué à l'obligation d'information ou à l'obligation de sécurité que la loi impose à ce dernier à son profit. Ensuite, conformément aux conditions classiques du droit de la responsabilité civile, le consommateur pour obtenir la réparation du préjudice subi doit établir la preuve du lien de causalité entre le dommage et le fait dommageable. Établir par exemple, que le dommage est lié au défaut d'informations ou que sa source réside dans le produit. Ces différentes exigences constituent autant de difficultés

---

[289] J., CALAIS-AULAY et H. TEMPLE, prec. n°489.

[290] V. S. YONABA, *Op. Cit.*

[291] Article 262 du Régime général des obligations « celui qui réclame l'exécution d'une obligation doit en prouver l'existence. Celui qui prétend être libéré doit justifier le paiement ou le fait qui a réduit l'extinction de son obligation ».

à la réalisation des droits du consommateur. Ces difficultés résonnent avec beaucoup plus d'acuité dans le cas du consommateur d'aliments, comme nous allons le développer. La première difficulté, quasi insurmontable, pour le consommateur d'aliments peut résulter de la disparation matérielle de la denrée alimentaire au moment où le dommage se réalise ou a été constaté[292]. Du fait de leurs ingestions, les denrées alimentaires en cause ne laissent derrière elles *« d'autres traces que le mal dont elles étaient porteuses »* pour prendre l'expression de Monsieur le Professeur François COLLART DUTILLEUL[293]. Dans ces conditions comment le consommateur d'aliments pourrait-il prouver que son dommage est lié à tels aliments consommés il y'a plusieurs jours, voire plusieurs semaines ?

Ensuite, à supposer que l'identification de la denrée en cause soit possible, que l'établissement matériel de la preuve de son innocuité soit aussi possible, il restera à déployer des moyens financiers et une grande expertise permettant d'établir scientifiquement l'innocuité de la denrée. Ce qui, à l'évidence, n'est pas à la portée de tout consommateur.

Dans la perspective de faciliter la réalisation des droits du consommateur, il convient d'alléger ce dernier du fardeau de la preuve. Un tel effort a été accompli en droit comparé ou par l'effet d'une présomption légale le législateur a opéré le renversement de la charge de la preuve[294].

On le voit, malgré les nombreuses mesures instituées pour faciliter la protection des droits du consommateur, ce dernier rencontre de nombreuses difficultés. Dans de telles conditions le rôle des organisations de consommateurs peut s'avérer utile à faire valoir les droits des consommateurs.

---

[292] V. plus amplement sur cette question F. COLLART DUTILLEUL, J-S. BORGUETTI, J-Ph. BUGNICOURT, *Le droit de la responsabilité à l'épreuve du droit spécial de l'alimentation : première question*, Recueil Dalloz, 2010, p. 1101.
[293] F., COLLART DUTILLEUL, *Regards sur les actions en responsabilité civile à la lumière de l'affaire de la vache folle,* Rev. Dr. Rural, 1997, p. 226.
[294] V. J., CALAIS-AULOY et H. TEMPLE, préc. n° 505.

§ II. Les consommateurs organisés

De lege lata, la défense des droits des consommateurs par des associations à vocation consumériste se cantonne à des actions extrajudiciaires. La perspective de la défense en justice de l'intérêt collectif des consommateurs organisés se heurte à une conception individualiste de l'action en justice. Celle-ci résulte de la réticence du législateur malien à reconnaître aux associations de consommateurs la qualité pour agir en justice pour défendre les droits et intérêts d'un groupe de consommateurs voire d'un consommateur individuel. Cette qualité devant leur être reconnue par une disposition légale expresse d'habilitation d'ester en justice pour défendre l'intérêt collectif des consommateurs, ce qui n'est pas encore le cas en droit malien.

Cet état du droit processuel malien, qui ne milite pas en faveur d'une protection de masse des consommateurs et d'une mise en œuvre efficiente des mesures dédiées à la protection de ces derniers, constitue une source de difficultés des consommateurs organisés à concourir à l'effectivité de leurs droits (A).

De lege ferenda, le législateur devrait s'efforcer d'améliorer le contenu du droit processuel dans l'optique d'une mise en œuvre efficiente des mesures instituées en faveur des consommateurs. À cet égard, la reconnaissance d'un droit d'action en justice étendu aux associations de consommateurs doit être consacrée pour permettre à celles-ci de participer pleinement à la défense des droits et intérêts des consommateurs (B).

A- Les difficultés des associations de consommateurs à concourir à l'effectivité du droit

Avec l'avènement du libéralisme économique le législateur malien a eu de nombreuses réactions positives conférant aux consommateurs des droits subjectifs et visant à rétablir l'équilibre dans leurs rapports avec les opérateurs économiques, mais ces réactions du législateur ne se ne sont pas faites accompagner des mesures conférant aux associations de consommateurs nouvellement créées des *droits subjectifs processuels*[295] facilitant la défense des droits consacrés. L'impératif de protection des consommateurs n'a donc été que partiellement pris en compte, alors même que ces derniers soucieux d'assurer l'efficacité de leur protection se sont regroupés en associations pouvant agir en justice pour défendre leur intérêt commun. On dénombre actuellement cinq associations de consommateurs : l'association des consommateurs du Mali (ASCOMA) créée en 1991, le regroupement pour la défense des consommateurs du Mali (REDECOMA) créé en 1992, l'association pour la défense et l'assistance des consommateurs (ADAC) créée en 2001, l'Association pour la Défense de l'Environnement et des Droits des Consommateurs (ADESOM) créée en 2001 et enfin la CONSO LIGUE créée en 2003.

Malgré l'essor considérable qu'a connu le mouvement consommateur au Mali ces dernières décennies, les associations de consommateurs restent démunies devant la perspective de saisir un juge pour obtenir le respect des dispositions dédiées à la protection des consommateurs. La cause essentielle de cette fermeture des prétoires aux associations de consommateurs tient au fait que le législateur malien, malgré la nécessité de protection judiciaire des intérêts catégoriels comme ceux des consommateurs, persiste à rester fidèle à une conception individualiste de l'action en justice. Faisant pratiquement fi du besoin croissant des consommateurs de défendre collectivement leurs droits communs, le législateur malien subordonne la recevabilité de l'action en justice à la *qualité pour agir*. Il en résulte que toute personne le souhaitant, fût-elle une association de consommateurs, n'a pas toujours le droit de défendre en justice les intérêts d'autrui. Cette situation est la traduction du principe selon lequel *nul ne plaide par procureur*. Dès lors, la faculté de défendre en justice les droits et intérêts des consommateurs implique une habilitation expresse du législateur autorisant une personne physique ou morale à défendre les droits et intérêts des consommateurs. À cet égard, le législateur malien détermine un nombre limitatif des personnes qu'il

[295] L'expression est empruntée à M. le Professeur L. CADIET, pour qui le droit d'agir en justice est un droit subjectif, comme un autre, un droit subjectif processuel, distinct du droit subjectif dont le plaideur demande le respect ou la reconnaissance en justice. V. L. CADIET, Droit judiciaire privé, Litec, 2004, n°782, p. 339.

habilite à défendre en justice les droits et intérêts des consommateurs. Aussi, le législateur dispense-t-il ces personnes des autres conditions classiques de l'action en justice à savoir l'existence d'un intérêt direct et personnel à agir en justice. À ce sujet, ce qui ressort de l'ensemble des textes touchant à la protection des consommateurs c'est l'habilitation de deux catégories de personnes : le ministère public et certains organes de l'administration publique chargés de la protection des droits des consommateurs notamment la direction nationale du commerce et de la concurrence (DNCC) et ses services démembrés.

Dépourvues de la qualité pour agir, les associations de consommateurs se trouvent alors paralysées dans leurs initiatives d'agir en justice pour défendre les droits des consommateurs. Réduites au rang de particulier, elles doivent alors satisfaire aux mêmes conditions que le consommateur individuel pour agir en justice. Aussi, ce refus de principe du législateur à habiliter les associations de consommateurs à exercer une action collective devant les tribunaux aura pour conséquence de décourager les associations de consommateurs à saisir le juge pour obtenir de ce dernier le respect des dispositions instituées en faveur des consommateurs.

On relève cependant, une affaire devenue emblématique dans les annales de la jurisprudence malienne relative à la protection des consommateurs. Le caractère emblématique de cette affaire tient non pas à son intérêt pour la protection des droits et intérêts des consommateurs, le juge ayant fait une interprétation stricte de la loi, mais plutôt au fait qu'il s'agit d'une des premières fois qu'une association de consommateurs saisisse le juge malien pour obtenir de ce dernier le respect des droits des consommateurs et conséquemment contraint le juge à se prononcer sur la recevabilité de l'action en justice d'une association de consommateur.

Dans cette affaire dite « 'SOTELMA/MALITEL-IKATEL », des consommateurs abonnés aux deux sociétés de télécommunications opérants au Mali à savoir la société des télécommunications du Mali Sotelma/Malitel et ikatel se sont trouvés dans l'impossibilité de communiquer d'un réseau à un autre du fait d'un désaccord entre les deux sociétés qui a conduit à la rupture de connexion entre elles. De ce fait, l'association pour la défense et l'assistance des consommateurs du Mali (ADC-MALI) avait déposé auprès du tribunal de première instance de la commune IV du district de Bamako une plainte aux fins d'ordonner le rétablissement de l'interconnexion entre les sociétés SOTELMA/MALITEL et Ikatel. En réponse, le tribunal de première instance de la commune IV de Bamako, statuant en matière de référé s'est prononcé, le 8 mai 2003, en déclarant l'action de l'association pour la défense et l'assistance des consommateurs du Mali irrecevable pour défaut de qualité pour agir en l'absence d'une disposition légale expresse d'habilitation. L'attendu principal de la décision rendue par le juge mérite d'être cité : *« attendu qu'il est indéniable que l'association pour la défense et l'assistance des consommateurs du Mali (ADC-MALI) ayant rempli les conditions de l'article 5 de l'ordonnance n° 59-41/PCG du 28/03/59 relative aux associations (...) a la capacité juridique, cependant la capacité juridique diffère de la qualité pour agir, qu'en l'état actuel de la réglementation au Mali aucune disposition légale ne confère aux associations le droit d'agir au nom de l'intérêt collectif (...), que le Lamy droit économique 1993 consolide cette position, qu'en effet il y est soutenu à la page 1273 que : "une association de consommateur ne saurait agir de sa propre initiative : elle doit être mandatée par au moins deux consommateurs concernés", qu'en l'espèce l'association pour la défense et l'assistance des consommateurs du Mali (ADC-MALI) a agi conjointement avec les consommateurs, qu'elle ne peut donc soutenir agir en leur nom, que par ailleurs elle ne justifie pas d'aucun autre mandat, que dans ces conditions il apparaît que l'action à elle aussi ne peut être accueillie »*[296].

Cette décision du juge malien rappelle l'état de la protection des intérêts collectifs des consommateurs par voie d'action dans certains pays de la sous-région. On citera à titre d'exemple, l'affaire dite « Société SONACOS » au Sénégal. En l'espèce, l'association sénégalaise des consommateurs (ASCOSEN) avait déposé auprès du tribunal régional hors classe de Dakar une plainte suite à une augmentation par la société de

---

[296] TPI de la commune IV du district de Bamako, ordonnance des référés n° 141/P.TPI.CIV, n° 428/R.G.

100 F CFA sur le prix de l'huile. L'ASCOSEN ayant estimé que cette hausse était illicite avait demandé au juge de faire cesser la hausse pratiquée par la société. Dans sa réponse, le juge avait déclaré irrecevable l'action de l'ASCOSEN au motif qu'elle n'a pas qualité à agir en l'absence d'une disposition légale expresse lui donnant pouvoir de représentation générale[297]. La décision du juge malien rappelle aussi la situation de l'action en justice des associations de consommateurs en droit français avant l'adoption de la loi Royer du 27 décembre 1973. En effet, jusqu'à cette date les associations de consommateurs n'étaient pas admises à agir en justice pour défendre l'intérêt collectif des consommateurs. L'irrecevabilité de leur action se justifie par le fait que les intérêts qu'elles défendent se confondent avec l'intérêt général, qui, sauf dérogation expresse, ne peut être défendu que par le ministère public. La loi Royer a mis fin à cette jurisprudence en autorisant les associations de consommateurs agrées à exercer *« devant toutes les juridictions l'action civile relativement aux faits portant un préjudice direct ou indirect à l'intérêt collectif des consommateurs »*[298].

On le voit, le juge malien se montre assez sévère à l'égard des actions collectives des associations de consommateurs. Cette sévérité qui traduit l'hostilité du législateur malien, à l'idée de défense en justice de l'intérêt collectif des consommateurs par des organes autres que ceux auxquels il confère un monopole d'action – le ministère public et les organes de l'administration en charge de la protection des consommateurs- ne milite pas en faveur d'une mise en œuvre efficiente des mesures de protection des consommateurs. Dans un contexte où l'accès du consommateur individuel à la protection judiciaire reste dans l'ordre du théorique, il ne fait aucun doute que l'entrave à l'action en justice des associations de consommateurs visant à défendre la collectivité des consommateurs n'aura qu'un effet néfaste sur l'efficience du droit dédié à leurs protections. L'efficience du droit des consommateurs est alors liée aux vertus des mécanismes d'accès à la justice. Ainsi que l'affirme Madame Anne

[297] Sur cette affaire, Cf. A. KANTE, Réflexion sur le Droit de la concurrence et la protection des consommateurs dans l'UEMOA : l'exemple du Sénégal, préc. p. 150.
[298] Cf. article 46 de la loi 27 décembre 1973 devenu art. L 421 du code de la consommation.

PENNEAU *« quand le recours à la justice reste dans l'ordre du théorique, c'est alors finalement le droit lui-même dont on conteste l'efficience et il devient nécessaire de traiter l'anomalie comme un mal de société »*[299].

Dans la perspective d'une mise en œuvre efficiente des droits des consommateurs, il est indispensable d'accorder des avantages processuels aux associations de consommateurs. À cet égard, l'action collective des associations de consommateurs doit être consacrée par une disposition légale expresse les autorisant à agir en justice dès lors qu'il y'a un préjudice occasionné par la violation des dispositions instituées en faveur des consommateurs.

La consécration d'une telle action nous paraît d'autant plus envisageable, que la notion d'action visant à défendre un intérêt catégoriel n'est pas totalement absente du droit malien. D'ailleurs, le juge malien lui-même ne semble pas totalement hostile à recevoir une action en justice visant à défendre un intérêt catégoriel.

D'abord, le juge malien ne semble pas totalement hostile à recevoir une action en justice tendant à défendre un intérêt catégoriel, pourvu que celui qui intente l'action ne plaide pas par procureur. Cette solution qui s'incruste au raisonnement du juge dans l'affaire dite « 'SOTELMA/MALITEL-IKATEL » est l'application de la théorie de la représentation par mandat suivant laquelle, quand un préjudice a été subi par plusieurs personnes dans des conditions semblables, elles peuvent charger l'une d'elles de la poursuivre d'une action en justice commune[300].

Dès lors, rien n'interdit aux consommateurs ayant subi un préjudice de se grouper pour agir en justice, par un mandataire commun, qui peut être

---

[299] A. PENNEAU, Le régime juridique de la médiation en ligne des litiges de consommation : réflexions prospectives, In Le droit des consommateurs et les procédures spécifiques en Europe, (J. ROCHFEID et E. JEULAND, sous la dir. de), Collection Droit et Procédures, 2005, p 25, n°42.

[300] Cf. Planiol et Ripert, Traité pratique de droit civil, T. VI, n°661, rapportés par D. NGUYEN-THAN, *op. Cit,* p. 255, n°930.

l'association à laquelle ils appartiennent et dans ce cadre le juge peut parfaitement accueillir l'action de l'association mandatée[301]. Ensuite, il suffit de faire une lecture, même rapide, du droit positif malien pour se rendre compte qu'il existe des formes d'actions collectives expressément consacrées par le législateur pour défendre des intérêts catégoriels. En droit du travail, l'habilitation par une disposition légale expresse des syndicats des travailleurs à agir en justice pour défendre l'intérêt collectif de la profession qu'ils représentent en est une parfaite illustration. Aux termes de l'article L 241 de la loi n°92-020 portant Code du travail, les syndicats professionnels *« peuvent, devant toutes les juridictions, exercer tous les droits réservés à la partie civile relativement aux faits qui portent un préjudice direct ou indirect à l'intérêt collectif de la profession qu'ils représentent ».*

B- Les formes d'actions des associations de consommateurs en vue de concourir à l'effectivité du droit

Lors des précédents développements, nous avons montré les difficultés que rencontrent les associations de consommateurs à concourir à la réalisation des droits des consommateurs en justice. Pourtant, malgré ces difficultés nous constaterons dans les lignes qui suivent que les associations de consommateurs, à travers de nombreux exemples d'actions de dénonciation et de *lobbying*, contribuent au respect des droits des consommateurs (1).

Mais en réalité cette contribution reste limitée et il importe, pour permettre aux associations de consommateurs de mieux contribuer à l'effectivité des droits des consommateurs, d'instituer un modèle d'action en justice des associations de consommateurs à l'image des modèles existant dans de nombreux pays (2).

---

[301] Pour une application voir en droit français par exemple : Cass. Com. 17 juillet 1951, JCP 1952, II, n° 7128, note D. B.

Des exemples tirés des actions menées par des associations de consommateurs

La volonté des pouvoirs publics de faire des associations de consommateurs des acteurs à part entière pouvant contribuer à la réalisation des droits des consommateurs a favorisé l'éclosion des associations de consommateurs au Mali. Pour faciliter leurs missions, les pouvoirs publics ont créé des organismes à caractère public ou semi-public dans lesquels siègent les associations de consommateurs. Le but étant, de donner aux consommateurs des moyens d'expression permanents auprès des autorités publiques et des voies d'accès aux centres politiques de décision, et en même temps permettre aux consommateurs de se constituer en groupe pouvant exercer des moyens de pression sur les opérateurs économiques. Depuis leur éclosion au début de la décennie 1990, les associations de consommateurs n'ont pas manqué à cette mission comme en témoigne le dynamisme dont elles font preuve dans de nombreux secteurs touchant à la santé des consommateurs et au bien-être de ceux-ci.

Outre, leur présence au sein de certaines organisations officielles chargées de veiller à la protection des consommateurs[302] et le fait qu'elles soient consultées par les pouvoirs publics sur les questions qui touchent aux conditions des consommateurs, les associations de consommateurs se font régulièrement remarquées à travers des campagnes de dénonciation et l'organisation de *lobbying* dirigées soit vers les opérateurs économiques pour attirer l'attention des consommateurs et des pouvoirs publics sur des pratiques nuisibles de ces derniers, soit vers les pouvoirs publics pour amener ces derniers à prendre des mesures tendant à faire cessez des actes ou faits préjudiciables aux consommateurs. L'œuvre des associations de consommateurs à cet endroit peut être illustrée par de nombreuses actions de dénonciation et de *lobbying* que celles-ci ont pu mener avec succès. On citera à cet égard l'affaire dite *« bromate de potassium »*. Dans cette affaire, l'association des consommateurs du Mali (ASCOMA) à dénoncer avec succès l'utilisation dans la fabrication du pain d'un produit « bromate de potassium » nocif à la santé des consommateurs. Cette affaire fait suite

---

[302] Notamment au conseil national de la concurrence ou le conseil national des prix.

à des révélations en 2001 sur l'utilisation du bromate de potassium dans la fabrication du pain par la « société Achkar » au Mali. À la suite de ces dénonciations l'ASCOMA à initier une analyse critique visant à vérifier la nocivité de ce produit pour la santé des consommateurs. Pour ce faire, elle a sollicité l'expertise des laboratoires et organisations tels que l'Organisation des Nations Unies pour l'alimentation et l'agriculture (FAO), l'Organisation mondiale de la santé (OMS), l'institut Pasteur, le centre international sur la recherche du cancer (CIRC) de Lyon, l'agence française de sécurité sanitaire des aliments (AFSSA). Les données scientifiques fournies par ces différentes structures ont révélé que la consommation du pain intégrant le bromate de potassium présente un danger pour la santé des consommateurs.

À la suite de cette information scientifique, l'ASCOMA a entrepris une campagne d'information et de sensibilisation auprès des pouvoirs publics qui a débouché sur un arrêté interministériel qui interdit le bromate de potassium non seulement dans la fabrication du pain, mais aussi dans tous les produits alimentaires au Mali[303].

Dans une autre espèce, survenue en 2008, l'association des consommateurs du Mali (ASCOMA) a entrepris une campagne de dénonciation visant à interdire la commercialisation sur le marché malien de l'huile de cuisine produite à base des graines de coton contenant du *« Gossypol »*. Le « Gossypol » est présenté comme étant un produit dérivé du coton, constituant un moyen de défense naturel du cotonnier, toxiques pour les insectes et également pour les hommes. Il existe toutefois, selon des études des techniques permettant d'éliminer la substance lors du raffinage de l'huile à base de coton. Selon des informations recueillies par l'ASCOMA il existe une présence très forte du « Gossypol » dans les huiles produites par des huileries au Mali et destinées à la consommation humaine. Or selon l'ASCOMA, de l'avis des nutritionnistes il ressort que « les risques pour le consommateur après une longue période d'absorption

---

303 Sur cette affaire cf. S. DIARRA, Affaire bromate de potassium : défendre et préserver la sécurité alimentaire et la santé des consommateurs, *in* Plaidoyer pour une bonne gouvernance : six cas de succès, Afrique communication, Décembre 2009.

de l'huile non raffinée sont énormes » et purs « le Gossypol provoque de nombreuses maladies, notamment une stérilité permanente chez les hommes, l'irrégularité des menstruations et des interruptions de grossesse chez la femme, ainsi que des problèmes gastriques ». À la suite de ces informations, l'ASCOMA a entrepris des actions d'information et de sensibilisation aussi bien auprès des consommateurs que des pouvoirs publics.

Le 15 janvier 2008 suite aux actions de l'ASCOMA et en réaction à la menace que fait peser cette huile sur la santé des consommateurs, le gouvernement a ordonné la fermeture de 104 huileries dans le pays[304].

À ces exemples on peut ajouter l'action menée de concert par les associations de consommateur de l'Afrique de l'Ouest, sous l'impulsion de *consumers international* (C.I), lors de la rencontre des associations de consommateurs de la sous-région tenue à Dakar du 1er au 3 juillet 1992. A cette occasion, celles-ci ont entrepris des actions contre certaines organisations internationales donatrices de vivres. Les associations de consommateurs de la sous-région ont dénoncé en effet que certaines organisations internationales qui font don de vivres aux pays d'Afrique ne respectent pas les normes de sécurité sanitaire des aliments fixées par la FAO et l'OMS. Cette dénonciation a abouti à l'adoption d'une résolution invitant les donateurs d'aide alimentaire à s'assurer que les aliments qu'ils offrent répondent aux normes de sécurité sanitaire fixées par la FAO et l'OMS[305].

On le voit, ces différentes actions témoignent de l'importance du rôle des associations de consommateurs dans le respect des droits des consommateurs. Toutefois, l'idée de faire des associations de consommateurs des acteurs à part entière pouvant concourir au respect des droits des consommateurs trouverait son expression la plus accomplie dans

---

[305] Sur cette affaire Cf. J. NIKIEMA, la protection du consommateur au Burkina-Faso, mémoire de maîtrise, 1992-1993, p. 63, (sous la dir. de S. YONABA), n° M/696, Bibliothèque Faculté de droit et de science politique de l'université Ouagadougou.

l'habilitation de ces dernières à défendre en justice les droits des consommateurs. Si on l'admet, les mesures de protection des consommateurs gagneraient en efficacité, ainsi que l'écrit un auteur : « le jour où les commerçants d'une ville sauraient que toute opération malhonnête, n'ayant pas donné lieu à réparation immédiate, est susceptible de leur valoir une citation en justice - et ceci non par le client abusé qui généralement n'en a pas les moyens, mais par un organisme collectif bien outillé à cet effet -, quelque chose pourrait être changé dans les rapports commerciaux au profit des consommateurs »[306].

À cet égard, les droits étrangers nous apportent de riches enseignements.

Des modèles d'actions tirés des droits étrangers

Comme nous venons de le voir, le rôle des associations de consommateurs dans la protection des mesures instituées en faveur de leurs membres, se limite seulement à des actions de dénonciation ou de lobbying dirigées vers les opérateurs économiques ou vers les pouvoirs publics pour obtenir de ces derniers des mesures tendant à faire cessez des actes ou faits préjudiciables aux consommateurs. La défense des droits des consommateurs par des associations de consommateurs n'a donc, pour l'instant, pas pris la forme d'une action judiciaire. Or, les expériences des nombreux pays étrangers nous enseignent que les chances de l'effectivité des règles protectrices des consommateurs passent par la possibilité donnée aux associations de consommateurs d'agir en justice pour revendiquer le respect des droits de leurs membres[307]. Dans la perspective d'une mise en œuvre efficiente des droits des consommateurs, il est utile

---

[306] J. MEYNAUD, Les consommateurs et pouvoir, p. 395, Rapporter par D. NGUYEN-THAN, prec. p. 260, n°951.

[307] Voir dans ce sens J. CALAIS-AULOY, La class action et ses alternatives en droit de la consommation, Petites affiches, 10 juin 2005, n° 115, p. 29 à 31 ; F., GASCON INCHAUSTI, La protection des consommateurs en procédures civile espagnole, In Le droit des consommateurs et les procédures spécifiques en Europe, (J. ROCHFEID et E. JEULAND, sous la dir. de), Collection Droit et Procédures, prec. p. 117 à 130 ; *Add.* M. FRIANT-PERROT, Le juge judiciaire et la protection des consommateurs, thèse université de Nantes, 1999, pp. 559.

de recenser quelques modèles d'actions collectives existant en droit comparé. Ces expériences permettront au législateur malien de puiser dans les ressources du droit comparé pour consacrer l'action collective des associations de consommateurs. À cet égard, nous présenterons les modèles d'actions collectives présentent en droit des États-Unis d'Amérique, au Québec et dans le droit de certains pays d'Europe. Compte tenu de la proximité du droit malien et du droit français, du fait de la colonisation, une attention particulière sera portée aux modèles d'actions collectives en droit français. Quelques modèles d'actions en cours d'être consacrés dans des pays géographiquement proches du Mali retiendront également notre attention.

L'histoire du droit comparé nous rapporte que c'est aux États-Unis d'Amérique que la voie de la défense collective des droits des consommateurs en justice a été ouverte par l'instauration d'une action collective appelée *class action.* La *class action* instituée par le législateur américain dès 1912 par la règle 38 des *Equity Rules* conférait aux associations de consommateurs la qualité à agir en justice pour la défense des droits consacrés au profit de leurs membres[308]. La *class action* peut être définie selon M. BORE comme étant *« l'action par laquelle une personne est habilitée à représenter en justice un groupe de personnes sans avoir obtenu préalablement leur accord exprès »*[309]*. La class action* est cependant soumise à des conditions essentielles pour qu'elle soit déclarée recevable : le groupe de personnes dont les droits et intérêts ont été atteints doit être suffisamment défini et vérifiable sur la base de critères objectifs[310]. Ensuite, ce groupe de personnes doit avoir des intérêts communs en lien avec le défendeur à l'action[311]. Enfin, le représentant du groupe doit être en mesure de protéger honnêtement et correctement

---

[308] V. M. FRIANT-PERROT, Le juge judiciaire et la protection des consommateurs, prec. p. 196 à 201. *Add.* H., KOTZ, La protection en justice des intérêts collectifs. Tableau de droit comparé, in M. CAPPELLETTI (Sous la dir. de), Accès en justice et Etat providence, Economica, 1984, p. 93.

[309] L., BORE, L'action en représentation conjointe : class action française ou action mort-née ? D. 1995, Chr. p. 267.

[310] Condition de *numerosity*.

[311] Condition de *commonality* et de *typicality*.

l'intérêt du groupe[312]. En consacrant une telle action le législateur américain a ouvert aux associations de consommateurs la possibilité de pallier l'inaction du consommateur individuel et de veiller ainsi à l'effectivité des droits consacrés. Dans le même ordre d'idées, le législateur québécois a consacré l'action collective des associations de consommateurs. Instituée en 1978 sous le nom de *« recours collectifs »* cette action visait selon M. MAZEN à adapter la procédure civile, largement imprégnée par un individualisme ancestral, aux réalités contemporaines marquées par l'ampleur des rapports de groupe et par la multiplication des contrats portant sur de faibles montants. L'inadéquation des procédures existantes, la crainte de dépenses hors de proportion avec les intérêts en cause et l'angoisse naturelle devant une procédure qui peut être longue paralysent la plupart des consommateurs ; de là, selon l'auteur, est née l'idée, pour répartir la charge financière et bénéficier de l'addition des compétences, de se regrouper lors de l'exercice d'un recours judiciaire au sein d'une association ou même de laisser un citoyen revêtir l'habit de Don Quichotte et engager une procédure au nom de tous par le biais d'une *class action* ou d'un *recours collectif*[313]. Ce recours collectif peut être défini comme étant *« la procédure qui permet à un individu, après qu'il en ait obtenu l'autorisation par le juge, de mettre en œuvre de manière collective les droits d'individus se trouvant dans une situation identique »*[314]. Les personnes représentées n'ont pas à donner mandat, il suffit qu'elles ne se désolidarisent pas de l'action engagée[315]. Il y'a cependant une condition essentielle pour la mise en œuvre du recours collectif : celui qui engage le recours doit requérir une autorisation préalable du juge. En outre, l'autorisation judiciaire préalable est subordonnée à une condition supplémentaire : les questions de droit ou de fait doivent être identiques, similaires ou connexes[316]. La recevabilité du recours collectif n'est donc pas subordonnée à l'exigence de l'identité parfaite des situations individuelles, à l'instar de la *class action*

---

[312] Condition de*adequacy of representation.*

[313] N-J., MAZEN, Le recours collectif : réalité québécoise et projet français, Revue Internationale de droit comparé, Vol. 39 n°2, Avril-juin 1987, p. 374, n°4.

[314] *Ibid.*

[315] *Ibid.*

[316] Art. 1003 a C.P.C.

américaine, mais simplement de l'existence *« d'une vraisemblance ou apparence de droit »*[317]. Ce faisant, le législateur québécois a entendu assouplir les conditions de mise en œuvre du recours collectif et partant facilité aux associations de consommateurs la possibilité de veiller à l'effectivité des droits des consommateurs.

Pour sa part, le droit français n'est pas resté en marge de ce mouvement de *collectivisation* de la défense en justice des droits et intérêts des consommateurs. On recense, en effet, dans le droit français diverses actions qui ont un caractère collectif et qui se placent plus aisément comme modèle pouvant inspirer le législateur malien en raison de la proximité du droit malien au droit français. Toutefois, si l'on prend pour standard *la class action* américaine ou *l'action collective* québécoise le modèle français paraît moins évolué ainsi que le constate M. J. FRANCK[318].

Selon M. INCHAUSTI, l'action collective désigne *« toute action exercée en défense des droits ou des intérêts d'un groupe ou d'une collectivité de sujet (consommateurs, travailleurs), sans égard au nombre ou au degré d'identification des personnes lésées »*[319]. Au total, on recense dans le droit français deux catégories d'actions collections pouvant être exercées par des associations de consommateurs : l'action d'intérêt collectif et l'action exercée dans l'intérêt individuel de plusieurs consommateurs. L'action d'intérêt collectif qui a pour fonction d'assurer en justice la défense d'un intérêt catégoriel déterminé[320], pour ce qui nous concerne celui des consommateurs, offre aux associations de consommateurs la possibilité de concourir au respect de la règle de droits édictés en faveur des

---

[317] Art. 1003b C.P.C, Voir sur ce point M. FRIANT-PERROT, Le juge judiciaire et la protection des consommateurs, prec. p. 199, n° 234. *Add.*N-J., MAZEN, Le recours collectif : réalité québécoise et projet français, prec. p. 373, n° 52.

[318] J. FRANCK, action de groupe : les initiatives européennes en droit interne et en droit communautaire, Petites affiches, 10 juin 2005, n°115, p. 19 à 20,

[319] F., GASCON INCHAUSTI, La protection des consommateurs en procédure civile espagnole, In Le droit des consommateurs et les procédures spécifiques en Europe, prec. p. 118, n° 253.

[320] Cf. J. FRANCK, action de groupe : les initiatives européennes en droit interne et en droit communautaire, Petites affiches, 10 juin 2005, prec. spec. P. 19.

consommateurs en leur permettant d'une part, d'exercer une action préventive en cessation des agissements illicites des professionnels et d'autre part, de réclamer des dommages et intérêts destinés à réparer le préjudice causé à l'intérêt collectif des consommateurs[321]. Ce rôle attribué aux associations de consommateurs a été consacré par la loi Royer du 27 décembre 1973 et est aujourd'hui prévu par l'article L. 421-1 du Code de la consommation qui habilite les associations de consommateurs à *« exercer les droits reconnus à la partie civile relativement aux faits portant un préjudice direct ou indirect à l'intérêt collectif des consommateurs »*. Une condition essentielle est cependant requise pour que l'action de l'association soit recevable : celle-ci doit justifier d'un agrément accordé par arrêté ministériel aux associations nationales et par arrêté préfectoral aux associations locales[322]. Outre la condition d'agrément, deux conditions sont nécessaires : une infraction pénale doit avoir été commise et doit avoir causé un préjudice, direct ou indirect, à l'intérêt collectif des consommateurs[323]. En portant atteinte au monopole du ministère public, le législateur français permet aux associations de consommateurs de pallier l'inaction du consommateur individuel et ainsi concourir à l'efficience des droits consacrés au profit des consommateurs.

De son côté, l'action exercée dans l'intérêt individuel de plusieurs consommateurs, instaurée par la loi du 18 juillet 1992 sous le nom d'action en représentation conjointe a pour fonction de demander réparation de plusieurs préjudices individuels ayant une origine commune, au moyen d'une seule action exercée, par une association agrée, qui représente les consommateurs lésés[324]. Cette action, fondée sur la théorie du mandat formel, est recevable devant les juridictions civiles et répressives dès lors que *« plusieurs consommateurs, personnes physiques, identifiées, ont subi*

---

[321] V. sur ce point, J. CALAIS-AULOY, La class action et ses alternatives en droit de la consommation, prec. J. CALAIS-AULOY, et H. TEMPLE, *Op. Cit,* p. 598, n° 556.
[322] Art. L. 411-1 du Code de la consommation ; V. dans le même sens : Décret n° 88-586 du 6 mai 1988, J.O.R.F du 8 mai 1988 et l'a arrêté du 21 juin 1988, J.O.R.F du 30 juin fixant les conditions dans lesquelles les associations de consommateurs peuvent être agréées.
[323] Cf. J. CALAIS-AULOY, et H. TEMPLE, prec., p. 598, n° 556.
[324] Cf. J. CALAIS-AULOY, et H. TEMPLE, *Op. Cit,* p. 604, n° 560.

des préjudices individuels qui ont été causés par le fait d'un même professionnel et qui ont une origine commune »[325]. Cependant, pour agir, l'association chargée de défendre l'intérêt des personnes lésées doit satisfaire à deux conditions, préalable à toute action : elle doit avoir été mandatée par au moins deux consommateurs et ce mandat doit avoir été donné par écrit.

Pareilles actions sont en cours d'être consacrées ou le sont déjà dans d'autres pays en développement, géographiquement et culturellement, plus proches du Mali. On citera à titre d'exemple, l'avant-projet de Code de la consommation Ivoirien, qui par ailleurs reprend presque intégralement la loi française du 26 juillet 1993 relative au Code de la consommation[326]. Cet avant-projet prévoit, de conférer aux associations de consommateurs le pouvoir d'agir en justice pour la défense de l'intérêt collectif des consommateurs[327] et un droit d'agir en justice pour demander réparation de plusieurs préjudices individuels ayant une origine commune[328]. Ces deux actions que prévoit l'avant-projet de Code de la consommation ivoirien sont en fait une réappropriation du législateur ivoirien des deux

---

[325] Art. L. 422-1 du Code de la consommation.

[326] Loi n° 93-949 du 26 juillet 1993 relative au code de la consommation, J.O.R.F n° 171 du 27 juillet 1993, p. 10538–10573.

[327] Art. 278 de l'avant-projet de Code de la consommation : « Les associations ou organisations régulièrement déclarées ayant pour objet statutaire explicite la défense des intérêts des consommateurs peuvent, si elles sont représentatives ou si elles sont reconnues d'utilité publique éxercer les droits reconnus à la partie civile relativement aux faits portant un préjudice direct ou indirect à l'intérêt collectif des consommateurs.
Les associations ou organisations reconnues d'utilité publique ayant pour objet statutaire explicite la défense des intérêts des consommateurs sont dispensées de l'agrément pour agir en justice dans les conditions prévues à l'article précédent ».

[328] Art 287 de l'avant-projet de Code de la consommation : « Lorsque plusieurs consommateurs, personnes physiques identifiées ont subi des préjudices individuels qui ont été causés par le fait d'un même professionnel, et qui ont une origine commune, toute association ou organisation agréée et reconnue représentative sur le plan national en application du titre 1er du présent Livre peut, si elle a été mandatée par au moins deux des consommateurs concernés, agir en réparation devant toute juridiction au nom de ces consommateurs. Le mandat ne peut être sollicité par voie d'appel public télévisé ou radiophonique, ni par voie d'affichage, de tract ou de lettre personnalisée. Il doit être donné par écrit par chaque consommateur ».

catégories d'actions collectives existantes en droit. On notera également, la loi n° 31-08 *relative à la protection du consommateur au Maroc* qui à l'instar de l'action en représentation conjointe française, autorise toute association de consommateurs reconnue d'utilité publique, lorsque plusieurs consommateurs ont subi des préjudices individuels causés par le même fournisseur et ayant une origine commune, à agir en réparation devant toute juridiction au nom des consommateurs si au moins deux d'entre eux l'ont mandatée.

La doctrine n'a pas manqué de souligner les avantages liés à la consécration des telles actions. À ce propos, Madame A. PENNEAU souligne qu'on pouvait attendre de ces actions bien des effets : l'assainissement des situations actuelles au bénéfice de la collectivité des consommateurs, l'encouragement à l'action individuelle pour réparer les préjudices propres aux consommateurs déjà touchés par la pratique illicite du professionnel et, au-delà et idéalement, un effet dissuasif, préventif auprès du professionnel. Madame Denise NGUYEN-THAN, souligne que l'action collective présente l'avantage d'inciter les professionnels à plus de loyauté ou de vigilance[329]. Monsieur CALAIS-AULOY indique que ces types d'actions constituent un instrument utile pour assurer une protection efficace des droits et intérêts des consommateurs, qui peuvent être découragés par le coût et la lenteur d'un procès et qui dans certains cas peuvent ne pas apercevoir l'incidence directe des dommages flous ou diffus.

Ce chapitre consacré au rôle pouvant être joué par les associations de consommateurs pour pallier les faiblesses de l'administration chargée d'assurer la protection des consommateurs au Mali a permis de révéler l'importance du rôle de celles-ci dans la protection des consommateurs.
Nous avons pu observer la participation des associations de consommateurs à de multiples structures appelées à donner leurs avis sur des questions intéressant le pouvoir d'achat des consommateurs, ainsi que leur présence, aux côtés des pouvoirs publics et des opérateurs économiques, dans des organismes chargés de la définition et du contrôle

---

[329] D. NGUYEN-THAN, prec. p. 25 6, n°931.

de la qualité des produits de consommation. En outre, l'étude nous a permis de constater les résultats remarquables obtenus par ces associations de consommateurs, au travers des actions de dénonciation et de lobbying, dans le domaine de la qualité et de la sécurité des produits, notamment alimentaires. Ainsi, les associations de consommateurs contribuent grandement à la protection de la santé des consommateurs et au bien-être de ces derniers.

Mais sur le plan de l'accroissement de l'effectivité des droits des consommateurs, plus particulièrement de la défense en justice de leurs droits, l'étude a mis en lumière des difficultés juridiques entravant sérieusement la participation des associations de consommateurs à la protection de leurs membres. Nous avons observé que cette situation résulte du fait qu'en l'absence d'une disposition législative autorisant expressément les associations de consommateur à défendre en justice l'intérêt collectif de leurs membres, les actions en justice initiées par les associations de consommateurs ne sont pas admises par les tribunaux maliens. Dans l'optique de surmonter cette difficulté et de permettre au législateur malien de puiser dans les ressources du droit comparé, nous nous sommes évertués à étudier et à présenter quelques solutions étrangères consacrant l'action en justice des associations de consommateurs. À la lueur de cette présentation, nous appelons de tous nos vœux à l'instauration en droit malien d'une action collective à l'image de celles existant dans les pays étrangers. Toutefois, comme l'indique Madame M. FRIANT-PERROT, la transplantation des solutions étrangères doit être manipulée avec prudence[330] . Il ne suffit pas d'enrichir l'arsenal juridique d'une action collective. Encore faut-il que celle-ci ne se heurte pas aux principes généraux qui gouvernent notre droit notamment la règle nul ne plaide par procureur, la relativité de la chose jugée et l'interdiction des arrêts de règlement d'une part, et d'autre part, que l'action collective ne soit pas détournée par les associations de consommateurs à des fins autres que l'intérêt des consommateurs. La contribution de l'action collective à l'efficience du droit des

[330] M. FRIANT-PERROT, Le juge judiciaire et la protection des consommateurs, prec. p. 193, n° 228.

consommateurs nécessite donc un encadrement de celle-ci, dans le seul intérêt de la loi avec comme unique finalité la protection des intérêts bien compris des consommateurs. Si on l'admet, les efforts consentis par le législateur ne seraient pas vains, la règle de droit instituée en faveur des consommateurs gagnerait en efficacité et les faiblesses de l'appareil de l'État, chargé de veiller au respect des droits de consommateurs, seront comblées.

Aussi, à l'heure de la construction des marchés sous régionaux dans le cadre de l'UEMOA et de la CEDEAO, la question du respect des droits des consommateurs va transcender quelquefois les frontières nationales. Les associations de consommateurs pourront à cet effet participer d'une manière beaucoup plus directe à la recherche de diverses atteintes aux intérêts des consommateurs et au respect des droits de ceux-ci, ce d'autant plus facilement que, sous l'impulsion de l'Organisation internationale des Unions de Consommateurs (O.I.C) et des organisations sous régionales africaines, les associations de consommateurs en Afrique prennent une dimension sous-régionale voire régionale comme en témoignent le Réseau des associations de consommateurs de l'UEMOA (RAC-UEMOA), dont le siège est basé à Ouagadougou au Burkina-Faso et le Bureau régional pour l'Afrique de l'organisation internationale des consommateurs (O.I.C-R.O.A.F).

L'établissement du libéralisme économique au Mali s'est fait accompagner par la mise en place d'un cadre institutionnel visant à garantir la mise en œuvre des mesures adoptées en faveur des consommateurs et à veiller à leurs respects.

Nos recherches ont permis de constater que le cadre ainsi institué donne une large place à l'administration, tandis que celle reconnue aux associations de consommateurs pour participer à l'effectivité des droits de leurs membres et à la protection de ces derniers, reste encore assez marginale.
Si ce choix semble se justifier par des raisons tenant à la nécessité pour l'État d'exercer son droit de regard sur le tissu économique et d'assurer son contrôle de police sur le marché en vue de préserver l'ordre public, il reste qu'un tel choix ne correspond plus aux formes contemporaines de

traitement des problèmes des consommateurs et de protection de ces derniers. En effet, comme c'est le cas dans la plupart des pays à économie de marché, guidés par le souci de l'efficacité de la protection des consommateurs, les formes de protection des consommateurs reposent sur un système accordant une large place aux associations de consommateurs et établissant une relation entre l'État et les associations de consommateurs. Dans ce système, les associations de consommateurs sont conçues comme étant *« une abstraction utilisée par les pouvoirs publics pour contraindre les professionnels à accepter la réglementation ou la discipline »*[331]. Ainsi, les associations de consommateurs deviennent un prolongement de l'intervention de l'État et participent à la discipline et au respect de la réglementation grâce notamment aux pratiques de dénonciation et procédures judiciaires à l'encontre des opérateurs économiques[332]. Cette dernière solution ne doit-elle pas être retenue pour pallier les faiblesses de l'administration malienne en charge de la protection des consommateurs ? L'objectif de cette première partie est de vérifier si le processus de libéralisation de l'économie malienne a favorisé la réalisation des besoins des consommateurs et si ce processus a contribué à l'émergence des moyens juridiques, tant substantiels qu'institutionnels, permettant la protection de l'ensemble de ces derniers. Le cas échéant, rechercher en quoi cette protection de l'ensemble des consommateurs profite au consommateur d'aliments.

Pour ce faire, il était nécessaire de procéder à la photographie du processus de libéralisation entamé par le pays depuis les débuts de la décennie 1980 pour constater si ce processus induit un changement allant dans le sens d'une meilleure satisfaction des besoins des consommateurs maliens ainsi que d'une meilleure protection de ces derniers.

---

[331] F. FERAL, L'Etat et les fraudes commerciales, Essai sur les politiques de contrôle des marchés, prec. p. 281.

[332] En droit Français V. Sur point par exemples : D. NGUYEN-THAN, Techniques juridiques de protection des consommateurs : la qualité des biens de consommation, prec et F. FERAL, L'Etat et les fraudes commerciales, Essai sur les politiques de contrôle des marchés, prec.

Le cliché photographique du processus de libéralisation montre que ce processus a conduit à la construction d'un vaste marché fondé sur le credo libéral. L'étude a révélé que la volonté d'orienter ce marché vers une meilleure prise en charge des intérêts des consommateurs a amené les pouvoirs publics maliens à adopter une politique de promotion de l'initiative privée et à concevoir une réglementation constituant pour eux un moyen de promouvoir, d'orienter et d'encadrer les activités économiques dans le sens de l'intérêt des consommateurs. Cette réglementation est surtout marquée par son caractère impératif, car relevant d'un ordre public économique de direction permettant aux pouvoirs publics de contrôler et de garantir le bon fonctionnement du marché, et d'un ordre public de protection destiné à protéger les consommateurs dans leurs rapports avec les opérateurs économiques.

Ensuite, il fallait s'intéresser aux moyens institutionnels mis en place par les pouvoirs publics pour assurer la mise en œuvre des politiques destinées à promouvoir les intérêts des consommateurs et veiller au respect des règles dédiées à la protection de ces derniers. À cet égard, l'étude a révélé que l'architecture institutionnelle de l'appareil d'État chargé de la mission de protection des consommateurs a considérablement évolué depuis l'établissement des règles du libéralisme économique, pour s'adapter au nouvel environnement économique et faire face aux nouveaux défis liés à la protection de la santé des consommateurs et à la préservation des intérêts économiques de ces derniers. Toutefois, malgré ces évolutions, le constat est fait que l'administration malienne rencontre de nombreuses difficultés à assurer efficacement sa mission de protection des consommateurs. Pour pallier ces faiblesses, nous avons pu constater que les consommateurs, soucieux d'assurer l'efficacité de leur protection, se sont organisés en associations pour défendre leurs intérêts communs.

En définitive cette première partie, montre que l'avènement du libéralisme économique au Mali a effectivement permis la création d'un vaste marché propice à une meilleure prise en charge des besoins des consommateurs. Aussi, ce processus a-t-il contribué à l'émergence des moyens juridiques propres à assurer la protection de l'ensemble des consommateurs.

En lien avec notre problématique, cette première partie aboutit à la conclusion que même si les politiques de libéralisation de l'économie malienne et les mesures juridiques édictées dans la perspective de la promotion des intérêts des consommateurs et de la protection de ces derniers, ne sont pas spécialement instituées au profit du consommateur d'aliments, ce dernier profite, dans une large mesure, de l'environnement économique et juridique institué suite à l'avènement du libéralisme économique.

Toutefois, nous devons nous garder de la tentation qui consiste à croire que les recettes globales du libéralisme économique, devenu irréversible en Afrique, constituent des moyens garantissant la réalisation des besoins des consommateurs en Afrique, en particulier dans le domaine de l'alimentation. Besoins que l'on peut résumer à l'accès à une alimentation suffisante et saine. Cette réserve est d'autant plus admissible que la problématique de l'accès des consommateurs africains à une alimentation suffisante et saine ne semble pas être résolue par les solutions concoctées par les promoteurs du libéralisme économique en Afrique.

C'est pourquoi il nous semble pertinent à présent d'étudier le processus de libéralisation dans le secteur spécifique des aliments pour rechercher si ce processus a induit des changements qui sont de nature à assurer au consommateur un accès à une alimentation suffisante et saine, et si ce processus a favorisé l'émergence de moyens juridiques aptes à garantir la protection du consommateur d'aliments.

Ce qui nous conduit à la deuxième partie de cette étude consacrée à la situation spécifique du consommateur d'aliments.

DEUXIÈME PARTIE

LA PROTECTION SPÉCIFIQUE AU CONSOMMATEUR D'ALIMENTS

Dans la première partie de notre étude nous avons constaté que l'avènement du libéralisme économique s'est fait accompagner, en Afrique en général et au Mali en particulier, par des mesures tendant à créer les conditions d'une meilleure prise en charge des intérêts de l'ensemble des consommateurs ainsi qu'à assurer une meilleure protection de ces derniers. Pour autant, toutes ces mesures ne sauraient garantir une meilleure prise en charge des intérêts du consommateur d'aliments et assurer efficacement la protection de ce dernier.

En effet, la prise en charge des intérêts du consommateur d'aliments et la protection de ce dernier posent des problèmes spécifiques qui nécessitent des mesures spécifiques. Ces spécificités sont avant tout liées au fait que l'aliment est un bien vital pour tout être humain. D'abord, la survie de tout être humain dépend de la consommation d'aliments. Ensuite, la bonne santé physique et mentale de tout être humain dépend de sa consommation quotidienne d'aliments en quantité et en qualité suffisantes. Enfin, le consommateur d'aliments n'a pas le choix, il doit se procurer une alimentation suffisante et saine pour vivre. Ces spécificités sont ensuite liées au caractère spécial des produits alimentaires qui comportent une importante charge culturelle, religieuse, identitaire, traditionnelle et thérapeutique associée à leur production, leur consommation et leur commercialisation ce qui les différencie fondamentalement des autres biens de consommation[333]. Au regard de la situation du consommateur d'aliments en Afrique, ces spécificités quasi universelles, se dédoublent des problèmes particuliers qui appellent instamment des mesures spécifiques. En effet, l'image qui revient de façon récurrente, avec les multiples crises alimentaires qui ont frappé les pays du sahel et les émeutes de la faim qui ont secoué le continent en 2007-2008, est celle de consommateurs qui manquent désespérément de nourriture en qualité et en quantité suffisantes. Soit la nourriture n'est pas disponible, soit la nourriture disponible n'est pas suffisante ou lorsque la nourriture disponible est suffisante, elle est parfois qualitativement inacceptable ou économiquement inaccessible.

Et, malgré l'établissement des règles du libéralisme économique en Afrique, censé apporter des remèdes aux problèmes d'insécurité alimentaire des consommateurs africains, les difficultés de ces derniers restent toujours d'actualité. Pis, l'établissement des règles du libéralisme économique semble même aggraver cette situation, car la libéralisation de l'économie, si elle est censée offrir des avantages aux consommateurs d'aliments en termes d'approvisionnement, de qualité ou encore des prix des aliments, pose par ailleurs de nouvelles règles dans la production et la commercialisation des aliments qui peuvent avoir des répercussions négatives sur l'accès des consommateurs à une alimentation suffisante et saine.

Dès lors, la protection et la prise en charge des intérêts du consommateur d'aliments ne peuvent être efficacement assurées en l'absence d'un cadre juridique et des politiques alimentaires spécifiques prenant en compte les deux aspects de la sécurité alimentaire : quantitatif et qualitatif. Il s'agit ainsi de garantir aux consommateurs un accès à une alimentation suffisante (TITRE I) et saine (TITRE II).

---

333 J. BRODEUR, B. COLAS, C. DEL CONT, S. DOUMBIA, M. JACQUOT, G. PARENT, G., REGIMBALD, G., ROUX, M. VICTOR, D. et WILSON, *« Pour une meilleure cohérence des normes internationales, Reconnaître la spécificité agricole et alimentaire pour le respect des droits humains »*, Éd. Yvon Blais BRYLANT, p. 154.

TITRE I

L'ACCÈS DU CONSOMMATEUR À UNE ALIMENTATION SUFFISANTE

Le cadre juridique et les politiques tendant à garantir aux consommateurs un accès à une alimentation suffisante font, de nos jours, l'objet d'une construction à laquelle participent plusieurs acteurs, notamment l'Organisation mondiale du commerce (OMC), les Organisations des Nations Unies (ONU), l'Union africaine (U.A), les organisations sous régionales économiques africaines (l'UEMOA et la CEDEAO) et l'Etat. Dans cette pluralité d'acteurs, aux objectifs parfois différents, le rôle de l'Etat semble minoré et affaibli. Cet affaiblissement du rôle de l'Etat résulte surtout des accords conclus au sein de l'OMC et des organisations sous régionales économiques africaines qui réduisent le rôle de l'Etat dans la définition des politiques alimentaires, et des principes du commerce intra-communautaire et international gouvernant la production et la commercialisation des aliments. Ces principes ont pour objectifs premiers de faciliter le libre-échange et de promouvoir la marchandisation des produits alimentaires ainsi que des ressources productives d'aliments, au détriment, parfois des valeurs non marchandes comme l'accès des consommateurs à l'aliment ou plus globalement de la sécurité alimentaire nationale.

Cette situation se traduit dans les faits par des tensions entre les finalités poursuivies par les politiques libérales et la sécurité alimentaire en Afrique. Cette situation a le plus souvent pour conséquence la fragilisation de l'accès des consommateurs à l'aliment (Chapitre II). Néanmoins, l'objectif de sécurisation des approvisionnements alimentaires (condition *sine qua non* à l'accès des consommateurs à l'aliment) n'est pas absent des préoccupations des organisations communautaires et internationales. Aussi, même s'il n'est pas totalement libre dans la définition de sa politique alimentaire, l'Etat joue-t-il un rôle majeur dans la réalisation des objectifs de sécurisation des approvisionnements alimentaires **(Chapitre I)**.

CHAPITRE I

LA SÉCURITÉ DES APPROVISIONNEMENTS ALIMENTAIRES, CONDITION INDISPENSABLE A L'ACCÈS DU CONSOMMATEUR A L'ALIMENT

Avec la sècheresse qui a frappé les pays du sahel en 1972-1973, occasionnant la famine et entraînant d'immenses souffrances humaines, suivie d'une crise alimentaire mondiale entre 1973 et 1974, la sécurité des approvisionnements alimentaires a pris une réelle importance dans les préoccupations, non seulement des Etats, mais aussi de toutes les organisations sous régionales, régionales ou internationales qui s'intéressent aux questions alimentaires. Ces évènements malheureux, qui ont marqué les esprits et ont suscité des inquiétudes partout dans le monde, ont conduit de nombreux chefs d'Etats et de gouvernement lors de la première conférence mondiale sur l'alimentation tenue à Rome en 1974 sous les auspices de l'Organisation des Nations Unies pour l'Alimentation et l'Agriculture (FAO), à soulever la nécessité de définir les paramètres utiles à l'atteinte de la sécurité alimentaire mondiale[334]. A cette occasion, la définition qui a été donnée s'articulait essentiellement autour de la notion de sécurité des approvisionnements alimentaires et d'accès au niveau national. La sécurité alimentaire, était en effet définie comme étant *« la capacité de tout temps d'approvisionner le monde en produits de base, pour soutenir la croissance de la consommation alimentaire, tout en maîtrisant les fluctuations et le prix »*[335]. Même si cette définition a évolué, la sécurité des approvisionnements alimentaires reste une composante essentielle de la sécurité alimentaire, puisque la définition adoptée lors du sommet mondial sur l'alimentation tenu à Rome en 1996 appréhende la sécurité alimentaire à travers les quatre composantes suivantes : la disponibilité des produits alimentaires, la stabilité des

---

[334] http://www.droit-economique.org/files/D__finition_s__curit___alimentaire.pdf
[335] Sommet mondial de l'alimentation, Rome 1974.

approvisionnements, l'accessibilité physique et économique ainsi que la consommation de denrées alimentaires saines et suffisantes, nutritives et culturellement acceptables[336]. Dans l'ordre juridique, la prise en compte des préoccupations relatives à la sécurité des approvisionnements alimentaires est traduite par l'adoption à l'échelle internationale, régionale, sous régionale et nationale des mesures juridiques visant à garantir la sécurité des approvisionnements alimentaires au niveau national (Section I). Ces mesures juridiques sont suivies des politiques visant à permettre une meilleure fluidité des approvisionnements alimentaires, à favoriser la disponibilité des aliments et à faciliter leur accès aux consommateurs (Section II).

Section I : Les mesures juridiques visant à garantir la sécurité des approvisionnements alimentaires

On recense les mesures juridiques visant à garantir la sécurité des approvisionnements alimentaires dans les instruments juridiques de protection des droits de l'homme (§ I) et dans les instruments juridiques du droit économique (§ II).

§ I. Les instruments juridiques de protection des droits de l'homme en faveur de la sécurité des approvisionnements alimentaires

Dans les instruments juridiques de protection des droits de l'homme, les mesures favorables à la sécurités des approvisionnements alimentaires peuvent être recherchées aussi bien dans les mesures présentes dans les instruments juridiques de protection des droits de l'homme à vocation universels **(A)** que dans les instruments juridiques africains de protection des droits de l'homme **(B).**

---

336 La définition de la sécurité alimentaire adoptée lors du Sommet mondial de l'alimentation (Rome - 1996) est la suivante : *« la sécurité alimentaire existe lorsque tous les êtres humains ont, à tout moment, un accès physique et économique à une nourriture suffisante, saine et nutritive, leur permettant de satisfaire leurs besoins énergétiques et leurs préférences alimentaires pour mener une vie saine et active ».*

A- Les mesures présentes dans les instruments juridiques de protection des droits de l'homme à vocation universelles

En droit international des droits de l'homme, le souci de préserver les approvisionnements alimentaires est explicitement apparu pour la première fois sous l'angle des préoccupations relatives au *droit à la nourriture* dans le Pacte international des droits économiques sociaux et culturels (PIDESC). En 1996, en effet, l'article 11 du PIDESC reconnaît *« le droit à toute personne à un niveau de vie suffisant,... y compris une nourriture... suffisante »* ainsi que *« le droit fondamental qu'à toute personne d'être à l'abri de la faim »*[337]. Compte tenu du contexte de l'époque marqué par une situation alimentaire mondiale « la plus difficile depuis les années qui suivirent les dévastations de la Seconde Guerre mondiale », c'est surtout le volet *« sécurité des approvisionnements »* de la sécurité alimentaire qui fait l'objet d'une attention particulière lors de l'adoption de ce texte, entré en application en 1976. Ainsi, lors de la conférence mondiale de l'alimentation tenue à Rome en 1974, sous l'égide l'Organisation des Nations Unies pour l'alimentation et l'agriculture (FAO), les Etats ont proclamé une déclaration insistant sur le fait que *« l'établissement d'un système alimentaire mondial qui assure à tout moment des disponibilités alimentaires adéquates à des prix raisonnables, quels que soient les fluctuations périodiques et les caprices du temps et en l'absence de toute pression politique et économique, facilitant ainsi, entre autres choses, le processus de développement des pays du tiers monde »*[338].

Pour la réalisation de cet objectif, l'article 11 du PIDESC met différentes obligations à la charge des Etats et formule quelques mesures devant être prise par les Etats à cet effet. Selon le paragraphe 1 de l'article 11, en effet *« Les Etats parties au présent Pacte reconnaissent le droit de toute personne à un niveau de vie suffisant pour elle-même et sa famille, y*

---

[337] http://documentation.codap.org/CODAP/Recueil_DroitInternational_2013.pdf
[338] FAO, « *Situation mondiale de l'alimentation et de l'agriculture* », 1973, FAO, Rome ; V. Aussi : A. BENSALAH-ALAOUI, La sécurité alimentaire mondiale, LGDJ, Paris, 1989, p. 2 et s.

compris une nourriture, un vêtement et un logement suffisants, ainsi qu'à une amélioration constante de ses conditions d'existence ».

Le paragraphe 2 du même article, met à la charge des Etats l'obligation de prendre des mesures appropriées pour assurer la réalisation de ce droit et à reconnaître à cet effet l'importance essentielle d'une coopération internationale librement consentie. Selon ce texte, *« Les Etats parties au présent Pacte, reconnaissant le droit fondamental qu'à toute personne d'être à l'abri de la faim, adopteront, individuellement et au moyen de la coopération internationale, les mesures nécessaires, y compris des programmes concrets : "a) Pour améliorer les méthodes de production, de conservation et de distribution des denrées alimentaires par la pleine utilisation des connaissances techniques et scientifiques, par la diffusion de principes d'éducation nutritionnelle et par le développement ou la réforme des régimes agraires, de manière à assurer au mieux la mise en valeur et l'utilisation des ressources naturelles ; b) Pour assurer une répartition équitable des ressources alimentaires mondiales par rapport aux besoins, compte tenu des problèmes qui se posent tant aux pays importateurs qu'aux pays exportateurs de denrées alimentaires".*

La préservation de la régularité des approvisionnements alimentaire est ainsi prise en compte par le Pacte international des droits économiques sociaux et culturels (PIDESC). En plus du PIDESC on trouve, mais de manière implicite, la Déclaration universelle des droits de l'homme (DUDH), des préoccupations relatives à la préservation des approvisionnements alimentaires.

Adoptée à Paris et proclamée par l'assemblée générale des Nations Unies, dans sa résolution 217 A (III) du 10 décembre 1948, l'article 25 de la DUDH énonce, en effet, le droit de toute personne à *« un niveau de vie suffisant pour assurer sa santé, son bien-être et ceux de sa famille, notamment pour l'alimentation, l'habillement, le logement, les soins médicaux ainsi que pour les services sociaux nécessaires »*[339]. Par ce texte, l'assemblée générale des Nations Unies vient ainsi consacrer dans l'ordre juridique international un « droit à une alimentation » dont la « sécurité des approvisionnements » est une des composantes essentielles. Certes, la déclaration n'a pas de valeur contraignante, mais on lui reconnaît généralement une légitimité et une force dues au fait qu'elle est aujourd'hui accepter par tous les Etats membres de l'ONU[340].

Par ailleurs, la première conférence mondiale de l'alimentation, organisée par la FAO en 1974, dans le but de trouver des solutions aux pénuries alimentaires et aux famines du début des années 1970, a adopté une déclaration universelle pour l'élimination définitive de la faim et de la malnutrition[341]. Cette déclaration affirme solennellement que *« chaque homme, femme et enfant a le droit inaliénable d'être libéré de la faim et de la malnutrition afin de développer pleinement et de conserver ses facultés physiques et mentales... En conséquence, l'élimination définitive de la faim est un objectif commun de tous les pays de la collectivité internationale, notamment des pays développés et des autres Etats en mesure de fournir une aide »*[342]. De même, dans la déclaration de Rome adoptée à l'issue du sommet mondial de l'alimentation de 1996, les Etats participants ont affirmé *« le droit de chaque être humain d'avoir accès à une nourriture saine et nutritive conformément au droit à une nourriture adéquate et au droit fondamental de chacun d'être à l'abri de la faim »*[343] . Cinq ans après, lors du sommet mondial de l'alimentation de 2002

[339] Adoptée et proclamée par l'Assemblée générale dans sa résolution 217 A (III) du 10 décembre 1948, Recueil d'instruments du droit international des droits de l'homme 2013, consultable sur documentation.codap.org/CODAP/Recueil_DroitInternational_2013.pdf

[340] V., Ch. GOLAY et M., ÖZDEN, Le droit à l'alimentation, Un droit humain fondamental stipulé par l'ONU et reconnu par des traités régionaux et de nombreuses constitutions nationales, prec. A. BENSALAH-ALAOUI, La sécurité alimentaire mondiale, LGDJ, Paris, 1989, p. 37

[341] P. SPITZ, Investir dans la nourriture, *In* FAO, Le droit à la nourriture en théorie et en pratique, FAO, Rome, 2000, p. 20.

[342] Rapport de la conférence mondiale de l'alimentation (E/CONF.65/20), Nations Unies, News York, 1975, p. 1-23.

[343] FAO, Déclaration de Rome sur la sécurité alimentaire mondiale et plan d'action du SMA (13-17 novembre 1996).

organisé par la FAO, les Etats membres ont adopté une déclaration réaffirmant leur volonté d'atteindre l'objectif de sécurité alimentaire. Et pour mieux définir les droits concernant la nourriture figurant à l'Article 11 du PIDESC et à proposer des moyens d'appliquer et de matérialiser ces droits afin de remplir leurs engagements et d'atteindre les objectifs du Sommet mondial de l'alimentation, les Etats ont fait appel au Comité des droits économiques, sociaux et culturels, Comité DESC, pour réfléchir sur le contenu du droit à l'alimentation et formuler des lignes directrices facultatives permettant la réalisation de la sécurité alimentaire pour tous.

C'est ainsi que furent élaborées par le Comité DESC, les *« Directives volontaires à l'appui de la concrétisation progressive du droit à une alimentation adéquate dans le contexte de la sécurité alimentaire nationale »* qui ont été adoptées à la 127ème session de la FAO en 2004[344]. Dans ces directives, après avoir déterminé le contenu du droit à une nourriture suffisante, le Comité formule quelques mesures permettant aux Etats, en particulier ceux dont les populations n'ont pas un accès régulier à la nourriture, la mise en œuvre progressive du droit à une alimentation suffisante.

Pour le Comité *« le droit à une nourriture suffisante est réalisé lorsque chaque homme, chaque femme, et chaque enfant, seul ou en communauté avec d'autres, a physiquement et économiquement accès à tout moment à une nourriture suffisante ou aux moyens de se la procurer. Le droit à une nourriture suffisante ne doit donc pas être interprété dans le sens étroit ou restrictif du droit à une ration minimum de calories, protéines ou d'autres nutriments spécifiques. Il doit être réalisé progressivement. Cela étant, les Etats ont l'obligation fondamentale d'adopter les mesures nécessaires pour lutter contre la faim, comme le prévoit le paragraphe 2 de l'article 11, même en période de catastrophe naturelle ou autre »*[345]. Le Comité indique que la sécurité alimentaire repose sur les quatre piliers que sont *« la disponibilité, la stabilité de l'approvisionnement, l'accès et*

---

[344] ftp://ftp.fao.org/docrep/fao/meeting/009/y9825f/y9825f.pdf

[345] Point 6, Directives volontaires à l'appui de la concrétisation progressive du droit à une alimentation adéquate dans le contexte de la sécurité alimentaire nationale, prec.

l'utilisation »[346]. Après ces précisions, le Comité formule les mesures suivantes en vue de permettre aux Etats, notamment ceux parties au PIDESC, de respecter leurs engagements au titre des instruments internationaux pertinents traitant de la concrétisation progressive du droit à une alimentation adéquate : *"éviter de prendre des mesures qui pourraient entraver l'accès à une nourriture suffisante (...) ; Prendre des dispositions nécessaires pour que les entreprises et les particuliers ne privent pas d'autres personnes de leur accès à une alimentation adéquate (...) ; Préconiser des politiques visant à favoriser la concrétisation progressive du droit des populations à une alimentation adéquate, en entreprenant, à titre préventif, des activités visant à renforcer leur accès aux ressources et aux moyens nécessaires pour assurer leur subsistance, ainsi que leur utilisation de ces ressources et moyens (...) ; Enfin, pour les exclus du marché qui par manque de ressources financières ne peuvent se procurer la nourriture, la mise en œuvre du droit à l'alimentation est complétée par un filet de protection ou d'autres formes d'aides alimentaires".*

On le voit, le droit international des droits de l'homme regorge de nombreuses mesures prenant en compte, explicitement ou implicitement, les préoccupations relatives à la préservation des approvisionnements alimentaires et à l'accès des consommateurs à l'aliment. Ces préoccupations sont aussi présentes dans les instruments juridiques africains de protection des droits de l'homme.

B- Les instruments juridiques africains de protection des droits de l'homme

Assurer la disponibilité physique des approvisionnements alimentaires de base est une préoccupation essentielle dans les pays africains où les populations n'ont pas un accès régulier aux denrées de première nécessité. Cette préoccupation est manifeste dans les trois principaux instruments juridiques qui protègent les droits de l'homme sur le continent africain : la

---

[346] Point 15, Directives volontaires à l'appui de la concrétisation progressive du droit à une alimentation adéquate dans le contexte de la sécurité alimentaire nationale, prec.

Charte africaine des droits de l'homme et des peuples (CADHP)[347], la Charte africaine des droits et du bien-être de l'enfant[348] et le Protocole à la Charte africaine des droits de l'homme et des peuples relatif aux droits de la femme en Afrique[349]. Ces trois instruments juridiques prévoient une protection importante du droit à la nourriture et consacrent de nombreux droits interdépendants qui complètent le droit à l'aliment[350].

Dans la logique de notre étude seule la Charte africaine des droits de l'homme et des peuples (CADHP), qui a vocation à assurer la protection de l'ensemble des catégories de personnes, sera analysée. Seront donc exclues, bien qu'étant très explicites sur l'accès à l'aliment, la Charte africaine des droits et du bien-être de l'enfant et le Protocole à la Charte africaine des droits de l'homme et des peuples relatif aux droits de la femme en Afrique, qui n'assurent qu'une protection catégorielle des enfants et des femmes. Ces deux derniers instruments juridiques prévoient en effet que les Etats s'engagent à *« assurer aux enfants la fourniture d'une alimentation adéquate et d'eau potable »*[351]. De même, à l'égard des femmes les Etats sont tenus d'assurer *"le droit d'accès à une alimentation saine et adéquate. A cet égard, ils prennent les mesures nécessaires pour : a) assurer aux femmes l'accès à l'eau potable, aux sources d'énergie domestique, à la terre et aux moyens de production alimentaire ; b) établir des systèmes d'approvisionnement et de stockage adéquats pour*

---

[347] La charte africaine des droits de l'homme et des peuples (CADHP) a été adoptée le 27ème juin 1981 à Nairobi (Kenya) lors de la 18ème Conférence de l'Organisation de l'Unité Africaine. Elle est entrée en vigueur le 21 octobre 1986.

[348] La charte africaine des droits et du bien-être de l'enfant a été adoptée lors de la 26ème conférence des chefs d'État et de gouvernement de l'Organisation de l'unité africaine en juillet 1990. Elle est entrée en vigueur le 29 novembre 1999.

[349] Le Protocole à la Charte africaine des droits de l'homme et des peuples relatif aux droits de la femme en Afrique a été adopté par la 2ème session ordinaire de la Conférence de l'Union Maputo, le 11 juillet 2003. Il est entré en vigueur le 25 novembre 2005.

[350] Sur ce sujet V. A. SOMA « Droits de l'homme à l'alimentation et sécurité alimentaire en Afrique », prec. Add A. BENSALAH-ALAOUI, La sécurité alimentaire mondiale, prec. ; A. MAHIOU, Sécurité alimentaire, In La sécurité alimentaire/Food Security and Food safety (A. Mahiou et F. Snyder sous dir.de), La sécurité alimentaire, Leiden, Boston, Académie de droit international de La Haye, MartinusNijhoff, 2006.

[351] Article 14 de la charte africaine des droits et du bien-être de l'enfant, prec.

assurer aux femmes la sécurité alimentaire"[352]. La Charte africaine des droits de l'homme et des peuples (CADHP) n'est pas très explicite sur le droit à une alimentation suffisante, toutefois elle consacre de nombreux droits prenant en compte les préoccupations relatives à l'accès à l'aliment. Adoptée par la dix-huitième conférence des chefs d'Etat et de gouvernement de l'organisation de l'Union Africaine (OUA), à Nairobi le 28 juin 1981 et entrée en vigueur le 21 octobre 1986, la CADHP est présentée comme étant un instrument juridique à la fois authentiquement africain car « tenant compte des vertus des traditions historiques et des valeurs de la civilisation africaine »[353], et moderne car reprenant la majorité des normes juridiques des autres instruments juridiques universels ou régionaux de protection des droits de l'homme[354]. Elle s'inspire de la déclaration universelle des droits de l'homme (DUDH) et de tous les instruments juridiques internationaux relatifs aux droits de l'homme ratifiés par les Etats africains, ce qui inclut les traités internationaux qui consacrent le droit à l'alimentation, et notamment le PIDESC[355]. Elle consacre le droit à la vie, à la santé et au développement économique, social et culturel.

Dans son article 4 consacré au droit à la *vie,* elle prévoit que *« la personne humaine est inviolable. Tout être humain a droit au respect de sa vie et à l'intégrité physique et morale de sa personne : Nul ne peut être privé arbitrairement de ce droit ».* Son article16 consacre le droit à la santé et prévoit que *« Toute personne a le droit de jouir du meilleur état de santé physique et mentale qu'elle soit capable d'atteindre. Les Etats parties à la présente Charte s'engagent à prendre les mesures nécessaires en vue de protéger la santé de leurs populations et leur assurer l'assistance médicale en cas de maladie ».* Enfin, son article 22 qui consacre le droit au développement économique, social et culturel dispose que *« Tous les*

---

[352] Article 15 du Protocole à la Charte africaine des droits de l'homme et des peuples relatif aux droits de la femme en Afrique, prec.
[353] V. F. OUGEERGOUZ, La charte africaine des droits de l'homme et des peuples. Une approche des droits de l'homme entre tradition et modernité, Paris, PUF, 1993.
[354] *Ibid.*
[355] Ch. GOLAY, Droit à l'alimentation et accès à la justice, (Préface d'O. DE CHUTTER et Introduction de J. ZIEGLER), Bruylant, 2011, p. 190.

peuples ont droit à leur développement économique, social et culturel, dans le respect strict de leur liberté et de leur identité, et à la jouissance égale du patrimoine commun de l'humanité. Les Etats ont le devoir, séparément ou en coopération, d'assurer l'exercice du droit au développement ».

Par ailleurs, l'ensemble de ces droits sont constitutionnellement consacrés dans de la quasi-totalité des pays africains[356]. Pour s'en tenir au cas du Mali, la constitution malienne adoptée le 25 février 1992, consacre le droit à la vie[357], le droit à la santé[358], le droit à la dignité[359]. Tous ces droits ont été interprétés par la Commission africaine des droits de l'homme et des peuples, qui veille au respect de la CADHP, comme garantissant implicitement le droit à l'alimentation.

En effet, dans son emblématique jurisprudence dite *« Ogoni »*, la Commission africaine des droits de l'homme et des peuples a affirmé que *« le droit à l'alimentation est inextricablement lié à la dignité humaine et est par conséquent essentiel à la jouissance et à la réalisation des autres droits »* notamment le droit à la vie, à la santé et au développement[360]. En l'espèce, la Commission a été saisie, en mars 1996, d'une communication

---

356 Pour une meilleure consécration constitutionnelle du droit à l'alimentation en Afrique v. Constitution Sud-africaine du 10 Décembre 1996, section 27 de la constitution Sud-africaine : « Toute personne a le droit d'avoir accès à une nourriture et une eau suffisantes, à la sécurité sociale, y compris les personnes dans l'incapacité de subvenir à leurs besoins et à ceux des personnes dont elles ont la charge, et à une assistance sociale appropriée » et la section de cette constitution ajoute que « Tout enfant a droit à un niveau nutritionnel minimum et à des services sociaux de base »

357 « La personne humaine est sacrée et inviolable. Tout individu a droit à la vie, à la liberté, à la sécurité et à l'intégrité de sa personne ». Art.1er de la constitution du Mali du 25 février 1992, prec.

358 « L'éducation, l'instruction, la formation, le travail, le logement, les loisirs, la santé, et la protection sociale constituent des droits reconnus ». Art. 17 de la constitution du Mali du 25 février 1992, prec.

359 « Nul ne sera soumis à la torture, ni à des sévices ou traitements inhumains, cruels, dégradants ou humiliants », Art. 3 de la constitution du Mali du 25 février 1992, prec.

360 Commission africaine des droits de l'homme et des peuples, Décision du 27 octobre 2001, Communication n°155/96 The Social and EconomicRights Action Center and Center for Economic and Social Rights v. Nigeria (2001), prec.

de deux ONG selon lesquelles des activités pétrolières menées par un consortium constitué par la société pétrolière nationale et la compagnie transnationale Shell dans le Delta du Niger, au Nigeria, détruisent et menacent les sources alimentaires des populations *Ogoni*. Dans sa décision du 27 Octobre 2001, la Commission a apporté des précisions sur l'étendue du droit à l'alimentation et sur les obligations des Etats relativement à la réalisation de ce droit. La Commission affirme que ce droit entraîne une double attitude de la part de l'Etat. Celui-ci doit intervenir en améliorant la production alimentaire et en garantissant l'accès à cette production. Il devrait également s'abstenir « de détruire ou de contaminer les sources alimentaires et d'entraver les efforts déployés par les populations pour s'alimenter ». La Commission conclut que *« le droit à la nourriture est implicite dans la charte africaine, dans les dispositions telles que le droit à la vie (article 4), le droit à la santé (article 16) et le droit au développement économique, social et culturel (article 22). En violant ces droits, le gouvernement nigérian bafoue non seulement les droits protégés explicitement, mais aussi le droit à l'alimentation garanti implicitement »*[361].

Le raisonnement tenu ici par la Commission africaine des droits de l'homme et des peuples, permettant de se fonder sur des droits consacrés pour en déduire d'autres droits a déjà été observé dans des travaux de certains organes et juridictions des droits de l'homme. On sait par exemple, que le Comité DESC a souligné dans de nombreuses observations que le droit à l'alimentation est un prolongement nécessaire des droits fondamentaux, comme le droit à la vie, le droit à la santé ou encore le droit à la dignité[362]. De la même, le Cour européenne des droits de l'Homme dans l'affaire Airey c. Irlande, a jugé que certains droits civils et politiques

---

[361] Commission africaine des droits de l'homme et des peuples, 155/96 The Social and EconomicRights Action Center and Center for Economic and Social Rights v. Nigeria (2001), prec.

[362] V. Comité DESC, Observation générale n°14 sur le droit au meilleur état de santé susceptible d'être atteint (Art. 12), Doc. N.U.E/C.12/2000/4, 11 Aout 2000 ; Comité observation générale n°18 sur le droit au travail (Art. 6), Doc. N.U.E/C.12/GC/18, 6 février 2006 ; Comité Observation générale n°19 sur le droit à la sécurité sociale Doc. N.U.E/C.12/GC/19, 4 février 2008.

ont des « prolongements d'ordre économique ou social »[363]. Ainsi, sous l'angle des préoccupations relatives au droit la vie, à la santé et au développement économique, social et culturel, des mesures permettant de protéger les approvisionnements alimentaires et l'accès à l'aliment, sont présentent dans les instruments juridiques africains des droits de l'homme, notamment la CADHP.

Il nous paraît à présent pertinent d'étudier les instruments juridiques de droit économiques pour rechercher, si ces instruments contiennent des mesures permettant de préserver la régularité des approvisionnements alimentaires.

§ II. La sécurité des approvisionnements alimentaires dans les instruments juridiques du droit économique

Dans les instruments juridiques de droit économique, les mesures favorables à la sécurité des approvisionnements alimentaires peuvent être recherchées aussi bien dans les mesures présentes dans les instruments juridiques du droit économique international **(A)** que dans le cadre des organisations sous régionales africaines économiquement intégrées **(B).**

A- Les instruments juridiques du droit international économique

Le droit international économique est classiquement défini comme étant la branche du droit « regroupant l'ensemble des règles qui régissent les opérations économiques de toute nature, dès lors que ces opérations économiques se déroulent dans un cadre plus vaste que celui de l'ordre juridique d'un seul Etat »[364]. L'Organisation mondiale du commerce (OMC) tient un rôle central dans la régulation du commerce international et donc dans la production des normes du droit international économique.

---

[363] CrEDH, 9 octobre 1979, Airey c. Irlande, § 26.

[364] D., CARREAU et P., JUILLARD, *Droit international économique,* 2e. Éd., Paris, Dalloz, 2005, p.2, n°7.

Créée par les accords de Marrakech signés le 15 avril 1994, à la suite du GATT de 1947[365], l'OMC est une organisation économique mondiale dont la mission fondamentale est d'assurer « la mise en œuvre, l'administration et le fonctionnement » du système commercial multilatéral conventionnement établi par les accords de Marrakech et d'ouvrer à la libéralisation et au développement des échanges internationaux[366]. Cette organisation, est aussi présentée comme ayant pour but essentiel de favoriser la libre circulation « des marchandises sur les marchés mondiaux sans se préoccuper des finalités non marchandes propres en principe à toutes règles de droit, en particulier la satisfaction du bien commun auquel appartient avec d'autres valeurs - l'accès à la santé, à l'éducation, à l'eau potable par exemple- la sécurité alimentaire »[367].

Toutefois, même s'il est vrai que les finalités non marchandes ne constituent pas un objectif central dans les missions de l'OMC, la réalisation du bien commun est présente dans les préoccupations de l'OMC puisque, le préambule de l'accord de Marrakech, instituant l'OMC, affirme que les membres *« reconnaissent que leurs rapports dans le domaine commercial et économique devraient être orientés vers le relèvement des niveaux de vie, la réalisation du plein emploi et d'un niveau élevé et toujours croissant du revenu réel et de la demande effective, et l'accroissement de la production et du commerce de marchandises et de services, tout en permettant l'utilisation optimale des ressources mondiales conformément à l'objectif de développement durable, en vue à la fois de protéger et de préserver l'environnement et de renforcer les moyens d'y parvenir d'une manière qui soit compatible à leurs besoins et*

---

[365] « General Agreement on Tariffs and Trads » Dénomination anglaise donnée à l'Accord General sur les Tarifs Douaniers, signé le 30 septembre 1947 par 30 pays représentant 80°/° du commerce mondial et dont l'objectif était d'assurer une libéralisation des échanges internationaux. Cf. P. ROSIAK, Les transformations du droit international économique, Les Etats et la societe civile face à la mondialisation économique. L'Harmattan, 2003, p. 22.

[366] D., CARREAU et P., JUILLARD, Droit international économique, prec. p.62.

[367] C., JOURDAIN-FORTIER et É., LOQUIN, « Droit du commerce international et sécurité alimentaire », Revue internationale de droit économique, 2012/4 t. XXVI, p. 21-47. DOI : 10.3917/ride.258.0021

soucis respectifs à différents niveaux de développement économique »[368]. S'agissant des préoccupations relatives à la sécurité des approvisionnements et à l'accès à l'aliment, elles sont également présentes dans divers instruments du droit de l'OMC notamment dans l'Accord général sur les tarifs douaniers et le commerce dit GATT de 1994, dans l'Accord sur l'agriculture (ASA) de 1994 et dans la Convention internationale sur le commerce des céréales de 1995.

Dans le GATT, les mesures relatives à la sécurité des approvisionnements sont présentes au travers des exceptions au principe d'élimination des restrictions quantitatives, permettant à un Etat-partie d'assurer la sécurité ou la stabilité de ses approvisionnements. Le paragraphe 2 point c de l'article XI du GATT autorise, en effet, les restrictions quantitatives à l'exportation appliquées temporairement par un Etat pour *« prévenir une situation critique due à une pénurie de produits alimentaires ou d'autres produits essentiels ».* De même, l'article XI, 2, b GATT autorise des restrictions quantitatives à l'importation permettant au gouvernement de *« résorber un excédent temporaire d'un produit similaire auquel le produit importé peut être substitué directement ».*

Les préoccupations relatives à la sécurité des approvisionnements sont également présentent dans l'accord sur l'agriculture. Le préambule de cet accord, rappelle aux Etats-parties que les engagements qu'ils souscrivent doivent être pris de *« manière équitable »* et *« eu égard aux considérations autres que d'ordre commercial, y compris la sécurité alimentaire et la nécessité de protéger l'environnement »*[369]. En vue d'assurer la sécurité des approvisionnements, en particulier des pays dépendant des importations, l'article 12, lettre a), de l'Accord prévoit « qu'un Etat exportateur, lorsqu'il institue une prohibition ou une restriction à l'exportation de produits alimentaires, doit prendre en compte les effets de cette mesure sur la sécurité alimentaire de l'Etat importateur ». De même, l'annexe 2 autorise, en l'encadrant strictement, la détention de « stocks publics à des fins de sécurité alimentaire » dans les pays en

---

[368] Le préambule des Accords de Marrakech, principalement le §1.
[369] *Ibid.* Préambule point 2.

développement, afin de « répondre aux besoins alimentaires des populations pauvres urbaines et rurales ». Enfin, la convention internationale sur le commerce des céréales, quant à elle indique clairement qu'elle vise à ce que le commerce des céréales contribue à renforcer la sécurité alimentaire mondiale. Cette convention a été établie lors d'une conférence des Gouvernements organisée par le conseil international du blé le 7 décembre 1994. Elle est entrée en vigueur le 1er juillet 1995. Selon son article premier, elle a pour objet de *« de favoriser la coopération internationale dans tous les domaines du commerce des céréales, particulièrement en ce qui concerne la situation alimentaire céréalière »*[370] et *« de contribuer, autant que possible, à la stabilité des marchés internationaux des céréales dans l'intérêt de tous les membres et de contribuer au développement des pays dont l'économie dépend dans une mesure importante de la vente commerciale des céréales »*[371].

Ainsi, s'agissant, des relations économiques et commerciales internationales dans le domaine des aliments, le droit international économique poursuit des objectifs spécifiques comme la promotion des pratiques loyales dans le commerce des produits agricoles et alimentaires, la sécurité alimentaire et le droit à l'alimentation, la protection de la santé des consommateurs et de l'environnement, la promotion de règles sur les investissements agricoles responsables et sur la sécurité foncière[372], etc.

Il s'agit de l'élimination générale des restrictions quantitatives. Les restrictions quantitatives, consistant à une interdiction des importations ou des exportations après l'entrée sur le territoire d'une quantité déterminée de marchandise sont en effet interdites par l'article XI (para.1) du GATT. Toutefois, pour permettre aux membres d'assurer la sécurité alimentaire de leurs populations, le GATT, prévoit dans certaines situations des dérogations au principe de l'interdiction des restrictions quantitatives. On le voit, l'accès des consommateurs à l'aliment, fait partie des

---

[370] Article 1er lettre a de la Convention sur le commerce des céréales, conclu à Londres le 7 décembre 1994, entrée en vigueur le 1er juillet 1995.

[371] Article 1er lettre a

[372] E. ADAM, Droit international de l'agriculture, Sécuriser le commerce des produits agricoles, Préface de O. DE SCHUTTER, LGDJ, éd., Lextenso, 2012, p. 2.

préoccupations prises en compte par le droit international économique. Cette préoccupation est-elle prise en compte par le droit économique dans le cadre des organisations sous régionales d'intégration économique africaines et même l'échelle nationale ?

B- La sécurité des approvisionnements alimentaires dans le cadre des organisations sous-régionales africaines d'intégration économique

Dans son message à l'occasion du cinquantenaire de l'Organisation des Nations Unies (ONU), M. Boutros BOUTROS GHALI, alors secrétaire général de l'ONU, disait que *« Des sociétés qui se croyaient naguère complément autonomes, se savent désormais intimement liées les unes aux autres. La vie de chacun, d'où qu'il soit, s'inscrit aujourd'hui dans un contexte planétaire. Il est maintenant admis que les objectifs les plus élevés de l'humanité-paix, justice et prospérité-ne pourront être atteints qu'au prix d'un effort de plus en plus largement concerté »*[373]. Les réalités du monde contemporain mondialisé, que résument bien les propos de M. BOUTROS GHALI, suggèrent la nécessité d'une telle entreprise pour les Etats africains au regard des impératifs de développement et de sécurité alimentaire dans le continent.

Dans cette perspective et pour faire face à leurs énormes défis développementaux, les Etats africains ont amorcé des processus d'intégration régionale, pour la construction d'entités géographiques économiquement viables, politiquement solides et socialement solidaires. Ce processus entamé depuis la vielle de l'accession des Etats africains à la souveraineté internationale, va aboutir à la création d'organismes économiquement intégrés dans toutes les sous-régions du continent africain. Ainsi, trouve-t-on en Afrique occidentale, la Communauté économique des Etats d'Afrique de l'Ouest (CEDEAO) regroupant quinze

[373] B., BOUTROS GHALI, Message à l'occasion du cinquantenaire de l'ONU-New York, Secrétariat General de l'ONU, 20 Octobre 1994.

Etats[374] et l'Union Économique et Monétaire d'Afrique de l'Ouest (UEMOA) regroupant huit pays d'Afrique de l'Ouest[375]. En Afrique centrale, la Communauté économique des Etats d'Afrique centrale (C.E.E.A.C) regroupant dix Etats, et la Communauté économique et monétaire de l'Afrique centrale (CEMAC) regroupant six Etats de la région. En Afrique Australe, la South African Développent Community (SADC) regroupant 15 pays. En Afrique septentrionale, l'Union du Maghreb Arabe (UMA). Enfin, la Communauté d'Afrique de l'Est (CAE) et l'autorité intergouvernementale pour le développement (IGAD) en Afrique orientale.

Dans toutes ces organisations sous régionales, les préoccupations relatives aux questions alimentaires et à la sécurité des approvisionnements sont présentes et constituent le plus souvent « des préoccupations communautaires, diligentées à partir d'une démarche collective et planifiée »[376]. En rapport avec notre problématique, cette prise en compte, sera principalement mise en évidence dans le cadre des deux organisations sous régionales, présentant un lien géographique avec notre sujet, à savoir : la CEDEAO et l'UEMOA. Créée en 1975 par un traité signé à Lagos (Nigeria) la CEDEAO regroupe quinze pays d'Afrique de l'Ouest[377]. Aux termes de l'article 3 du traité révisé en 1993, la CEDEAO a pour objectifs de *« promouvoir la coopération et l'intégration dans la perspective d'une Union économique de l'Afrique de l'Ouest en vue d'élever le niveau de vie de ses peuples, de maintenir et d'accroître la stabilité économique, de renforcer les relations entre les Etats Membres et de contribuer au progrès et au développement du continent africain »*[378].

Pour atteindre ces objectifs, des actions, touchant entre autres, à l'accès à la l'aliment et à la sécurité des approvisionnements, sont menées par la

---

374 Bénin, Burkina Faso, Cap-Vert, Gambie, Ghana, Guinée, Guinée-Bissau, Liberia, Mali, Niger, Nigeria, Sénégal, Sierra Leone et Togo.

375 Burkina Faso, Côte d'Ivoire, Guinée-Bissau, Mali, Niger, Sénégal, Togo.

376 A. SOMA « Droit de l'homme à l'alimentation et sécurité alimentaire en Afrique », prec. p. 309.

377 Voir le site internet de la CEDEAO : http://www.ecowas.int/?lang=fr

378 http://www.refworld.org/docid/492184022.html

CEDEAO, à travers notamment l'harmonisation et la coordination des politiques nationales et la promotion de programmes, de projets et d'activités, dans des domaines tels que l'agriculture et les ressources naturelles, ou encore la création d'un marché commun à travers la libéralisation des échanges par l'élimination entre les Etats Membres, des droits de douane à l'importation et à l'exportation des marchandises et l'abolition entre les Etats Membres, des barrières non tarifaires[379]. Le chapitre IV du traité CEDEAO et plus spécifiquement l'article 25 portant sur le développement agricole et la sécurité alimentaire, est très explicite quant à l'attention accordée à l'accès à l'aliment et à la sécurité des approvisionnements. Selon ce texte, en effet, les Etats doivent coopérer en vue de développer l'agriculture, la sylviculture, l'élevage et la pêche, dans le but d'assurer, entre autres, la sécurité alimentaire ; l'accroissement de la production et de la productivité de l'agriculture, de l'élevage, de la pêche et des ressources forestières ; la valorisation des productions agricoles par la transformation sur place des produits d'origines végétale et animale. De plus, le paragraphe 2 de l'article 25 du traité, énonce que les Etats doivent coopérer dans le domaine de la production agricole, l'harmonisation des politiques de sécurité alimentaire, et l'harmonisation des stratégies et politiques de développement agricole notamment les politiques de fixation et de soutien de prix en ce qui concerne la production et la commercialisation des produits agricoles essentiels.

De même, les préoccupations relatives à l'accès à l'aliment et à la sécurité alimentaire, sont présentes dans le cadre de l'UEMOA. Créée le 10 janvier 1994 par un traité signé à Dakar (Sénégal) entre huit pays d'Afrique de l'Ouest, cette organisation ambitionne de créer des conditions favorables à l'accès à l'aliment et à la sécurité des approvisionnements dans les pays membres par la création d'un marché commun autosuffisant et la mise en œuvre de politiques sectorielles communes dans les secteurs essentiels de leurs économies, notamment agricole et alimentaire. Le chapitre V du protocole additionnel n° II relatif aux politiques sectorielles de l'UEMOA, est essentiellement consacré aux mesures visant à faciliter l'accès à

---

379 V. Paragraphe 2 de l'article 3 du traité révisé, prec.

l'aliment et à garantir la sécurité des approvisionnements dans l'Union[380]. Ce chapitre V, consacré à la politique agricole de l'UEMOA, fixe, en effet, des buts que l'Union doit atteindre pour parvenir à cette fin, à travers notamment le paragraphe 2 de son article 14 engageant la conférence des chefs d'Etats et de gouvernements de l'Union à élaborer des objectifs et des principes directeurs permettant « la réalisation de la sécurité alimentaire et d'un degré adéquat d'autosuffisance au sein de l'Union, (…) ; l'accroissement sur une base durable de la productivité de l'agriculture, grâce à la maîtrise du progrès technique, au développement et à la rationalisation de la recherche, de la production et des filières agricoles, ainsi qu'à l'utilisation optimale des facteurs de production, notamment de la main-d'œuvre et des intrants, en vue d'améliorer le niveau de vie des populations rurales ; l'amélioration des conditions de fonctionnement des marchés de produits agricoles et des produits de l'élevage et de la pêche, tant pour les producteurs que pour les consommateurs ». En vue d'atteindre ces objectifs, l'UEMOA tente de coordonner les politiques agricoles des Etats membres, et adopte des orientations que les Etats membres sont invités à mettre en œuvre simultanément en vue de l'amélioration de l'efficacité du secteur agricole pour faciliter l'accès à l'aliment et à garantir la sécurité des approvisionnements dans l'Union.

Par ailleurs, la CEDEAO et l'UEMOA ont mis en place, chacune à son niveau, une politique agricole commune. La politique agricole de la CEDEAO dénommée ECOWAP a été adoptée le 11 janvier 2005[381], quant à la Politique Agricole de l'UEMOA dénommée (P.A.U), elle fut adoptée en décembre 2001 ainsi que l'acte additionnel n°03 portant adoption de la politique agricole de l'UEMOA[382]. L'objectif global de ces deux politiques agricoles est le même puisqu'elles cherchent chacune à son niveau à *« contribuer, de manière durable, à la satisfaction des besoins alimentaires de la population, au développement économique et social des*

---

[380] Protocole additionnel n° II relatifs aux politiques sectorielles de l'UEMOA CHAPITRE V : De la politique agricole, consultable sur internet à l'adresse suivante : http://www.uemoa.int/Pages/Actes/NewPages/Protocole_additionnel_II.aspx

[381] Décision A/DEC. 11 janvier 2005 portant adoption de la politique agricole de la CEDEAO (ECOWAP) http://www.hubrural.org/pdf/cedeao_ecowap_decision_fr.pdf

[382] http://www.uemoa.int/Pages/ACTES/ConseildesMinistres.aspx

Etats membres et à la réduction de la pauvreté, en permettant : de réaliser la sécurité alimentaire, en réduisant la dépendance alimentaire de l'Union et en améliorant le fonctionnement des marchés des produits agricoles ; et d'améliorer les conditions de vie des producteurs agricoles, en développant l'économie rurale et en revalorisant leur revenu et leur statut social »[383].

On le voit, la sécurité des approvisionnements et l'accès à l'aliment, constituent une préoccupation des principales organisations sous régionales d'intégration économique en Afrique de l'Ouest. Cela est d'autant plus compréhensible que la sécurité alimentaire ainsi que le développement et la fluidité des approvisionnements, notamment alimentaires, figurent parmi les principaux objectifs poursuivis à travers l'intégration et la création des marchés sous régionaux dans l'espace africain. Au surplus, l'intégration sous régionale et la création des marchés sous régionaux des produits alimentaires, répondent au souci des Etats sahéliens d'apporter une réponse aux crises alimentaires à la suite des grandes sécheresses qu'a connues le Sahel à partir de 1973.

Section II : Les politiques publiques visant à favoriser la fluidité des approvisionnements et à garantir la disponibilité des aliments

Pour favoriser la fluidité des approvisionnements alimentaires et garantir la disponibilité sur le marché national et leur accès au plus grand nombre, l'Etat du Mali a adopté des politiques libérales axées sur l'organisation et le fonctionnement régulier du marché. Le postulat est que, le problème de l'approvisionnement des marchés en denrées alimentaires et leur accessibilité économique aux consommateurs, trouveraient leurs solutions au travers de l'organisation concurrentielle et du fonctionnement régulier du marché (§ I). Toutefois, cette politique, en adéquation avec les règles du droit communautaire et de l'OMC, dont l'un des effets, nous l'avons dit, consiste à limiter le rôle des Etats dans la définition des politiques

---

[383] V. Acte additionnel N° 03 /2001 portant adoption de la Politique Agricole de l'UEMOA, et Acte additionnel N° 03 /2001 portant adoption de la Politique Agricole de l'UEMOA, prec.

alimentaires, tend à être remise en cause au profit de politiques donnant plus de possibilités à l'Etat de déterminer de manière autonome ses politiques publiques en matière alimentaire (§ II).

§ I. L'organisation et le fonctionnement régulier du marché

Dans l'optique d'améliorer les systèmes d'approvisionnements alimentaires et d'assurer la disponibilité, à travers le fonctionnement régulier du marché, l'Etat du Mali a initié l'ouverture du marché intérieur au commerce international et a favorisé son insertion dans le marché mondial (A) et même temps il a institué des mécanismes visant à prévenir les défaillances du marché intérieur (B).

A- L'ouverture au commerce international des produits alimentaires

Selon M. Philibert « le trafic international permet à un peuple de se procurer les denrées nécessaires ou utiles que son territoire, par les circonstances de climat, de sol ou de sous-sol, est dans l'impossibilité de produire, et d'écouler par contre le surplus des produits de son agriculture et de son industrie ; il le met en mesure de parer aux crises, qu'il s'agisse de crises de surproduction ou de disette ; il stimule enfin la concurrence, c'est-à-dire provoque l'abaissement des prix et assure le perfectionnement des méthodes industrielles et agricoles »[384].

Cette doctrine mettant en avant les vertus du commerce international est partagée par de nombreuses institutions internationales.

Dans son rapport annuel de 2003 intitulé l'Etat de l'insécurité alimentaire dans le monde, la FAO affirme que « le commerce international peut avoir un impact déterminant sur la faim et la pauvreté dans les pays en développement. La participation aux échanges internationaux permet

---

[384] V. PHILBERT, *« De la liberté du commerce dans les traités du commerce »*, Paris, Librairie nouvelle de droit et de jurisprudence, éd. Arthur Rousseau, 1902, p. 184.

d'accéder à des marchés plus importants et ouvre des perspectives de productions spécialisées et d'économies d'échelles. Cela peut être particulièrement important pour le monde en développement et surtout pour les petits pays dont le potentiel de production ne peut être exploité à plein du fait des dimensions réduites du marché intérieur »[385].

Cette vision est partagée par Pascal LAMY, ancien directeur général de l'OMC. Dans le débat qui l'a opposé à Olivier de SHUTTER, M. LAMY soutient, en effet, que seuls « des marchés internationaux libéralisés pourraient contribuer à la sécurité alimentaire à travers l'augmentation des volumes échangés et l'accès à diverses sources de denrées alimentaires importées »[386]. M. LAMY, va encore plus loin, pour affirmer que seule une plus grande libéralisation des échanges alimentaires au plan international permettra de résoudre les problèmes de sécurité alimentaire dans les pays en développement. Il soutient par ailleurs, qu'il existe une série d'obstacles internes entravant la sécurité alimentaire dans ces Etats liés notamment aux régimes de propriété rurale, aux infrastructures de stockages, au transport, à la distribution, à l'accès à l'eau, etc.[387].

Autant d'arguments qui vont conduire la Banque Mondiale et le FMI, intervenant par le biais des Programmes d'ajustements structurels en Afrique, à prôner une politique de libéralisation et d'ouverture au commerce international notamment des denrées alimentaires.

Aussi bien, dans le cadre des programmes d'ajustements structurels, et plus récemment des organisations sous régionales d'intégration économiques et son adhésion à l'OMC, le Mali va adopter de nombreuses mesures visant à libéraliser son secteur agricole et alimentaire et à s'ouvrir davantage aux échanges mondiaux. La première série de mesures adoptées

---

[385] FAO « L'Etat de l'insécurité alimentaire dans le monde », Rapport sur l'Etat de l'insécurité alimentaire dans le monde 2003, p. 16, consultable en ligne à l'adresse suivante : ftp://ftp.fao.org/docrep/fao/006/j0083f/j0083f00.pdf
[386] (http://www.wto.org/french/forums_f/debates_f/debate14_f.htm, site consulté le 1er juin 2012).
[387] *Ibid.*

résulte du Programme de Restructuration du Marché Céréalier (PRMC) conçu en 1981 et ont porté sur le désengagement de l'Etat à travers l'abolition du monopole de l'Office des Produits Agricoles du Mali (OPAM), ainsi que la suppression des entraves légales aux activités du secteur privé. Ce programme est l'une des premières et plus importantes réformes de libéralisation du marché des produits agricoles et alimentaires du Mali depuis le début de la décennie 1980. Avec pour principale mission d'aboutir à la libéralisation totale du marché céréalier au Mali, le PRMC a pour finalité, de permettre un approvisionnement plus fluide des marchés, et un partage plus satisfaisant des activités entre le secteur public et le secteur privé, entre autres. Pour la mise en œuvre de cette réforme le gouvernement du Mali, fit adopter le 8 février 1982 la loi n° 82-36 abrogeant et remplaçant la loi n°65-7 du 10 mars 1965 portant création de l'OPAM, suivie des décrets n° 67, 68 et 77 du 26 mars 1982 portant organisation du commerce des céréales, des modalités de fonctionnement de l'OPAM et création d'un comité d'orientation et de coordination. L'adoption de ces nouveaux textes, a conduit, dans le cadre du PRMC, d'une part, à l'abolition du monopole d'Etat accordé à l'Office des Produits Agricoles du Mali (OPAM) dans la commercialisation des céréales, et d'autre part, à la réorientation des activités de l'OPAM vers un rôle de régulation du marché, de stabilisation des prix, de constitution et de gestion d'un stock de sécurité national et l'approvisionnement des zones chroniquement déficitaires. Ces mesures sont complétées en 1985 par la suppression de la police économique de l'Office du Niger et l'autorisation pour les commerçants privés d'opérer au sein des périmètres rizicoles encadrés et pour les paysans de transformer et de vendre leur production sur le marché. Dans ce prolongement, le système de prix fixes des céréales fut abandonné et la liberté des prix fut instaurée[388]. La libéralisation du marché intérieur des produits alimentaires ainsi opérée est complétée par des mesures d'ouverture du marché national au commerce régional et international, à travers notamment la souscription aux règles du commerce visant à promouvoir la libre circulation des denrées alimentaires au sein des marchés sous régionaux de l'UEMOA et de la CEDEAO, et à l'échelle mondiale dans le cadre de l'OMC. Le principe de libre circulation des

---

388 V. Ch. O. DIARRA, *« MALI : Bilan d'une gestion désastreuse »*, (préface d'Albert BOURGI), L'Harmattan, 1990, p. 107.

produits est, en effet, consacré aussi bien par les actes constitutifs de l'UEMOA et de la CEDEAO, que par le traité de l'OMC. Il vise, à travers l'abolition des entraves pécuniaires ou des restrictions quantitatives aux échanges, à assurer l'effectivité du commerce sous-régional ou international et le développement du trafic communautaire ou international des produits, notamment alimentaires.

Dans la pensée libérale, le respect du principe de libre circulation des produits et son corollaire le développement du commerce international, offrent une réponse satisfaisante à la sécurité des approvisionnements et aux problèmes d'accès à l'aliment dans les pays en développement. Il permet l'augmentation des volumes échangés et l'accès à diverses sources de denrées alimentaires importées, et assure la sécurité alimentaire de ceux qui n'ont pas la capacité d'être autosuffisants[389]. De plus, il stimule les échanges au niveau régional et international et favorise l'approvisionnement des consommateurs en denrées de première nécessité à des prix compétitifs grâce au jeu de la concurrence du trafic international.

L'ouverture au commerce international apparaît ainsi comme étant un moyen permettant de contribuer à la sécurité des approvisionnements alimentaires et facilitant aux consommateurs un accès moins onéreux à l'aliment. Cet argument est confirmé par de nombreuses études montrant que l'ouverture du marché intérieur au commerce international des aliments a effectivement favorisé l'approvisionnement et la disponibilité des denrées de première nécessité et à des prix compétitifs[390].

---

[389] Voir en sens par exemple, P. LAMY, prec.

[390] V., O., OUMAROU SIDIBE, « Réflexions sur le droit à l'alimentation au Mali », Communication à la 3ème consultation d'experts sur le droit à l'alimentation, Bonn, mars 2001, Document consultable en ligne à l'adresse suivante : http://www.iea nantes.fr/fichier/plug_download/3783/download_fichier_fr_droit.a.l.alimentation.comm unication.o.o.sidibe.pdf ; Add : P. PHELINAS, « Libéralisation du commerce des grains et sécurité alimentaire au Mali : les limites du marché, le nouveau rôle de l'Etat», In Courade Georges (ed.), Peltre Wurtz Jacqueline (ed.). La sécurité alimentaire à l'heure du néo-libéralisme : 1. L'impuissance des Etats du Sud, Cahiers des Sciences Humaines,

B- Les mécanismes visant à prévenir la défaillance du marché intérieur des produits alimentaires

Les politiques libérales adoptées par le Mali, depuis le début de la décennie 1980, qui ont conduit à l'élargissement du marché intérieur aux frontières des deux espaces sous régionaux que sont la CEDEAO et l'UEMOA, et son insertion au marché mondial grâce notamment à son adhésion à l'OMC, ont abouti à la création d'un vaste marché des produits alimentaires désormais régi par la loi du marché. Même si, la création de ce cadre n'a pas totalement résolu les problèmes de pénuries alimentaires dans le pays et les difficultés d'accès des consommateurs à l'aliment, de nombreuses études montrent qu'il a contribué à l'amélioration des approvisionnements alimentaires, grâce notamment à l'augmentation de la compétition, des investissements privés dans les infrastructures de commercialisation, et à un meilleur approvisionnement des localités enclavées.

Mais compte tenu de la croyance relative à l'efficacité des lois du marché et du fait qu'aucun modèle du marché libéral n'est exempt de défaillance, les pouvoirs publics maliens vont mettre en place des mécanismes permettant de veiller à la régularité des approvisionnements et à prévenir les pénuries alimentaires. Ces mécanismes s'inspirent des directives volontaires de la FAO, préconisant que la stratégie nationale en vue de la concrétisation du droit à une alimentation suffisante devrait comporter *« la création de mécanismes institutionnels appropriés, dans le but notamment : i) de recenser, au stade le plus précoce possible, les obstacles qui menacent le droit à une alimentation adéquate, par des systèmes satisfaisants de contrôle ; ii) d'améliorer la coordination entre les différents ministères compétents et entre le niveau national et les échelons sous-nationaux de gouvernement ; (...) »*[391]. Dans cette perspective, deux organismes sont mis en place avec pour principale mission de prévenir

---

1991, 27 (1-2), p. 65-72 ; S., DUPRESSOIR, « Changements organisationnels et libéralisation : La commercialisation du riz au Mali », prec.

[391] FAO, Directives volontaires à l'appui de la concrétisation progressive du droit à une alimentation adéquate dans le contexte de la sécurité alimentaire nationale, prec.

l'apparition des crises liées à la disponibilité et aux prix des denrées alimentaires sur le marché national afin de permettre aux pouvoirs publics d'intervenir promptement. Il s'agit du Système d'alerte précoce (SAP) et du système d'information sur les marchés céréaliers remplacé en 1993 par l'Observatoire du marché agricole (OMA).

Créé en 1986, le SAP a pour mission de permettre l'identification précoce des pénuries alimentaires sur le marché national et particulièrement dans les zones vulnérables. A cette fin, il procède à la collecte permanente de données liées à la situation alimentaire dans le pays ; en assure leur traitement et procède à la diffusion et à la transmission rapide de ces données sous forme de rapport aux autorités nationales, régionales, locales et aux organismes internationaux afin de leur permettre de prendre les mesures susceptibles de prévenir une crise alimentaire[392]. Avant d'être fournies aux autorités et aux organismes impliqués dans la gestion des crises alimentaires, ces informations font au préalable l'objet d'un examen par un groupe de travail SAP du Comité Régional de Développement qui se réunit mensuellement et qui regroupe les structures concernées par les questions de sécurité alimentaire sous la présidence du Conseiller aux Affaires Economiques et Financières du Gouverneur au niveau de chaque région qui adopte un rapport régional qui sera transmis l'autorité centrale à Bamako. À Bamako les rapports régionaux, les résultats d'enquêtes et les informations collectées sont analysés et rassemblés dans un rapport national mensuel qui est examiné puis adopté par le groupe de travail SAP, avant d'être publié et distribué sous forme de bulletin national, lequel est destiné aux autorités nationales, régionales, locales et aux organismes internationaux afin de leur permettre de prendre les mesures susceptibles de prévenir une crise alimentaire[393]. Quant à l'OMA, il est créé par une délibération de l'Assemblée consulaire de l'assemblée permanente des chambres d'agriculture du Mali (APCAM) lors de sa session extraordinaire du 14 septembre 1998[394]. L'OMA a été surtout conçu comme étant un outil d'information et un instrument pour guider et orienter les opérateurs économiques du secteur alimentaire sur toutes les questions

---

392 Voir site internet du SAP : http://www.sapmali.com/index.php/presentation.html

393 *Ibid.*

394 Sur l'OMA voir le site internet : http://www.oma.gov.ml/

liées aux prix et à la situation alimentaire sur le marché national. A cette fin, l'OMA est chargé d'analyser l'évolution des prix et autres indicateurs permettant d'apprécier la situation du marché agricole à court, moyen et long terme ; de produire et de diffuser les informations statistiques, menées sur sa propre initiative ou à la demande, des activités et des études et recherches sur les facteurs qui influent sur la formation des prix ; favoriser les échanges d'informations entre producteurs, commerçants, transformateurs et décideurs à l'intérieur et à l'extérieur du pays[395]. Ainsi, la création de cet organisme de collecte et de diffusion des prix devait, d'après la théorie libérale selon laquelle une information économique fiable doit être collectée et mise rapidement et régulièrement à la disposition des opérateurs d'une filière, permettre aux paysans d'obtenir de meilleurs prix et par conséquent les inciter à produire et à vendre davantage de céréales. S'y ajoute que les commerçants et les consommateurs devaient eux aussi pouvoir utiliser ces informations pour mieux orienter leurs choix[396].

En plus de cette mission commerciale, l'OMA assure une mission de service public et à ce titre elle se préoccupe des questions non marchandes relatives à la sécurité des approvisionnements dans l'intérêt des consommateurs. A cet effet, elle est chargée de fournir des données et des informations aux unités gouvernementales maliennes chargées de l'analyse et de l'élaboration des politiques de sécurité alimentaire. Dans le cadre de cette mission de service public, l'OMA assure la gestion d'une base de données sur le marché agricole ; la production et la diffusion de notes de conjonctures ; la production et la diffusion des rapports mensuels intitulés « LE REFLET » ; la production et la diffusion tant au niveau central qu'au niveau des Unités Locales de Collecte et de Diffusion (ULCD) de l'information sur les marchés agricoles sous forme de communiqué radio ; la réalisation, en relation avec les professionnels des radios ou la Télévision, des émissions en direction des acteurs des

[395] *Ibid.*

[396] Cf. Cl., ARDITI, *« Ignorer le passé expose souvent à le répéter » anthropologie historique des politiques alimentaires au Mali, In* La lutte contre l'insécurité alimentaire au Mali, Réalités et faux semblants, Ed. KARTHALA, Paris 2011, p.135 à 247.

différentes filières agricoles[397]. Ainsi, la SAP et l'OMA sont conçus comme étant des outils devant permettre de prévenir l'apparition des crises liées à la disponibilité et aux prix des denrées alimentaires sur le marché national afin de permettre aux pouvoirs publics d'intervenir promptement lorsque l'accès à l'aliment est menacé par une pénurie ou des hausses des prix. Et vu que la finalité de ces mécanismes d'information est de permettre aux pouvoir publics d'intervenir promptement en cas de défaillance du marché pour assurer une présence physique des denrées, les pouvoirs publics maliens vont mettre en place un système de réserve alimentaire *« stock national de sécurité* (SNS) permettant d'assurer l'approvisionnement et la stabilité des prix en période de pénurie alimentaire.

§ II. Le rôle de l'Etat dans la réalisation de l'objectif de sécurité des approvisionnements et de l'accès des consommateurs à l'aliment

La sécurité des approvisionnements alimentaires, leur disponibilité et leur accès au plus grand nombre ne peuvent pas être laissés aux seuls mécanismes de l'économie de marché. L'Etat, parce qu'il est gardien de l'ordre public et investi de missions propres à tout Etat, en particulier la satisfaction des besoins essentiels des citoyens tels que l'accès à aliment, l'accès aux soins et à l'éducation, doit intervenir concrètement pour la satisfaction des besoins alimentaires des citoyens. Et, cela se justifie même dans un contexte de libéralisme économique, où l'accès de tous les citoyens à l'aliment se pose comme étant non seulement une obligation juridique mais aussi politique pour l'Etat.

A ce propos, une question mérite d'être posée : le consommateur d'aliments est-il protégé parce qu'il est un citoyen et à ce titre titulaire d'un droit d'être protégé par son Etat ou parce qu'il est compte tenu de son état de faiblesse, une catégorie à part qui mérite d'être protégée ? Nous savons en effet, qu'historiquement la protection des consommateurs se fonde sur l'idée que les consommateurs constituent une catégorie faible, sur le marché et dans leurs relations avec les professionnels, que la loi doit

---

[397] Sur l'ensemble des missions de l'OMA voir le site internet : http://www.oma.gov.ml/

protéger[398]. Pour apprécier cette question, il faut étudier les obligations juridiques de l'Etat en matière de réalisation de l'objectif de sécurité alimentaire (A) ainsi que les politiques adoptées par l'Etat malien à cette fin (B).

A- Les obligations juridiques de l'Etat découlant du droit à l'alimentation

Dans son interprétation des droits économiques, sociaux et culturels découlant du PIDESC, le Comité DESC rappelle instamment qu'il appartient à l'Etat de réunir les conditions permettant l'accès de chacun à l'aliment. La disponibilité des aliments est la première condition essentielle à la réalisation de ce droit.

Cette obligation peut avoir pour fondement juridique l'article 11 du PIDECS qui oblige les Etats signataires du Pacte à prendre toutes les mesures appropriées pour assurer l'accès de tous à l'aliment. Cette obligation se trouve au paragraphe 2 de ce texte. Selon ce paragraphe, en effet, *« les Etats parties au présent Pacte, reconnaissant le droit fondamental qu'a toute personne d'être à l'abri de la faim, adopteront, individuellement et au moyen de la coopération internationale, les mesures nécessaires, y compris des programmes concrets : pour améliorer les méthodes de production, de conservation et de distribution des denrées alimentaires par la pleine utilisation des connaissances techniques et scientifiques, par la diffusion de principes d'éducation nutritionnelle et par le développement ou la réforme des régimes agraires, de manière à assurer au mieux la mise en valeur et l'utilisation des ressources naturelles ; Pour assurer une répartition équitable des ressources alimentaires mondiales par rapport aux besoins, compte tenu des problèmes qui se posent tant aux pays importateurs qu'aux pays exportateurs de denrées alimentaires »*[399]. Dans son œuvre interprétative, le Comité DESC a élucidé le contenu normatif ainsi que les obligations des Etats découlant du PIDESC. Dans son Observation générale n°12,

---

[398] Voir CALAIS-AULOY, et TEMPLE, précis de Droit de la consommation, prec.
[399] Art. 11 paragraphe 2 Pacte international relatif aux droits civils et politiques, prec.

adoptée en 1999, le Comité précise en effet les conditions qu'exige la réalisation effective du droit à une nourriture suffisante, les obligations qu'impose ce droit à l'Etat ainsi que les causes possibles de violation de ce droit. En premier lieu, le Comité indique que la réalisation effective du droit à une nourriture suffisante exige que soit assurée la disponibilité quantitative des aliments, inséparablement doublée de leur accessibilité. La disponibilité quantitative des aliments, implique comme l'indique le Comité *« les possibilités soit de tirer directement son alimentation de la terre ou d'autres ressources naturelles, soit de disposer de systèmes de distribution, de traitement et de marché opérants capables d'acheminer les produits alimentaires du lieu de production à l'endroit où ils sont nécessaires en fonction de la demande »*[400]. L'accessibilité quant à elle, recouvre une double dimension : économique et physique. Alors que l'accessibilité physique implique la disponibilité matérielle des aliments à proximité des personnes qui en ont besoin, de telle sorte qu'elles puissent en jouir concrètement à travers une source d'approvisionnement moins distante que possible, l'accessibilité économique quant à elle renvoie à la faculté de s'en procurer concrètement l'aliment, sans être entravé en raison de sa condition financière[401].

La disponibilité et l'accessibilité aux aliments constituent des problèmes récurrents qui se posent avec acuité en Afrique en général et au Mali en particulier. Malgré les progrès réalisés ces dernières décennies, grâce notamment aux politiques de libéralisation, le consommateur malien n'a pas toujours et en tout lieu un accès aisé à l'aliment. Divers facteurs contribuent à ce problème. Il y'a l'enclavement des villes du fait de l'insuffisance des routes, la faiblesse de la production alimentaire nationale, la perturbation des cycles de production par divers phénomènes naturels (faibles pluviométries, sècheresses, attaques des criquets et des parasites *etc.),* ou encore les difficultés d'accès des paysans à la terre. En devenant Etat-partie au PIDESC, c'est donc un engagement important que l'Etat contracte. Il a donc l'obligation de prendre des mesures sérieuses

---

400 Comité DESC Observation générale n°12, prec.

401 A. SOMA, Droit de l'homme à l'alimentation et sécurité alimentaire en Afrique » prec. p. 45 et Ss.

pour garantir non seulement la disponibilité des aliments mais aussi l'accessibilité aux aliments sur l'ensemble du territoire national.

En deuxième lieu, le Comité a précisé que les obligations de l'Etat découlant du PIDESC mettent à sa charge une triple obligation : l'obligation de respecter, de protéger et de donner effet au droit à la nourriture suffisante. Ces différentes obligations ont été définies par le Comité dans son observation générale n°12.

Pour le Comité « *l'obligation qu'ont les États parties de respecter le droit de toute personne d'avoir accès à une nourriture suffisante leur impose de* s'abstenir de prendre des *mesures qui aient pour effet de priver quiconque de cet accès* ». Pour une meilleure exécution de l'obligation, la FAO dans ces directives volontaires pour la concrétisation du droit à l'alimentation recommande aux Etats ce qui suit : *« Il convient que les États parties respectent l'accès existant à l'alimentation adéquate, en évitant de prendre des mesures qui pourraient l'entraver »*[402].

L'obligation de protéger ce droit, impose à l'Etat de veiller à ce que les opérateurs économiques ou les entreprises ne privent pas les personnes de l'accès à l'alimentation. L'observation générale n°12 précise ainsi que l'Obligation de protéger l'accès à l'alimentation impose à l'Etat *« de veiller à ce que des entreprises ou des particuliers ne privent pas des individus de l'accès à une nourriture suffisante »*. Cette obligation exige de l'Etat qu'il encadre suffisamment et de manière effective, les agissements des opérateurs économiques et de tous les acteurs privés pouvant faire obstacle à l'approvisionnement des consommateurs en denrées alimentaires. Cela implique que l'Etat mette en place un cadre législatif et institutionnel approprié pour prévenir de tels agissements. C'est d'ailleurs, ce que conseille la FAO aux Etats, lorsqu'elle leur recommande *"qu'il convient (...) de protéger le droit de chacun à une*

---

[402] FAO, Directives volontaires à l'appui de la concrétisation progressive du droit à une alimentation adéquation dans le contexte de la sécurité alimentaire nationale, Point 17, Adoptées à la cent vingt-septième session du Conseil de la FAO Novembre 2004, Organisation des Nations Unies pour l'alimentation (FAO), 2005.

alimentation adéquate en prenant les dispositions nécessaires pour que les entreprises et les particuliers ne privent pas d'autres personnes de leur accès à une alimentation adéquate". Enfin, l'Etat doit adopter des mesures ou des politiques pour favoriser ou faciliter l'accès à l'alimentation. Pour le Comité DESC et pour la FAO, cette dernière obligation impose à l'Etat de prendre des mesures nécessaires à l'amélioration de l'accès des individus à l'alimentation. A cet égard, la FAO recommande aux Etats d'adopter des mesures permettant d'améliorer le fonctionnement des marchés, en particulier des marchés de produits alimentaires et agricoles, afin de permettre au plus grand nombre de tirer profit des débouchés qu'offre un commerce des produits agricoles concurrentiel. Pour la FAO *« Il convient que les États s'efforcent de faire en sorte que les politiques concernant les aliments, le commerce des produits agricoles et les échanges en général contribuent à renforcer la sécurité alimentaire pour tous, grâce à un système de commerce local, régional, national et mondial à la fois non discriminatoire et axé sur le marché »*[403].

Pour les personnes n'ayant pas les moyens financiers d'accéder à la nourriture sur le marché, l'Etat doit garantir un accès à l'alimentation par la mise en place d'un système adéquat de sécurité sociale[404].

En troisième et dernier lieu, le Comité DESC énumère un certain nombre d'actes ou de faits constitutifs de la part de l'Etat de manquements à ses obligations découlant du PIDESC. Au point 19 de son observation générale n°12, le Comité énumère : *« l'abrogation ou la suspension formelle de la législation nécessaire à l'exercice permanent du droit à l'alimentation », « l'adoption de mesures législatives ou de politiques manifestement incompatibles avec les obligations juridiques préexistantes touchant le droit à l'alimentation », « le fait que l'Etat ne réglemente pas les activités de particuliers ou de groupes de façon à empêcher de porter*

---

[403] FAO, Directives volontaires à l'appui de la concrétisation progressive du droit à une alimentation adéquation dans le contexte de la sécurité alimentaire nationale, prec. Directive 4 point 7.
[404] Cf. Observation générale n°12, prec. point 15 et Directives volontaires à l'appui de la concrétisation progressive du droit à une alimentation adéquation dans le contexte de la sécurité alimentaire nationale, prec. Directive 4 point 9.

atteinte au droit d'autrui à l'alimentation » ou encore le fait *« qu'il ne tient pas compte de ses obligations juridiques internationales concernant le droit à l'alimentation lorsqu'il conclut des accords avec d'autres Etats ou avec des organisations internationales ».* Il est à présent pertinent d'étudier les politiques publiques mises en œuvre par l'Etat du Mali pour respecter ces engagements.

B- Les politiques publiques adoptées par l'Etat

La disponibilité des aliments et leur accès au plus grand nombre a depuis l'indépendance constitué un objectif poursuivi par les pouvoirs publics maliens. Cet objectif va conduire les pouvoirs publics maliens à adopter diverses politiques alimentaires dont chacune est marquée par une philosophie de développement qui épouse les contours de la doctrine politique du moment et s'adapte au rôle de l'Etat dans la vie économique du pays.

Ainsi, à l'accession du Mali à la souveraineté internationale en 1960, les nouvelles autorités ont entrepris une politique alimentaire qui a été inspirée par la doctrine socialiste prônée par le Président Modibo Keita. Cette époque était surtout marquée par la fin d'une très longue période coloniale qui a entraîné une substitution de dirigeants nationaux qui ont pris en charge le destin du pays. La fin de cette période coloniale, est suivie par une phase de construction de l'Etat-nation, marquée par une forte volonté des nouveaux dirigeants de s'émanciper économiquement et politiquement du pouvoir colonial et de mettre en œuvre des politiques de développement permettant la réalisation des besoins fondamentaux des populations[405]. Et, dans l'esprit des nouveaux dirigeants, pour l'atteinte de ces objectifs il fallait nécessairement « s'attaquer immédiatement et vigoureusement à la décolonisation économique (...), envisager les voies et moyens pour une économie socialiste planifiée (...), réaliser pleinement des objectifs

---

[405] V. en sens O., Diarrah, Le Mali de Modibo Keïta, prec.

politiques, économiques, sociaux et culturels sur la base d'un véritable socialisme et uniquement en fonction des intérêts des populations (...) »[406].

Aussi bien dans le domaine alimentaire et agricole, cette doctrine socialiste va conduire les nouvelles autorités à adopter une politique d'*autosuffisance alimentaire nationale* visant à assurer *« la satisfaction de tous les besoins alimentaires du pays par la production nationale ».* Dans cette optique, l'Etat va non seulement intervenir en aval par la prise en charge de l'approvisionnement et de la commercialisation de denrées alimentaires, mais aussi en amont en s'occupant des aspects liés à la production alimentaire. A cette fin, le nouvel Etat qui a hérité de vastes aménagements agricoles réalisés par le pouvoir colonial dans le cadre de l'Office du Niger crée en 1932, va se réapproprier et nationaliser les aménagements agricoles existants pour une gestion étatique orientée vers une politique d'autosuffisance alimentaire. Dans cette perspective, l'Office du Niger, encadré par l'Etat jusqu'au début des années 1980, a tenu un rôle central dans la conception et le contrôle des espaces agricoles aménagés, leur réhabilitation et leur entretien, l'encadrement des paysans, la gestion du crédit affecté à l'activité de production, l'achat du paddy, la transformation du paddy en riz et la gestion des approvisionnements[407].

Dans ce prolongement, l'Etat, soucieux de garantir l'approvisionnement et la disponibilité des denrées alimentaires sur l'ensemble du territoire national a créé en 1965 l'Office des produits agricoles du Mali (OPAM). Placé sous la tutelle du ministère des Finances, de l'économie et du commerce, cet Office était chargé de l'approvisionnement et de la commercialisation des céréales sur l'ensemble du territoire. Doté d'un monopole dans la collecte, l'achat et la vente des céréales, l'OPAM a été investi des trois missions suivantes : garantir un écoulement des productions agricoles à des prix rémunérateurs dans les zones

---

[406] *Ibid.*

[407] Cf. J.-CL., DEVEZE et al. *« Grands aménagements hydro-agricoles d'Afrique subsaharienne : poursuivre les évolutions institutionnelles »,* Afrique contemporaine, 2003/1 n° 205, p. 193-203. DOI 10.3917/afco.205.0193.

excédentaires ; garantir un approvisionnement des produits à des prix accessibles pour les populations des zones déficitaires ; stabiliser les prix.

De cette manière, l'Etat a entendu sécuriser les approvisionnements alimentaires et faciliter leur accès aux consommateurs sur l'ensemble du territoire national. Mais les programmes d'ajustements structurels (PAS) intervenus au début de la décennie 1980, dans un contexte de forte mise en cause des politiques macroéconomiques des Etats africains, précédés par les crises alimentaires provoquées par les sécheresses successives des années 1970, vont sonner le glas des ambitions d'autosuffisance alimentaire du pays pour laisser la place à une politique de sécurité alimentaire, plutôt libérale, qui implique l'ouverture au commerce international et au désengagement de l'Etat de la production et de la gestion des marchés alimentaires.

Cette nouvelle politique a eu pour credo le concept de *« sécurité alimentaire »*. Ce concept a été défini par les Etats participant au sommet mondial de l'alimentation tenu à Rome en 1996. Pour les Etats participants, *« la sécurité alimentaire existe lorsque tous les êtres humains ont, à tout moment, un accès physique et économique à une nourriture suffisante, saine et nutritive leur permettant de satisfaire leurs besoins énergétiques et leurs préférences alimentaires pour mener une vie saine et active »*[408]. Si l'on s'en tient à cette définition la sécurité alimentaire repose sur les quatre dimensions suivantes : la disponibilité des produits alimentaires, la stabilité de l'approvisionnement, l'accessibilité physique et économique ainsi que la consommation de denrées saines et suffisantes, nutritives et culturellement acceptables. A la différence de la politique d'autosuffisance alimentaire précédemment adoptée par le pays, la nouvelle politique alimentaire repose sur une démarche visant à garantir l'approvisionnement des consommateurs en denrées alimentaires à partir de la production nationale et des importations pour compléter, le cas échéant, le déficit alimentaire ou le manque de certains produits alimentaires. Dans cette optique, le Programme de Restructuration du

---

[408] Extrait de la déclaration adoptée lors du Sommet mondial de l'alimentation tenu à Rome du 13 au 17 novembre 1996.

Marché Céréalier (PRMC) conçu en 1981 et la Stratégie Nationale de Sécurité Alimentaire élaborée par le Mali en 2000, dessinaient les contours d'une politique de sécurité alimentaire censée garantir l'approvisionnement des consommateurs en denrées alimentaires. Le PRMC, on le sait, avait pour objectif de libéraliser le marché des céréales par l'abolition du monopole accordé à l'Office des Produits Agricoles du Mali (OPAM) dans la commercialisation des céréales et conduire à l'ouverture du marché national au commerce extérieur. Cette libéralisation paraissait d'autant plus importante qu'elle était perçue par l'Etat comme étant un système pouvant favoriser l'investissement et l'usage efficient des ressources dans l'agriculture et assurer l'approvisionnement régulier et à faibles coûts des consommateurs dans les centres urbains et dans les zones rurales chroniquement déficitaires[409]. Cette perception, va alors conduire l'Etat à mettre fin au monopole de l'OPAM pour confier plus de au marché et aux opérateurs privés. Au surplus, l'Etat va se désengager de l'activité de production en libéralisant l'Office du Niger. Toutefois, si l'Etat n'exerce pas une activité de production et de commercialisation, il demeure un acteur non moins important dans la gestion des approvisionnements puisqu'à travers l'OPAM, il continue à jouer un rôle essentiel dans la régulation du marché céréalier et la stabilisation des prix aux consommateurs. En effet, après l'abolition du monopole de l'OPAM et la libération du commerce des denrées alimentaires, l'activité de l'OPAM a été réorientée vers la constitution et la gestion d'un stock national de sécurité (SNS) et la coordination des importations afin d'intervenir sur le marché en cas de pénurie et d'assurer une meilleure stabilisation des prix aux consommateurs.

Pour ce qui est de la Stratégie Nationale de Sécurité Alimentaire au Mali, elle a été élaborée en 2000. Son objectif principal est d'assurer « *l'accès de tous les Maliens, à tout moment, aux aliments nécessaires pour mener une vie saine et active* »[410]. Elle est basée sur une démarche visant le développement de la production agricole nationale et régionale pour garantir l'approvisionnement alimentaire et faciliter l'accès de tous à

---

[409] http://fsg.afre.msu.edu/scans/mali/misc%2016-23.pdf
[410] http://fsg.afre.msu.edu/mali_fd_strtgy/other_fs_doc/CSSAF_MALI_2_1.pdf

l'aliment. A cette fin, le document de référence adopté par le gouvernement du Mali en 2000 insiste sur « la promotion d'une agriculture productive, diversifiée, durable et régionalement intégrée », « le développement, la fluidification et l'intégration sous régionale des marchés agricoles et agro-alimentaires », « L'amélioration durable des conditions d'accès des groupes et zones vulnérables à l'alimentation et aux services sociaux de base », « l'amélioration des dispositifs de prévention et de gestion aux crises conjoncturelles, en cohérence avec la construction de la sécurité structurelle » et « le renforcement des capacités des acteurs et la promotion d'une bonne gouvernance de la sécurité alimentaire »[411].

Ainsi, ces deux mesures ont-elles permis la construction d'une politique alimentaire basée sur le credo de sécurité alimentaire. Cette nouvelle politique alimentaire, réduit le rôle de l'Etat dans l'activité de production et d'approvisionnement alimentaire, au profit des acteurs privés et du marché.

Cette politique est en adéquation avec la doctrine libérale et les recommandations des bailleurs de fonds, ainsi que les engagements du Mali dans le cadre des organisations sous régionales et de l'OMC, qui commandent une large ouverture au commerce extérieur.

Toutefois, en 2006, les autorités maliennes adoptèrent une loi d'orientation agricole qui prône une politique alimentaire orientée vers le concept de *souveraineté alimentaire*. L'article 3 de cette loi dispose en effet, qu'elle *« vise à garantir la souveraineté alimentaire et à faire du secteur agricole le moteur de l'économie nationale en vue d'assurer le bien-être des populations ».* Ce concept de souveraineté alimentaire est entendu comme étant le droit des Etats *« de définir leurs propres politiques en matière d'alimentation et d'agriculture, de protéger et de réglementer la production et le commerce agricoles intérieurs afin de réaliser leurs objectifs de développement durable, de déterminer dans quelle mesure ils veulent être autonomes et de limiter le dumping des produits sur leurs*

---

[411] Ibid.

marchés »[412]. Ainsi comprise la souveraineté alimentaire peut être considérée comme étant une politique permettant à l'Etat de déterminer sa sécurité alimentaire ainsi que les mécanismes d'approvisionnement et d'accès des consommateurs à l'aliment sans être contraint par les règles du commerce international. Pour l'heure, cette politique se heurte aux règles du commerce international qui obligent les Etats à compter sur les marchés internationaux pour garantir l'approvisionnement de leurs marchés en denrées alimentaires[413].

L'objet de ce chapitre est de rechercher si dans le contexte du libéralisme économique qui gouverne actuellement le fonctionnement du marché mondial des aliments, il existe des instruments juridiques visant à favoriser et à protéger l'accès des consommateurs à l'aliment.

Nous avons pu constater que cet objectif est présent dans de nombreux instruments juridiques, au premier rang desquels les instruments juridiques de protection des droits de l'homme. Par le prisme du droit à la nourriture, à la vie, à la santé ou encore au développement, aussi bien les instruments juridiques de protection des droits de l'homme à vocation universelle que les instruments juridiques africains de protection des droits de l'homme participent à la protection de l'accès des consommateurs à l'aliment.

Les instruments juridiques régissant le commerce international et intra-communautaire participent également à la protection de l'accès des consommateurs à l'aliment. Cela a été constaté à travers l'attention accordée à la sécurité des approvisionnements alimentaires dans des textes du droit de l'OMC et des deux organisations sous régionales économiquement intégrées en Afrique de l'Ouest (UEMAO et la CEDEAO). Nous avons également constaté que cette préoccupation s'est traduite dans l'enceinte nationale et des organisations sous régionales (UEMAO et la CEDEAO) par des politiques visant à faciliter et à préserver l'accès à l'aliment.

---

[412] Source : www.peoplesfoodsovereignty.org

[413] Cf. C., JOURDAIN-FORTIER et É., LOQUIN, « Droit du commerce international et sécurité alimentaire », prec.

Mais, comme le dit l'adage bien connu *« l'arbre ne doit pas cacher la forêt »*. Avec l'accélération du processus du libéralisme économique en Afrique, dominé par la loi du marché, le rôle des Etats et même des organisations sous régionales dans la construction des politiques de sécurité alimentaire est de plus en plus réduit. Ainsi, l'orientation de ce processus de libéralisation qui tend à faire prévaloir les intérêts économiques et commerciaux sur les enjeux sociaux et humains, et l'entrée du commerce des aliments dans le giron du droit du commerce international, favorisent des tensions croissantes entre les conditions d'accès des consommateurs à l'aliment et les intérêts économiques et commerciaux poursuivis par le libéralisme économique.

CHAPITRE II

TENSIONS ENTRE LE CONTEXTE DE LIBÉRALISATION ET L'ACCÈS DES CONSOMMATEURS À L'ALIMENT EN AFRIQUE

La libéralisation de l'économie dans le secteur agricole et alimentaire s'opère en Afrique et au Mali dans un contexte qui, paradoxalement, fragilise les conditions d'accès des consommateurs à l'aliment. Paradoxalement, car le libéralisme économique est censé contribuer au développement économique et social, notamment dans le secteur agricole et alimentaire en favorisant les performances du secteur agricole et l'accroissement de la production agricole, en diversifiant les sources d'approvisionnement du marché et en favorisant et stimulant la concurrence entre opérateurs économiques pour le bien-être des consommateurs. Or, le processus de libéralisme économique tel qu'il se présente actuellement en Afrique et au Mali semble ne pas favoriser ces conditions. En effet, ce qui caractérise le processus de libéralisation dans le secteur agricole et alimentaire au Mali, comme dans la plupart des pays d'Afrique, c'est la création des monopoles des multinationales sur les ressources productives d'aliments, le détournement de la production alimentaire à des fins autres que la consommation humaine, notamment la production des agro-carburants, la déconstruction des circuits traditionnels d'approvisionnent des marchés locaux *etc.* Aussi, les principes du libéralisme économique imposent-ils des règles limitant considérablement les possibilités pour l'Etat de prendre des mesures pour préserver l'accès des consommateurs à l'aliment.

Avant de rechercher les solutions permettant de mieux préserver l'accès des consommateurs à l'aliment (Section II), il est nécessaire de rendre compte des facteurs induits par le libéralisme économique et qui participent à la fragilisation de l'accès des consommateurs (Section I).

Section I : La fragilisation de l'accès des consommateurs à l'aliment au regard du contexte de libéralisme économique en Afrique

La fragilisation de l'accès des consommateurs à l'aliment, résulte à la fois de la mondialisation des échanges alimentaires ainsi que des règles du commerce international (§ I) et des monopoles des multinationales sur les ressources productives d'aliments (§ II).

§ I. Fragilisation de la régularité des approvisionnements alimentaires au regard de la mondialisation des marchés et des règles du commerce international

La mondialisation des échanges alimentaires (A), et certaines règles du commerce international (B) ne semblent pas favoriser la sécurité alimentaire des consommateurs en Afrique.

A- La fragilisation de la régularité des approvisionnements au regard de la mondialisation des marchés

La mondialisation peut être entendue comme étant un processus « de libéralisation des échanges, des investissements et des flux de capitaux ainsi que l'importance croissante de tous ces flux et de la concurrence internationale dans l'économie mondiale »[414].

Ce modèle qui se traduit par une intégration des économies nationales dans un marché mondial, via la libéralisation, la déréglementation et l'ouverture aux échanges internationaux, constitue, selon les institutions financières internationales, notamment la Banque mondiale et le FMI, une meilleure solution aux problèmes des pays en développement, y compris les

---

[414] Bureau International du Travail, *« L'emploi dans le monde. Les politiques nationales à l'heure de la mondialisation »,* BIT, Genève (1996-1997),

problèmes de sécurité alimentaire[415]. Cette vision est partagée par le directeur général de l'OMC, Pascal Lamy, pour qui « La libéralisation des échanges est la seule solution aux problèmes de sécurité alimentaire des pays en développement »[416]. Ainsi, sous l'impulsion de la Banque mondiale et du FMI et dans le cadre des plans d'ajustements structurels (PAS), plusieurs pays africains vont, pour tirer profit de la mondialisation des échanges, entamer un processus de libéralisation et d'ouverture des marchés aux importations des denrées alimentaires. Cette insertion dans la mondialisation se traduira dans les faits par une dépendance croissante des pays en développement à l'égard d'un marché mondial déréglementé, une liberté maximale des échanges et un rôle prédominant du marché financier international et des entités les plus puissantes[417]. Estimant en effet qu'il est possible d'assurer la sécurité alimentaire des consommateurs nationaux par des importations bon marché, les pouvoirs publics nationaux vont marginaliser l'agriculture, jugée rétrograde et non porteuse d'avenir, pour ainsi miser sur l'approvisionnement du marché mondial[418].

Plus de deux décennies après les plans d'ajustements structurels et l'insertion à l'économie mondiale, l'accès des consommateurs africains à l'aliment ne semble pourtant pas être favorisé par la mondialisation des échanges. Pire, les bienfaits de la mondialisation sont de plus en plus remis en cause par des faits qui mettent en exergue la fragilisation de la sécurité alimentaire des consommateurs africains par ce modèle économique.

La crise alimentaire survenue en 2007-2008 a suffi à elle seule pour totalement discréditer les arguments en faveur de la mondialisation et a mis en lumière la fragilisation par ce modèle de la sécurité alimentaire des

---

[415] Sur ce sujet voir par exemple : F., Nicolas, *« Les pays en développement face à la mondialisation »,* RAMSES 2001, pp. 61 –76.

[416] « La libéralisation du commerce et l'OMC : aide ou entrave au droit à l'alimentation ? », prec.

[417] Cf. A. SOMA *« Droit de l'homme à l'alimentation et sécurité alimentaire en Afrique »,* prec. p. 286.

[418] Cf. S. ABIS, *« Désordres agricoles et alimentaires en méditerranée »,* I*n* Revue politique et parlementaire » Crise alimentaire mondiale quelle réponse ? 111e année, n°1051, Trimestriel, Avril/Mai/Juin 2009, p. 127.

consommateurs des pays en développement. Cette crise est liée à une hausse brusque des prix des produits alimentaires sur le marché mondial. Selon l'Organisation de coopération et de développement économiques (OCDE), la flambée des prix intervient dans un contexte mondial marqué par la spéculation sur les produits alimentaires, la faiblesse des stocks de céréales et d'oléagineux, le développement de l'utilisation des matières premières agricoles pour la production de biocarburants et la rapide progression des prix du pétrole[419]. C'est dans ce contexte qu'intervient en 2007, une baisse des récoltes dans quelques pays exportateurs, conduisant ces derniers à un blocage des exportations. Telle une onde de choc, cette rupture des approvisionnements aura pour effet, pour prendre l'expression de M. BUISSON, de « provoquer en cascade » une hausse des prix sur l'entendue du marché mondial[420].

Cette situation fut brutalement et durement ressentie par les consommateurs dans les pays africains fortement dépendants des importations. Aussi, cette flambée des prix a-t-elle davantage fragilisé l'accès à l'aliment des consommateurs africains au pouvoir d'achat déjà limité. A ce propos, M. Robert B. Zoellick, président de la Banque mondiale soulignait que « Cette hausse des prix est déjà en train de faire basculer des millions de personnes dans la pauvreté et d'exercer des pressions sur les plus vulnérables, qui consacrent déjà plus de la moitié de leurs revenus à l'alimentation »[421]. Dans son communiqué de presse du 15 février 2011, la Banque mondiale indique que du fait de la hausse des prix, 44 millions de personnes vivant dans les pays en développement ne pourront pas accéder à l'alimentation[422].

---

[419] Organisation de coopération et de développement économiques, *« La hausse des prix alimentaires : causes, conséquences et solutions »*, OCDE 2008.

[420] Sur ce point voir par exemple : M., BUISSON, *« La question alimentaire mondiale dans l'entrelacs des crises : essai de diagnostic et de propositions »*, Ecologie & politique, 2009/1 N°38, p. 57-67. DOI : 10.3917/ecopo.038.0057

[421] V. Communiqué de presse n°2011/333/PREM, disponible à l'adresse suivante : http://web.worldbank.org/WBSITE/EXTERNAL/ACCUEILEXTN/NEWSFRENCH/0,,contentMDK:22834066~pagePK:64257043~piPK:437376~theSitePK:1074931,00.html.

[422] Communiqué de presse n°2011/333/PREM, prec.

Par ailleurs, la mondialisation semble, d'une autre façon, rendre encore fragiles les possibilités d'accès des consommateurs africains à l'aliment. La mondialisation, on le sait, œuvre pour la création d'une économie mondialisée, à travers l'internationalisation des échanges, la mobilité internationale des ressources (humaines et financières) et l'accroissement de la concurrence internationale. Or, la création de cette économie mondialisée et la concurrence qu'elle induit, ont conduit en Afrique, à la déconstruction des circuits traditionnels d'approvisionnement des marchés et à la marginalisation de l'agriculture et des paysans locaux, éloignant ainsi les consommateurs des sources et des facteurs de production et faisant supporter à ces derniers les coûts inhérents aux longs circuits de commercialisation.

Cette situation, résulte essentiellement des politiques d'ajustements structurelles qui ont conduit au désengagement de l'Etat de la production et de la commercialisation des produits alimentaires au profit des opérateurs privés et de l'ouverture au commerce international, créant une forte concurrence entre les produits locaux et les importations agricoles à bas prix.

Elle résulte également de la convoitise des terres agricoles en Afrique par les multinationales de l'agro-industrie ainsi que de la concurrence entre celles-ci et les paysans locaux qui, affaiblis par la concurrence, n'ont d'autre choix que « de céder leurs terres ou leurs bras aux plus offrants (grands propriétaires terriens, entreprises agroindustrielles, etc.) ou de s'exiler vers les agglomérations urbaines,… »[423]. Devenus consommateurs par la force des choses, ces paysans qui assuraient jadis leur propre nourriture et celle des consommateurs locaux, viennent ainsi grossir le lot des consommateurs subissant déjà les affres d'un impitoyable marché mondialisé[424]. Ainsi, la mondialisation même si elle n'est pas le seul facteur rendant plus difficile l'accès des consommateurs africains à

---

[423] L. DELCOURT, *« l'avenir des agricultures paysannes face aux nouvelles pressions des terres », In* De la terre aux aliments, des valeurs au droit Programme Lascaux, (F. COLLART DUTILLEUL, sous la dir. De), INIDIA S.A 2012, p. 95 à 124.

[424] Sur ce point voir plus amplement : L. DELCOURT, «l'avenir des agricultures paysannes face aux nouvelles pressions des terres », prec.

l'aliment, apparaît comme étant un facteur fragilisant la situation de ces derniers.

C- La fragilisation de la régularité des approvisionnements alimentaires au regard des règles du commerce international

Le dictionnaire de la terminologie du droit international définit le commerce international comme étant « l'ensemble des transactions à l'importation et à l'exportation, des rapports d'échanges, d'achat, de vente, de transport, des opérations financières entre nations »[425]. Pour sa part, le vocabulaire juridique Capitant, définit le commerce international de la manière suivante « a) au sens propre, opérations d'importation, d'exportation ou d'échanges entre les Etats ou entre leurs ressortissants (…) ; b) dans une acception extensive, ensemble des rapports économiques, politiques et intellectuels entre Etats ou entre leurs ressortissants ; prise dans cette acception large, l'expression "commerce international" s'oppose à la notion d'autarcie étatique »[426].

Le commerce international, ainsi défini, remonte comme nous le rappellent les Professeurs CARREAU et JUILLARD aux temps immémoriaux[427]. Il s'est principalement construit et développé au cours des siècles sur le principe de liberté[428]. Selon la formule de la Cour permanente de justice Internationale (CPJI), la liberté de commerce est « la faculté en principe illimitée de se livrer à toute activité commerciale, que celle-ci ait pour objet le négoce proprement dit, c'est-à-dire la vente et l'achat de marchandises, ou qu'elle s'applique à l'industrie... qu'elle s'exerce à l'intérieur ou qu'elle s'exerce à l'extérieur par importation ou

---

[425] Dictionnaire de la terminologie du droit international, Sirey, 1960.

[426] G. CORNU, (Sous la dir. de), Association Henri Capitant, Vocabulaire juridique, 8éme éd. Presse Universitaire de France, 2009,

[427] D., CARREAU et P., JUILLARD, *Droit international économique*, prec. p. 85.

[428] C., PASQUIER, *« Sécurité alimentaire et liberté du commerce international » In* La sécurité alimentaire / Académie de Droit International de La Haye / Hague Academy of International Law ; publ. sous la dir. de Ahmed Mahiou, Francis Snyder

exportation »[429]. Or, cette liberté est à présent rigoureusement encadrée par les règles mises en place par l'Organisation mondiale du commerce (OMC) pour garantir la libre circulation des marchandises et assurer que la concurrence ne soit pas faussée par les Etats qui protègent leur marché et leur production nationale. Les règles mises en place par cette institution, imposent aux Etats membres des obligations, qui sont autant de limites à leur liberté.

Cette limitation de liberté concerne, par exemple, des mesures prises par un Etat visant à réduire ou interdire des exportations sur son territoire, lorsque l'offre de produits agricoles ou alimentaires est réduite ou lorsque les quantités ne sont pas suffisantes, pour assurer en priorité la nourriture des consommateurs nationaux.

De telles mesures qualifiées de « restriction quantitative à l'exportation » et considérées par l'OMC comme une entrave au commerce international, sont en principe prohibées par le droit de l'OMC, plus précisément par les articles XI du GATT et 4. 2 de l'accord sur l'agriculture. Ces articles, en effet, interdisent toutes mesures constitutives de barrière non tarifaire au commerce international, dont les restrictions quantitatives à l'exportation. Ces articles interdisent par ailleurs toutes mesures de limitation des importations de produits agricoles ou alimentaires étrangers.

Ainsi, même lorsque l'offre de produits alimentaires est réduite, ou lorsque les quantités disponibles sur le marché national ne sont pas suffisantes pour assurer la nourriture des consommateurs nationaux, ou encore lorsque la production locale est mise en péril par des prix trop bas des importations étrangères, le pays ne peut interdire des exportations ou des importations depuis ou sur son territoire, fût-ce pour des raisons de sécurité alimentaire des consommateurs nationaux.

Par ailleurs, en dépit du fait que de nombreux pays en développement comme le Mali, pour accroître leur production et assurer un

---

[429] CPJI, Arrêt du 12 décembre 1934, Affaire Oscar Chinn, série A/B, n° 63, p. 84

approvisionnement régulier aux consommateurs nationaux, ont ouvert l'accès des terres agricoles aux investisseurs étrangers avec des avantages fiscaux et commerciaux importants, le droit de l'Organisation mondiale du commerce, permet aux Etats, même en cas de crises alimentaires, de contraindre les entreprises étrangères d'en réserver une partie de leur production au marché national. Plus particulier l'Accord sur les mesures concernant les investissements et liées au commerce (MIC) interdit, en effet, les mesures qui prescrivent qu'une entreprise achète une proportion déterminée de produits d'origine nationale (« prescriptions relatives à la teneur en produits nationaux »). Il rejette par ailleurs les mesures qui limitent les importations d'une entreprise ou qui fixent à celle-ci des objectifs en matière d'exportation (« prescriptions relatives à l'équilibrage des échanges »)[430].

Ainsi, même si une crise alimentaire survenait, les règles de l'OMC interdisent au pays de réquisitionner une production issue de l'entreprise étrangère pour la contraindre d'en réserver une partie au marché national.

A l'évidence, toutes ces limitations fragilisent sérieusement l'accès des consommateurs à l'aliment, surtout dans les pays en développement.

Face aux préoccupations objectives de sécurité alimentaire dans ces pays, il est impératif d'atténuer les limitations à la liberté de production et de commercialisation afin de faciliter l'accès des consommateurs à l'aliment. Le droit de l'Organisation mondiale du commerce, est perçu comme « s'assignant comme objectif essentiel la seule satisfaction des seuls intérêts d'un commerce international dont l'expansionnisme ne connaît a priori d'autres limites que celle de sa propre dynamique ou de ses seuls besoins »[431]. A côté de cet objectif marchand, l'OMC doit prendre en

---

[430] F. COLLART DUTILLEUIL et A. DIABATE, « La sécurité alimentaire et le droit à l'alimentation à l'épreuve des investissements internationaux en Afrique de l'Ouest : les risques d'une désillusion », prec.

[431] B. OPPETIT, « Droit du commerce international et valeurs non marchandes », in Étude de droit international en l'honneur de P. Lalive, Bâle, Helbing&Lichtenhahn, 1993, p. 309.

compte la satisfaction d'autres objectifs non marchands singulièrement l'objectif de sécurité alimentaire.

Au contraire du droit de l'OMC, les droits nationaux économiques dans les pays en développement, font-ils de l'objectif de sécurité alimentaire une valeur supérieure aux seuls objectifs économiques qu'ils ont pour objet de promouvoir ? Dans le cas du droit économique national malien, la réponse est malheureusement négative. Comme nous le constaterons dans les développements qui vont suivre, aussi bien le droit des investissements que les conventions d'investissement agricole, plutôt orientés vers des objectifs économiques ne prennent pas en compte l'objectif de sécurité alimentaire.

§ II. La fragilisation de l'accès des consommateurs à l'aliment par la constitution des monopoles des multinationales sur les ressources productives d'aliments

Un des arguments des tenants de la libéralisation du secteur agricole et alimentaire en Afrique est que le problème de l'accessibilité des consommateurs à l'aliment, trouverait sa solution au travers de l'élimination des monopoles publics et privés, dans l'ouverture du secteur agricole aux capitaux et dans l'organisation concurrentielle du marché. Le postulat est que l'ouverture aux capitaux (nationaux et étrangers) et la fin des monopoles libèrent l'initiative privée, accroissent la production agricole, diversifient les sources d'approvisionnement du marché en denrées alimentaires et favorisent la concurrence par le prix, permettant ainsi aux consommateurs de profiter d'une offre diversifiée et à un prix avantageux.

Malgré cet argument promu par les institutions internationales favorables à la mondialisation des échanges et au développement du commerce international, au premier rang desquels l'Organisation mondiale du commerce (OMC), c'est pourtant le développement, sous l'égide du droit de l'OMC, des monopoles privés des multinationales sur les ressources productives d'aliments, notamment la terre, l'eau et les semences, que nous observons actuellement spécialement dans les pays en développement (A). Ce phénomène, pour le moins paradoxal au regard des objectifs ayant conduit à la libéralisation du secteur agricole et alimentaire dans les pays en développement, mérite d'être illustré par des exemples concrets pour mieux apprécier son ampleur et mesurer son impact sur les problèmes d'accessibilité des consommateurs à l'aliment dans les pays en développement (B).

A- Des monopoles favorisés par les réglementations économiques et commerciales internationales

Favorisée par les programmes d'ajustements structurels (PAS) initiés en Afrique par les bailleurs de fonds dans les années 1980, l'ouverture des multinationales au secteur agricole et aux ressources productives d'aliments, va être progressivement consolidée par un ensemble de textes issus de la réglementation économique et commerciale internationale.

Soumis aux injonctions des bailleurs de fonds, lui demandant d'ouvrir le secteur agricole aux acteurs privés, sous prétexte que cela permettra d'accroitre la production et les disponibilités alimentaires, l'Etat du Mali va entreprendre vers la fin de la décennie 1980, une libéralisation d'envergure du secteur agricole. Cette libéralisation est accompagnée par l'adoption d'une politique nationale de promotion des investissements privés et l'élaboration d'un cadre juridique attractif pour les investisseurs notamment étrangers. Dans cette perspective, les instruments juridiques existants ont été modifiés, d'autres ont été créés pour donner plus de garanties aux investisseurs et rendre le cadre juridique plus attractif. La loi d'orientation agricole adoptée en 2006[432], suivie d'un Programme national d'Investissement dans le secteur Agricole (PNISA)[433] ont fait du secteur de l'agriculture un secteur prioritaire dans lequel des investissements peuvent s'effectuer et bénéficier d'une protection et de multiples privilèges. L'attraction des investisseurs et la création d'un cadre juridique incitatif sont poursuivies par la modification de la loi du 19 août 2005

---

[432] Loi n° 06-40/AN-RM du 16 aout 2006 portant loi d'orientation agricole, prec.
[433] http://www.aec.msu.edu/fs2/promisam_2/PNIP_SA_06_08_2010.pdf

relative aux investissements[434] et par l'adoption le 27 février 2012 d'une nouvelle loi portant Code des investissements[435]. Le cadre juridique ainsi institué offre aux investisseurs un véritable régime juridique de protection de leurs investissements et favorise une exploitation à grande échelle des ressources productives d'aliments par ces derniers[436]. Ce cadre juridique est consolidé par une réglementation économique et commerciale internationale progressivement construite sous l'égide de l'OMC. Cette réglementation qui a pour premiers objectifs de faciliter le libre-échange et promouvoir la marchandisation des produits alimentaires ainsi que des ressources productives d'aliments, au détriment, parfois des valeurs non marchandes comme l'accès des consommateurs à l'aliment ou plus globalement de la sécurité alimentaire nationale, participe grandement à la constitution et au renforcement des monopoles des multinationales sur les ressources productives d'aliments. En effet, à la faveur de la conclusion de l'accord sur l'agriculture, dont l'objectif est *« d'établir un système de commerce des produits agricoles qui soit axé sur le marché »* traitant ainsi pour l'essentiel les produits agricoles comme des biens ordinaires[437], l'aliment et les ressources nécessaires à sa production se trouvent désormais régis par le droit de l'OMC. Or, le droit de l'OMC, s'étend à des traités multilatéraux et accords internationaux particulièrement favorables aux monopoles sur les ressources productives d'aliments et à la consolidation des droits des investisseurs étrangers, notamment l'Accord sur les aspects des droits de propriété intellectuelle qui touche au

---

[434] Loi n° 05-050 du 19 août 2005 modifiant la loi n°91-048/AN-RM du 26 février 1991 portant Code des Investissements.

[435] Loi n°2012-016 du 27 février 2012 portant code des investissements. Consultable en ligne à l'adresse suivante : http://www.ccimmali.org/pdf/pdfinvest.pdf

[436] V. F. COLLART DUTILLEUIL et A. DIABATE, « La sécurité alimentaire et le droit à l'alimentation à l'épreuve des investissements internationaux en Afrique de l'Ouest : les risques d'une désillusion », HAL, 2013 (accessible en ligne) ; *Add.* F. COLLART DUTILLEUIL, A. DIABATE et I. SIDIBE, « le respect du droit à l'eau et la sécurité alimentaire dans le cadre des aménagements hydro-agricoles au Mali », *In* Programme Lascaux, Penser une démocratie alimentaire, Vol. 1, (F. COLLART DUTILLEUL sous la dir. Th. BREGER, Coordinateur éditorial), INIDA, 1ére Ed. 2013, pp.143 à 153.

[437] Cl. JOURDAIN-FORTIER et V. PIRONON, *« La sécurité alimentaire dans le droit de l'OMC ; analyse critique et prospective »*, In Programme Lascaux, Penser une démocratie alimentaire, Vol. 1, (F. COLLART DUTILLEUL sous la dir. Th. BREGER, Coordinateur éditorial), prec.

commerce (ADPIC) entré en vigueur le 1er janvier 1995, et une multitude d'accords internationaux concernant l'investissement dans le cadre de l'OMC[438].

Dans l'Accord sur les aspects des droits de propriété intellectuelle qui touchent au commerce (ADPIC), c'est sous le prisme de la consécration de la brevetabilité des ressources productives d'aliments, notamment les semences agricoles que ces monopoles prennent forme[439]. Les ressources productives d'aliments sont ainsi envisagées comme le résultat d'un processus d'innovation technologique et industriel mené et contrôlé principalement par des acteurs privés transnationaux dont il faut protéger les intérêts et l'effort d'innovation contre toutes les formes de contrefaçons[440]. Aux termes de l'alinéa 1er de l'article 27 de l'Accord sur les ADPIC, en effet, *« un brevet pourra être obtenu pour toute invention, de produit ou de procédé, dans tous les domaines technologiques, à condition qu'elle soit nouvelle, qu'elle implique une activité inventive et qu'elle soit susceptible d'application industrielle [...]; des brevets pourront être obtenus et il sera possible de jouir de droits de brevet sans discrimination quant au lieu d'origine de l'invention, au domaine technologique et au fait que les produits sont importés ou sont d'origine nationale ».* Le droit de la propriété intellectuelle, sous l'égide de l'OMC aboutit ainsi à un « droit de propriété privée » qui a pour conséquence de

---

[438] Notamment : L'Accord général sur le commerce des services (AGCS), l'Accord sur les mesures concernant les investissements et liées au commerce (Accord sur les MIC), l'Accord sur les marchés publics et l'Accord sur les subventions et les mesures compensatoires (Accord SMC). Sur ces accords voir : HOUDE Marie-France et YANNACA-SMALL katia, *« Relations entre les accords internationaux sur l'investissement »,* OCDE, Paris, Documents de travail sur l'investissement international, n°2004/1, mai 2004. Consultable en ligne à l'adresse suivante : http://www.oecd.org/fr/daf/inv/politiques-investissement/33773717.pdf

[439] Sur ce sujet voir plus amplement : S. Yamthieu, Accès aux aliments et droit de la propriété industrielle – Contribution à l'orientation du brevet et du certificat d'obtention végétale sur les ressources agricoles dans les pays en développement, thèse, Université de Nantes/N'Gaoundéré, 2013,

[440] Th. BREGER, *« Mondialisation, marchandisation des biens essentiels et ordre public », In* Programme Lascaux, Penser une démocratie alimentaire, Vol. 1, (F. COLLART DUTILLEUL sous la dir. Th. BREGER, Coordinateur éditorial), prec. Pp. 273 à 284, Spécialement p. 276.

limiter l'accès aux ressources productives d'aliments, consacrant de ce fait les monopoles privés, dont seules les puissantes multinationales des pays développés qui contrôlent à la fois le marché mondial des intrants et les terres agricoles des pays en développement pourront tirer profit.

Dans un tel contexte, le discours selon lequel la libéralisation du secteur agricole est conçue en Afrique comme un moyen visant à mettre fin aux monopoles publics comme privés et de favoriser la concurrence pour assurer le développement économique de ces pays et faciliter les besoins sociaux notamment des consommateurs est totalement discrédité. Pire, la libéralisation ne semble être conçue que pour garantir les intérêts financiers des acteurs du commerce international.

Cela est d'ailleurs aisément perceptible à lecture des multitudes d'accords internationaux concernant l'investissement dans le cadre de l'OMC. En effet, ces accords, dont l'objectif fondamental est la « promotion et la protection » des investissements dans les pays hôtes contiennent de nombreuses obligations à la charge des Etats signataires. Ainsi, les Etats d'accueil de l'investissement étranger direct (IED) sont tenus à : a) protéger suffisamment l'IED ; b) garantir un traitement non discriminatoire ; et s'abstenir de prendre des mesures équivalentes à une expropriation. A ces conditions s'ajoute la possibilité pour l'investisseur étranger de saisir un tribunal arbitral pour sanctionner le non-respect des obligations étatiques précitées[441]. Ainsi, la réglementation économique et commerciale internationale favorise la constitution des monopoles des multinationales sur les ressources productives d'aliments. La constitution de ces monopoles et leurs conséquences sur les possibilités d'accès des consommateurs à l'aliment peuvent être démontrées par des illustrations concrètes.

---

[441] Voir plus amplement : Hugo A. MUNOZ URENA, « Il faut que la maison abritant l'investissement étranger ouvre ses portes au développement durable et à la sécurité alimentaire ! », In Programme Lascaux, Penser une démocratie alimentaire, Vol. 1, (F. COLLART DUTILLEUL sous la dir. Th. BREGER, Coordinateur éditorial), prec. Pp. 111à 121.

B- Illustrations concrètes de ces monopoles et leurs conséquences sur l'accès des consommateurs nationaux à l'aliment

Au Mali, comme dans de nombreux pays en développement, les investissements internationaux ont favorisé « l'accaparement » des terres et des ressources productives d'aliments. Ces conventions d'investissements agricoles portent sur des superficies allant de 2 500 à 100 000 hectares et visent, au total, la mise en valeur d'environ 470 000 hectares[442] et contiennent le plus souvent des clauses privilégiées dans l'allocation des ressources en eaux[443].

Pour étayer ces propos nous allons nous appuyer sur trois concrets : la convention d'investissement agricole dite « convention MALIBYA » ; la convention de cession et de bail des terres agricole dite « Convention N-SUKALA », et la convention de bail des terres agricoles dite « Convention SOSUMAR ». Tandis que le phénomène des clauses octroyant un privilège à l'investisseur étranger dans l'allocation des ressources en eau sera principalement mis en évidence dans la Convention MALIBYA[444].

La convention d'investissement agricole dite « convention MALIBYA » est conclue entre la République du Mali et La Grande Jamahiriya arabe libyenne populaire et socialiste en mai 2008. Cette convention, porte sur une superficie totale de 100.000 ha octroyés à la Société Malibya agricole pour une durée de 50 ans renouvelable, dans le delta du fleuve Niger précisément à Macina. Elle est formellement présentée comme étant un projet d'investissement agricole permettant la réalisation de

---

442 Cf. P., BURNOD et al *« Régulations des investissements agricoles à grande échelle Études de Madagascar et du Mali »* In Afrique contemporaine 2011/1 - n° 237 pages 111 à 129.

443 Plus amplement : F. COLLART DUTILLEUIL, A. DIABATE et I. SIDIBE, « le respect du droit à l'eau et la sécurité alimentaire dans le cadre des aménagements hydro-agricoles au Mali », prec.

444 Cf. F. COLLART DUTILLEUIL et A. DIABATE, « La sécurité alimentaire et le droit à l'alimentation à l'épreuve des investissements internationaux en Afrique de l'Ouest : les risques d'une désillusion », prec.

l'autosuffisance et de la sécurité alimentaire, le développement de l'agro-industrie, et le développement de l'élevage. Les deux autres conventions, la Convention N-SUKALA et la Convention SOSUMAR, sont construites sur le même modèle et procèdent de la même logique. La convention de cession et de bail des terres agricoles dite « Convention N-SUKALA » conclue entre l'État du Mali et la société privée de nationalité chinoise, la China light industrial Corporation for foreign economic and technical cooperation (CLETC) en avril 2007. Cette deuxième convention d'investissement, porte sur l'attribution d'une terre agricole d'une superficie de 20.000 ha à la société chinoise CLETC pour une durée de 50 ans renouvelable. Enfin, la convention de bail des terres agricoles dite « Convention SOSUMAR » est conclue en juin 2007 entre L'État du Mali et la société privée SASUMAR ayant pour actionnaire principal la société privée ILLOVO de nationalité sud-africaine et la société privée Schaffer de nationalité américaine. Elle porte sur l'attribution d'une terre agricole d'une superficie de 17.000 ha à deux sociétés étrangères (ILLOVO de nationalité sud-africaine et la société Schaffer de nationalité américaine). Egalement pour une durée de 50 ans renouvelable.

Toutes ces conventions sont formellement présentées comme étant des projets d'investissements agricoles permettant la réalisation de l'autosuffisance et la sécurité alimentaire, le développement de l'agro-industrie, et le développement de l'élevage au Mali. En dépit, de cet énoncé, il n'existe dans aucune de ces conventions une disposition invitant l'investisseur à écouler une partie de sa production sur le marché malien. En l'absence d'une telle disposition, on peut légitimement craindre que ces conventions d'investissement ne participent pas la sécurité alimentaire du pays, et donc ne contribuent pas l'amélioration de l'accès des consommateurs à l'aliment.

Une telle crainte est d'autant plus permise que les objectifs poursuivis par les investisseurs dans l'ensemble de ces conventions, à l'instar de nombreuses conventions conclues entre des pays du sud et des pays et sociétés étrangères, se situent ailleurs : assurer l'approvisionnement du pays investisseur, accroître le développement des agro-carburants ou tout simplement acquérir des terres agricoles pouvant être revendues à court ou à long terme par ou pour des fonds spéculatifs.

S'agissant des clauses privilégiées dans l'allocation des ressources en eau, la convention d'investissement agricole *MALIBYA* fournit l'illustration la plus caractéristique du phénomène de l'accaparement des ressources en eau dans les espaces agricoles par les multinationales. Pour la réalisation de ce projet, l'Etat du Mali a pris divers engagements au profit de l'investisseur libyen dont l'un porte l'allocation des ressources en eaux à l'investisseur libyen. En effet, l'État du Mali s'engage à offrir à la Société Malibya agricole tous les permis d'usage de l'eau du canal de Macina ainsi que l'usage des eaux souterraines selon les besoins du projet déterminés par l'étude de faisabilité économique. Pour ce faire, l'État du Mali garantit à la Société Malibya agricole l'accès à la quantité d'eau nécessaire et sans restriction pour le projet, pendant la période du mois de juin à décembre de chaque année. Entre janvier et mai, en raison de l'étiage du fleuve Niger, les activités de production de la société Malybia concerneront des cultures moins consommatrices d'eau telles que le blé, le mil, le maïs, le soja ainsi que différentes sortes de légumes et l'État du Mali s'engage alors à assurer la quantité d'eau nécessaire pour lesdites cultures à partir du même canal de Macina[445].

L'investisseur libyen obtient ainsi de l'État du Mali un usage sans restriction de l'eau pendant toute l'année, en particulier pendant la période comprise entre janvier et mai. Une telle condition n'est pas innocente et nous semble assez compromettante pour l'approvisionnement et la sécurité alimentaire des consommateurs maliens.

En effet, la période de janvier à mai est la période d'étiage du fleuve Niger qui arrose la quasi-totalité de la zone Office du Niger qui fournit l'essentiel de la production agricole du Mali et où se situent les superficies octroyées à la société libyenne. À cette période, le fleuve Niger se trouve à son plus bas niveau de l'année et conséquemment sa capacité à servir les canaux déversant l'eau sur les espaces agricoles aménagés diminue sensiblement. Il s'ensuit qu'en cas d'étiage sévère, ce qui peut facilement arriver compte tenu des perturbations pluviométriques du pays, seulement une partie des espaces agricoles aménagés pourra être servie. Or, conformément aux

---

[445] Article 8 de la convention MALIBYA prec.

engagements contractuels de l'État du Mali, ce sont les espaces agricoles exploités par la société libyenne qui seront prioritairement servis. Il en résulte qu'en cas d'étiage sévère, le Mali manquera d'une partie importante de sa production agricole, avec pour conséquence que de nombreux consommateurs souffriront de la rareté des denrées sur le marché national.

A l'évidence, de telles conventions compromettent gravement l'approvisionnement des consommateurs nationaux, et même la sécurité alimentaire du pays.

Aussi de telles conventions, si elles sont en adéquation avec la philosophie du droit de l'OMC, ne sont pas conformes aux droits fondamentaux reconnus aussi bien par le Pacte international des droits économiques, sociaux et culturels (PIDESC), que la Charte africaine des droits de l'homme et des peuples (CADHP) ainsi que par les principes établis par la jurisprudence de la Commission Africaine des Droits de l'homme.

On sait en effet, que l'accès à l'aliment, tout comme l'accès aux ressources productives d'aliments sont des droits consacrés par le PIDESC (l'article 11 al.1). Or l'article 11 al. 1 du PIDESC impose à chaque Etat d'user de tous *« moyens appropriés »* et d'agir *« au maximum des ressources disponibles »* pour garantir la pleine jouissance des DESC, tel que le droit d'accéder à l'aliment (l'article 11 al.1)[446]. Dans le même ordre d'idées, le Comté DESC, dans son Observation générale n°15, affirme que dans l'allocation des ressources en eau *« la priorité devrait aussi être donnée à la prévention de la faim et des maladies, ainsi qu'au respect des obligations fondamentales découlant de chacun des droits inscrits dans le Pacte »*[447]. De même, la Charte africaine des droits de l'homme et des peuples (CADHP) (art. 4, 16, et 24) ainsi que la jurisprudence de la Commission Africaine des Droits de l'homme *« jurisprudence Ogoni »,*

---

[446] Voir. Deuxième partie, Titre I, Chapitre I, Section I, § I, A.

[447] Comité des droits économiques, sociaux et culturels, Observation générale n°15 (2002) Le droit à l'eau (art. 11 et 12 du Pacte international relatif aux droits économiques, sociaux et culturels), point 2. Observation générale n° 15, prec. Point 6.

consacrent le droit d'avoir un accès à l'aliment et aux ressources productives d'aliments et imposent à l'Etat le devoir d'assurer l'exercice de ce droit[448].

Section II : Les conditions d'un meilleur accès des consommateurs à l'aliment

Pour parvenir à la sécurité alimentaire des consommateurs, il est nécessaire de sécuriser les approvisionnements alimentaires (§ I) et améliorer les conditions d'accès des consommateurs à ces approvisionnements (§ II).

§ I. La sécurisation des approvisionnements alimentaires

La sécurité des approvisionnements alimentaires de tout pays passe avant tout par la capacité de sa production nationale à satisfaire les besoins alimentaires du pays. Il faut donc envisager l'autosuffisance alimentaire (A). Ensuite, l'objectif de sécurité alimentaire nationale doit être intégré dans les accords et conventions d'investissements portant sur les ressources productives d'aliments (B).

A- La revalorisation du rôle l'Etat dans la définition des politiques alimentaires : autosuffisance alimentaire

L'autosuffisance alimentaire peut être entendue comme étant la capacité d'assurer la satisfaction des besoins alimentaires d'un pays par la production nationale. Ainsi comprise, la notion d'autosuffisance alimentaire implique pour un pays de dépendre le moins possible des échanges internationaux pour garantir les besoins alimentaires des consommateurs nationaux. De l'avis du rapporteur spécial des Nations Unies sur le droit à l'alimentation[449], Olivier DE SCHUTTER,

---

[448] Voir. Deuxième partie, Titre I, Chapitre I, Section I, § I, B.

[449] Le rapporteur spécial est un expert indépendant nommé par le conseil des droits de l'homme des Nations Unies pour examiner la situation dans un pays ou un thème spécifiques relatif aux droits de l'homme et présenter un rapport sur ses travaux . Il a pour

l'autosuffisance alimentaire, est le meilleur moyen pour un pays d'assurer sa sécurité alimentaire et donc de sécuriser ses approvisionnements alimentaires[450]. Cette vision du rapport spécial, se fonde sur le constat que le libéralisme économique, bien qu'il ait pour objectif d'augmenter quantitativement la production et le volume des échanges alimentaires, n'a pas permis d'endiguer l'insécurité alimentaire à travers le monde. Aussi, malgré les politiques de libéralisation et leurs corollaires (notamment l'ouverture au commerce international) adoptés par les pays en développement ceux-ci sont encore soumis à l'insécurité alimentaire[451]. Pour le rapporteur spécial, plutôt que de s'ouvrir aux échanges internationaux, les pays, en particulier les pays en développement, doivent élaborer des politiques publiques tournées vers l'autosuffisance alimentaire pour sécuriser les approvisionnements alimentaires.

Si l'on admet la vision du rapporteur spécial des Nations Unies sur le droit à l'alimentation, deux types de politiques publiques devraient être adoptées pour sécuriser les approvisionnements alimentaires dans les pays en développement : l'accroissement de la production agricole à l'échelle nationale d'une part, et d'autre part, prioriser le développement des

---

tâches de « promouvoir la réalisation complète du droit à l'alimentation et l'adoption de mesures au niveau national, régional et international visant à assurer la réalisation du droit de chacun à une alimentation suffisante et du droit fondamental qu'a toute personne de ne pas souffrir de faim, de façon à pouvoir développer pleinement ses capacités physiques et mentales et les conserver », « d'examiner les moyens de surmonter les obstacles anciens ou nouveaux qui entravent la réalisation du droit à l'alimentation », de « présenter des recommandations sur les mesures qui peuvent être prises en vue d'assurer progressivement le pleine réalisation du droit à l'alimentation, notamment des mesures visant à faire en sorte que chacun soit à l'abri de la faim et puisse, le plus rapidement possible, exercer pleinement le droit à l'alimentation, compte tenu des leçons tirées de la mise en œuvre de plans nationaux de lutte contre la faim », entre autres. Sur l'ensemble des missions du rapporteur spécial voir : Nation Unies, Résolution de la Commission des droits de l'homme 2000/10 Commission des droits de l'Hommes, 52e séance Avril.

[450] « La libéralisation du commerce et l'OMC : aide ou entrave au droit à l'alimentation ? », table ronde entre Olivier De Schutter et Pascal Lamy, 11 mai 2009, prec.

[451] V. en ce sens : C., JOURDAIN-FORTIER et É., LOQUIN, « Droit du commerce international et sécurité alimentaire », prec.

cultures vivrières destinées à la consommation locale sur les cultures d'exportation.

Le premier type de politique publique est soutenu par la FAO à travers le Programme spécial pour la sécurité alimentaire créé en 1994 avec pour principal objectif d'aider les pays à déficits alimentaires à accroître leur production alimentaire. Selon ses initiateurs, le Programme spécial pour la sécurité alimentaire a pour Objectif principal *« d'aider les pays à faibles revenus et à déficit vivrier à améliorer leur sécurité alimentaire nationale grâce à l'augmentation rapide de la productivité et grâce à un contrôle des fluctuations interannuelles de production, sur une base durable du point de vue économique et écologique »*. En effet, pour la FAO, les causes fondamentales de la fréquence de la sous-alimentation et de l'insécurité alimentaire dans les pays en développement ne sont rien d'autre que la faible productivité de l'agriculture, associée à des obstacles politiques, institutionnels et technologiques, la grande variation de la production vivrière d'une saison et d'une année à l'autre, souvent liée à une maîtrise de l'eau insuffisante ou inadéquate pour les cultures et l'élevage, et aussi l'état des emplois ruraux, plus rares qu'en ville[452]. C'est pour aider les pays en développement à surmonter ces obstacles et à faire en sorte que des quantités suffisantes de nourriture soient disponibles, que les approvisionnements soient relativement stables et que les personnes ayant besoin de nourriture puissent y avoir accès que la FAO a initié le Programme spécial pour la sécurité alimentaire. Dans sa stratégie de mise en œuvre, le Programme spécial pour la sécurité alimentaire s'articule autour des principes suivants : *« la maîtrise des ressources en eau grâce à des microsystèmes de contrôle de l'eau qui protègeront ces pays des aléas du climat (sècheresse et inondations) qui sont la cause des graves fluctuations des niveaux de productions annuels »* ; *« l'augmentation de la productivité des cultures, de l'élevage et de l'agriculture ainsi que la production des petits agriculteurs afin que ceux-ci soient à même de nourrir leurs familles et disposer d'excédents pour accroître leurs revenus »* ; *« l'identification des obstacles socio-économiques à la*

[452] Cf. S. YAWO KAKPO *« la FAO et le programme spéciale de la sécurité alimentaire », In* La sécurité alimentaire / Académie de Droit International de La Haye / Hague Academy of International Law ; prec. p. 429à 451.

production, à la commercialisation et à la transformation des produits agricoles "; « la mise au point, pour chaque zone écologique, des systèmes de production économiquement viables permettant de réaliser des projets ayant une bonne rentabilité » ; et *"l'établissement des programmes sectoriels nationaux pour l'agriculture et les plans d'investissements assurant à la fois la sécurité alimentaire et un régime équilibré pour tous"*[453]. Ainsi pour la FAO, la meilleure façon pour les pays en développement d'assurer leur sécurité alimentaire, serait d'accélérer la croissance de la productivité agricole et de la production vivrière locale en s'appuyant sur les possibilités d'une utilisation durable des ressources naturelles et humaines[454].

Le deuxième type de politique publique qui devrait être prise par l'Etat pour sécuriser les approvisionnements alimentaires consisterait à accorder la priorité aux cultures vivrières destinées à la consommation locale. En particulier, il s'agit de développer en priorité les productions vivrières destinées à l'alimentation des populations locales (le mil, le sorgho, le maïs, etc.) au lieu d'accorder la priorité aux productions d'exportation - telles que celles du coton, café, thé, tabac, cacao, etc.- comme c'est le cas jusque-là dans de nombreux pays en développement comme le Mali.

Mais la mise en œuvre d'une telle politique se heurterait aux règles établies par les programmes d'ajustement structurel, dont la philosophie est basée sur les principes du libéralisme économique, qui obligent non seulement les pays à se spécialiser dans des cultures d'exportation au détriment de cultures vivrières destinées à une consommation locale, mais à compter sur les marchés internationaux pour alimenter leurs populations[455]. Dans ce contexte de libéralisme économique, quelles politiques publiques appropriées les pouvoirs publics pourront mettre en œuvre sans se heurter aux règles du commerce international ? A cet égard, COLLART DUTILLEUL et PIRONON, proposent trois types de politiques nationales

---

[453] http://www.fao.org/nouvelle/1998/980402-f.htm

[454] Sur cette question voir plus amplement : S. YAWO KAKPO *« la FAO et le programme spéciale de la sécurité alimentaire »*, prec.

[455] En ce sens : C., JOURDAIN-FORTIER et É., LOQUIN, « Droit du commerce international et sécurité alimentaire », prec.

qui devraient être mis en œuvre au profit de la sécurité alimentaire, sans entraves en droit international. Le premier est d'ordre commercial et réside dans une politique d'autonomie alimentaire : 'Il s'agit d'assurer partiellement la sécurité alimentaire par la mise en œuvre d'une politique économique et commerciale nationale conférant aux États un minimum d'autonomie alimentaire. Cette autonomie est entendue comme la part de la production nationale qu'un État entend consommer nationalement (part en quantité ou en types de produits)' ; le deuxième est d'ordre social et consiste 'à identifier les moyens juridiques opposables pour garantir les besoins alimentaires fondamentaux des populations. À ce titre, un pays doit pouvoir mettre en œuvre des règles économiques dérogatoires pour assurer une subsistance alimentaire minimale de sa population. Autrement dit, une crise alimentaire avérée devrait par exemple constituer une sorte de "fait justificatif" international s'imposant notamment à l'OMC', enfin le troisième type de politique est d'ordre environnemental et réside dans une politique de préservation des ressources naturelles dédiées à la production d'aliments. Le droit doit pouvoir limiter la liberté d'entreprendre de ceux qui investissent dans la terre et dans l'agriculture, nationaux ou étrangers, afin d'empêcher tout management de production risquant d'épuiser ou de polluer les sols"[456].

On le voit, malgré l'austérité des programmes d'ajustements structurels et leur corollaire le libéralisme économique, à toute politique d'autosuffisance alimentaire en Afrique, il existe des voix permettant d'atteindre l'objectif de sécurité des approvisionnements par le biais de politique d'autosuffisance alimentaire. La mise en œuvre de telles politiques paraît d'autant plus opportune que comme le souligne le rapporteur spécial des Nations Unies sur le droit à l'alimentation, le commerce international n'a pas résolu l'insécurité alimentaire dans les pays en développement.

---

[456] F., COLLART DUTILLEUL et V., PIRONON, « Droit économique et sécurité alimentaire » Introduction, Revue internationale de droit économique, 2012/4 t. XXVI, p. 5-14. DOI : 10.3917/ride.258.0005.

B. Intégrer l'objectif de sécurité alimentaire nationale dans les accords et conventions portant sur les ressources productives d'aliments

Pour le rapporteur spécial des Nations Unies sur le Droit à l'alimentation « dans l'idéal, les accords d'investissement devraient inclure une clause prévoyant qu'un pourcentage minimal des cultures produites soit vendu sur les marchés locaux et que ce pourcentage puisse augmenter dans des proportions préétablies, si les prix des denrées alimentaires atteignent certains niveaux sur les marchés internationaux »[457].

Il s'agit ainsi, pour le rapporteur spécial des Nations Unies, d'assurer partiellement l'approvisionnement alimentaire du pays hôte par l'insertion dans les conventions d'investissements de clauses contraignant l'investisseur à préserver une partie de sa production au marché local. Cette part pouvant être augmentée en fonction de l'influence qu'exerceraient les prix des denrées alimentaires à l'échelle internationale sur le marché local.

Ces préconisations du rapporteur spécial mettent ainsi en exergue les rapports qui existent entre la gestion des ressources naturelles dédiées à la production d'aliments et la sécurité des approvisionnements alimentaires. Aussi, ces préconisations traduisent-elles les inquiétudes liées à la sécurité alimentaire dans les pays en développement au regard de la problématique des investissements.

Les développements qui précèdent, et plus spécialement l'étude des conventions d'investissements agricoles au Mali, nous ont fourni des illustrations symptomatiques des risques auxquels le phénomène des investissements expose la sécurité alimentaire dans ce pays. Nous avons pu malheureusement constater que ces conventions d'investissement ne contiennent aucune disposition allant dans le sens de la sécurité des

---

[457] O. DE SCHUTTER, « Principes directeurs sur l'impact des accords de commerce et d'investissements sur les droits de l'homme », Genève, 23-24 juin 2010, consultable en ligne à l'adresse suivante : www.srfood.org/

approvisionnements alimentaires du pays. Or, de nos jours les conventions d'investissements portant sur les ressources dédiées à la production des aliments, ne peuvent plus s'établir sans tenir compte de leur impact sur les droits des populations locales, notamment leur droit d'accès à l'aliment. C'est d'ailleurs une obligation juridique car le PIDESC impose à chaque État d'user de tous « les moyens appropriés » et d'agir « au maximum de ses ressources disponibles » pour garantir la pleine jouissance des DESC, tel que le droit à l'alimentation. C'est aussi une exigence de cohérence pour l'État de s'assurer que les conventions d'investissements qu'il conclut sont compatibles avec les obligations qui lui incombent en vertu des instruments internationaux des droits de l'homme auxquels il a souscrit.

Dans la recherche de cette cohérence, le Gouvernement malien peut d'ailleurs s'inspirer des travaux du Rapporteur spécial des Nations Unies pour le droit à l'alimentation, Olivier De Schutter, qui a élaboré un projet de « Principes directeurs sur l'impact des accords de commerce et d'investissement sur les droits de l'homme »[458]. Ces principes visent à servir d'outils « opérationnels » afin d'orienter les États dans la conclusion de conventions conformes à leurs obligations relatives aux droits de l'homme, et plus précisément sur le droit à l'alimentation.

Le Rapporteur spécial énonce sept principes directeurs : « Préparer des évaluations d'impact fondées sur les droits de l'homme avant de souscrire un accord de commerce ou d'investissements afin d'identifier les incohérences potentielles entre les traités en matière de droits de l'homme déjà existants et les futurs accords de commerce et d'investissement lors des négociations » ; « S'assurer que la conclusion de tout accord commercial ou d'investissement n'entrera pas en contradiction avec ses obligations dans le domaine des droits de l'homme afin de mesurer la répercussion potentielle de l'accord sur les résultats en matière de droits de l'homme, notamment les obligations de l'État de respecter, de protéger et de contribuer à la promotion des droits de l'homme » ; « Élaborer les études d'impacts avant la conclusion des accords afin de pouvoir influer

---

[458] *Ibid.*

sur l'issue des négociations et les compléter si nécessaires ex post » ; "Déterminer une manière de préparer l'évaluation d'impact des accords de commerce et d'investissement sur les droits de l'homme, qui remplit les conditions minimales suivantes : a) indépendance ; b) transparence ; c) participation inclusive ; d) expertise des personnes chargées d'effectuer l'étude d'impact et financement suffisant ; et e) intégration de l'évaluation réalisée au processus de prise de décision (soumission au parlement)" ; "D'autres éléments doivent être pris en compte : a) présenter et utiliser le cadre normatif relatif aux obligations en termes de respect des droits humains ; b) intégrer des indicateurs des droits humains à l'évaluation ; c) assurer que les décisions soient prises à l'issue d'un processus de consultations permanentes (moyennant la participation inclusive et transparente) conforme aux principes d'égalité et de non-discrimination et qui n'ait pas un résultat négatif '; « Se servir des résultats de cette évaluation pour tirer les bénéfices de la croissance économique apportée par les accords de commerce et d'investissement et pour mobiliser des ressources budgétaires à destination de domaines tels que l'enseignement, l'alimentation et le logement tout en protégeant les droits de certains groupes, comme les travailleurs des secteurs les moins efficaces de l'économie » enfin 'Suivre les étapes suivantes afin que l'évaluation se penche sur l'ensemble des impacts potentiels des accords de commerce et d'investissement sur les droits de l'homme : a) identification des droits les plus affectés ; b) encadrement de l'étude d'impact par la définition des questions à traiter et de méthodologie à respecter ; c) collecte de preuves ; d) analyse ; e) conclusions et recommandations ; f) mécanismes d'évaluation'[459].

Les principes directeurs ainsi énoncés par le rapporteur spécial n'ont pas une valeur juridique obligatoire, mais au moments ou des accords d'investissements portant sur des terres agricoles à grande échelle sont conclus entre l'Etat du Mali et des investisseurs étrangers, la référence à ces principes directeurs s'avère indispensable pour permettre au pays d'éviter que la production issue de ces conventions d'investissements ne

---

[459] O. DE SCHUTTER, « Principes directeurs sur l'impact des accords de commerce et d'investissements sur les droits de l'homme », prec.

soient utilisées à d'autres fins que la sécurisation conformable des approvisionnements alimentaires dans le pays. Les craintes d'un détournement de la production issue des contrats d'investissements agricoles de l'objectif de sécurité alimentaire du pays sont d'autant plus justifiées que les objectifs poursuivis par les investisseurs dans l'ensemble de ces conventions, à l'instar de nombreuses conventions conclues entre des pays du sud et des pays et sociétés étrangères, se situent ailleurs : assurer l'approvisionnement du pays investisseur, accroître le développement des agro-carburants ou tout simplement acquérir des terres agricoles pouvant être revendues à court ou à long terme par ou pour des fonds spéculatifs.

§ II. L'amélioration des conditions d'accès des consommateurs aux approvisionnements alimentaires

Pour faciliter l'accès des consommateurs à l'aliment, il faut créer les conditions leur permettant non seulement de disposer de l'aliment à proximité (A) mais aussi avoir la possibilité économique de se procurer l'aliment (B).

A- L'accessibilité physique des consommateurs à l'aliment

L'accessibilité physique des consommateurs à l'aliment pose la problématique de la *proximité* aux approvisionnements alimentaires, ainsi que le souligne M. SOMA l'accessibilité physique aux aliments « se rapporte à la prévalence matérielle des aliments à proximité des personnes qui en ont besoin, de telle sorte qu'elles puissent en jouir concrètement à travers une source d'approvisionnement moins distante que possible ». Cela implique l'existence des services de transport, de distribution, d'entreposage et de conservation des aliments sans lesquels il ne saurait y avoir une meilleure liaison entre les zones de production et les marchés ou entre les marchés intérieurs, régionaux et mondiaux. Il en résulte que l'absence des services de commercialisation de qualité constitue un facteur entravant la proximité aux aliments et subséquemment l'accès à l'aliment. Cette idée est confirmée par la FAO lorsqu'elle indique que *« l'absence de systèmes efficaces de commercialisation, de transformation et de distribution des produits alimentaires est un obstacle à l'accès à l'aliment pour tous »*[460]. Pour faciliter l'accès des consommateurs à l'aliment, il importe donc de prendre des mesures appropriées pour lutter contre ces facteurs entravant l'accès à l'aliment.

En principe , dans un contexte de libéralisation visant à donner une capacité d'initiative aux acteurs privés et à faire de ces derniers le moteur du développement économique et social, il appartient aux acteurs privés d'améliorer par eux-mêmes le cadre de leurs activités commerciales. Toutefois, avec les réformes amorcées par les programmes d'ajustements structurels, conduisant les opérateurs économiques à assumer des tâches relevant autrefois de l'Etat, il apparaît logique de demander à l'Etat de mettre en place un cadre macroéconomique leur permettant d'accomplir leurs tâches. Du reste, l'appui direct de l'Etat dans l'établissement ainsi que l'amélioration des services et outils de commercialisation apparaît comme étant un complément indispensable au processus de libéralisation.

A cet égard, la FAO appelle les Etats, notamment ceux qui ont récemment entamé le processus de libéralisation, à accorder plus d'attention à la commercialisation, à la transformation et à la distribution des produits alimentaires ainsi qu'en témoigne la quatrième directive pour la concrétisation du droit à l'alimentation : *« Il convient que les États veillent à établir des systèmes internes de commercialisation, d'entreposage, de transport, de communication et de distribution efficaces, notamment, en vue de faciliter la diversification des échanges et l'établissement de meilleures liaisons au sein des marchés intérieurs, régionaux et mondiaux, et entre ces marchés, ainsi que de tirer profit des nouveaux débouchés commerciaux »*[461]. Ainsi, la FAO recommande la mise en place d'un environnement propice aux acteurs privés en vue de l'amélioration du marché intérieur des produits alimentaires à travers notamment l'établissement des systèmes internes de commercialisation,

---

460 http://www.fao.org/DOCREP/003/W2614F/w2614f00.htm#Contents

461 FAO, Directives volontaires à l'appui de la concrétisation progressive du droit à une alimentation adéquate dans le contexte de la sécurité alimentaire nationale, Adoptées à la cent vingt-septième session du Conseil de la FAO Novembre 2004, Organisation des Nations Unies pour l'alimentation (FAO), 2005, point 4-6.

d'entreposage, de transport, de communication et de distribution efficaces des produits alimentaires.

Les mesures que l'Etat doit prendre à cette fin sont variées et porteraient notamment sur la construction et la modernisation de locaux commerciaux, comme les marchés de regroupement dans les zones rurales et les marchés de gros et de détail dans les villes, ainsi que les installations spécialisées pour la conservation et l'installation des produits frais ; la construction d'entrepôts permettant le stockage des productions alimentaires ; la construction de routes permettant l'acheminement des produits de leurs zones de production aux zones de consommation. Elles porteraient en outre, sur la promotion des méthodes de transformation des produits alimentaires[462].

Pour la FAO, la transformation présente d'importants avantages pour les consommateurs, outre le fait qu'elle leur assure à longueur de l'année l'accès à des produits périssable ; elle offre une plus grande diversité alimentaire et donne ainsi aux consommateurs un plus grand accès à des produits (et à des éléments nutritifs) qu'ils ne consommeraient pas autrement[463]. Une fois l'aliment rendu physiquement accessible, il faudra qu'il soit aussi économiquement accessible aux consommateurs.

B- L'accessibilité économique des consommateurs à l'aliment

L'accessibilité économique à l'aliment implique que l'acquisition d'une alimentation suffisante doit être garantie pour chaque personne, quelle que soit sa condition financière[464]. Si l'on s'en tient à la doctrine libérale, l'accessibilité économique des consommateurs à l'aliment passe par la soumission du marché au principe du libre jeu de la concurrence. Le

---

[462] FAO, 1996. « Produits alimentaires destinés aux consommateurs : commercialisation, transformation et distribution », Documents d'information technique, prec.

[463] FAO, 1996. « Produits alimentaires destinés aux consommateurs : commercialisation, transformation et distribution », Documents d'information technique, prec. Point 7.

[464] A. SOMA « Droits de l'homme à l'alimentation et sécurité alimentaire en Afrique », prec, p. 49.

postulat de base avancé par les promoteurs du libéralisme économique en Afrique est que, le libre jeu de la concurrence permet d'engendrer une compétition qui conduit à une diminution des prix au profit des consommateurs.

Cette vision est partagée par la FAO pour qui un commerce des produits agricoles concurrentiels offre des débouchés profitables aux particuliers. Pour la FAO, le droit fondamental à l'alimentation s'inscrit dans un contexte de concurrence qui doit être préservé par l'Etat[465], c'est pourquoi la FAO recommande que *« Les États pourront souhaiter adopter des mesures pour que le plus grand nombre possible de particuliers et de communautés, notamment les groupes défavorisés, puissent tirer parti des débouchés qu'offre un commerce des produits agricoles concurrentiel »*[466].

Dans cette perspective, la FAO indique de nombreuses mesures pouvant être prises par l'Etat. Ces mesures porteraient notamment sur « l'établissement d'un système de commerce local, régional et mondial à la fois non discriminatoire et axé sur le marché » ; « la mise en place des lois, des politiques, des procédures d'institutions de réglementation et autres nécessaires pour garantir un accès non discriminatoire aux marchés et pour prévenir toute pratique anticoncurrentielle sur les marchés » ; « l'amélioration du fonctionnement des marchés, en particulier des marchés de produits alimentaires et agricoles, en vue de favoriser la croissance économique et le développement durable notamment en mobilisant l'épargne intérieure publique et privée, en formulant des politiques adéquates en matière de crédit, en établissant des niveaux adéquats durables d'investissement productif grâce aux crédits à des conditions libérales et en renforçant les capacités humaines » ou encore « l'établissement d'un cadre législatif solide, stable et équitable afin de guider et d'encadrer les différents opérateurs du marché et de veiller, en

---

[465] Cf. F. Collart Dutilleul, « Heurs et malheurs du droit fondamental à l'alimentation », in Droits fondamentaux, ordre public et libertés économiques, F. Collart Dutilleul et F. Riem (dir.), Actes du colloque CDRE-LASCAUX, Bayonne, 18 février 2012, coll. Colloques et Essais, Paris, Fondation Varenne/LGDJ, 2012,

[466] ftp://ftp.fao.org/docrep/fao/meeting/009/y9825f/y9825f.pdf

faisant au besoin appliquer la loi, à ce qu'ils observent tous les règles du jeu »[467].

Ainsi, le problème de l'accessibilité économique des consommateurs à l'aliment, trouverait sa solution au travers de l'organisation concurrentielle et du fonctionnement régulier du marché. Toutefois, au regard de la complexité de la problématique d'accès à l'aliment, en particulier du lien étroit qui existe entre l'insécurité alimentaire et la pauvreté, il y'a lieu de se demander si le libre jeu de la concurrence et le fonctionnement régulier du marché suffisent à garantir l'accès des consommateurs à l'aliment dans les pays en développement?

Pour les spécialistes, les difficultés d'accès à l'aliment sont liées avant tout à un problème de sous-développement. Ils soulignent qu'actuellement, les personnes qui ont faim sont en général trop pauvres pour acheter de la nourriture, quand bien même celle-ci existe à proximité [468] car le prix d'acquisition de la nourriture dépasse leurs capacités financières[469]. Selon le PNUD 46,50% de la population d'Afrique subsaharienne disposent d'un revenu inférieur à un dollar par jour. Ce chiffre indique, qu'au-delà des mécanismes du marché, il est nécessaire d'avoir recours à des mécanismes d'intervention publique nationaux portant par exemple sur les subventions ou le soutien des prix à la consommation des denrées de première nécessité.

En Afrique, le processus de libéralisation et son corollaire la mondialisation des échanges, induisent de nombreuses tensions entre les intérêts des consommateurs, notamment leur accès à l'aliment et les intérêts économiques et commerciaux poursuivis par la mondialisation des échanges. En accordant plus d'intérêt au développement du commerce international et aux intérêts économiques des acteurs du commerce

---

[467] Directives volontaires à l'appui de la concrétisation progressive du droit à une alimentation adéquate dans le contexte de la sécurité alimentaire nationale, directive n°4.
[468] S. BRUNEL « Famines et politique », La bibliothèque du Citoyens, Presses de sciences PO, 2002, p.26.
[469] A. MAHIOU, « Sécurité alimentaire » prec. p. 8.

international, le libéralisme économique aboutit à la fragilisation de l'accès des consommateurs à l'aliment. Cela a été démontré tout au long de ce chapitre. Face aux conséquences dramatiques auxquelles cette situation peut conduire, l'aliment étant un bien nécessaire à la vie, il est impératif d'opérer un changement de paradigme. Le *« droit de la mondialisation »* doit davantage prendre en compte des valeurs non marchandes comme l'accès à l'aliment. Aussi, le rôle de l'Etat doit-il être revalorisé dans la définition des politiques agricoles et alimentaires pour préserver l'accès à l'aliment. Ce changement de paradigme doit être accompagné de politiques publiques internes visant à réduire les nombreux obstacles à l'accessibilité physique et économique des consommateurs à l'aliment.

L'objet de ce titre est de savoir si la libéralisation du secteur agricole et alimentaire dans un pays en développement comme le Mali, a apporté des remèdes efficaces aux problèmes d'accessibilité des consommateurs à l'aliment, et si dans ce contexte dominé par la loi du marché, il existe des instruments juridiques favorables à une meilleure protection de l'accès des consommateurs à l'aliment.

Au terme de ce titre, le premier constat qui se dégage est que le modèle libéral et son corollaire, la mondialisation des échanges, s'ils ont permis une augmentation de la production alimentaire à l'échelle mondiale et ont favorisé la fluidité des approvisionnements alimentaires, n'ont pas apporté des remèdes efficaces aux problèmes d'accessibilité des consommateurs à l'aliment dans les pays en développement. Les chiffres de la FAO sont à cet égard assez éloquents, puisque dans son dernier rapport sur l'insécurité alimentaire dans le monde, la FAO indique que sur la période allant de 2010 à 2012, 870 millions de personnes n'ont pas un accès régulier à une alimentation adéquate. Selon ce même rapport, l'immense majorité de ces personnes se trouve en Afrique subsaharienne.

Le deuxième constat est que l'établissement du libéralisme économique et les principes qui le régissent posent des problèmes qui concernent à la fois la souveraineté alimentaire des Etats et la sécurité alimentaire des consommateurs. D'une part, les principes du libéralisme économique limitent la capacité des Etats à déterminer librement la réglementation et les politiques alimentaires nationales pour garantir un meilleur accès des consommateurs à l'aliment. D'autre part, en faisant prévaloir les valeurs marchandes sur les valeurs humaines et sociales, le libéralisme économique relègue au second plan l'objectif de sécurité alimentaire des consommateurs et subséquemment fragilise leur accès à l'aliment au profit du développement du commerce international et des intérêts financiers des acteurs qui dominent le commerce mondial.

Enfin, l'accélération du processus de libéralisation et de mondialisation des échanges et la survenance d'évènements dont le plus marquant a été les émeutes de la faim des années 2007-2008 donnent une forte impression qu'aussi bien les Etats que les consommateurs des pays en développement ne semblent pas encore s'adapter au rythme et aux réalités de la mondialisation des échanges agricoles et alimentaires dominés par la loi du marché.

Aussi, semblent-ils subir, impuissants, les affres de la mondialisation, beaucoup plus soucieuse des intérêts du commerce international que de celui des pays ou des consommateurs.

Face à ces constats et à l'urgence des besoins alimentaires exprimée partout dans le monde et surtout dans les pays en développement, des auteurs particulièrement autorisés, suggèrent, sans mettre en cause le principe de la mondialisation, *« un rééquilibrage entre le local et le global, de façon à permettre à chaque pays de jouer le jeu de la mondialisation tout en préservant des choix nationaux considérés comme vitaux pour la sécurité alimentaire des populations »*[470]. Aussi, suggèrent-ils avec insistance, *« de placer au premier plan du système économique qui gouverne la production agroalimentaire la personne à nourrir et la nature à préserver »* et de situer *« au second plan la libre circulation des marchandises et la loi du marché »*[471]. Dans cette perspective, le *« droit de*

---

[470] F., COLLART DUTILLEUL et V., PIRONON, *« Droit économique et sécurité alimentaire » Introduction,* prec.
[471] F., COLLART DUTILLEUL, *« Proposition pour la reconnaissance internationale d'une "exception" alimentaire sur le modèle de "l'exception culturelle" »,* In Programme

la mondialisation » notamment le droit du commerce international et aussi du commerce intracommunautaire, doivent davantage intégrer et prendre en compte l'objectif de sécurité alimentaire des consommateurs. Après avoir étudié la question de la sécurité alimentaire des consommateurs du point de vue quantitatif, il convient à présent de s'intéresser à l'aspect qualitatif de la sécurité alimentaire des consommateurs.

Lascaux, Penser une démocratie alimentaire, Vol. 1, (F. COLLART DUTILLEUL sous la dir. Th. BREGER, Coordinateur éditorial), prec.Pp .13 à 43.

TITRE II

L'ACCÈS DU CONSOMMATEUR À UNE ALIMENTATION SAINE

La notion d'aliment sain est définie par le législateur communautaire de l'UEMOA à travers la notion de produit sûr comme étant « toute denrée alimentaire, agricole ou d'origine agricole destinée à l'alimentation humaine ou animale qui, dans des conditions d'utilisation normale ou raisonnablement prévisible, ne présente aucun risque ou seulement un risque réduit à un niveau considéré comme acceptable, compte tenu des connaissances du moment »[472].

Longtemps occultée par l'objectif de sécurité des approvisionnements alimentaires, la sécurité sanitaire des aliments est depuis quelques années au centre des préoccupations des pouvoirs publics en Afrique de l'Ouest, aussi bien au niveau national que communautaire. Les récentes crises alimentaires mondiales qui ont suscité et amplifié partout dans le monde les craintes des pouvoirs publics sur les risques d'atteinte à la santé des consommateurs, la mondialisation des échanges alimentaires et son corollaire l'internationalisation des problèmes sanitaires, ainsi que le contexte actuel du commerce international qui impose aux pays et aux ensembles sous régionaux une appropriation des normes et textes relatifs à la sécurité sanitaire des aliments, sont à l'origine de cette prise en compte par les autorités étatiques et communautaires au sein de l'UEMOA des aspects liés à la sécurité sanitaire des aliments. Cette prise en compte est traduite, au niveau national, par l'adoption d'une politique nationale de sécurité sanitaire des aliments. Adoptée par les pouvoirs publics maliens en 2002, la politique nationale de sécurité sanitaire des aliments est conçue pour actualiser et renforcer le cadre législatif et institutionnel de la sécurité

---

472 Article premier du Règlement n°007/2007/CM-UEMOA relatif à la sécurité sanitaire des végétaux, des animaux et des aliments dans l'UEMOA, prec.

sanitaire des aliments en vue de garantir aux consommateurs maliens un accès à une alimentation saine et d'assurer une meilleure protection de leur santé. Cette politique nationale de sécurité sanitaire des aliments est consolidée par l'adoption en 2007 d'un règlement communautaire relatif à la sécurité sanitaire des végétaux, des animaux et des aliments dans l'UEMOA. Le règlement communautaire établit les principes généraux ainsi que les dispositions et procédures organisationnelles permettant d'assurer la sécurité sanitaire des végétaux, des animaux et des aliments, au niveau communautaire et au niveau national. Il institue les structures et mécanismes de coopération en matière de sécurité sanitaire au sein de l'Union.

Ainsi, les autorités nationales et communautaires ont entendu construire un cadre législatif (Chapitre I) et institutionnel (Chapitre II) permettant de garantir aux consommateurs un accès à une alimentation saine et répondant aux exigences du commerce international.

CHAPITRE I

LA LÉGISLATION ALIMENTAIRE RELATIVE À LA SÉCURITÉ SANITAIRE DES ALIMENTS

Selon la formule du législateur européen, la législation alimentaire comprend « les dispositions législatives, réglementaires et administratives régissant les denrées alimentaires en général et leur sécurité en particulier, au niveau communautaire ou national. La législation alimentaire couvre toutes les étapes de la production, de la transformation et de la distribution des denrées alimentaires et également des aliments destinés ou donnés à des animaux producteurs de denrées alimentaires »[473].

Le Document de Politique Nationale et Cadre Institutionnel de sécurité sanitaire des aliments au Mali, adopté en Novembre 2002, indique que l'une des missions devant être réalisées dans le cadre de la politique nationale de sécurité sanitaire des aliments est « l'actualisation et le renforcement du cadre législatif et réglementaire relatif aux denrées alimentaires » afin d'aboutir à « une législation nationale alimentaire globale et cohérente ». Ainsi, à la faveur de la formulation de la politique nationale de sécurité sanitaire des aliments, le Mali a entendu établir « une législation alimentaire globale et cohérente ». Si l'on se réfère à la définition de la législation alimentaire, ci-dessus citée, les dispositifs de cette législation nationale alimentaire doivent couvrir toute l'activité alimentaire ainsi que tous les aspects liés à la sécurité sanitaire des aliments. Aussi, cette législation alimentaire doit-elle déboucher sur l'établissement d'une loi fondamentale structurée et cohérente conformément aux préconisations de la politique nationale de sécurité

---

[473] Règlement (CE) n° 178/2002 du parlement européen et du conseil du 28 janvier 2002 établissant les principes généraux et les prescriptions générales de la législation alimentaire, instituant l'Autorité européenne de sécurité des aliments et fixant des procédures relatives à la sécurité des denrées alimentaires, Journal officiel des Communautés européennes, JOCE 1.2.2002, L 31/1.

sanitaire des aliments et aux directives FAO/OMS pour l'élaboration d'une législation alimentaire nationale.

Mais, l'étude du cadre actuel constituant la législation nationale alimentaire au Mali montre que malgré la formulation de la politique nationale de sécurité sanitaire des aliments, la législation alimentaire nationale reste encore assez lacunaire (Section I). Toutefois, l'avènement du droit communautaire de l'UEMOA relative à la sécurité sanitaire des aliments, contribue grandement à l'amélioration de la législation alimentaire au Mali (Section II).

Section I : Une législation alimentaire nationale encore lacunaire malgré la formulation d'une politique nationale de sécurité sanitaire des aliments

La formulation en 2002 d'une politique nationale de sécurité sanitaire des aliments au Mali, n'a pas à ce jour abouti à l'existence d'une législation nationale alimentaire globale et cohérente. Il en résulte que la construction de la politique nationale de sécurité sanitaire des aliments au Mali n'est pas encore achevée (§ I). Néanmoins, pour remplir à la fois leurs missions régaliennes liées à la protection de la santé publique et satisfaire aux exigences du commerce international, les pouvoirs publics maliens s'approprient les normes et textes internationaux relatifs à la sécurité sanitaire des aliments (§ II).

§ I. La politique nationale de sécurité sanitaire des aliments : une construction inachevée

La politique Nationale de sécurité sanitaire des aliments vise à assurer la protection de la santé des consommateurs par la maîtrise de la qualité sanitaire des aliments. Cet objectif devant être atteint par la mise en place d'un dispositif juridique et institutionnel approprié. L'étude du dispositif juridique actuel de la sécurité sanitaire des aliments montre que la mise en place de cette politique n'est pas encore achevée, ce dont il sera possible de se rendre compte après une présentation des origines de la politique nationale de sécurité sanitaire des aliments (A) et des nombreuses lacunes qui caractérisent actuellement la législation alimentaire au Mali (B).

A. L'origine de la politique nationale de sécurité sanitaire des aliments

La volonté des pouvoirs publics maliens d'assurer aux consommateurs un accès à une alimentation saine ne date pas d'aujourd'hui, puisqu'aux premières années de son accession à l'indépendance le pays a adopté divers textes allant dans ce sens. Toutefois, cette volonté ne s'est traduite par la formulation d'une véritable politique globale et cohérente que très récemment. Plus précisément, une politique nationale de sécurité sanitaire des aliments globale et cohérente n'a été formulée au Mali qu'en 2002. Les facteurs qui ont conduit à la formulation d'une politique nationale de sécurité alimentaire sont multiples et il convient d'évoquer les plus importants avant d'en préciser les sources de cette politique.

Les premiers facteurs, sont liés aux crises alimentaires intervenues au cours de ces dernières décennies, aussi bien au niveau mondial que national. Au niveau mondial, il s'agit, entre autres, de l'encéphalopathie spongiforme bovine encore appelée *maladie de la vache folle*, intervenue en 2001 ; du scandale alimentaire à la dioxine ou encore de l'épidémie de grippe aviaire intervenue en 2006. Ces crises ont amplifié partout dans le monde la hantise des pouvoirs publics à protéger la santé des consommateurs contre les aliments dangereux. Au niveau national, on peut noter les inquiétudes pour la santé des consommateurs suscitées en 2001 par la qualité de la boisson *« dassoumayala »* et l'utilisation du bromate de potassium dans la fabrication du pain, conduisant à des évènements plus dramatiques d'intoxications alimentaires intervenus d'août 2003 à septembre 2004 qui ont touché plusieurs consommateurs dans l'ensemble des régions du pays et occasionnant plus de vingt décès[474].

---

[474] Cette information est tirée du journal quotidien malien le Républicain du 12 avril 2005.

Les seconds facteurs sont liés au processus de construction des marchés uniques et des zones de libres échanges dans l'UEMOA et la CEDEAO, ainsi qu'aux politiques de libéralisation et leur corollaire la mondialisation des échanges alimentaires. Ces facteurs, facilitent la libre circulation des produits alimentaires et conduisent au développement ainsi qu'au regroupement des industries agroalimentaires. Ce cadre favorise l'apparition de toxi-infections connues ou nouvelles, diversifie les sources et multiplie les risques d'atteinte à la santé des consommateurs. Dans ce contexte, assurer la qualité et la sécurité des aliments destinés aux consommateurs, ne peut être réalisé sans la formulation d'une véritable politique cohérente et globale.

Enfin, les troisièmes facteurs sont liés à des considérations économiques et commerciales. En effet, l'ouverture au commerce international, résultant des efforts de libéralisation économique engagés par le Mali dans les années 1980, ouvre la possibilité pour le pays d'insérer le marché international et de tirer profit des avantages qu'offre ce marché. Or, le marché international est à la fois concurrentiel et de plus en plus exigeant, notamment en matière de qualité et de sécurité des aliments. Dès lors, accéder au marché international et tirer profit des avantages qu'offre ce dernier, exige de tous les Etats l'adoption de politiques de sécurité sanitaire et de qualité des aliments appropriées.

C'est l'ensemble de ces facteurs qui a conduit, en novembre 2002, le gouvernement du Mali à élaborer et adopter une politique nationale de sécurité sanitaire des aliments.

Le processus ayant conduit à l'élaboration et à l'adoption de cette politique est entamé le 11 juillet 2001. Il fait suite à l'instruction donnée par le conseil des ministres du 11 juillet 2001 à l'ensemble des ministres impliqués dans la préservation de la sécurité sanitaire des aliments et la protection de la santé des consommateurs, de proposer des moyens et mécanismes permettant une meilleure coordination des actions de contrôle de la qualité et la sécurité des produits alimentaires pour préserver la santé des consommateurs. A cette fin, les différents départements ministériels impliqués, à savoir le ministère de la Santé, le ministère du Développement

Rural, le ministère de l'Industrie et du Commerce et le ministère du Transport, ont entrepris des études qui ont abouti aux recommandations suivantes : la création d'une structure d'évaluation du risque sanitaire des denrées alimentaires et d'une autre structure chargée de la gestion du risque sanitaire des denrées alimentaires, l'élaboration des normes de qualité des denrées alimentaires, le développement d'un partenariat entre tous les services techniques intervenant dans le contrôle des denrées alimentaires, et enfin l'harmonisation des textes législatifs et réglementaires des services techniques intervenant dans la préservation de la qualité et de la sécurité des aliments.

Pour la mise en œuvre de ces recommandations, un comité de réflexion a été créé par un décret n°02-404/P-RM du 14 Août 2002, avec pour missions : de proposer une politique nationale de sécurité sanitaire des aliments ; proposer une cadre institutionnel chargé de l'évaluation et de la gestion des risques sanitaires des denrées alimentaires, et de proposer un schéma de contrôle de qualité des denrées alimentaires, en précisant les rôles des services techniques impliqués. Les travaux de ce Comité ont abouti à un document cadre comportant les éléments suivants : la politique nationale de sécurité sanitaire des aliments ; le cadre institutionnel d'évaluation et de gestion des risques alimentaires.

C'est ce document, validé au courant d'un atelier, regroupant outre des représentants des départements ministériels concernés, de la société civile, des organisations professionnelles, des ordres professionnels et des partenaires techniques, tenu les 7 et 8 novembre 2002, qui va servir d'ancrage pour la politique nationale de sécurité sanitaire des aliments. Selon ce document, qui constitue le Document de Politique Nationale et Cadre Institutionnel de sécurité sanitaire des aliments au Mali, la Politique Nationale de sécurité sanitaire des aliments a pour objectif général « d'assurer la protection de la santé des hommes et des animaux par la maîtrise de la qualité sanitaire des aliments », elle vise à *« mettre en place un cadre institutionnel cohérent de prévention, d'évaluation et de gestion des risques ; d'élaborer un cadre législatif et réglementaire cohérent de prévention, d'évaluation et de gestion des risques ; et mettre en place un système opérationnel de maîtrise de la sécurité sanitaire des aliments »*[475].

B. Les lacunes de la législation nationale relative à la sécurité sanitaire des aliments

L'adoption d'une politique nationale de sécurité sanitaire des aliments traduit incontestablement la volonté des pouvoirs publics maliens de construire une législation alimentaire moderne permettant de relever les défis contemporains en matière de sécurité sanitaire des aliments et à garantir aux consommateurs maliens un accès à une alimentation ne présentant pas de danger pour leur santé. Selon le Document de Politique Nationale et Cadre Institutionnel de Sécurité Sanitaire des Aliments au Mali, la politique nationale de sécurité sanitaire des aliments vise à *« élaborer un cadre législatif et réglementaire cohérent de prévention, d'évaluation et de gestion des risques »*, et les stratégies pour y parvenir consisteraient à *« l'actualisation et au renforcement du cadre législatif et réglementaire relatif aux denrées alimentaires »*[476].

Dans cette idée, la politique nationale de sécurité sanitaire des aliments préconise l'intégration dans la législation alimentaire nationale des mécanismes et principes directeurs répondant d'une part, à l'objectif de réalisation de la sécurité sanitaire des aliments dans le pays et d'autre part, aux exigences des règles du commerce international et à celles des partenaires commerciaux. Il s'agit plus concrètement, d'intégrer dans la législation alimentaire des mécanismes préventifs basés sur un système scientifique d'analyse des risques sanitaires liés aux aliments, l'évaluation des risques, la gestion des risques et la communication sur les risques. Conformément à l'accord sanitaire et phytosanitaire (SPS) de l'Organisation mondiale du commerce (OMC) et aux conventions internationales. Elle préconise en outre, le respect des règles d'hygiène sur toute la chaîne alimentaire suivant trois principes fondamentaux :

[475] Document de Politique Nationale et Cadre Institutionnel de sécurité sanitaire des aliments au Mali, ministère de la santé, Novembre 2002.
[476] *Ibid.*

l'application de ces règles « de la production à la consommation » ; la responsabilisation des producteurs sur la qualité des aliments ; la traçabilité de tous les produits et les denrées alimentaires ainsi que les ingrédients entrant dans leur Composition[477].

Cette vision est conforme aux directives élaborées par la FAO et l'OMS pour aider les autorités nationales, en particulier dans les pays en développement, dans l'élaboration de la législation nationale de sécurité sanitaire des aliments. Selon ces directives, toute politique nationale de sécurité sanitaire des aliments doit comprendre, entre autres, « l'élaboration d'une législation alimentaire appropriée ou la révision de la législation existante de façon à atteindre des objectifs définis par la stratégie nationale » ; « l'élaboration ou la révision des règlements, normes et directives alimentaires, et l'adaptation de ces textes aux exigences internationales » ou encore « des programmes de renforcement des systèmes de surveillance et de contrôle des aliments »[478].

Mais, malgré ces préconisations et la volonté affichée des pouvoirs publics maliens d'établir une législation alimentaire moderne, apte à garantir la sécurité sanitaire des aliments et à préserver la santé des consommateurs, la législation alimentaire nationale demeure encore lacunaire. Ces lacunes peuvent essentiellement être expliquées par deux facteurs.

Le premier tient au manque d'actualisation et de renforcement de la législation nationale alimentaire. En effet, malgré le fait que la Politique Nationale de Sécurité Sanitaire des Aliments ait préconisé l'actualisation et le renforcement de la législation nationale alimentaire, on ne peut à ce jour constater la réalisation d'un tel travail. Pour l'essentiel, la législation alimentaire au Mali repose sur des textes quelque peu vieillis, obsolètes, et parfois inadaptés. Ce constat a d'ailleurs été fait, dans le rapport de l'étude commanditée en 2003 par l'UEMOA concernant le cadre juridique et institutionnel de la Sécurité Sanitaire des Aliments dans les pays de

---

[477] *Ibid.*

[478] FAO/OMS, « Directives pour l'élaboration d'une législation alimentaire nationale », Publication conjointe FAO/OMS, Rome 2003.

l'UEMOA. A ce propos, la revue de l'arsenal juridique de la sécurité sanitaire des aliments montre que l'essentiel des textes date des années 1960 et ceux-ci sont présentés sous formes d'arrêtés ministériels. A titre d'exemple on peut citer l'arrêté N°347/ MD du 03 Juin 1968, concernant le conditionnement du paddy ; l'arrêté N°008/M.D du 15 mai 1967 concernant le conditionnement des légumes ; l'arrêté N°732/MD du 02 août 1966, concernant le conditionnement du poisson séché destiné à l'exportation ; l'arrêté N°733/MD du 02 août 1966, concernant le conditionnement du miel ; l'arrêté N°2199/MDR-CAB, portant interdiction de l'abattage des animaux domestiques et de la vente de leur viande en dehors des lieux et endroits légalement autorisés ; ou encore l'arrêté interministériel N°7028/MRNE-MSPAS du 22/12/1987, portant réglementation de l'inspection sanitaire et de salubrité des produits d'origine animale destinés à l'alimentation humaine au Mali. D'autres textes sont présentés sous forme de décrets ou de lois. C'est le cas par exemple du décret N°66/PG-RM du 02 mars 1962, portant création et fixant les modalités d'organisation et de fonctionnement du contrôle du conditionnement des produits de l'agriculture, de l'élevage, des eaux et forêt et des industries agricoles au Mali ; du décret N°06-259-P-RM du 23 juin 2006, instituant l'autorisation de mise sur le marché des denrées alimentaires, aliments pour animaux et des additifs alimentaires ; de la loi N°02-001/P-RM du 16 janvier 2002 fixant les conditions de production, de transformation et de commercialisation du lait et des produits laitiers, ou encore plus récemment de la loi n°028 du 14 juillet 2011 instituant le contrôle des denrées alimentaires d'origine animale des aliments pour animaux.

Le deuxième tient à l'absence d'une loi structurée et cohérente couvrant tous les produits alimentaires ainsi que toute l'activité alimentaire, à savoir la production, la transformation et la vente, et prenant en compte tous les aspects touchant à la sécurité sanitaire des aliments notamment la fraude, la qualité, l'utilisation des additifs, la prévention de la contamination des aliments, l'étiquetage et le contrôle des aliments importés. Or, selon la FAO et l'OMS, l'élaboration d'une législation alimentaire comportant une loi fondamentale, structurée et cohérente couvrant toute l'activité alimentaire et prenant en compte tous les aspects touchant à la sécurité sanitaire des aliments est une composante essentielle pour la réalisation de l'objectif de sécurité sanitaire des aliments[479]. Dès lors, l'élaboration et l'adoption d'une loi fondamentale régissant l'ensemble des questions liées à la sécurité sanitaire des aliments apparaissent non seulement comme étant nécessaires à la réalisation de l'objectif de sécurité sanitaire des aliments poursuivi par la Politique Nationale de Sécurité Sanitaire des Aliments, mais aussi comme un complément indispensable à l'achèvement de la construction de celle-ci. Pour l'élaboration de cette loi, le législateur malien peut d'ailleurs s'inspirer des directives FAO/OMS pour l'élaboration d'une législation alimentaire nationale. Selon les directives FAO/OMS la législation alimentaire nationale doit contenir les points suivants : *« contenir des définitions claires pour une cohérence accrue et une sécurité juridique renforcée » ;* s'appuyer sur des informations scientifiques transparentes, indépendantes et de haut niveau, à la suite d'une évaluation, d'une gestion et d'une communication des risques ; *« prévoir le recours à des mesures de précaution et l'adoption de dispositions provisoires lorsqu'un niveau inacceptable de risques pour la santé a été décelé et quand il n'a pas été possible de réaliser une évaluation complète des risques » ; « comporter des dispositions stipulant le droit des consommateurs à avoir accès à des informations précises et suffisantes » ; « assurer la traçabilité des produits alimentaires et leur rappel en cas de problème »* ; *« comporter des dispositions claires stipulant que la responsabilité première de la sécurité sanitaire et de la qualité des aliments incombe aux producteurs et aux transformateurs »* ; *« spécifier l'obligation de veiller à ce que seuls des aliments salubres et présentés de façon loyale soient mis sur le marché »* ; *« reconnaître les obligations internationales du pays, notamment en ce qui concerne le commerce »* ; enfin, *« garantir la transparence des travaux d'élaboration de la législation alimentaire ainsi que l'accès à l'information »*[480].

§ II. Le recours aux instruments du commerce international

L'impératif de sécurité sanitaire des aliments et de protection de la santé des consommateurs est pris en compte par les instruments du commerce

---

479 *Ibid.*

480 *Ibid.*

international. Parmi ces instruments les normes du Codex alimentarius (A) et les textes de l'organisation mondiale du commerce tiennent une place importante (B).

A- Les normes internationales de sécurité sanitaire des aliments : l'importance des normes du *Codex alimentarius*

Initiée conjointement par l'Organisation des Nations Unies pour l'Alimentation et l'Agriculture (FAO) et l'Organisation mondiale de la santé (OMS), la Commission du Codex Alimentarius s'efforce d'élever le niveau de protection de la santé des consommateurs et à favoriser des pratiques équitables en matière de commerce des aliments dans le monde. Elle s'évertue de mettre à la disposition des Etats des normes internationales de sécurité sanitaire et de qualité des aliments pour promouvoir une plus grande sécurité sanitaire et une plus forte valeur nutritive des aliments destinés aux consommateurs du monde entier, ainsi qu'à faciliter une plus grande participation des pays au commerce mondial[481]. Comme l'indique l'article 1er des statuts de la Commission du Codex Alimentarius, l'un des buts principaux de la Commission est la préparation de normes alimentaires et leur publication dans le Codex Alimentarius. Ainsi, les normes du Codex Alimentarius servent de base au renforcement et à l'amélioration des législations alimentaires nationales et fournissent des repères en termes de sécurité sanitaire des aliments pour le commerce international des denrées alimentaires.

Les normes du Codex Alimentarius visant la réalisation de l'objectif de sécurité sanitaire des aliments et de protection de la santé des consommateurs sont généralement classées en deux catégories. Il y'a d'une part, les normes dites *« horizontales »* qui visent l'ensemble des produits alimentaires, et d'autre part, les normes dites *« verticales »* destinées à un aliment particulier ou à un groupe d'aliments spécifiques. Ces deux types de normes ne présentent pas le même intérêt s'agissant de la protection de la santé des consommateurs puisque les normes *« verticales »* s'intéressent généralement aux facteurs qualitatifs, comme

---

481 http://www.codexalimentarius.org/codex-home/fr/

la composition ou la présentation des produits alimentaires, tandis que les normes *« horizontales »* s'intéressent davantage aux aspects relatifs à la sécurité sanitaire des aliments et à la protection de la santé des consommateurs, comme l'hygiène alimentaire, l'étiquetage, les additifs et les contaminants[482]. Les normes horizontales sont donc assez importantes pour la réalisation de l'objectif de sécurité sanitaire des aliments et de protection de la santé des consommateurs. Le Codex alimentarius contient actuellement de nombreuses normes alimentaires, couvrant les principaux produits alimentaires commercialisés dans le monde et visant la réalisation de l'objectif de sécurité sanitaire des aliments et de protection de la santé des consommateurs[483].

S'agissant des normes *« horizontales »*, parmi les principales d'entre elles on peut citer la *norme générale pour l'étiquetage des denrées alimentaires préemballées[484], la norme générale pour les additifs alimentaires[485],* ou encore *les directives Régionales (Afrique) pour la conception de mesures de contrôle des aliments vendus sur la voie publique[486].*

La norme générale pour l'étiquetage des denrées alimentaires préemballées, concerne l'étiquetage de toutes les denrées alimentaires préemballées offertes comme telles au consommateur ou destinées à la restauration collective, ainsi qu'à certains aspects touchant à leur présentation comme « le nom du produit », « la liste des ingrédients », « le

---

[482] Voir en ce sens : FAO, Etudes législatives n°94 « Perspectives et directives de législation alimentaire et nouveau modèle de loi alimentaire », Organisation des Nations Unies pour l'Alimentation et l'Agriculture (FAO), Rome 2007. p. 33 et Ss.

[483] La liste complète des normes est consultable en ligne à l'adresse suivante : http://www.codexalimentarius.org/normes-officielles/liste-des-normes/fr/?no_cache=1

[484] Codex alimentarius, Norme générale pour l'étiquetage des denrées alimentaires préemballées, CODEX STAN 1-1985, Adoptée 1985 et amendée 1991, 1999, 2001, 2003, 2005, 2008 et 2010.

[485] Codex alimentarius, Norme générale pour les additifs alimentaires, CODEX STAN 192-1995, Adopté en 1995. Révisée 1997, 1999, 2001, 2003, 2004, 2005, 2006, 2007, 2008, 2009, 2010, 2011, 2012 et 2013.

[486] Codex alimentarius, directives Régionales pour la conception de mesures de contrôle des aliments vendus sur la voie publique (Afrique), CAC/GL 22R – 1997, Adoptée en 1997, Révision 1999.

contenu net et poids égoutté », « le nom et l'adresse du fabricant, de l'emballeur, du distributeur, de l'importateur, de l'exportateur ou du vendeur de la denrée alimentaire » « Le pays d'origine du produit » « l'identification des lots », « le datage et instructions d'entreposage » ou encore « le mode d'emploi du produit »[487].

La norme générale pour les additifs alimentaires, pour sa part, établit « les additifs alimentaires considérés propres à être utilisés dans les aliments », énonce « les conditions dans lesquelles des additifs alimentaires peuvent être utilisés dans les aliments que ceux-ci fassent ou non l'objet d'une norme Codex », elle indique par ailleurs que l'utilisation d'additifs alimentaires ne se justifie que si elle comporte un avantage, ne présente pas de risque appréciable pour la santé des consommateurs, n'induit pas ceux-ci en erreur, remplit une ou plusieurs des fonctions technologiques énoncées par le Codex et répond aux besoins énoncés ci-après, et uniquement si ces objectifs ne peuvent pas être atteints par d'autres moyens économiquement et technologiquement applicables : préserver la qualité nutritionnelle de l'aliment ; introduire les ingrédients ou composants nécessaires dans des denrées alimentaires manufacturées destinées à certains groupes de consommateurs ayant des besoins diététiques particuliers ; améliorer la conservation ou la stabilité d'un aliment ou ses propriétés organoleptiques, à condition de ne pas en altérer la nature, la substance ou la qualité de façon à tromper le consommateur ; ou enfin servir d'adjuvant dans la fabrication, la transformation, la préparation, le traitement, l'emballage, le transport ou l'entreposage de l'aliment, à condition que l'additif ne soit pas utilisé pour masquer les effets de l'utilisation de matières premières de mauvaise qualité ou de méthodes ou techniques indésirables (y compris le manque d'hygiène)[488]. Enfin, il y'a les directives régionales (Afrique) pour la conception de mesures de contrôle des aliments vendus sur la voie publique. Ces directives ont pour objectif d'aider les autorités dans les pays d'Afrique à améliorer les activités de vente des aliments sur la voie publique afin d'assurer aux consommateurs des aliments salubres, sains et nutritifs dans

---

[487] V. Codex alimentarius, Norme générale pour l'étiquetage des denrées alimentaires préemballées, prec.

[488]Codex alimentarius, Norme générale pour les additifs alimentaires, prec.

des emplacements accessibles. A ces fins, elles énoncent des dispositions et pratiques générales en matière d'hygiène à inclure dans la législation alimentaire ou les codes d'usages concernant la préparation et la vente des aliments sur la voie publique. Elles établissent des règles relatives aux centres ou étals de restauration situés sur la voie publique (leurs emplacements, leurs conceptions et leurs constructions). Elles établissent ensuite des règles relatives à l'hygiène des locaux, du matériel utilisé dans la vente des aliments ainsi qu'à l'hygiène corporel des vendeurs. En outre, elles énoncent des mesures pratiques de contrôle permettant aux autorités de vérifier le respect par les vendeurs des pratiques en matière d'hygiène visant à garantir la sécurité et la salubrité des aliments[489].

Pour ce qui est des normes *« verticales »* parmi les multiples normes Codex disponibles l'on citera la *norme pour le riz*[490], la *norme pour les laits en poudre et la crème en poudre*[491] ou encore la *norme pour le gari*[492]. La *norme pour le riz* délimite d'abord son champ d'application. Elle indique qu'elle s'applique au riz décortiqué, au riz usiné et au riz étuvé destinés à la consommation humaine directe, à l'exclusion des autres produits dérivés du riz ou au riz gluant. Elle donne ensuite la définition des termes tels que « riz », « riz paddy », « riz décortiqué », « riz étuvé », « riz gluant ». Elle établit les facteurs essentiels de composition et de qualité de ces produits. Elle indique enfin des dispositions applicables aux contaminants, à l'hygiène, au conditionnement, à l'étiquetage et aux méthodes d'analyse et d'échantillonnage du riz. La *norme pour les laits en poudre et la crème en poudre,* définit les termes « laits » et « crème en poudre ». Elle établit ensuite les facteurs essentiels de composition et de qualité de ces produits. Elle établit une liste des additifs utilisables dans ces produits et fixe la

---

[489] Voir Codex alimentarius, directives Régionales pour la conception de mesures de contrôle des aliments vendus sur la voie publique (Afrique), prec.
[490] Codex Alimentarius, Norme pour le riz, CODEX STAN 198, adoptée en 1995.
[491] Codex Alimentarius, Norme pour les laits en poudre et la crème en poudre, CODEX STAN 207-1999, remplacé les normes pour le lait entier en poudre, le lait partiellement écrémé en poudre et le lait écrémé en poudre (A-5-1971) et pour la crème en poudre, la demi-crème en poudre et le lait en poudre riche en matière grasse (A-10-1971). Adopté en 1999. Amendé en 2010, 2013.
[492] Codex Alimentarius, Norme pour le gari, CODEX STAN 151-1989, Adopté 1989. Révision 1995. Amendement 2013.

limite maximale de leur utilisation. Elle mentionne enfin les dispositions applicables aux contaminants, à l'hygiène, au conditionnement, à l'étiquetage et aux méthodes d'analyse et d'échantillonnage de ces produits. La norme sur la gari, quant à elle, définit tout d'abord ce produit[493]. Elle établit ensuite les facteurs essentiels de composition et de qualité de ce produit. Elle indique enfin les dispositions applicables aux contaminants, à l'hygiène, au conditionnement, à l'étiquetage et aux méthodes d'analyse et d'échantillonnage du gari.

Ainsi, les normes, horizontales et verticales, du Codex Alimentarius constituent une base importante permettant aux pays d'améliorer la sécurité sanitaire des aliments et d'élever le niveau de protection de la santé des consommateurs. Le recours à ces normes est devenu d'autant plus nécessaire qu'avec la libéralisation du commerce et le rôle grandissant accordé à la sécurité des aliments, les normes en matière de sécurité sanitaire des aliments prennent une portée croissante. Aussi, constituent-elles de nos jours des outils d'harmonisation des réglementations sanitaires en vue de réduire les obstacles au commerce et d'assurer un bon fonctionnement du commerce aussi bien intracommunautaire qu'international. C'est pourquoi le recours aux normes du Codex est encouragé aussi bien par les organisations sous régionales africaines notamment l'UEMOA et la CEDEAO ainsi que par l'Organisation mondiale du commerce (OMC). A ce propos, l'accord sur les mesures sanitaires et phytosanitaires (SPS) indique dans son préambule que les Etats membres de l'OMC sont *« désireux de favoriser l'utilisation de mesures sanitaires et phytosanitaires humanisées »* entre eux *« sur la base de normes, directives et recommandations internationales »*[494]. En plus des normes du Codex alimentarius, il existe dans le droit du commerce

---

493 La norme définit le gari comme étant « le produit fini résultant du traitement artisanal ou industriel des tubercules du manioc (ManihotesculentaCrantz). Ce traitement consiste à éplucher, laver et râper les tubercules, puis à les soumettre à la fermentation, au pressage, à la fragmentation, à la fragmentation granulation, au séchage éventuel, au tamisage et au traitement thermique approprié. Le gari se présente sous forme de farine de granulométrie variable ».

494 Cf. préambule l'Accord sur l'application des mesures sanitaires et phytosanitaires (l'« Accord SPS »), entrée en vigueur le 1er janvier 1995, consultable en ligne à l'adresse suivante : http://www.wto.org/french/docs_f/legal_f/15-sps.pdf

international des règles qui sont elles aussi d'une grande importance pour la réalisation de l'objectif de sécurité sanitaire des aliments et de la protection de la santé des consommateurs.

B. Les règles du droit du commerce international prenant en compte l'impératif de sécurité sanitaire des aliments et de protection de la santé des consommateurs

Le droit du commerce international, et plus particulièrement le droit de l'Organisation mondiale du commerce OMC, contient de nombreuses règles prenant en compte l'objectif de sécurité sanitaire des aliments et de protection de la santé des consommateurs. Parmi ces règles celles relevant des deux accords conclus dans le cadre de l'OMC à savoir l'Accord sur l'application des mesures sanitaires et phytosanitaires (Accord SPS)[495] et l'Accord sur les obstacles techniques au commerce (Accord OTC)[496] occupent une place centrale.

Déjà dans l'Accord général sur les tarifs douaniers et le commerce, plus communément appelé par son acronyme anglais GATT, les problèmes sanitaires n'étaient pas occultés puisque figurent en son article XX (b) les dispositions suivantes : *« Sous réserve que ces mesures ne soient pas appliquées de façon à constituer soit un moyen de discrimination arbitraire ou injustifiable entre les pays où les mêmes conditions existent, soit une restriction déguisée au commerce international, rien dans le présent Accord ne sera interprété comme empêchant l'adoption ou l'application par toute partie contractante des mesures nécessaires à la protection de la santé et de la vie des personnes et animaux ou à la préservation des végétaux ».* Les objectifs ressortant de cette disposition apparaissent dans deux dispositions pertinentes de l'Accord sur

---

[495] Accord sur l'Application des Mesures Sanitaires et Phytosanitaires, entré en vigueur le 1er janvier 1995, consultable en ligne à l'adresse suivante : http://www.wto.org/french/tratop_f/sps_f/spsagr_f.htm

[496] Accord sur les obstacles techniques au commerce (Accord OTC) entré en vigueur le 1er janvier 1995, consultable en ligne à l'adresse suivante : http://www.wto.org/french/docs_f/legal_f/17-tbt.pdf

l'application des mesures sanitaires et phytosanitaires (Accord SPS) et l'Accord sur les obstacles techniques au commerce (Accord OTC). Ces deux accords ont pour objectif fondamental de préserver le droit souverain des gouvernements d'établir le niveau de protection sanitaire des personnes, des animaux et des végétaux qu'ils jugent approprié, tout en faisant en sorte que ce droit ne soit pas exercé à des fins protectionnistes.

Ainsi, le préambule de l'accord SPS entré en vigueur le 1er janvier 1995 affirme « qu'aucun Membre ne devrait être empêché d'adopter ou d'appliquer des mesures nécessaires à la protection de la santé et de la vie des personnes et des animaux ou à la préservation des végétaux, sous réserve que ces mesures ne soient pas appliquées de façon à constituer soit un moyen de discrimination arbitraire ou injustifiable entre les Membres où les mêmes conditions existent, soit une restriction déguisée au commerce international ». Cette volonté est traduite par l'article 3 point 3 dudit accord en ces termes *« les Membres pourront introduire ou maintenir des mesures sanitaires ou phytosanitaires qui entraînent un niveau de protection sanitaire ou phytosanitaire plus élevé que celui qui serait obtenu avec des mesures fondées sur les normes, directives ou recommandations internationales pertinentes s'il y a une justification scientifique ou si cela est la conséquence du niveau de protection sanitaire ou phytosanitaire qu'un Membre juge approprié conformément aux dispositions pertinentes des paragraphes 1 à 8 de l'article 5 (2). Nonobstant ce qui précède, aucune mesure qui entraîne un niveau de protection sanitaire ou phytosanitaire différent de celui qui serait obtenu avec des mesures fondées sur les normes, directives ou recommandations internationales ne sera incompatible avec une autre disposition du présent accord ».*

De même, l'accord OTC entré en vigueur le 1er janvier 1995, permet aux Etats d'adopter des règlements techniques sanitaires ou phytosanitaires ayant des effets potentiellement restrictifs sur le commerce pour poursuivre des objectifs *« légitimes »,* tels que la sécurité sanitaire des aliments ou la protection de la santé des consommateurs. En ce sens, l'article 2 point 2 de l'accord indique que *« les règlements techniques ne seront pas plus restrictifs pour le commerce qu'il n'est nécessaire pour réaliser un objectif légitime, compte tenu des risques que la non-*

réalisation entraînerait. Ces objectifs légitimes sont, entre autres, la sécurité nationale, la prévention de pratiques de nature à induire en erreur, la protection de la santé ou de la sécurité des personnes, de la vie ou de la santé des animaux, la préservation des végétaux ou la protection de l'environnement ».

La mise en œuvre des textes ci-dessus évoqués devrait ainsi aboutir à une double finalité : d'une part assurer l'approvisionnement des consommateurs en produits alimentaires sains, et d'autre part, empêcher l'utilisation des mesures sanitaires rigoureuses comme prétexte à la protection des marchés nationaux. Dans ce cadre, chaque Etat a le droit d'adopter des mesures appropriées pour la protection de la vie ou de la santé des personnes et des animaux ou la préservation des végétaux.

Ainsi la réalisation de l'objectif de sécurité sanitaire des aliments et de protection de la santé des consommateurs peut s'effectuer au moyen de mesures sanitaires autorisées par les accords SPS et OTC de l'OMC. La portée de ces mesures ainsi que leur nature sont d'ailleurs précisées dans l'annexe A de l'accord SPS.

Selon ce document, les mesures sanitaires et phytosanitaires s'entendent de toute mesure appliquée pour protéger, sur le territoire du membre, la santé et la vie des animaux ou préserver les végétaux des risques découlant de l'entrée, de l'établissement ou de la dissémination de parasites, maladies, organismes porteurs de maladies ou organismes pathogènes ; pour protéger, sur le territoire du membre, la santé et la vie des personnes et des animaux des risques découlant des additifs, contaminants, toxines ou organismes pathogènes présents dans les produits alimentaires, les boissons ou les aliments pour animaux ; pour protéger, sur le territoire du membre, la santé et la vie des personnes des risques découlant de maladies véhiculées par des animaux, des plantes ou leurs produits, ou de l'entrée, de l'établissement ou de la dissémination de parasites ; ou pour empêcher ou limiter, sur le territoire du membre, d'autres dommages découlant de l'entrée, de l'établissement ou de la dissémination de parasites[497].

[497]Accord sur l'Application des Mesures Sanitaires et Phytosanitaires, ANNEXE A, prec.

S'agissant de la nature des mesures pouvant être prises, le document indique que les mesures sanitaires ou phytosanitaires comprennent « toutes lois, tous décrets, toutes réglementations, toutes prescriptions et toutes procédures pertinents, y compris, entre autres choses, les critères relatifs au produit final ; les procédés et méthodes de production ; les procédures d'essai, d'inspection, de certification et d'homologation ; les régimes de quarantaine, y compris les prescriptions pertinentes liées au transport d'animaux ou de végétaux ou aux matières nécessaires à leur survie pendant le transport ; les dispositions relatives aux méthodes statistiques, procédures d'échantillonnage et méthodes d'évaluation des risques pertinentes ; et les prescriptions en matière d'emballage et d'étiquetage directement liées à l'innocuité des produits alimentaires »[498].

Toutefois, vu qu'un des objectifs premiers des accords conclus dans le cadre de l'OMC est de contribuer au développement du commerce international et favoriser le libre-échange, il va sans dire que ces droits reconnus aux Etats sont assortis de mesures permettant de faire en sorte que les mesures prises par ces derniers ne servent pas à des fins protectionnistes. De telles mesures sont prévues dans les deux accords (SPS et OTC). Plus précisément ces accords imposent que toute mesure sanitaire ou phytosanitaire soit fondée sur des principes scientifiques et ne peut être maintenue sans preuves scientifiques suffisantes de sa nécessité ; elles doivent être fondées soit sur une norme internationale pertinente, soit sur une évaluation scientifique du risque ; les règlements sanitaires ne doivent être adoptés que dans la mesure nécessaire à la protection de la vie ou de la santé des personnes et des animaux ou à la préservation des végétaux[499]. Sur ce dernier point, et à l'égard des pays en développement, la doctrine n'a pas manqué de souligner les difficultés pour ces pays de respecter l'obligation de justifier les mesures sanitaires. Mrs. J. Michael FINGER et Philip SCHULER, indiquent à ce propos, que *« non seulement l'application des obligations assumées par les pays en développement dans le cadre des normes sanitaires et phytosanitaires représente un coût important »*, mais *« les obligations de l'OMC font apparaître une piètre*

---

[498] *Ibid.*

[499] Accord sur l'Application des Mesures Sanitaires et Phytosanitaires et l'Accord sur les obstacles techniques au commerce, prec..

conscience des problèmes de développement et une mauvaise appréciation des capacités des pays les moins développés à s'acquitter des fonctions prescrites par les règles SPS (...). Vu qu'ils n'étaient guère en mesure de participer aux négociations du Cycle d'Uruguay, le processus de l'OMC n'a pas suscité chez eux le sentiment qu'ils gardaient la maîtrise des réformes que leur qualité de membre de l'OMC les contraint à engager. De leur point de vue, leur mise en œuvre a été imposée de manière régalienne, sans qu'on se soit préoccupé du coût, de la manière de s'y prendre, ni de savoir si cela permettra de soutenir leurs efforts de développement. »[500].Cette préoccupation semble être prise en compte par l'accord SPS puisque son article 10 point 4 sur le traitement spécial et différencié dispose que « les membres devraient encourager et faciliter la participation active des pays en développement membres aux travaux des organisations internationales compétentes ». Toutefois, il est rapporté que les pays en développement ont maintes fois fait remarquer que cette clause de *« l'effort maximal »* n'a pas été respectée[501]. Dans tous les cas les recours aux règles du droit du commerce international, ainsi qu'aux normes internationales de sécurité sanitaire des aliments, apparaissent aujourd'hui comme étant un moyen permettant à des pays en développement, à l'instar du Mali et des nombreux pays de la sous-région ouest africaine, de combler les lacunes de leurs législations relatives à la sécurité sanitaire des aliments. Sur ce point, l'apport du droit communautaire de l'UEMOA, à l'amélioration de la législation alimentaire de ces Etats membres mérite d'être étudiée.

Section II : L'amélioration de la législation alimentaire par l'avènement du droit communautaire de l'UEMOA

L'amélioration de la législation alimentaire dans l'espace UEMOA constitue actuellement une préoccupation majeure des autorités communautaires de l'UEMOA. Cette préoccupation s'est traduite en 2007,

---

[500] J. M., FINGER et P. SCHULER, http://econ.worldbank.org/docs/941.pdf.

[501] Conférence des Nations Unies sur le commerce et le développement, « module de formation concernant l'accord de l'OMC sur les Mesures Sanitaires et Phytosanitaires », NATIONS UNIES, New York et Genève, novembre 2005.

par l'adoption du règlement communautaire relatif à la sécurité sanitaire des végétaux, des animaux et des aliments dans l'UEMOA. L'adoption de ce texte, consacre l'émergence de l'objectif de sécurité sanitaire des aliments dans l'UEMOA **(A)** et le renforcement des législations alimentaires au sein de l'UEMOA **(B)**.

§ I. La sécurité sanitaire des aliments : un objectif émergent du droit communautaire de l'UEMOA

Pour élever le niveau de protection de la santé des consommateurs dans l'UEMOA et satisfaire aux exigences du commerce international, les autorités communautaires de l'UEMOA, ont procédé à l'harmonisation des législations alimentaires dans l'UEMOA (A) et ont initié des politiques communautaires visant à améliorer la qualité des aliments dans l'espace UEMOA (B).

A-La recherche de l'amélioration de la sécurité sanitaire des aliments par l'harmonisation des législations alimentaires nationales

Selon le dictionnaire juridique CAPITANT, l'harmonisation est une « opération législative consistant à mettre en accord des dispositions d'origine (et souvent de date) différente, plus spécialement à modifier des dispositions existantes afin de les mettre en cohérence avec une réforme nouvelle », ou encore une « opération consistant à unifier des ensembles législatifs différents par élaboration d'un droit nouveau empruntant aux uns et aux autres »[502]. Ainsi définie, l'harmonisation apparaît dans le cadre communautaire comme étant une opération visant à rapprocher ou à mettre en cohérence diverses législations nationales en vue de réaliser un objectif communautaire.

---

[502] G. CORNU, (Sous la dir. de), Association Henri Capitant, Vocabulaire juridique, 3éme éd. Presse Universitaire de France, 1987, p. 394.

Comme l'indique le Professeur François COLLART DUTILLEUL, une telle opération peut emprunter plusieurs voies se situant entre deux extrêmes : « au minimum, il s'agit de rendre compatible entre eux des systèmes juridiques différents. Au maximum, le rapprochement des législations conduit à l'unification substantielle des règles, voire à leur uniformisation »[503]. C'est cette dernière voie qu'a choisi le législateur de l'UEMOA en adoptant le 6 avril 2007 le règlement n° 007/2007 relatif à la sécurité sanitaire des végétaux, des animaux et des aliments dans l'UEMOA .

Soulignons au passage que cette intervention du législateur communautaire de l'UEMOA pour élaborer une réglementation communautaire relative à la sécurité sanitaire des végétaux, des animaux et des aliments trouve son fondement juridique dans divers textes. Il s'agit plus précisément du traité constitutif de l'UEMOA modifié le 29 janvier 2003, du Protocole Additionnel n°2 au Traité, relatif aux politiques sectorielles des pays membres de l'UEMOA et de l'Acte Additionnel n°3 portant adoption de la Politique Agricole de l'Union (PAU). En effet, aux termes de l'article 4 (e) du traité constitutif de l'UEMOA l'un des objectifs poursuivis par l'Union est « d'harmoniser, dans la mesure nécessaire au bon fonctionnement du marché commun, les législations des Etats membres »[504]. Pour sa part, le Protocole additionnel n°2 précise à l'article 14 de son chapitre 5 fixant les orientations relatives à la politique agricole de l'UEMOA, que la Conférence des Chefs d'Etat et de Gouvernement met en œuvre les mesures nécessaires à « la réalisation de la sécurité alimentaire et d'un degré adéquat d'autosuffisance au sein de l'Union, tenant compte des complémentarités entre les Etats membres et de leurs avantages comparatifs respectifs »[505]. De son côté, l'article 8 de l'Acte Additionnel n°3 portant adoption de la PAU définit les trois grands axes

---

[503] F. COLLART DUTILLEUL, *«Le droit agroalimentaire en Europe : Entre harmonisation et uniformisation »* In INDRET Revista para el analisisdelDerecho, n° 3/2007, Barcelona Juillet 2007, http://www.indret.com/pdf/453_fr.pdf

[504] Article 4 (e) Traité modifié de l'Union économique et monétaire ouest africaine du 29 janvier 2003. Disponible en ligne à l'adresse suivante : http://www.droit-afrique.com/images/textes/Afrique_Ouest/UEMOA_Traite_constitutif_revise.pdf

[505] http://www.uemoa.int/Pages/Actes/NewPages/Protocole_additionnel_II.aspx

d'intervention de la PAU. Au deuxième axe de cet article, « approfondissement du marché commun dans le secteur agricole et gestion des ressources partagées » apparaît le rôle de la communauté dans la sécurité sanitaire des aliments puisqu'il précise que dans la mise en œuvre de la PAU l'Union s'attache à « Assurer aux producteurs des conditions de mise en marché équitable pour leur production et garantir aux consommateurs le respect des normes, la qualité et la régularité de leur approvisionnement », par « l'harmonisation des normes de production et de mise sur le marché, des normes sanitaires, de la fiscalité appliquée au secteur agricole, ainsi que sur le dispositif de contrôle »[506].

C'est donc sur le fondement de ces textes légitimant l'intervention de l'UEMOA dans le secteur de la sécurité sanitaire des aliments, qu'a été adopté le règlement n° 007/2007 relatif à la sécurité sanitaire des végétaux, des animaux et des aliments dans l'UEMOA.

Le règlement n° 007/2007 établit les principes généraux ainsi que les dispositions et procédures organisationnelles permettant d'assurer la sécurité sanitaire des végétaux, des animaux et des aliments, au niveau communautaire et au niveau national. Par ailleurs, Il institue les structures et mécanismes de coopération en matière de sécurité sanitaire au sein de l'Union[507].

L'objet global du règlement n° 007/2007 et son champ d'application sont énoncés dans le chapitre premier. Aux termes de l'Article 2 de ce chapitre, en effet, le règlement a pour objet « la réglementation de la protection sanitaire des végétaux et des produits végétaux et autres articles réglementés, y compris les produits issus des biotechnologies modernes tels que définis dans le présent Règlement ; la protection sanitaire des animaux, des produits animaux, des produits d'origine animale, de l'alimentation animale et de la santé publique vétérinaire, y compris les produits issus des biotechnologies modernes ; la protection sanitaire des

---

[506] http://www.uemoa.int/Documents/Actes/CCE_UEMOA_27032006_acte03_2006.pdf
[507] Cf. Article 2 du règlement n° 007/2007 relatif à la sécurité sanitaire des végétaux, des animaux et des aliments dans l'UEMOA, prec.

produits alimentaires, y compris les produits issus des biotechnologies modernes ». Quant à son champ d'application, ce texte précise que le règlement « s'applique à toutes étapes de la production, de la transformation et de la distribution des végétaux, des animaux et des aliments commercialisés »[508].

S'agissant du secteur spécifique de la sécurité sanitaire des aliments, à travers les 13 articles qui lui sont consacrés, le règlement n° 007/2007 établit les principes généraux de la législation alimentaire dans l'Union, il pose des obligations à la charge des opérateurs économiques du secteur alimentaire, ainsi que des prescriptions visant à faire en sorte que le marché de l'UEMOA ne comporte pas des aliments pouvant présenter un danger pour la santé ou la sécurité des consommateurs. Ces différents aspects seront étudiés en détail dans la sous-section qui va suivre.

Ainsi, le législateur de l'UEMOA a entendu élever le niveau de sécurité sanitaire des aliments en procédant à l'unification substantielle des règles relatives à la sécurité sanitaire des aliments dans l'Union. Pour saisir les motivations qui ont conduit les autorités communautaires à réaliser ce travail, il convient de se référer aux considérants du règlement n° 007/2007. Pour ne citer que deux exemples, le troisième considérant souligne la conscience des autorités communautaires « de la nécessité fondamentale de protéger la santé des consommateurs, d'empêcher la propagation des maladies et de faire respecter les procédures appliquées aux échanges de produits alimentaires » et le dernier considérant indique pour l'Union « l'harmonisation des législations nationales en matière de sécurité phytosanitaire, zoosanitaire et des aliments en conformité avec les exigences sanitaires internationales contribuera à améliorer les échanges des végétaux, des animaux et des aliments dans l'espace communautaire ainsi que leur commerce régional et international et constituera le cadre d'actions visant à approfondir et à consolider le marché commun tout en

---

[508] *Ibid.*

assurant une meilleure protection des agents économiques et notamment des consommateurs »[509].

En plus de l'élaboration d'une réglementation communautaire relative à la sécurité sanitaire des aliments, l'UEMOA a entrepris un travail visant à améliorer la qualité des aliments produits dans l'Union.

B. La recherche de la sécurité sanitaire des aliments par l'adoption des politiques communautaires visant à améliorer la qualité des aliments

Dans son acception générale, la qualité est définie comme étant « l'ensemble des propriétés et caractéristiques d'un produit ou service qui lui confèrent l'aptitude à satisfaire des besoins exprimés ou implicites »[510]. S'agissant des produits alimentaires, il est généralement admis que la qualité des aliments concerne non seulement la qualité sanitaire et organoleptique, mais aussi la qualité institutionnelle qui renvoie à la conformité du produit aux normes ou prescriptions établies par un Etat ou des institutions régionales ou internationales[511].

Dans le cadre de l'UEMOA, la politique de promotion de la qualité des aliments relève à la fois d'une politique commerciale ou plus précisément concurrentielle et d'une politique de santé publique. Il s'agit en effet, d'avoir des produits alimentaires conformes aux normes de qualité internationale pour faciliter l'accès de la production alimentaire des pays de l'UEMOA aux marchés internationaux et les rendre plus compétitifs dans le commerce mondial d'une part, et d'autre part, de garantir la

---

509 Règlement n° 007/2007 relatif à la sécurité sanitaire des végétaux, des animaux et des aliments dans l'UEMOA, prec.

510 Définition adoptée par la norme ISO 8402.

511 En ce sens voir par exemple : Lopéz de Pablo Lopéz M. Les concepts « qualité » de l'agro-alimentaire. In : Chataigner J. (ed.). Economie du riz dans le Bassin Méditerranéen. Montpellier : CIHEAM, 1 9 9 6. p. 1 43-1 45 (Cahiers Option s Méditerranéen n es ; n. 1 5 (2))

salubrité et la sécurité des aliments pour préserver la santé des consommateurs dans l'Union.

Avec ce double objectif, les autorités de l'UEMOA, soutenues par l'Union européenne et l'Organisation des Nations Unies pour le développement industriel (ONUDI), ont en 2001 mis en place le « Programme qualité UEMOA »[512].

Très concrètement, le « Programme qualité UEMOA » dont les grands axes portent sur la promotion de la qualité dans les entreprises, la mise en place d'un système régional d'accréditation et de certification, et le renforcement et l'harmonisation des organismes de normalisation existants, va traduire par l'adoption d'un règlement communautaire visant à promouvoir la qualité des aliments et par la mise en place de structures chargées de promouvoir la qualité des aliments dans l'espace UEMOA.

Au plan réglementaire, il s'agit du règlement n°03/2005/CM/UEMOA portant schéma d'harmonisation des activités d'accréditation, de certification, de normalisation, et de métrologie dans l'UEMOA[513]. Aux termes de son article, le règlement « s'applique aux activités techniques destinées à assurer la qualité des produits et services, notamment les normes, les règlements techniques, les procédures d'évaluation de la conformité, les procédures d'accréditation et d'autorisation ainsi que la métrologie dans l'Union ».

Ce règlement attribue un rôle majeur à la Commission de l'UEMOA dans la réalisation de la politique de qualité, puisque aux termes de son article 5 la Commission est chargée « de l'élaboration et du suivi de la politique de l'Union dans le domaine de la qualité ; de l'élaboration et du suivi de la réglementation communautaire dans le domaine de la qualité ; de la conception et du suivi de la mise en œuvre de programmes communautaires de promotion de la qualité ; du suivi des activités des

---

[512] http://www.uemoa.int/Pages/Programmes_Projects/ProgrammeQualit%C3%A9.aspx
[513] http://www.uemoa.int/Documents/Actes/Reg_03_2010_CM_UEMOA.pdf

structures régionales de la qualité visées au Titre III ; du règlement des litiges entre les Etats membres en matière de qualité, en rapport avec les structures régionales de la qualité ». Au plan institutionnel, des structures régionales de promotion de la qualité sont créées. Il s'agit d'un Organisme Régional d'Accréditation, dénommé Système Ouest Africain d'Accréditation (SOAC) ; d'un Organisme Régional de Normalisation, de Certification et de Promotion de la Qualité dénommé NORMCERQ ; et d'un Organisme Régional de Métrologie dénommé Système Ouest Africain de Métrologie (SOAMET)[514]. A côté de ces structures, le règlement crée un Comité Régional de la Qualité (CREQ) qui a pour mission d'assister la Commission dans la mise en œuvre de la politique communautaire en matière de qualité[515]. Ainsi, la volonté de l'UEMOA, de contribuer à l'amélioration de la sécurité sanitaire des aliments, s'est traduite par un travail d'harmonisation des législations alimentaires ainsi que par l'adoption de politiques de qualité. Ces efforts sont poursuivis par des mesures précises tendant à rendre plus efficace le cadre réglementaire de la sécurité sanitaire des aliments dans l'UEMOA.

§ II. Le cadre réglementaire de la sécurité sanitaire des aliments renforcé par le droit communautaire de l'UEMOA

Le renforcement des législations alimentaires dans l'UEMOA, est opéré par l'introduction des principes généraux en faveur de la sécurité sanitaire des aliments (A) et l'alourdissement des obligations des opérateurs économiques du secteur alimentaire (B).

A-L 'introduction dans la législation alimentaire des principes généraux en faveur de la sécurité sanitaire des aliments

---

[514] Article 6 du règlement n°03/2005/CM/UEMOA portant schéma d'harmonisation des activités d'accréditation, de certification, de normalisation, et de métrologie dans l'UEMOA, prec.

[515] Article 7, du règlement n°03/2005/CM/UEMOA portant schéma d'harmonisation des activités d'accréditation, de certification, de normalisation, et de métrologie dans l'UEMOA, prec.

Le dictionnaire juridique CAPITANT, définit un principe général comme étant une « règle juridique établie par un texte en termes assez généraux destinés à inspirer diverses applications et s'imposant avec une autorité supérieure »[516]. C'est une acception assez proche de cette définition, que retient le Conseil National français de l'Alimentation (CNA), dans son Avis n° 48, en définissant un « principe » comme « une norme-guide, abstraite et de portée générale qui, pour assurer le respect d'une "valeur" socialement admise, vise à orienter des décisions et des comportements ainsi qu'à les apprécier »[517].

Avec l'adoption du règlement n° 007/2007 relatif à la sécurité sanitaire des végétaux, des animaux et des aliments, le législateur de l'UEMAO, a introduit dans la législation alimentaire de nombreux principes généraux. Il s'agit pour le législateur communautaire, de doter les acteurs chargés de la sécurité sanitaire des aliments, des animaux et des végétaux de mécanismes leur permettant de garantir, au mieux la santé des consommateurs à travers une attitude de précaution ou de prévention. A ces fins, le législateur introduit implicitement et explicitement divers principes dans la législation alimentaire. On recense : le principe de précaution, le principe de l'analyse des risques, le principe de transparence, ou encore le principe de libre détermination du niveau de protection sanitaire appropriée.

Ainsi, l'article 4 du règlement n° 007/2007 qui consacre le principe de précaution dans la législation alimentaire de l'UEMOA dispose-t-il qu'« afin d'assurer un niveau élevé de protection de la santé des personnes, des végétaux et des animaux et de garantir la protection de l'environnement, des mesures de précaution sont appliquées par les Etats membres selon leurs capacités ». Les conditions de mise en œuvre de ce

---

[516] G. CORNU, (Sous la dir. de), Association Henri Capitant, Vocabulaire juridique, prec.
[517] Conseil National de l'Alimentation (CNA), *« Avis sur la préparation de l'entrée en vigueur, au 1er janvier 2005, de certaines dispositions du règlement CE n° 178/2002 du Parlement européen et du Conseil, qui concernent les entreprises »,* Sur le rapport du groupe de travail présidé par Etienne RECHARD, François COLLART DUTILLEUL en étant le rapporteur. Avis n°48 adopté le 9 novembre 2004, disponible à l'adresse suivante : http://agriculture.gouv.fr/IMG/pdf/avis_48.pdf

principe sont précisées par le paragraphe 2 du même texte en ces termes : « dans le cas où il existe une incertitude scientifique mais où une évaluation des informations disponibles indique des possibilités d'effets nocifs sur la santé des personnes, des végétaux et des animaux, l'Union et ses Etats membres peuvent adopter, dans l'attente d'informations scientifiques, des mesures provisoires de prévention des risques pour assurer un niveau élevé de protection de la santé. Ces mesures doivent être proportionnées et ne doivent pas imposer plus de restrictions au commerce qu'il ne soit nécessaire pour obtenir le niveau élevé de protection de la santé choisi par l'Union en tenant compte de ses capacités techniques et économiques ».

Le principe de l'analyse des risques est consacré par l'article 9 du règlement n° 007/2007 aux termes duquel « dans le cadre du Marché commun et de la mise en œuvre de la Politique Agricole de l'Union, l'Union a recours à l'analyse des risques comme méthode objective et justifiable pour évaluer et gérer les risques sanitaires et pour communiquer sur ces risques ». L'Analyse des risques, est définie par le règlement comme étant un « processus comportant l'évaluation des risques, la gestion des risques et la communication sur les risques »[518].

Le principe de transparence, est introduit par l'article 12 du règlement. Il est énoncé sous la forme d'un principe garantissant la participation et l'accès des différents acteurs (citoyens et consommateurs) à l'information sur les risques. L'article qui consacre ce principe est ainsi libellé : « Les Etats membres organisent la participation des acteurs concernés, aux niveaux appropriés, aux processus de prise de décision concernant la sécurité sanitaire des végétaux, des animaux et des aliments. Ils prennent, en fonction de la nature, de la gravité et de l'ampleur des risques pour la sécurité sanitaire des végétaux, des animaux et des aliments, des mesures appropriées pour informer les acteurs concernés, de la nature de ces risques et les mesures qui sont prises pour prévenir, réduire ou éliminer ces risques. Ils garantissent l'accès aux informations relatives à la sécurité

---

[518] Article premier point 8 du règlement n° 007/2007 relatif à la sécurité sanitaire des végétaux, des animaux et des aliments dans l'UEMOA, prec.

sanitaire qu'ils détiennent, y compris les informations concernant les substances et activités dangereuses ». Enfin, le principe de libre détermination du niveau de protection sanitaire appropriée est consacré par l'article 6 du règlement. Ce principe peut être compris comme étant la possibilité aménagée aux Etats par le droit communautaire de déterminer librement le niveau de protection sanitaire des personnes, des animaux et des végétaux, pourvu que leurs décisions soient fondées sur des preuves scientifiques et une évaluation des risques.

Aux termes de ce texte en effet, « En conformité avec les normes internationales, les Etats membres, en étroite collaboration avec la Commission de l'UEMOA, déterminent, à travers les structures de sécurité sanitaire de l'Union instituées par le présent Règlement, le niveau de protection sanitaire des végétaux, des animaux et des aliments qu'ils jugent approprié pour leur territoire, en évitant les distinctions arbitraires ou injustifiables entre les niveaux de risque qu'ils considèrent appropriés dans différentes situations.

A cet effet, les Etats membres : procèdent à une évaluation appropriée des risques sanitaires reposant sur des données scientifiques, pour autant que l'approche suivie soit cohérente et non arbitraire (…) ; Elaborent, adoptent et appliquent les mesures de gestion du risque nécessaires et proportionnées au risque encouru afin d'assurer la sécurité sanitaire des végétaux, des animaux et des aliments ainsi que de protéger la santé humaine et l'environnement ». Ils peuvent toutefois être conduits à maintenir ou à édicter des mesures portant atteinte à la libre circulation des marchandises dans les conditions prévues à l'article 79 du Traité de l'UEMOA ».

Au regard, des situations dans lesquelles chacun de ces principes a vocation à s'appliquer il est possible de les classer en deux catégories de principes : le principe de prévention, destiné à éviter un danger réel par suite d'un risque connu ou avéré, et le principe de précaution, qui intervient dans l'incertitude, en face de risques seulement suspectés[519]. Ces deux catégories de principes, prévention et précaution, imposent tous deux des actions positives de la part des autorités. La prévention impose la mise en œuvre des mesures appropriées pour parer aux risques avérés, la précaution, du fait qu'elle intervient dans des circonstances d'incertitude impose des actions particulières (évaluer la réalité des risques et dégager les solutions qui peuvent les réduire) en attentant la certitude scientifique[520]. Bien que le principe de prévention et le principe de précaution n'ont pas vocation à s'appliquer aux mêmes situations, il est possible pour reprendre l'expression du Professeur François COLLART DUTILLEUL, de les rassembler dans la famille des « principes de prudence »[521]. Et cela, parce que la prévention et la précaution imposent toutes deux aux autorités une attitude de prudence dans toutes les situations susceptibles de créer des dommages[522].

Chacun des principes ainsi consacrés dans la législation alimentaire est destiné à guider et à orienter les Etats membres ou les organes de l'UEMOA dans leurs actions pour assurer la sécurité sanitaire des aliments et préserver la santé des consommateurs.

A côté de ces principes généraux, dont la mise en œuvre appartient essentiellement aux autorités nationales ou communautaires, le règlement 007/2007, introduit de nombreuses obligations à la charge des opérateurs économiques du secteur alimentaire.

---

[519] En ce sens, P. Kourilsky, G. Viney, Le Principe de précaution, rapport au premier ministre, 15 octobre 1999, p.11. Accessible sur le site de la documentation française à l'adresse suivante : http://www.ladocumentationfrancaise.fr/var/storage/rapports-publics/004000402/0000.pdf

[520] *Ibid.*

[521]F. COLLART DUTILLEUL, « le principe de précaution dans le règlement communautaire du 28 janvier 2012 », *in*Prodottiagricoli e sicurezzaalimentare, sous la direction de A. Massart. Milan, éd. Giuffrè

[522]P.Kourilsky, G. Viney, Le Principe de précaution, rapport au premier ministre, prec.

B-L'alourdissement des obligations des opérateurs économiques du secteur alimentaire

Selon le législateur de l'UEMOA, l'opérateur économique du secteur alimentaire est « toute personne physique ou morale exerçant une activité de production, fabrication, préparation, traitement, emballage, conditionnement, transport, manutention, entreposage ou de vente de végétaux, produits végétaux, plantes, d'animaux, produits animaux, produits d'origine animale ou d'aliments, denrées ou produits alimentaires »[523].

Avec l'adoption du règlement n°007/2007 relatif à la sécurité sanitaire des végétaux, des animaux et des aliments, le législateur communautaire de l'UEMOA s'est inscrit dans une stratégie contemporaine consistant à confier aux opérateurs économiques du secteur alimentaire la responsabilité essentielle de la sécurité sanitaire et de la qualité des aliments. Dans cette optique le règlement n°007/2007 établit de nombreuses obligations à la charge des opérateurs économiques du secteur alimentaire dans l'UEMOA. L'examen des obligations issues de ce règlement permet de distinguer deux ordres d'obligations.

Le premier ordre, est constitué d'obligations qui ne sont que des applications particulières des différentes obligations générales établies en droit interne malien, notamment par l'ordonnance n°07-025 du 18 juillet 2007 portant organisation de la concurrence au Mali et dans son décret d'application n°08-260 du 6 mai 2008. Ces obligations générales établies par le droit interne malien ont déjà été présentées et examinées dans la première partie de l'étude. Il s'agit notamment des obligations de sécurité, de conformité, de loyauté, et d'information des consommateurs[524].

Le deuxième ordre, est constitué d'obligations nouvelles, spécifiques aux opérateurs économiques du secteur alimentaire, s'ajoutant aux obligations

---

[523] Article premier du n° 007/2007 relatif à la sécurité sanitaire des végétaux, des animaux et des aliments dans l'UEMOA, prec.

[524] V. Chapitre II, titre I première partie.

générales et qui viennent alourdir les obligations des opérateurs économiques du secteur alimentaire dans l'UEMOA. Ces obligations spécifiques aux opérateurs économiques du secteur alimentaire trouvent leurs fondements juridiques dans les articles 80 et 81 du chapitre III du règlement 007/2007 consacré « Obligations des acteurs du secteur de la sécurité sanitaire des aliments ».

Ces textes mettent tout d'abord, à la charge des opérateurs économiques du secteur alimentaire une obligation de sécurité des aliments qu'ils mettent sur le marché. Cette obligation est ainsi énoncée, « les opérateurs économiques du secteur alimentaire sont responsables de la qualité sanitaire des denrées alimentaires qu'ils mettent sur le marché de l'Union. Ils mettent sur le marché des produits sûrs pour la santé du consommateur »[525].

Ensuite, les textes établissent des obligations spécifiques à la charge des opérateurs économiques du secteur alimentaire. Plus précisément, ces textes établissent à l'égard des opérateurs économiques du secteur alimentaire une obligation de se tenir informés, de prudence, de vérification de conformité, d'autocontrôle et de suivi.

Aux termes de l'article 80 point 3 du règlement n°007/2007, « dans l'exercice de leurs activités respectives, ils ont une obligation de suivi adaptée aux denrées alimentaires qu'ils fournissent, en s'informant sur les risques que pourraient présenter ces denrées et en engageant des mesures propres à éviter ces risques ». Ainsi, les opérateurs économiques du secteur alimentaire ont l'obligation de se tenir informés. Cette obligation vise un double objectif. D'une part, elle vise à ce que l'opérateur économique se procure l'information sur les risques que pourraient présenter les denrées alimentaires et de mettre en œuvre la gestion des risques. D'autre part, l'obligation de se tenir informé, vise à ce que l'opérateur économique, communique les informations sur les risques aux autorités compétentes[526].

---

[525] Article 80 du règlement n°0007/2007, prec, points 1 et 2.

[526] En ce sens, V. M. LEON-GUSMAN, L'obligation d'autocontrôle des entreprises en Droit européen de la sécurité alimentaire, prec. p. 214 et Ss.

Sur ce dernier point et en lien avec l'obligation de prudence, l'article 80 point 5 énonce qu'« En vertu de l'obligation de prudence à laquelle est soumise son activité, tout opérateur économique du secteur alimentaire informe les autorités compétentes lorsqu'il considère ou a des raisons de penser qu'une denrée alimentaire qu'il a mise sur le marché peut être préjudiciable à la santé humaine ou animale. Il lui est fait obligation d'adopter toute mesure pour empêcher tout dommage chez le consommateur et en informer les autorités ». Aussi, l'obligation de prudence commande à ce que les risques sur lesquels l'opérateur économique doit s'informer et informer les autorités compétentes, concernent tous les risques, qu'ils soient avérés ou simplement suspectés. Ainsi, la connaissance ou la suspicion d'un risque oblige l'exploitant à communiquer la situation aux autorités et à prendre les mesures nécessaires pour les consommateurs afin qu'ils ne subissent pas de dommages.

À côté de ces obligations, le règlement n°007/2007 établit une obligation de vérifications de conformité. La conformité est définie par le règlement n°007/2007 comme étant le « fait pour un produit déterminé de répondre aux prescriptions techniques, règlements techniques et mesures sanitaires ». Selon le règlement, les vérifications de conformité visent un double objectif. Elles visent d'une part, à prévenir la production ou la mise sur le marché des denrées alimentaires « dangereuses pour la santé des hommes et des animaux ; ne répondant pas à l'obligation d'information des consommateurs ; ne répondant pas au code de déontologie du commerce international des denrées alimentaires de la Commission du Codex Alimentarius des Nations Unies ; ne répondant pas aux obligations de précaution attachées à l'expérimentation ou à la mise sur le marché d'aliments ou ingrédients nouveaux », et d'autre part, à « s'assurer que les opérateurs économiques du secteur alimentaire concerné ont rempli eux-mêmes leurs obligations de vérification de conformité, de prudence, de suivi, d'information du consommateur et de sécurité des denrées alimentaires »[527].

---

[527] Article 84 du règlement n°0007/2007, prec

Le règlement n° 007/2007 impose ses vérifications de conformité tant pour les autorités compétentes[528] que pour les opérateurs économiques du secteur alimentaire. A l'égard des opérateurs économiques, cette obligation de vérification de conformité est énoncée au point 4 de l'article 80 du règlement en ces termes : « les opérateurs économiques du secteur alimentaire, veillent à toutes les étapes de la production, de la transformation, du stockage et de la distribution des produits qu'ils mettent sur le marché, à ce que ces produits répondent aux prescriptions de la législation alimentaire applicables à leurs activités et, vérifient le respect de ces prescriptions ». L'obligation de vérification de conformité ainsi établie, impose à l'opérateur économique de s'assurer à toutes les étapes de la conformité de son produit à la législation relative à la sécurité des aliments. A cet égard, l'obligation de vérification, mise à la charge des opérateurs économiques, apparaît comme étant une obligation sous-jacente à une autre obligation établie par le règlement 007/2007 : l'obligation d'autocontrôle qui impose à l'opérateur économique de mettre en œuvre les contrôles sanitaires permettant d'éviter que les denrées alimentaires ne provoquent pas de préjudice à la santé des consommateurs[529].

Cette obligation d'autocontrôle est prévue à l'article 81 du règlement. Selon ce texte, « la mise en œuvre de l'autocontrôle préalable incombe au responsable de la première mise sur le marché qui est tenu d'en apporter les justifications nécessaires », « Il incombe également aux différents

---

[528] Aux termes de l'article 78 du règlement n° 007/2007 « Etats membres Les Etats membres interdisent dans l'espace UEMOA, la mise à la consommation de tout aliment, denrée ou produit alimentaire préjudiciable à la santé et impropre à la consommation humaine et à l'alimentation animale. A cet effet, ils : respectent les principes et mesures sanitaires édictés par l'Union ; organisent la sécurité sanitaire de la production, l'importation, l'exportation et la circulation intracommunautaire des aliments ; arrêtent les mesures permettant la vérification de conformité des denrées alimentaires à ces prescriptions ; définissent le contenu des obligations de sécurité et de loyauté des différents opérateurs économiques et les précautions propres à assurer la sécurité et la santé des hommes et des animaux, la prévention des risques pour l'environnement ».

[529] Plus amplement sur l'Obligation d'autocontrôle des opérateurs économiques du secteur alimentaire Voir : M. LEON-GUSMAN, L'obligation d'autocontrôle des entreprises en Droit européen de la sécurité alimentaire, prec.

opérateurs économiques d'effectuer, chacun pour les opérations qui le concernent, ces vérifications préalables et d'en justifier ». Pour ce qui est des denrées importées, le texte énonce que « l'obligation d'autocontrôle incombe à l'importateur suivant des modalités prenant en compte les garanties objectives et vérifiables offertes dans les échanges internationaux par le pays exportateur ou le fournisseur étranger ».

Enfin, l'obligation d'autocontrôle est appuyée par une obligation de suivi établie par le même texte. Cette obligation impose à l'opérateur économique de veiller à la sécurité des produits depuis leur mise sur le marché et pendant toute la durée de leur commercialisation. Elle a surtout pour finalité de faire en sorte que lorsque malgré les vérifications effectuées par l'opérateur économique, le produit présente des risques d'atteinte à la santé et à la sécurité des consommateurs, que l'opérateur économique déploie des actions nécessaires pour maîtriser et éradiquer les risques. Dans cette hypothèse « l'opérateur économique est tenu de procéder à son retrait en tous lieux où il se trouve ou à sa destruction lorsque celle-ci constitue le seul moyen de faire cesser le danger. Enfin, l'opérateur économique peut être contraint de diffuser des mises en garde ou de précautions d'emploi ainsi que la reprise en vue d'un échange ou d'une modification ou d'un remboursement total ou partiel dudit produit »[530] . L'étude du cadre législatif de la sécurité sanitaire des aliments a permis de constater une importante amélioration de l'arsenal juridique de la sécurité sanitaire des aliments. D'abord à l'échelle nationale avec la formulation de la Politique nationale de sécurité sanitaire des aliments qui crée une nouvelle dynamique dans l'actualisation et le renforcement de la législation alimentaire nationale. Ensuite, et surtout à l'échelle communautaire avec l'adoption en 2007 du règlement communautaire qui établit une législation globale et cohérente de la sécurité sanitaire des aliments dans l'UEMOA. Les normes internationales de sécurité sanitaire des aliments ainsi que les règles du droit du commerce international régissant la sécurité sanitaire des aliments, contribuent grandement à l'émergence et à l'amélioration du cadre juridique de la

---

[530] Cf. Article 40 de l'ordonnance n°07-025/P-RM du 18 juillet 2007 portant organisation de la concurrence, prec.

sécurité sanitaire des aliments au Mali, et plus généralement dans l'espace UEMOA.

Cette amélioration est-elle perceptible au niveau des institutions chargées d'assurer et de veiller à la sécurité sanitaire des aliments ?

CHAPITRE II

LE CADRE INSTITUTIONNEL DE LA SÉCURITÉ SANITAIRE DES ALIMENTS

Les problèmes posés par les aliments sont différents de ceux posés par les autres produits de consommation. Il faut donc procéder à la création d'institutions spécifiques, spécialement chargées d'assurer et de veiller à la sécurité sanitaire des aliments. Sans cela, les politiques nationales et communautaires de sécurité sanitaire des aliments ainsi que les mesures législatives et réglementaires instituées par le législateur national et communautaire ne peuvent être efficacement réalisées. Les autorités nationales et communautaires en sont conscientes. Cette prise de conscience a conduit à l'émergence d'un cadre institutionnel de sécurité des aliments au niveau national (Section I) consolidé par la création d'institutions communautaires de sécurité sanitaire des aliments (Section II).

Section I : L'émergence d'un cadre institutionnel de sécurité sanitaire des aliments

Le deuxième volet de la politique nationale de sécurité sanitaire des aliments est le renforcement du cadre institutionnel de la sécurité sanitaire des aliments. La mise en œuvre de ce volet va se traduire par la mise en place d'institutions nationales spécialisées de la sécurité sanitaire des aliments (§ I) qui vont bénéficier du soutien d'organismes internationaux en vue de renforcer leurs capacités (§ II).

§ I. La mise en place d'institutions spécialisées de la sécurité sanitaire des aliments

Les institutions mises en place sont ainsi appelées car elles ne visent que la sécurité sanitaire des aliments. L'autre spécificité de ces structures, dotées d'une grande expertise dans le domaine alimentaire, réside dans leur démarche, axée sur un système de prévention et de maîtrise scientifique des risques alimentaires. Aussi, ces orientations vont conduire à la création d'une structure scientifique chargée de l'évaluation des risques sanitaires des aliments : l'Agence Nationale de sécurité Sanitaire des Aliments (A) à côté d'une structure politique chargée de la gestion des risques sanitaires des aliments : le Conseil National de la Sécurité sanitaire des Aliments (B).

A-L 'Agence nationale de la sécurité sanitaire des aliments

L'Agence nationale de la sécurité sanitaire des aliments en abrégé ANSSA est une création nouvelle dans l'architecture institutionnelle malienne puisqu'elle n'est apparue qu'en décembre 2003.

La création de l'ANSSA résulte à la fois de la conscience des pouvoirs publics maliens de l'inadaptabilité des structures classiques de l'Etat à la complexité contemporaine de la sécurité sanitaire des aliments, et de la volonté de ces derniers de se doter d'une structure plus adaptée et mieux outillée pour garantir la santé des consommateurs face à la diversification des sources d'atteinte à leur santé et à la multiplicité des risques alimentaires qu'induit la mondialisation des échanges alimentaires. De plus, à la suite de l'étude menée en 2002 dans le cadre du Programme Spécial Régional pour la Sécurité Alimentaire des Etats membres de l'UEMOA, la Commission de l'UEMOA a fortement recommandé aux Etats membres la création d'agences nationales chargées d'assurer la sécurité sanitaire des aliments. Cette étude indique en effet que le cadre institutionnel et juridique de la sécurité sanitaire des aliments dans les pays de l'Union est vieilli et inadapté, et surtout ne permet plus aux Etats de garantir la sécurité sanitaire des aliments offert aux consommateurs[531]. Pour parvenir à la création de structures permettant d'atteindre cet objectif, les pouvoirs publics maliens ont, par un décret du 14 Août 2002, mis en place un Comité de réflexion sur la sécurité sanitaire des aliments. Aux termes du décret, ce comité avait pour mandat de réfléchir à la définition d'une politique nationale en matière de sécurité sanitaire des aliments ; la proposition d'un cadre institutionnel d'évaluation et de gestion des

---

[531] http://www.hubrural.org/IMG/pdf/uemoa_psrsa_synthese_regionale_ssa.pdf

risques ; et l'établissement d'un schéma de contrôle et de surveillance de la qualité des denrées alimentaires[532]. De fait, ce sont les propositions de ce comité qui vont déboucher à la création de l'Agence nationale de sécurité sanitaire des aliments qui est officiellement instituée par la loi n°03-043 du 30 décembre 2003[533].

Le contenu de la loi portant création de l'ANSSA montre bien que cet organe est créé pour jouer un rôle central dans le dispositif national de sécurité sanitaire des aliments, puisqu'aux termes de l'article 2 *« l'Agence nationale de la sécurité sanitaire des aliments a pour mission d'assurer la sécurité sanitaire des aliments »*. Ce texte énumère précisément les différentes tâches que l'ANSSA doit accomplir à cette fin. Elle doit notamment « coordonner toutes les actions liées à la sécurité sanitaire des aliments ; apporter un appui technique et scientifique aux structures de contrôle ; assurer l'appui technique et scientifique nécessaire à l'élaboration de la réglementation relative à la sécurité sanitaire des aliments ». En outre, l'ANSSA est chargée de l'évaluation des risques liés aux aliments et de la communication sur ces risques. Aux termes de l'article 2 de la loi qui l'institut, en effet, les tâches de l'ANSSA consistent également à « évaluer les risques sanitaires que peuvent présenter : les aliments destinés à l'homme, aux animaux ; les eaux destinées à la consommation humaine et animale ; les procédés et conditions de production, de transformation, de conservation, de transport, de stockage et de distribution des denrées alimentaires ; les additifs alimentaires ; les résidus de produits vétérinaires, phytosanitaires et autres contaminants ; les résidus de matières fertilisantes et supports de cultures ; les conditionnements et matériaux destinés à se trouver en contact avec les éléments ci-dessus cités ; appuyer les activités des systèmes de surveillance et des réseaux épidémiologiques ; assurer la communication sur les risques »[534]. Et pour permettre à l'ANSSA d'accomplir pleinement son rôle, la loi qui l'institut lui confère le pouvoir de *« Se saisir de toute*

---

532 Décret n°02-404/P-RM du 14 Août 2002, portant création d'un comité de réflexion sur la sécurité sanitaire des aliments.

533 Loi N°03 043 du 30 Décembre 2003 portant création de l'Agence Nationale de la Sécurité Sanitaire des Aliments (ANSSA).

534 Cf. article 2 de la loi N°03 043 du 30 Décembre 2003, prec.

question relative à la sécurité sanitaire des aliments et proposer aux autorités compétentes du Conseil national de la sécurité sanitaire des aliments toutes mesures de nature à préserver la santé publique lorsque celle-ci est menacée par un danger »[535].

Le législateur de l'UEMOA définit l'évaluation des risques comme étant un *« processus à base scientifique comprenant l'identification et la caractérisation des dangers, l'évaluation de l'exposition, et la caractérisation des risques »*[536]. Quant à la Communication sur les risques elle est définie comme étant un *« échange interactif, tout au long du processus d'analyse des risques, d'informations et d'opinions sur les risques, les facteurs liés aux risques et les perceptions des risques, entre les responsables de leur évaluation et de leur gestion, les consommateurs, l'industrie, les milieux universitaires et les autres parties intéressées, et notamment l'explication des résultats de l'évaluation des risques et des fondements des décisions prises en matière de gestion des risques »*[537].

La mission d'évaluation des risques assignée à l'ANSSA est importante puisque l'évaluation des risques permet de fournir les bases technico-scientifiques sur lesquelles une décision de gestion des risques peut se fonder[538]. Le processus d'évaluation des risques permet donc de fournir l'expertise nécessaire à une prise de décision politique afin de protéger la santé des consommateurs. Par ailleurs, le législateur communautaire de l'UEMOA investit l'ANSSA d'importants pouvoirs de police puisqu'aux termes de l'article 86 du règlement Communautaire UEMOA relatif à la sécurité sanitaire des végétaux, des animaux et des aliments *« En cas de danger grave ou immédiat pour la santé humaine, des mesures de police sont mises en œuvre par l'organisme national de sécurité sanitaire des aliments. En vue de faire cesser le danger, l'organisme national de*

---

535 Cf. article 3 de la loi N°03 043 du 30 Décembre 2003, prec.

536 Article 1er du règlement n° 007/2007 relatif à la sécurité sanitaire des végétaux, des animaux et des aliments dans l'UEMOA, prec.

537 *Ibid.*

538 H., A. MUNOZ U., « Principe de transparence et information des consommateurs dans la législation alimentaire européenne », Préface de F. COLLART DUTILLEUL, INIDA, 1ere éd. 2011.p. 258.

sécurité sanitaire des aliments prend les mesures les plus appropriées. Il peut, à cet effet : suspendre la production, la fabrication, l'importation, l'exportation ou la mise sur le marché de la denrée considérée ; faire procéder à son retrait en tous lieux où elle se trouve ; procéder ou faire procéder à sa destruction lorsque celle-ci est le moyen le plus approprié de faire cesser le danger ».

L'ANSSA apparaît ainsi comme étant un maillon essentiel du nouveau dispositif de la sécurité sanitaire des aliments au Mali. Et surtout, la création de cette agence montre la volonté des pouvoirs publics maliens de se doter d'une structure ayant un haut niveau d'expertise, moderne et efficace, permettant d'assurer une meilleure protection de la santé des consommateurs face aux défis actuels en matière de sécurité sanitaire des aliments. Cette ambition est singulièrement perceptible, à la lecture du chapitre III du décret du 4 mars 2004 fixant l'organisation et les modalités de fonctionnement de l'ANSSA. Ce chapitre en effet dote l'ANSSA d'un comité scientifique et technique chargé de « donner son avis sur les programmes d'études et de recherche afin d'assurer leur adéquation avec les besoins en matière de sécurité sanitaire des aliments ; procéder à l'évaluation scientifique des résultats des études et des recherches, d'apporter à l'agence tout appui scientifique et technique nécessaire à l'exécution des programmes ; ou encore d'établir annuellement un rapport sur les travaux de l'agence Nationale de la sécurité sanitaire des aliments à l'intention du Conseil d'Administration et du Conseil National de la Sécurité Sanitaire des aliments »[539]. L'ambition des pouvoirs publics maliens de se doter d'une structure efficace et d'un haut niveau d'expertise est également perceptible au travers de la composition du comité scientifique et technique, et des modalités de désignation du président dudit comité. Aux termes de l'article 15 alinéa paragraphe 1er du décret du 4 mars 2004, précité, le Comité scientifique et technique est présidé par *« une personnalité scientifique, choisie par l'autorité de tutelle et ayant une compétence établie dans l'un des domaines suivants : nutrition, hygiène alimentaire, génie alimentaire, toxicologie et santé publique ».* S'agissant des membres du Comité, le paragraphe 2 du même texte indique

[539] Cf. article 14 de la loi N°03 043 du 30 Décembre 2003, prec.

qu'ils sont constitués d'un membre de la direction nationale de la santé ; d'un représentant de la Direction générale de la réglementation et du contrôle ; d'un représentant de l'institut National de Recherche en santé publique ; d'un représentant de l'agence Nationale de l'Evaluation des hôpitaux ; d'un représentant du Laboratoire Central vétérinaire ; d'un représentant du Laboratoire de la qualité des eaux ; d'un représentant de l'institut de Recherche Scientifique et Technologique ; d'un représentant de l'institut d'Economie Rurale ; et d'un représentant de l'Université du Mali. Enfin le texte ajoute que le Comité peut s'adjoindre toute personne en raison de ses compétences particulières[540].

La création de l'ANSSA, devrait ainsi permettre aux pouvoirs publics maliens de garantir aux consommateurs un accès à une alimentation saine et d'assurer par là même une meilleure protection de la santé de ceux-ci.

Toutefois, cet objectif ne peut efficacement être atteint qu'à travers une meilleure rationalisation de la politique de l'Etat en matière de sécurité sanitaire des aliments. Les pouvoirs publics maliens en sont conscients, c'est pourquoi ils ont créé le Conseil National de la Sécurité Sanitaire des aliments.

B. Le Conseil National de la Sécurité Sanitaire des Aliments

A l'instar de l'ANSSA, le Conseil National de la Sécurité Sanitaire des Aliments (CNSA), est une institution très récente puisque sa création résulte d'un décret du 4 mars 2004[541]. Toutefois, si le Conseil National de la sécurité sanitaire des aliments constitue une création très récente dans l'architecture institutionnelle malienne, la notion générique de *conseil National* quant à elle n'est pas une nouveauté dans le vocabulaire institutionnel malien. Elle a fait son apparition vers la fin de la décennie 1980 avec le processus de libéralisation des échanges commerciaux et de désengagement de l'Etat dans un contexte de recherche d'efficacité de

---

540 Cf. article 15 de la loi N°03 043 du 30 Décembre 2003, prec.

541 Décret n°04-066/PRM, modifié par le décret n° 05-536/P-RM du 07 décembre 2005.

l'action publique et d'efficience économique à travers les programmes d'ajustements structurels. Il s'agissait dans ce contexte de doter le pays de structures qui participent à l'efficacité et la rationalisation de l'intervention de l'Etat dans des domaines sensibles en substituant à l'administration centrale des organes *« formés de cellules différenciées, solidement enracinées dans leur milieu d'intervention et dotées d'une capacité d'action autonome »*[542]. Dans l'esprit des acteurs de cette mutation, en effet, *« le référentiel de "gouvernance" implique un mode de gouvernement dans lequel la mise en cohérence de l'action publique (construction des problèmes publics, des solutions envisageables et des formes de leur mise en œuvre) passe par la mise en place de formes de coordination multi acteurs dont le résultat, dépend de la capacité des acteurs publics et privés à définir un espace de sens commun »*[543]. Cette vision a conduit à la mise en place d'organes constitués de différents acteurs (publics et privés) chargée de mettre en œuvre une politique sectorielle nationale. C'est le cas du Conseil national de la concurrence, du Conseil national des prix, ou encore du Comité national de régulation de l'audiovisuel, qui ont chacune pour mission d'améliorer l'efficacité de gestion et la qualité des services dans les domaines dont ils ont la charge. La création du Conseil National de la Sécurité Sanitaire des Aliments procède de la même logique, puisqu'il est né de la volonté des pouvoirs publics maliens de se doter d'une structure leur permettant d'assurer une gestion rationnelle des risques liés à l'alimentation[544]. Cette mission est clairement assignée au Conseil National de Sécurité Sanitaire des Aliments par l'article 2 du décret du 4 Mars 2004. Aux termes de ce texte en effet *« le Conseil National de Sécurité Sanitaire des Aliments a pour mission la gestion des risques liés à l'alimentation ».*

La gestion des risques est définie comme étant un *« processus consistant à mettre en balance les différentes politiques possibles en consultation*

---

542 J. CHEVALIER, *« Les agences : effet de mode ou révolution administrative ? »,* In Etudes en l'honneur de G. DUPUIS, LGDJ, 1997, p. 58.
543 A., NGUELIEUTOU, « L'évolution de l'action publique au Cameroun : l'émergence de l'Etat régulateur », Polis/R.C.S.P. /C.P.S.R. Vol. 15, Numéros 1 & 2, 2008.
544Voir, « Document de politique nationale et de cadre institutionnel de sécurité sanitaire des aliments au Mali », ministère de la Santé Novembre 2002.

avec toutes les parties intéressées, en tenant compte de l'évaluation des risques et d'autres facteurs ayant une importance sur la protection de la santé des consommateurs et la promotion de pratiques commerciales loyales et, au besoin, choisir les mesures de prévention et de contrôle appropriées »[545].

Le processus de gestion des risques est distinct de celui de l'évaluation des risques. Il est l'étape où la décision politique doit être prise afin de protéger la santé des consommateurs. Cette décision est prise sur la base de l'évaluation des risques faite par l'ANSSA.

Par ailleurs, le Conseil National de Sécurité Sanitaire des Aliments est chargé de *« donner des avis au gouvernement sur la stratégie à moyen et long terme en matière de gestion de risques relatifs à la sécurité sanitaire des aliments »*. Il a également pour tâche la *« coordination de la politique scientifique de l'Agence Nationale de la Sécurité Sanitaire des Aliments » . En outre, le Conseil « veille à la mise en application de ses décisions par les services techniques »*[546]. Au regard des missions qui lui sont assignées et de l'ambition des pouvoirs publics d'en faire un organe leur permettant une gestion efficace et rationnelle des risques liés à la l'alimentation, il est nécessaire de concevoir le Conseil sous la forme d'un organe regroupant tous les acteurs concernés par la sécurité sanitaire des aliments (pouvoirs publics, opérateurs économiques et consommateurs). Cela permet au Conseil d'acquérir les compétences nécessaires à la réalisation de ses missions par le biais de la mutualisation de l'expertise et de l'expérience des différents acteurs. Cette condition est créée par le décret instituant le Conseil puisque son article 3 montre que le conseil est composé des acteurs les plus concernés représentant des pouvoirs publics, les opérateurs économiques et les consommateurs. Selon ce texte en effet, le Conseil est composé de 12 personnes : outre le président représentant le premier ministre, il y'a un représentant du ministre chargé de la santé ; un

---

[545] Article 1er du règlement n° 007/2007 relatif à la sécurité sanitaire des végétaux, des animaux et des aliments dans l'UEMOA, prec.

[546] Article 2 du décret n°04-066/PRM, modifié par le décret n° 05-536/P-RM du 07 décembre 2005, prec.

représentant du ministre chargé du développement rural, un représentant du ministre chargé de l'eau, un représentant du ministre des Finances, un représentant du ministre chargé de l'environnement ; un représentant du ministre chargé de l'industrie ; un représentant du ministre chargé du commerce ; un représentant du ministre chargé des transports ; un représentant des associations de consommateurs du Mali ; un représentant de la Chambre de commerce et d'industrie du Mali et, enfin un représentant de l'Assemblée Permanente des Chambres d'Agriculture du Mali.

Ainsi, la création du Conseil National de la Sécurité Sanitaire des Aliments et de l'Agence Nationale de la Sécurité Sanitaire des Aliments devrait permettre aux pouvoirs publics maliens de garantir aux consommateurs un accès à une alimentation saine. Toutefois, il convient d'indiquer que la réalisation de cet objectif reste encore confrontée à de nombreuses difficultés. Outre, le caractère extrêmement juvénile de ses institutions, il se trouve qu'elles souffrent de nombreux handicapes liés, entre autres, à la faiblesse des leurs capacités aussi bien sur le plan de la logistique humaine, de savoir-faire en termes de prévention et gestion de risques sanitaires liés à l'alimentation. Malgré ces handicaps, l'espoir de voir ces organes remplir pleinement leurs missions est permis. Cet espoir naît des actions menées par des organismes internationaux dans l'optique d'améliorer les capacités de structures.

§ II. Le renforcement des capacités des institutions nationales par des organismes internationaux

Les deux organismes des Nations Unies qui s'intéressent à l'échelle mondiale aux problèmes de sécurité alimentaire, à savoir la FAO et l'OMC (A) ainsi que la commission du Codex alimentarius (B) jouent un rôle important dans le renforcement et l'amélioration des capacités des institutions chargées de sécurité sanitaire des aliments dans les pays en développement.

A-L 'importance du rôle de la FAO et de l'OMS

L'Organisation des Nations Unies pour l'agriculture et l'alimentation plus communément appelée par son acronyme anglais FAO et l'Organisation Mondiale de la Santé (OMS) sont deux organisations des Nations Unies qui jouent un rôle important dans l'amélioration des capacités des institutions chargées de la sécurité sanitaire des aliments dans les pays en développement.

A première vue, ces organismes n'ont pas vocation à s'occuper des aspects liés à la sécurité sanitaire des aliments, puisque la FAO a pour vocation première de s'occuper de l'aspect quantitatif de la sécurité alimentaire en aidant les populations à se prémunir contre la faim et la malnutrition, tandis que la mission de l'OMS consiste à protéger la santé des populations à l'échelle mondiale en facilitant l'accès aux soins pour prévenir ou guérir des maladies[547]. Le préambule de l'acte constitutif de la FAO indique, en effet, que sa mission essentielle est de *« libérer l'humanité de la faim »*[548]. Et, de son côté l'article 1er de la constitution de l'OMS affirme que l'organisation a pour but *« d'amener tous les peuples au niveau de santé le plus élevé possible »*[549]. Il est cependant remarquable que ces deux organismes jouent de nos jours un rôle important dans la sécurité sanitaire des aliments par le biais du renforcement des capacités institutionnelles, notamment dans les pays en développement. Cette extension du rôle de la FAO et de l'OMS, résulte à la fois de la volonté de la communauté internationale de mieux préserver la santé des populations à l'échelle mondiale et, de la prise de conscience de ces organisations des liens étroits qui existent entre la santé et l'alimentation[550]. D'une part, l'Assemblée

---

547 Cf. A. MAHIOU, « Sécurité alimentaire » prec. p. 27.
548 http://www.fao.org/docrep/meeting/022/k8024f.pdf
549 Adoptée par la Conférence internationale de la Santé, tenue à New York du 19 juin au 22 juillet 1946, signée par les représentants de 61 Etats le 22 juillet 1946 et est entrée en vigueur le 7 avril 1948, disponible en ligne à l'adresse suivante : http://www.who.int/governance/eb/who_constitution_fr.pdf
550 Voir en ce sens : B. ZERHDOUD, « L'OMS et la sécurité alimentaire », In La sécurité alimentaire / Académie de Droit International de La Haye / Hague Academy of International Law ; prec. p. 453à 483 ; *Add.* A. MAHIOU, « Sécurité alimentaire » prec.

générale de Nations Unies, lors de l'adoption en 1974 d'une résolution préconisant « un nouvel ordre économique mondial » invitait expressément l'*« OMS et les organismes apparentés à intensifier l'action internationale en faveur d'une amélioration des conditions sanitaires dans les pays en développement en accordant la priorité à la prévention des maladies et de la nutrition et en fournissant des services de santé de base aux collectivités, y compris des services d'hygiène maternelle et infantile et de la protection de la famille »*.

D'autre part, les préoccupations relatives à la sécurité sanitaire des aliments, nées des crises alimentaires (encéphalopathie spongiforme bovine (BSE) appelée *maladie de le vache folle*, ou encore la contamination des aliments à la dioxine) intervenues dans un contexte de mondialisation et de libéralisation des échanges, ont davantage incité la FAO et l'OMS à élaborer des normes alimentaires et à participer activement à l'élaboration des politiques permettant aux pays de mieux veiller à la sécurité sanitaire des aliments sur leurs territoires. Dans cette optique, la FAO et l'OMS vont développer des programmes visant à renforcer les capacités institutionnelles des pays en développement. Ces programmes vont s'inscrire dans la double optique d'aider les pays en développement à réduire les risques liés à la sécurité sanitaire des aliments pour les consommateurs d'une part, et d'autre part, à favoriser leurs croissance économique en facilitant leur participation au commerce international par le biais de l'augmentation des exportations de produits alimentaires et agricoles qui satisfont aux exigences sanitaires et phytosanitaires internationales. Ces programmes se traduisent généralement par un appui technique à l'amélioration des politiques relatives à la sécurité sanitaire des aliments, à la gestion du cadre réglementaire, le renforcement des comités nationaux du Codex, le renforcement de la surveillance et du suivi des maladies d'origine alimentaire et de la contamination alimentaire, le renforcement des laboratoires, la formation des inspecteurs des denrées alimentaires, l'élaboration de plans de réaction aux situations d'urgence en matière de sécurité sanitaire des aliments, réponse aux situations d'urgence en matière de sécurité sanitaire des aliments, l'appui coordonné à la sécurité sanitaire des aliments au sein des ministères, le problème de sécurité sanitaire des aliments dans les contextes de catastrophes, la gestion des aspects liés à la sécurité sanitaire des aliments dans le cadre de rassemblements de masse et projets d'éducation du consommateur à la sécurité sanitaire des aliments.

Plus concrètement, à l'échelle du continent africain, la FAO et l'OMS, soutiennent activement la création d'une autorité chargée de la sécurité sanitaire des aliments au sein de l'Union africaine et d'un système d'alerte rapide dans le domaine de l'alimentation humaine et animale. C'est dans cette optique que s'est tenu, sous l'impulsion de la FAO et de l'OMS, à Kigali (Rwanda) les 29 et 30 octobre 2012, un séminaire qui réunissait des spécialistes africains de la sécurité sanitaire des aliments. A cette occasion, La FAO et l'OMS ont présenté conjointement le Réseau international des autorités de sécurité sanitaire des aliments et fourni des documents à ce sujet ainsi que sur le volet lié à la sécurité sanitaire des aliments du Système de prévention et de réponse rapide contre les ravageurs et les maladies transfrontières des animaux et des plantes (EMPRES).

Au niveau de la sous-région ouest africaine, la FAO et l'OMS participent également au renforcement des capacités institutionnelles à travers des séries de formations à l'endroit des personnes chargées de la sécurité sanitaire des aliments dans les pays de l'UEMOA. A ce propos, on citera à titre d'exemple, l'atelier sous-régional conjoint OMS-FAO de formation sur l'analyse des risques sanitaires des aliments dans les pays de l'UEMOA, tenu au Bénin du 4 au 6 juin 2013 et qui a réuni quarante techniciens, cadres et experts de la sécurité sanitaire des aliments. Cette formation a porté sur les outils majeurs structurant la surveillance et le contrôle des aliments ; les bases utiles à l'élaboration de programmes et de plans de surveillance et de contrôle des aliments, ainsi que les méthodes de transcription concrète sur le terrain de programmes et plans de surveillance et contrôle des aliments[551]. Dans cette dynamique, la FAO a appuyé la réalisation d'une étude effectuée dans l'ensemble des pays

---

[551] Cf. Organisation Mondiale de la santé, Bureau pays du Benin, Communiqué de presse n° 12 du 12 Juin 2013, disponible en ligne à l'adresse suivante : http://www.afro.who.int/en/benin/press-materials/item/5651-formation-sur-l-analyse-des-risques-sanitaires-des-aliments-uemoa.html

membres de l'UEMOA de septembre 2002 à mai 2003. Cette étude visait à faire un état des lieux du cadre institutionnel et juridique de la sécurité sanitaire des aliments dans l'UEMOA et à formuler des recommandations en matière de renforcement des capacités, afin de mieux assurer la sécurité sanitaire dans l'Union. Les résultats de cette importante étude, car première du genre dans l'UEMOA, ont abouti non seulement à l'élaboration et à l'adoption en 2007 du règlement relatif à la sécurité sanitaire des végétaux, des animaux et des aliments dans l'UEMOA, mais aussi à la mise en place d'un cadre institutionnel de sécurité sanitaire des aliments dans l'UEMOA, notamment le Comité régional de sécurité sanitaire des aliments dans l'UEMOA[552].

Enfin, au niveau national, s'agissant du Mali, l'ensemble des initiatives entreprises par la FAO et l'OMS participent à l'amélioration du cadre institutionnel de sécurité sanitaire des aliments. Aussi, relève-t-on de nombreuses actions de la FAO et l'OMS, visant à renforcer les capacités des institutions chargées de la sécurité sanitaire des aliments. Il est fastidieux et peu pertinent d'en dresser la liste. On notera simplement que l'ensemble de ces actions vise à renforcer la capacité des personnes chargées de la sécurité sanitaire des aliments, ainsi qu'améliorer les moyens logistiques utilisés à cette fin en vue de rendre meilleures les conditions dans lesquelles se réalisent de sécurité sanitaire des aliments.

Ainsi, la FAO et l'OMS participent grandement au renforcement des capacités institutionnelles du pays.

B- La Commission du *Codex Alimentarius*

La Commission du *Codex Alimentarius* est un organisme international conjointement créé en 1963 par la FAO et l'OMS. Ses principaux buts sont

---

[552] http://www.hubrural.org/IMG/pdf/uemoa_psrsa_synthese_regionale_ssa.pdf

la protection de la santé des consommateurs et la promotion des pratiques loyales dans le commerce des aliments[553].

La fonction essentielle assignée à cette Commission est d'apporter une expertise aussi bien pour les organismes internationaux qui veillent à la sécurité des aliments, notamment la FAO et l'OMS, que pour les Etats soucieux de protéger la santé des consommateurs et de faciliter leur participation au commerce international. Cela fait d'elle le principal organisme mondial qui fait des propositions pour la FAO et l'OMS, ainsi qu'aux Etats, pour toutes les questions relatives à la sécurité sanitaire des aliments, ainsi que l'indiquent les articles 1er et 5 de son acte constitutif. Aux termes de l'article 1er, en effet, la Commission du *Codex Alimentarius* est chargée *« d'adresser des propositions aux Directeurs généraux de l'Organisation des Nations Unies pour l'alimentation et l'agriculture (FAO) et de l'Organisation mondiale de la santé (OMS) et sera consultée par eux en ce qui concerne toutes les questions intéressant la mise en œuvre du Programme mixte FAO/OMS sur les normes alimentaires ».* Et, selon l'article 5 de son acte constitutif *« Des exemplaires (des) rapports, y compris les conclusions et recommandations, (de la Commission) sont communiqués, dès qu'ils sont disponibles, à titre d'information, aux gouvernements des États Membres et aux Organisations Internationale intéressées ».*

S'agissant du rôle de la Commission du *Codex Alimentarius* auprès des Etats, outre cette tâche d'information et de sensibilisation des Etats par la mise à leur disposition des normes alimentaires issues de ses travaux, la Commission intervient activement auprès des Etats par le biais des Comités nationaux du *Codex Alimentarius*, pour aider ces derniers à l'amélioration de leurs systèmes de sécurité alimentaire. Dans le cas du Mali, la création de le Comité national du Codex Alimentarius (CNC), résulte de l'arrêté n°05-1812/MS-SG du 1er août 2005. Il est placé auprès du ministère de la Santé et il regroupe l'ensemble des acteurs impliqués

---

553 Voir Article 1er des statuts de la Commission du Codex Alimentarius. Adoptés en 1961 par la 11ème session de la Conférence FAO et en 1963 par la 16ème session de l'Assemblée OMS. Révisés en 1966 et 2006

dans la sécurité sanitaire des aliments, notamment les services gouvernementaux, les opérateurs économiques, les chercheurs, les experts, la société civile et les associations de consommateurs. L'arrêté du 1er août 2005 attribue d'importantes missions au Comité national puisque celui-ci est chargé de conseiller le Gouvernement sur les décisions à prendre dans le domaine des normes alimentaires. En outre, il est chargé d'appuyer le Conseil National de Normalisation et du Contrôle de Qualité dans l'élaboration ou la relecture des normes nationales alimentaires sur la base des normes du *Codex* et entreprendre toutes autres tâches qui lui sont soumises par le Gouvernement pour renforcer le système national de sécurité sanitaire des aliments. De sa création à nos jours le Comité national du *Codex Alimentarius* a initié de nombreuses formations en vue de renforcer les capacités du personnel technique de l'Agence Nationale de la Sécurité Sanitaire des Aliments (ANSSA) et ses partenaires. A titre d'exemples on citera la formation en 2007 de deux agents l'ANSSA sur le Codex ou encore celle de ces trois agents sur l'Approche de l'analyse des risques à travers les problématiques liées aux mycotoxines en 2009[554].

Section II : Un cadre institutionnel consolidé par la création de structures communautaires de sécurité sanitaire des aliments

La création d'un Comité régional de sécurité sanitaire des végétaux, des animaux et des aliments dans l'UEMOA en 2007 témoigne la volonté évidente des autorités de l'UEMOA de consolider le cadre institutionnel de la sécurité sanitaire des aliments des Etats membres. Pour mesurer l'importance de cette structure, il est nécessaire de s'intéresser, dans un premier temps, à la création de cette structure (§ I), pour ensuite présenter ses missions (§ II).

[554] Sur l'ensemble de ces activités v. Rapport d'activité du 2005-2013 du Comité CODEX au Mali, prec.

§ I. La création du Comité régional de sécurité

Le Comité régional de sécurité sanitaire des végétaux, des animaux et des aliments dans l'UEMOA est institué par le règlement N° 007-2007 relatif à la sécurité sanitaire des végétaux, des animaux et des aliments dans l'UEMOA. Pour comprendre les raisons qui ont conduit à la création du comité régional de sécurité sanitaire et mesurer si ce comité peut relever les défis qui ont conduit à sa création il est nécessaire de présenter le contexte de création du Comité **(A)**, pour ensuite étudier son organisation et son fonctionnement **(B)**.

A-Le contexte de la création du Comité régional de sécurité sanitaire

La création du Comité régional de sécurité sanitaire des végétaux, des animaux et des aliments dans l'UEMOA n'est pas un fait du hasard. Plusieurs facteurs ont conduit à sa création. Les premiers sont d'ordre général, et sont liés à des considérations commerciales et sanitaires, ainsi qu'à la volonté de l'UEMOA d'aboutir à une organisation plus efficiente des systèmes de sécurité sanitaire dans l'Union. Il apparaît en effet que la création de cette institution se situe tout d'abord dans la mouvance contemporaine de développement des agences de régulation. Celles-ci peuvent être comprises comme étant *« des institutions chargées de participer de manière active à l'exercice de la fonction exécutive, en posant des actes qui contribuent à la régulation d'un secteur déterminé. Dans la plupart des cas, il s'agit d'agences qui, en vue de renforcer la cohérence et l'efficacité de cette régulation, réunissent et mettent en réseau au niveau communautaire des activités, qui à l'origine, relèvent du niveau national »*[555]. Elle répond ensuite à une double préoccupation dans l'UEMOA qui est d'une part, de protéger la santé et la sécurité des consommateurs dans l'Union, et d'autre part, celle de garantir la sécurité sanitaire et la qualité de la production alimentaire faisant l'objet du commerce international et d'assurer la conformité des aliments importés aux exigences du commerce international, car l'accès des pays de

---

[555] http://ec.europa.eu/governance/docs/comm_agence_fr.pdf

l'UEMOA aux marchés des denrées alimentaires est tributaire de leur capacité à observer les exigences réglementaires des pays importateurs[556].

Les seconds, sont liés à des raisons plus spécifiques tenant à la fois à la faiblesse des institutions nationales chargées de la sécurité sanitaire des aliments et aux difficultés contemporaines liées à la sécurité sanitaire des aliments qui, pour prendre la formule du législateur européen, *« comportent une dimension scientifique et technique de plus en plus importante et complexe »*[557]. C'est sont justement ces difficultés qui prennent corps dans un contexte de crises alimentaires mondiales à répétition et qui ont suscité partout dans le monde des craintes de la part des consommateurs pour les risques d'atteinte à leur santé et ont éveillé la conscience des autorités nationales et communautaires sur les risques sanitaires auxquels l'alimentation expose la santé des consommateurs ; lesquels ont conduit l'UEMOA en 2002 à commanditer une étude sur les systèmes de sécurité sanitaire des aliments dans l'ensemble des pays de l'Union[558].Cette étude, a mis en lumière de nombreuses déficiences, dont les plus caractéristiques ont trait *à la faiblesse ou au caractère inadapté de l'administration en charge de la sécurité sanitaire*, au manque *d'équipements techniques et de personnels hautement qualifiés.*

Plus précisément, le bilan dressé par cette étude renvoie à un *Cadre administratif et institutionnel de la Sécurité Sanitaire des Aliments* archaïque qui n'est pas à mesure d'assurer la sécurité sanitaire des aliments, et à l'absence de *« structures propres à assurer la gestion du risque telles que des instances d'expertises indépendantes et transparentes, des observatoires chargés d'alerter et de veiller à la*

---

[556] Voir en ce sens les considérants du règlement N° 007/2007/CM/UEMOA relatif à la sécurité sanitaire des végétaux, des animaux et des aliments dans l'UEMOA

[557] Considérant n°33 du règlement CE n° 178/2002 du 28 janvier 2002 établissant les principes généraux et les prescriptions générales de la législation alimentaire, instituant l'Autorité européenne de sécurité des aliments et fixant des procédures relatives à la sécurité des denrées alimentaires (JO L 31 du 1.2.2002, p. 1).

[558] Féral F., Coulibaly A.H, Rapport de synthèse des rapports des experts internationaux concernant le cadre juridique et institutionnel de la sécurité sanitaire des aliments et des contrôles, FAO, UEMOA

sécurité sanitaire et à sa mise en réseaux, des instances participatives dans lesquelles seraient impliqués les professionnels et les représentants de la société ». En outre, l'étude soulignait que *« le problème de l'expertise, de l'élaboration des règlements techniques et du statut de l'analyse des risques se pose »* dans l'ensemble des pays de l'UEMOA[559].

Au regard de toutes ces lacunes, l'étude a fortement recommandé la mise en place d'une *« Agence régionale de sécurité sanitaire des aliments »*. Dans l'esprit des auteurs de l'étude, cette *« agence »* devra combler les faiblesses des cadres nationaux de sécurité sanitaire des aliments en ayant comme rôle de *« donner des avis indépendants à l'Union et/ou aux différents Gouvernements dans la prise de décision sanitaire, représenter l'Union dans les différentes instances internationales relatives aux SSA, constituer un centre de documentation et d'information sur la SSA au niveau de l'Union, organiser des campagnes de sensibilisation et d'information, etc. »*[560]. C'est donc en réaction à cette recommandation et pour combler les défaillances énoncées et offrir à l'UEMOA un cadre institutionnel lui permettant, ainsi qu'aux Etats membres, de mieux garantir la sécurité sanitaire des aliments afin de mettre en œuvre leurs prérogatives liées à la protection de la santé publique, répondant aux attentes des consommateurs, des États partenaires et aux exigences du commerce international, que le Comité de sécurité sanitaire des végétaux, des animaux et des aliments fut créé par les autorités de l'Union le 6 avril 2007 avec l'adoption du règlement n°007/2007/CM/UEMOA relatif à la sécurité sanitaire des végétaux, des animaux et des aliments dans l'UEMOA. La création de cette institution correspond aux orientations générales de l'UEMOA puisque le protocole additionnel n° II de son traité constitutif prévoit expressément dans son chapitre I consacré aux ressources humaines que « *l'Union met en œuvre, de concert avec les organisations internationales ou régionales spécialisées, des actions communes en vue de l'amélioration du niveau sanitaire des populations »*[561]. La mise en place de ce Comité régional intervient ainsi dans un contexte de mondialisation des risques alimentaires, de

---

[559] *Ibid.*
[560] *Ibid.*
[561] http://www.uemoa.int/Pages/Actes/NewPages/Protocole_additionnel_II.aspx

complexification de la problématique de la sécurité sanitaire des aliments du fait notamment de l'usage et de l'évolution rapide des technologies dans le domaine de la production, de la transformation et de la commercialisation des aliments ; et enfin dans un cadre commercial mondial nécessitant une appropriation des principes et textes internationaux en vigueur. Il s'agit donc pour l'UEMOA, à travers l'institution du Comité régional de sécurité sanitaire de disposer d'un cadre institutionnel lui permettant, ainsi qu'aux Etats, d'améliorer leurs capacités et de relever les défis de l'ère en matière de sécurité sanitaire des aliments en vue d'assurer une meilleure protection de la santé des consommateurs et d'assurer un accès de la production alimentaire aux marchés mondiaux.

Pour remplir pleinement ces fonctions, il est indispensable que le Comité régional de sécurité sanitaire soit conçu sur un modèle fondé sur des principes d'excellence, d'indépendance et de transparence à l'image de l'autorité européenne de sécurité sanitaire des aliments[562].

B - L'organisation et le fonctionnement du Comité régional de sécurité sanitaire

Les facteurs qui ont conduit à la création du Comité régional de sécurité sanitaire, montrent avec force la nécessité de concevoir un organe garantissant de manière efficace et efficiente la sécurité sanitaire des aliments dans l'UEMOA. La prise en compte de cette nécessité qui a prévalu à la création du Comité régional de sécurité sanitaire, est perceptible à tous les niveaux d'organisation et de fonctionnement du Comité régional de sécurité sanitaire. En effet, ce dernier est conçu sur un modèle d'organisation et de fonctionnement basé sur la mutualisation de l'expertise et des ressources humaines et techniques disponibles dans l'UEMOA, et il s'appuie sur des sous-comités dotés chacun dans son

---

[562] Sur l'autorité européenne de sécurité sanitaire des aliments voir par exemple : M-A., NGO *« La qualité et la sécurité des produits agro-alimentaires, Approche juridique »,* Préface de L., BOY, l'Harmattan 2006, p. 174 et Ss.

domaine d'un haut niveau de technicité et d'expertise. Le premier élément d'illustration de la volonté des autorités communautaires de se doter d'une institution apte à assurer efficacement la sécurité sanitaire des aliments dans l'UEMOA, résulte de la composition et la structuration mêmes du Comité régional de sécurité sanitaire puisque ce dernier est formé de comités techniques spécialisés chargés de donner des avis techniques consultatifs chacun dans son domaine sur l'ensemble des questions et mesures d'intérêt communautaire. En vertu de l'article 15 du règlement n°007/2007 relatif à la sécurité sanitaire des végétaux, des animaux et des aliments dans l'UEMOA *« Aux fins de la réalisation de ses missions, pour les questions relatives à la sécurité sanitaire des végétaux et à la sécurité sanitaire des aliments, le Comité Régional de Sécurité Sanitaire s'appuie sur les deux sous-comités ci-après : Sous-comité de sécurité sanitaire des végétaux ; Sous-comité de sécurité sanitaire des aliments ».* Ces deux sous-comités viennent ainsi s'ajouter au Comité vétérinaire crée en 2006 puisqu'aux termes du paragraphe 2 du même texte *« Concernant les questions relatives à la sécurité sanitaire des animaux, le Comité Régional de Sécurité Sanitaire s'appuie sur le Comité vétérinaire, tel que prévu par le Règlement N° 01/2006/CM/UEMOA du 23 mars 2006 portant création et modalités de fonctionnement d'un Comité vétérinaire au sein de l'UEMOA »*[563].

Le deuxième élément illustrant la volonté des autorités de l'UEMOA de faire de ce Comité régional de sécurité alimentaire un organe apte à garantir efficacement la sécurité sanitaire des aliments est la mutualisation de l'expertise en matière de sécurité sanitaire des aliments dans l'espace UEMOA. Cette mutualisation est opérée par le biais de la constitution des réseaux d'experts chargés d'appuyer les structures régionales de sécurité sanitaire par des avis scientifiques, notamment lors des crises sanitaires. Par ailleurs, les avis scientifiques des experts relatifs à la sécurité sanitaire des aliments permettent de donner un fondement scientifique aux décisions communautaires, faute de quoi ces mesures ne seraient pas juridiquement opposables aux opérateurs économiques. La constitution d'un réseau d'experts est prévue par l'article 17 du règlement n°007/2007 relatif à la

---

[563] Article 15 du règlement N° 007/2007/CM/UEMOA, prec.

sécurité sanitaire des végétaux, des animaux et des aliments dans l'UEMOA, précité et aux termes de l'article 18.1 du même règlement *« sur requête des structures régionales de sécurité sanitaire, le réseau d'experts appuie celles-ci par des avis scientifiques, notamment lors des crises sanitaires ».*

Le troisième et dernier élément démontrant la recherche de l'efficacité et l'efficience à travers la création du Comité régional de sécurité sanitaire est la mutualisation des ressources et des mécanismes de prévention des crises sanitaires par la mise en place des réseaux et observatoires régionaux de sécurité sanitaire. Aux termes de l'article 17 du règlement n°007/2007 précité, *« dans la mise en œuvre de ses missions, le Comité régional de sécurité sanitaire s'appuie sur les mécanismes d'expertise et de coopération basés sur les réseaux et les observatoires ».*

Les secteurs dans lesquels ces réseaux sont constitués sont limitativement énumérés par l'article 18 du règlement, qui précise la tâche attribuée à chacun des réseaux. Selon ce texte, *« il est institué au sein de l'Union, dans chaque secteur de sécurité sanitaire, les réseaux ci-après : le réseau d'experts ; le réseau des laboratoires ; le réseau d'alerte ; le réseau des organismes nationaux ; le réseau des institutions de formation ».* Le texte indique que *« le réseau régional des laboratoires d'analyse, ci-après dénommé "réseaux des laboratoires", rassemble l'ensemble des laboratoires publics ou privés des Etats membres susceptibles de constituer des structures de référence pour l'analyse »* ; *« le réseau régional d'alerte, ci-après dénommé "réseau d'alerte" est chargé de la veille et de la transmission immédiate de l'information relative au risque sanitaire, aux structures appropriées »* ; *« le réseau régional des organismes nationaux de sécurité sanitaire ci-après dénommé "Réseau régional des organismes nationaux" renforce la coopération sanitaire et assure la circulation de l'information dans les domaines des politiques sanitaires de l'Union » ;* enfin *« le réseau régional des institutions de formation, ci-après dénommé "réseau des formations", contribue à l'amélioration de l'offre de formation ».* Quant aux observatoires de sécurité sanitaire il est prévu par l'article 19 du règlement n°007/2007 précité, en vertu duquel *« Ils sont chargés de créer et de gérer les bases de données nécessaires à la coopération sanitaire et d'établir l'inventaire des textes et accords internationaux de sécurité sanitaire qui lient les Etats membres de l'Union ».*

Le modèle d'organisation et de fonctionnement du Comité régional de sécurité sanitaire devrait permettre une meilleure gestion de la sécurité sanitaire des aliments dans l'UEMOA à travers la mutualisation de l'expertise et des ressources techniques et humaines, combler les faiblesses des systèmes nationaux de sécurité sanitaire des aliments, et faciliter ainsi l'accès des consommateurs à une alimentation saine. Cette volonté d'assurer une meilleure gestion de la sécurité sanitaire des aliments et faciliter ainsi l'accès des consommateurs à une alimentation saine est aussi perceptible à travers les missions assignées au Comité régional de sécurité sanitaire.

§ II. Les missions du Comité régional de sécurité sanitaire

Les missions du Comité régional de sécurité sanitaire sont déterminées par le règlement communautaire relatif à la sécurité sanitaire des végétaux, des animaux et des aliments dans l'UEMOA. En vertu de ce règlement, les missions du Comité en lien avec la sécurité sanitaire des aliments consistent en des missions d'expertises (A) et de coordination des politiques de sécurité sanitaires au sein de l'UEMOA (B).

A-Missions d'expertise

La création du Comité régional de sécurité sanitaire répond avant tout à la volonté de l'UEMOA de se doter de « mécanismes d'expertise aptes à évaluer le niveau et la qualité des législations et à émettre des avis consultatifs en matière de sécurité phytosanitaire, zoo sanitaire et des aliments au sein de l'Union »[564]. Cette volonté est concrétisée par la mise en place des réseaux d'experts au sein des structures du Comité et l'assignation à ces derniers des missions d'expertise dans chacun des

[564] Considérant n° 9 du règlement n°007/2007 relatif à la sécurité sanitaire des végétaux, des animaux et des aliments dans l'UEMOA, prec.

domaines de la sécurité sanitaire, notamment alimentaires. Selon l'article 14 du règlement n°007/2007 précité « le Comité régional de sécurité sanitaire est chargé (...) de contribuer à la cohérence de la politique de sécurité sanitaire de l'Union en lui fournissant les avis techniques appropriés ». Pour la réalisation de cette mission, le Comité s'appuie sur ces structures de sécurité sanitaire au sein desquelles sont constitués les réseaux d'experts. Aux termes de l'article 18.1 dudit règlement « sur requête des structures régionales de sécurité sanitaire, le réseau d'experts appuie celles-ci par des avis scientifiques, notamment lors des crises sanitaires ». Pour la FAO et l'OMS un « avis scientifique » se définit comme étant « la conclusion tirée d'une évaluation compétente qui tient compte des données scientifiques, y compris des incertitudes. Il peut consister en une appréciation des conséquences d'une ou de plusieurs options fondées sur l'analyse des données scientifiques disponibles et sur un jugement scientifique. Il doit faire expressément état de toute incertitude due à une lacune des connaissances actuelles ou quant au caractère satisfaisant des données disponibles. Il doit, si nécessaire, indiquer les autres interprétations possibles des données »[565].

Les missions ainsi assignées aux experts les conduisent à jouer un rôle majeur dans l'élaboration de la législation communautaire relative à la sécurité sanitaire des aliments ; dans la production de l'information scientifique nécessaire à l'élaboration de politiques communes dans le domaine spécifique de la sécurité sanitaire des aliments, ainsi qu'à la fourniture, en cas de crise sanitaire, d'avis scientifiques permettant aux autorités communautaire et/ou nationales de donner un fondement scientifique à leurs décisions conformément aux exigences des règles de l'OMC sur l'application des mesures sanitaires et phytosanitaires et sur les obstacles techniques au commerce[566].

---

[565] ftp://ftp.fao.org/docrep/fao/007/y5388f/y5388f00.pdf)

[566] L'article 2 de l'accord SPS énonce, en effet, dans sa section relative aux droits et obligations des Etats *« que les Etats feront en sorte qu'une mesure sanitaire ou phytosanitaire ne soit appliquée que dans la mesure nécessaire pour protéger la santé et la vie des personnes et des animaux ou préserver des végétaux, qu'elle soit fondée sur*

Le Comité de sécurité sanitaire est ainsi une institution chargée de soutenir et de conseiller les autorités communautaires et nationales sur les questions à caractère scientifique afin d'orienter les politiques et législations en matière de sécurité sanitaire des aliments ; d'orienter les autorités dans le cadre des décisions relatives à la sécurité sanitaire des aliments en cas de crise sanitaire, pour permettre à celles-ci de s'appuyer sur des données scientifiques dûment fondées. En outre, les avis scientifiques fournis par les experts dans le processus d'évaluation des risques permettent aux autorités d'identifier de manière précoce les risques sanitaires liés aux aliments et ainsi préserver la santé des consommateurs.

Toutefois, pour que ces missions soient efficacement remplies par les experts, il est indispensable, comme le préconisent la FAO et l'OMS, que le choix des experts repose sur des critères d'excellence, d'indépendance et d'équité[567]. Pour la FAO et l'OMS l'excellence « suppose de la part des experts des compétences appropriées, une position reconnue dans leur discipline, et un juste équilibre entre les compétences de ceux qui émettent les avis ». Le critère d'indépendance recouvre la neutralité et l'objectivité des avis scientifiques élaborés par les experts. Pour assurer la neutralité et l'objectivité des avis scientifiques élaborés par les experts, la FAO et l'OMS, préconisent qu'il soit demandé à tous les experts participant aux réseaux d'experts de « déclarer tout intérêt qui pourrait entraîner un conflit d'intérêts réel, potentiel ou apparent par rapport à leur participation. Cette "déclaration d'intérêt" porte sur les divers intérêts financiers ou autres (y compris intellectuels) des experts, à titre personnel ou dans le cadre de leur emploi. Ce point couvre à la fois les relations susceptibles d'exister entre : i) des entités commerciales et l'expert à titre personnel ; et ii) des entités commerciales et l'unité administrative qui emploie l'expert ». Quant au critère d'équité, il concerne le processus d'évaluation des risques alimentaires au sein des réseaux d'experts. Il implique une participation

---

des principes scientifiques et qu'elle ne soit pas maintenue sans preuve scientifique suffisante, exception faite de ce qui est prévu au paragraphe 7 de l'article 5 ».

[567] Ces critères ont été adoptés lors de l'atelier conjoint FAO/OMS sur la fourniture d'avis scientifiques au Codex et aux États Membres, qui s'est déroulé au Siège de l'OMS, à Genève, du 27 au 29 janvier 2004. Le rapport de cette réunion peut être consulté sur : http://www.fao.org/ag/agn/agns/advice_codex_fr.asp

générale des experts. Selon la FAO et l'OMS « le principe de participation générale veut que les opinions scientifiques minoritaires soient respectées et prises en compte »[568].

Les missions ainsi assignées aux experts, notamment en matière de sécurité sanitaire des aliments, devraient contribuer à améliorer de manière significative la sécurité sanitaire des aliments dans l'UEMOA, car l'information scientifique fournie par les experts permet de mieux éclairer et d'orienter les autorités en cas de crise sanitaire. En outre, à travers leurs missions d'expertise, les experts contribuent à l'amélioration des politiques et législations en matière de sécurité sanitaire des aliments et l'adaptation des celles-ci aux normes internationales. Ainsi que l'indiquent la FAO et l'OMS « la fourniture d'avis scientifiques est essentielle à l'efficacité de la planification et de la mise en œuvre des programmes de contrôle des aliments et de nutrition aux niveaux national et international »[569].

A côté de cette mission d'expertise, une autre mission très complémentaire à la mission d'expertise est assignée au Comité régional de sécurité sanitaire. Il s'agit de l'organisation de la coopération sanitaire entre les Etats et de l'appui de la Commission aux Etats membres dans le suivi des négociations commerciales internationales relatives aux accords SPS.

B-Missions de coordination des politiques sanitaires

Aux termes de l'article 14 du règlement n°007/2007 « le Comité régional de sécurité sanitaire est chargé d'assister la Commission dans l'organisation de la coopération sanitaire entre les Etats membres et de contribuer à la cohérence de la politique de sécurité sanitaire de l'Union en lui fournissant les avis techniques appropriés » Le paragraphe 2 de ce

---

[568] Cadre FAO/OMS pour la fourniture d'avis scientifiques sur la sécurité sanitaire des aliments et la nutrition », Organisation des Nations Unies pour l'alimentation et l'agriculture, Organisation mondiale de la santé, Rome, 2007, document consultable en ligne à l'adresse suivante : ftp://ftp.fao.org/docrep/fao/010/a1296f/a1296f00.pdf
[569] *Ibid.*

texte ajoute que le Comité régional de sécurité sanitaire « appuie la Commission et les Etats membres dans le suivi des négociations commerciales internationales relatives aux accords SPS ».

Les missions ainsi assignées au Comité régional de sécurité sanitaire, traduisent les choix stratégiques de l'UEMOA en matière de protection de la santé des consommateurs, d'approfondissement du marché commun et du développement du commerce des aliments. Dans sa politique communautaire, en effet, l'UEMOA considère que « l'harmonisation des législations nationales en matière de sécurité phytosanitaire, zoo sanitaire et des aliments en conformité avec les exigences sanitaires internationales contribuera à améliorer les échanges des végétaux, des animaux et des aliments dans l'espace communautaire ainsi que leur commerce régional et international et constituera le cadre d'actions visant à approfondir et à consolider le marché commun tout en assurant une meilleure protection des agents économiques et notamment des consommateurs »[570]. Cette vision est traduite par le protocole additionnel n° II relatif aux politiques sectorielles de l'UEMOA. Ce protocole additionnel, en effet, dispose à l'article 3 de son chapitre I que « l'Union met en œuvre, de concert avec les organisations internationales ou régionales spécialisées, des actions communes en vue de l'amélioration du niveau sanitaire des populations ». Dans cette vision, l'harmonisation des systèmes de sécurité sanitaires des aliments mis en place dans les Etats membres va être conçue comme étant non seulement un moyen permettant d'améliorer les capacités institutionnelles des Etats en matière de sécurité sanitaire des aliments, mais aussi une stratégie de concrétisation des politiques spécifiques de l'Union dans le domaine de la protection de la santé des consommateurs, d'approfondissement du marché commun et du développement du commerce des aliments.

Dans cette perspective, le rôle du Comité régional de sécurité sanitaire consisterait à mettre en œuvre des actions communes en vue de la rationalisation et de l'amélioration des politiques de sécurité sanitaire des

---

[570] Paragraphe 10 des considérants du règlement n°007/2007 relatif à la sécurité sanitaire des végétaux, des animaux et des aliments dans l'UEMOA, prec.

aliments dans l'UEMOA. Ces actions porteraient, notamment, sur la conception des stratégies visant à renforcer les échanges intracommunautaires et extracommunautaires ; à la mise au point des programmes d'action de sécurité sanitaire des aliments, en vue de répondre aux besoins spécifiques du Marché commun, en collaboration avec les organisations internationales, les autres organisations régionales compétentes et les organisations représentatives des producteurs et des consommateurs ; à la contribution avec les institutions spécialisées de formation à la mise au point des programmes de formation dans le domaine de la sécurité sanitaire des aliments en vue de répondre aux besoins spécifiques du Marché commun ; de participer à la mise en place et à l'animation des structures nationales et régionales et des mécanismes de coopération dans le domaine de la sécurité sanitaire des aliments ; d'appuyer l'analyse des risques sanitaires en matière de sécurité sanitaire des aliments ; concevoir avec les Etats membres, les instruments de suivi et d'évaluation des politiques communautaires en matière de sécurité sanitaire des aliments ; et contribuer à la préparation et au suivi des négociations commerciales internationales relatives à l'agriculture (Organisation Mondiale du Commerce, Accord de partenariat économique, etc.), notamment en ce qui concerne les normes SPS[571].

De cette manière, le Comité régional de sécurité sanitaire participe, comme l'envisage l'UEMOA, à l'amélioration de l'efficacité des systèmes de sécurité alimentaire dans l'UEMOA. Cette démarche est d'autant plus appréciable que comme l'indique la FAO « l'efficacité des systèmes de contrôle alimentaire exige une coordination stratégique et opérationnelle au niveau (régional) et/ou international »[572].

L'étude du cadre institutionnel de la sécurité sanitaire des aliments révèle suffisamment la prise en compte par les autorités nationales et communautaires des problèmes liés à la sécurité sanitaire des aliments.

---

[571] En ce sens article 23 du règlement n°007/2007 relatif à la sécurité sanitaire des végétaux, des animaux et des aliments dans l'UEMOA, prec.

[572] Cadre FAO/OMS pour la fourniture d'avis scientifiques sur la sécurité sanitaire des aliments et la nutrition », Organisation des Nations Unies pour l'alimentation et l'agriculture, Organisation mondiale de la santé, prec.

Aussi a-t-elle révélé la volonté des autorités nationales et communautaires de mettre en place des structures modernes, dotées d'un haut niveau d'expertise dans le domaine de la sécurité sanitaire des aliments et conçues pour relever les défis contemporains que pose la sécurité sanitaire des aliments. S'il y a, ces dernières années, un domaine dans lequel on peut positivement apprécier les efforts des autorités nationales et communautaires pour protéger les consommateurs c'est bien celui de la sécurité sanitaire des aliments.

Tout au long de ce titre, nous avons pu constater la volonté des autorités maliennes et celles de l'UEMOA à construire un cadre législatif et institutionnel permettant de garantir un meilleur accès des consommateurs à une alimentation saine.

Au niveau national, la politique nationale de sécurité sanitaire des aliments adoptée par les autorités maliennes en 2002 traduit bien cette volonté. Sur le plan législatif, cette politique nationale encore en construction, n'a pour l'instant certes pas abouti à l'existence d'une loi complète, prenant en compte tous les aspects de la sécurité sanitaire des aliments, mais elle ouvre une voie pouvant aboutir à l'existence d'une loi. Sur le plan institutionnel, les chantiers bâtis sont assez appréciables. L'agence nationale de la sécurité sanitaire des aliments créée en 2003 et le Conseil national de la sécurité sanitaire des aliments créé en 2004 sont à cet égard assez significatifs.

Au niveau communautaire, les efforts sont beaucoup plus appréciables. Avec l'adoption en 2007 du règlement communautaire relatif à la sécurité sanitaire des végétaux, des animaux et des aliments dans l'UEMOA, les autorités communautaires offrent aux pays de l'UEMOA un cadre législatif et institutionnel beaucoup plus élaboré et permettant d'assurer la sécurité sanitaire des aliments grâce notamment aux principes généraux, aux nombreuses dispositions et aux structures et mécanismes qu'il établit en matière de sécurité sanitaire des végétaux, des animaux et des aliments dans l'UEMOA.

L'étude de la protection des consommateurs d'aliments à l'heure du libéralisme économique dans un pays en développement, en l'occurrence le Mali, a permis de dégager certains points particulièrement importants sur lesquels il convient d'insister à ce stade de l'étude. Le libéralisme et son corollaire, la mondialisation des échanges alimentaires, ont conduit à l'avènement d'un nouvel ordre juridique mondial qui participe à la confrontation des intérêts commerciaux et financiers des acteurs de la mondialisation aux intérêts des consommateurs. Dans cette confrontation, on assiste à une plus grande prise en compte par ce nouvel ordre juridique mondial des intérêts des premiers au détriment des seconds. Cela a été constaté à travers l'étude du droit du commerce international plus orienté vers la protection des enjeux économiques et commerciaux qui entourent l'exploitation et le commerce des aliments que leur accès aux consommateurs. Cela a également été constaté à travers l'attitude des organisations communautaires, notamment l'UEMOA, et internationales en particulier l'OMC, plus préoccupées par le développement du commerce des aliments et leur circulation sur les marchés communautaires et internationaux que la sécurité alimentaire des consommateurs nationaux.

L'autre point sur lequel il est nécessaire d'insister est la marge de manœuvre dont dispose l'Etat dans la détermination de sa politique alimentaire en vue d'en garantir un meilleur accès aux consommateurs. Sur ce point, le constat qui s'impose est que l'Etat n'est plus l'unique acteur dans la construction des réglementations et des politiques alimentaires. Comme nous avons eu à le constater, celui-ci est soumis aux règles juridiques de sources communautaire et internationale régissant la production et le commerce des aliments. Or, ces règles que l'Etat est tenu de respecter, sont, ainsi que nous avons eu à le constater, beaucoup plus orientées vers la protection des enjeux commerciaux et économiques que des intérêts des consommateurs. Il en résulte d'une part que la souveraineté de l'Etat est compromise, et d'autre part, que la sécurité alimentaire des consommateurs est fragilisée dans la mesure où l'Etat ne peut librement prendre des mesures pour préserver leur accès à l'aliment.
Ces deux éléments ressortant de notre étude illustrent parfaitement les effets négatifs que le modèle de l'économie libérale peut produire surtout dans les pays en développement sur les conditions d'accès des consommateurs à l'aliment.

CONCLUSION GÉNÉRALE

L'adoption du libéralisme économique au Mali comme modèle de développement économique et social permet-elle une meilleure réalisation des besoins des consommateurs, notamment alimentaires ? L'établissement du libéralisme économique au Mali a-t-il été suivi de la mise en place de mécanismes juridiques aptes à garantir la protection du consommateur d'aliments ? A ces questions initialement posées, on ne peut apporter de réponses fermes, mais seulement quelques réponses nuancées. Ces réponses nuancées nous conduisent à la fin de cette étude à la formulation de quelques propositions, qui pourraient contribuer à faire du système de libéralisme économique en Afrique, un modèle économique au service du développement socio-économique et du bien-être général des consommateurs africains.

S'agissant de la libéralisation du marché intérieur et du développement du secteur privé, les constats faits tout au long de cette étude ont permis de remarquer la levée de l'essentiel des contraintes administratives et juridiques dans l'optique de faciliter le processus de libéralisation et favoriser l'ouverture aux échanges régionaux et internationaux ainsi que le développement du secteur privé : le démantèlement des monopoles publics suivi d'un processus de privatisation organisant la substitution des acteurs privés à l'Etat dans l'activité économique ; la libéralisation du marché céréalier à travers le PRMC suivie de la libéralisation des exportations et des importations des produits alimentaires ; la création d'un cadre institutionnel chargé de conseiller et de promouvoir le secteur privé ; l'allègement et la facilitation des démarches dans la création d'entreprises privées, l'adoption d'un programme national d'investissement dans le secteur agricole et d'un cadre juridique incitatif pour l'investissement étranger direct (IED) ; l'élargissement du marché intérieur à travers l'intégration du pays dans de grands espaces économiques sous régionaux et internationaux. S'agissant de la protection du consommateur d'aliments et de la satisfaction des besoins de ce dernier, un cadre juridique et institutionnel ainsi que des programmes nationaux et régionaux visant à garantir sa protection et lui favoriser un meilleur accès à une alimentation suffisante et saine existent, à différents niveaux.

En premier lieu, au plan juridique : en droit national, diverses obligations générales, tendant à assurer la protection des consommateurs dans leurs relations contractuelles avec les opérateurs économiques (obligation d'information préalable sur le prix et le produit, obligation de conformité, obligation de sécurité, obligation de loyauté), auxquelles s'ajoutent, des obligations spécifiques mises à la charge des opérateurs économiques du secteur alimentaire par le droit communautaire de l'UEMOA en vue de garantir la sécurité sanitaire des aliments (obligation de sécurité des aliments, obligation de se tenir informé, obligation de prudence, obligation de vérification de conformité, obligation d'autocontrôle et obligation de suivi). En droit international, les préoccupations relatives à l'accès du consommateur à une alimentation saine et suffisante sont également présentes.

En second lieu, au plan institutionnel, des institutions spécialement dédiées à la sécurité sanitaire des aliments sont créées au niveau national (ANSSA et CNSSA) et sous régional (le Comité régional de sécurité sanitaire dans l'UEMOA).

En troisième lieu, des programmes sont initiés à l'échelle nationale et sous régionale, pour favoriser un meilleur accès des consommateurs à l'aliment et protéger la santé de ces derniers : la Stratégie Nationale de Sécurité Alimentaire adoptée par le Mali en 2002, la politique agricole commune de l'UEMOA adoptée en 2001 et celle de la CEDEAO (ECOWAP) adoptée en 2005 visent toutes à contribuer de manière durable à la satisfaction des besoins alimentaires des consommateurs. Dans le même sens, la Politique Nationale de Sécurité Sanitaire des Aliments adoptée au Mali en 2002, le programme Spécial Régional pour la Sécurité Alimentaire des Etats membres de l'UEMOA qui a débouché sur l'adoption en 2007 d'un règlement communautaire sur la sécurité sanitaire des végétaux, des animaux et des aliments dans l'UEMOA, vise à garantir la sécurité sanitaire des aliments et à protéger la santé des consommateurs.

Cependant, des faiblesses et des obstacles divers et variés, subsistent et entravent sérieusement la mise en place d'un modèle d'économie libérale profitable au consommateur d'aliments : il y a d'une part, des faiblesses internes et de nature structurelle se traduisant par la permanence et l'importance d'un secteur informel qui échappe à toute emprise de l'Etat et de la loi, la faiblesse des institutions publiques chargées d'assurer la mise en œuvre de la loi et des réformes entreprises, la faiblesse des services et outils de production et de commercialisation des aliments. D'autre part, il y a des obstacles de nature juridique, résultant du droit du libéralisme économique, se traduisant à la fois, par une limitation des pouvoirs des Etats dans la détermination de la réglementation et des politiques agricoles et alimentaires, et par le renforcement de monopoles sur les ressources productives d'aliments.

Les faiblesses et obstacles ainsi résumés, affectent considérablement la capacité des opérateurs économiques et celle de l'Etat à remplir pleinement leurs missions dans la réalisation des besoins des consommateurs d'aliments. Dès lors, de nouvelles voies doivent être envisagées afin que le droit du libéralisme économique participe à ce qui doit être la fonction première du droit, à savoir la protection des valeurs essentielles à l'existence humaine au premier rang desquelles se trouve l'accès à une alimentation saine et suffisante.

Bibliographie

§ I. Ouvrages, Manuels, Dictionnaires

ANDRÉ J-C., et DÉPAREZ P., Compléments alimentaires et aliments santé, éditions TOC & DOC, Lavoisier, 1999, 372 p. .

ARDITI, Cl., JEANIN, P., et MARIE, A., la lutte contre l'insécurité alimentaire au Mali, Réalités et faux semblants, éd. Karthala, 2011, 379 p.

Association Henri CAPITANT, La protection du consommateur, Dalloz, 1973, 578 p.

AUGUET Y., (sous la coord. de), Droit de la consommation, ellipses, 2008, 399 p..

AZOULAY, G. ; DILLON, J. -C., La sécurité alimentaire en Afrique : manuel d'analyse et d'élaboration des stratégies, Karthala, 1993, 285 p..

BACACH-GIBEILI, M., Les obligations, la responsabilité Civile extracontractuelle, Economica, 1re éd. 2007, 783 p.

BASTIAT, F., (1801-1850), « Les Harmonies Économiques » éd. Guillaumin, 1850, 463 p.

BAZIN, E., « L'essentiel du droit de la consommation », Goaliano, 2011, 112 p.

BENSALAH-ALAOUI, A., La sécurité alimentaire mondiale, LGDJ, Paris, 1989, 429 p.

BOURDILLON, F., BRÜCKER, G., et TABUTEAU, D., Traité de santé publique, Flammarion, 2004, 536 p.

BOURGOIGNIE, T., Éléments pour une théorie du droit de la consommation : au regard des développements du droit belge et du droit de la Communauté économique européenne, éd. Story-Scientia, 1988, 564 p.

BOURGOIGNIE, T., L'Aide juridique au consommateur, Bruylant, 1981, 551 p.

BOY, L., L'essentiel du droit économique, L'hermès, 1re éd. 2002, p. 101.

BOY, L., RACINE, J., B., SIIRIAINEN, F., (Sous la dir. de) Droit économique et Droits de l'homme, Larcier, 2009, 710 p..

BRODEUR, J., COLAS, B., DEL CONT, C., DOUMBIA, S., JACQUOT, M., PARENT, G., REGIMBALD, G., ROUX, G., VICTOR, M., et WILSON, D., Pour une meilleure cohérence des normes internationales, Reconnaître la spécificité agricole et alimentaire pour le respect des droits humains, Éd. Yvon Blais BRYLANT, 154 p.

BRUNEL, S., Famines et politique, La bibliothèque du Citoyens, Presses de sciences PO, 2002, 129 p.

CALAIS-AULOY, J., TEMPLE, H., Droit de la consommation, Dalloz, 2010, 8e éd., p. 726.

CARBONNIER, J., Flexible droit, pour une sociologie du droit sans rigueur, Paris, LGDJ 10e édit. 2001, Vol. 1, 493 p..

CARREAU, D., et JUILLARD, P., Droit international économique, 4e. Éd.2010, Dalloz-Sirey, 770 p.

CHEROT, J.-Y., Droit public économique, Economica, 2e éd., 2007, p. 1032.

CORNU (sous la dir. de), Vocabulaire juridique Capitant, Presse Universitaire de France (PUF), 2007, 986 p.

DAVID, R., et JAUFFERT-SPINOSI C., Les grands systèmes de droit contemporains, Précis Dalloz, 11° Éd. 2002, p. 553.

DE LEYSSAC, C., L., PARLEANI, G., Droit du marché, Presse Universitaire de France, 1re éd., 2002, 1033 p.

DEBOYSER, P., Le droit communautaire relatif aux denrées alimentaires, Story scientia, 1989, 466 p.

DELMAS-MARTY, M., GIUDICELLI-DELAGE, G., (Sous la dir. de), Droit pénal des affaires, 4e éd., Presse Universitaire de France (PUF), 2000, 707 p.

DEVISCH, R., DE BOECK, F., JONCKERS, D., (Sous la dir.) Alimentations, Traditions et développements en Afrique intertropicale, L'Harmattan, 1995, 303 p.

DIAKITE, M., Le défi de l'Intégration économique en Afrique de l'Ouest, édit Harmattan 1998, 282 p.

DIARRAH, O., Le Mali de Modibo Keïta, éd. L'Harmattan 2000, 187 p.

DIDIER, F., La protection des consommateurs, Dalloz « Connaissance du Droit'1996, p. 101.

FABRE-MAGNAN, M., Droit des obligations.1, Contrat et engagement unilatéral, Presses universitaires de France, 2010, 720 p.

FABRE-MAGNAN, M., Droit des obligations.2, Responsabilité civile et quasi-contrats, Presses universitaires de France, 2010, 471 p.

FABRE-MAGNAN, M., Introduction au droit, Presses universitaires de France, 2010, 127 p.

FABRE-MAGNAN, M., Les obligations, Presses universitaires de France, 2004, 993 p.

FARB, P., et ARMELAGOS, G., Anthropologie des coutumes alimentaires, Denoël, éd. Paris, 1980, 267 p.

FARJAT, G., Pour un droit économique, Presses Universitaires de France, 1re éd., 2004, p. 209.

FERRAUT-CIANDET, N., Protection de la santé et sécurité alimentaire en droit international, Larcier, 2009, 325 p.

FISCHLER, C., « l » homnivore », éd. O. Jacob, 2001, 440 p.

FISCHLER, C., et MASSON, E., Manger, Français, Européens et Américain face à l'alimentation, éd. O. Jacob, 2008, 336 p.

FLAESCH-MOUGIN, C., et LEBULLENGER, J., Regards croisés sur les intégrations régionales : Europe, Amérique, Afrique, BRUYLANT 2010, 512 p.

GAUDEMET, Y., Traité de Droit administratif, Droit administratif général, Tome 1, 16e Ed., LGDJ, Paris, 2001. 944 p.

GHELFI-TASTEVIN, F., Droit pénal économique et des affaires, mémentos, Gualino éditeur, 2001, 214 p.

GHESTIN, J., (Sous la dir. de), Sécurité des consommateurs et responsabilité du fait des produits défectueux, LGDJ, 1987, 235 p.

HERPIN, N., Sociologie de la consommation, La découverte, 2004, 121 p.

LEFEBVRE, F., Concurrence et consommation, Mémento pratique, éd. Francis LEFEBRE, 2009-2010, 1374 p.

LEWANDOWSKI-ARBITRE, M., Droit communautaire et international de la sécurité des aliments, Éditions TEC & DOC, Lavoisier, 2006, 282 p.

LORVELLEC, L., Écrits de droit rural et droit agroalimentaire, Paris, Dalloz, 2002, 552 p.

MACKAAY, E., et ROUSSEAU, S., Analyse économique du droit, 2e éd. Dalloz, 2008, 728 p.

MAHIEU, S., Le droit de la société de l'alimentation : vers un nouveau modèle de maîtrise des risques alimentaires et technologiques en droit communautaire et international. Bruxelles, Larcier, 2007, 674 p..

MAHIOU, A., SNYDER, F., (Sous la dir.), La sécurité alimentaire, Triangle bleu, 2006, 933 p.

MAINGUY, D., DE LEYSSAC, L., CAMOUS, E., BOY, L., Calais-Auloy, J., Règlements non-juridictionnels des litiges de la consommation : contribution critique à l'analyse des modes alternatifs de règlement des conflits, Paris, LGDJ, 2002, 551 p.

MALTHUS, T-R., « Essai sur le principe de population », (1798), Paris, Éditions Gonthier, 1963, 236 p. Collection : Bibliothèque Médiations. (Préface et traduction par le docteur Pierre THEIL).

MASSOL, G., Loi sur la protection du consommateur, Société Québécoise d'information juridique 4e éd., 1987, 428 p.

MERLE et VITU, Traité de droit criminel, T.I, 5ème édition, CUJAS, 1984, 736 p.

MEUNIER, P., FASQUELLE, D., (sous la dir. de), le droit communautaire de la consommation, bilan et perspectives : actes du colloque de Boulogne-sur-Mer 14 et 15 janvier 2000, Paris, la Documentation française, 2002, 283 p..

NOBLOT, C., « Droit de la consommation », Montchrestien, 2012, 232 p.

NIHOUL, P., MAHIEU, S., (Sous la dir. de), La sécurité alimentaire et la réglementation des OGM, Perspectives nationale, européenne et internationale, Larcier, 2005, 348p.

PARENT, G., (Sous la dir. de), Production et consommation durables : de la gouvernance au consommateur citoyen, Ed. Yvon Blais, 2008, 641p.

PARMENTIER, B., Nourrir l'humanité, Les grands problèmes de l'agriculture mondiale au XXIe siècle, La découverte 2010, 293 p.

PASSET, R., Les grandes représentations du monde et de l'économie à travers l'histoire, LES LIENS QUI LIBÈRENT 2010, 950 p.

PEBEREAU, M., La politique économique de la France. Les instruments, Paris, A. Colin, 1985, 319 p.

PFISTER, L., Introduction historique au droit privé, Presses Universitaire de France (PUF), 1re éd, 2004, 127 p.

PIEDELIEVRE, S., Droit de la consommation, Economica, 2008, 665 p.

PICOD, Y. et DAVO, H., « Droit de la consommation », Armand Colin, 2005, 371 p.

POLANYI, K., La grande transformation, Aux origines politiques et économiques de notre temps, Gallimard, 2009, 467 p.

PRADEL, J., DANTI-JUAN, Droit pénal spécial : Droit commun, droit des affaires, éd. Cujas, 2010, 730 p.

PRADEL, J., Droit pénal économique, Dalloz, 1990, 107 p.

RAINELLI, M., L'organisation mondiale du commerce, Collection REPÈRES 2007, 117 p.

RASSAT, M-L., Droit pénal spécial, Infraction des et contre les particuliers, Dalloz, 2e éd. 1999, 594 p.

RAYMOND, G., Droit de la consommation, Litec, 2008, 430 p.

RENUCCI, J., -F., Droit pénal économique, Masson-A. Colin, 1995, 167 p.

RICARDO, D., « Des principes de l'économie politique et de l'impôt », coll. Garnier-Flammarion, éd. Flammarion, 1999, 508 p.

SAUPHANOR, N., « Les contrats de consommation règles communes », LGDJ, 2013, 1152 p.

SAY, J-B., « Traité d'économie politique ou simple exposition de la manière dont se forment, se distribuent ou se consomment les richesses », (1803), Paris : Calmann-Lévy Éditeur, 1972. Collection Perspectives de l'économique - Les fondateurs, 572 p.

SEN, A., L'idée de justice, Flammarion 2010, 558 p.

SMITH, A., « Recherches sur la nature et les causes de la richesse des nations », (1776), Economica, Édition : Nouv. Trad. (31 mai 2000), 414 p. TAORMINA, G., Théorie et pratique du droit de la consommation, Aspects généraux et contrats spéciaux, Presses universitaires d'Aix-Marseille (PUAM) 2004, 841 p.

STUART-MILL, J., « Principes d'économie politique », (1848), (éd. Guillaumin, Paris, 1873.

THOMAS, L-V., l'idéologie socialiste et les voies africaines de développement, éd. Le Livre africain, 1966, 302 p.

TURGOT, A-R-J., (1727-1781), « Éloge de Vincent de Gournay » (1759), Œuvres de Turgot In Formation et distribution des richesses, Classiques Garnier Flammarion, 1997. VERGARA, F., « Libéralisme et éthique. Les fondements philosophiques du libéralisme », Coll. Poche Sciences humaines et sociales, éd. La Découverte, 2002, 220 p., 9,50 T.

VINCENT, P. M., Le droit de l'alimentation, Coll. « que sais-je ? », Presse Universitaire de France, 1996, 128 p.

§ II. Thèses

ADAM, E., Droit international de l'agriculture, Sécuriser le commerce des produits agricoles, Préface de O. DE SCHUTTER, LGDJ, éd., Lextenso, 2012, 305 p.

AYIE AYIE, A., Les fonctions du droit pénal économique dans les systèmes économiques contemporains, thèse université de Nice, 1985, 392 p.

BONIN, C., A., L'intégration de la consommation durable en droit Français et Canadien, Thèse Cotutelle Université de NICE-Université de Laval (Canada), 2009, 439 p.

BORGHETTTI, J.-S., La responsabilité du fait des produits - Étude de droit comparé, LGDJ, 2004, 778 p.

CHEYNS, E., Identification et construction sociale de la qualité de produits agro-alimentaire : Le cas de l'alimentation urbaine au Burkina-Faso, Thèse Université de Montpellier, 1998, 232 p.

DE BENALCAZAR, I., La protection des intérêts économiques du consommateur dans le secteur des produits : Étude comparée : Droit Anglais, Français et communautaire, Thèse Université Panthéon-Sorbonne (Paris 1), 1999, 525 p.

FABRE-MAGNAN, M., De l'obligation d'information dans les contrats, essai d'une théorie, L.G.D.J., 1992, 573 p.

FARJAT, G., L'ordre public économique, LGDJ, 1963, 543 p.

FRIANT-PERROT, M., Le juge judiciaire et la protection des consommateurs, thèse Dactylographiée, Université de Nantes, 1999, 559 p.

GOLAY, Ch., Droit à l'alimentation et accès à la justice, (Préface d'O. DE CHUTTER et Introduction de J. ZIEGLER), Bruylant, 2011, 356 p.

LEON-GUSMAN, M., L'obligation d'autocontrôle des entreprises en Droit européen de la sécurité alimentaire, INIDA, 2011, 516 p.

KANTE, A., L'ordre public économique dans un pays en développement : l'exemple du Sénégal, Thèse Université Cheick Anta DIOP de Dakar, 1998, 484 p.

KHANEBOUBI, A., Les sanctions en droit pénal économique : étude de droit français et aperçus de droit comparé, thèse Université de Poitiers, 1986, 219 p.

MACCHI, V., Protection de la santé publique et droit communautaire, thèse dactylographiée, Université de Metz, 2007, 522 p.

MOREAU, Ph., La sécurité sanitaire et l'ordre public, Thèse Dactylographiée, Université Paris, 2004, 985 p.

MUÑOZ U. H. A., (Préface de F. COLLART DUTILLEUL), « Principe de transparence et information des consommateurs dans la législation alimentaire européenne », INIDA, 2011, 458 p.

NGO, M.-A., La qualité et la sécurité des produits agroalimentaires : approche juridique. Paris, l'Harmattan, 2006, 575 p.

NGUYEN-THANH, D., Contribution à l'étude des techniques juridiques de protection du consommateur, thèse Université de Caen, 1970, 299 p.

OMGBA, J., La protection des consommateurs en droit européen, Thèse Université de Paris VIII, 2001, 889 p.

OUANGANGO Z., L., La protection juridique du consommateur en Centrafrique et en U.D.E.A.C, thèse, Université Montesquieu Bordeaux IV, 1996, 303 p.

ROSIAK, P. « les transformations du droit international économique, Les Etats et la société civile face à la mondialisation économique », préface de François FERAL, L'Harmattan, 2003, 330 p.

ROYER, G., L'efficience en droit pénal économique, thèse Université de Nancy II, 2007, 520 p.

SARR, A., Y., L'intégration juridique dans l'Union économique et monétaire ouest africaine (UEMOA) et dans l'Organisation pour l'harmonisation du droit des affaires en Afrique (OHADA), Presses universitaires d'Aix-Marseille (PUAM), 2008, 654 p.

SAUPHANOR, N., L'influence du droit de la consommation sur le système juridique, Paris, LGDJ – 200O, 425 p.

SOMA, A., Droit de l'homme à l'alimentation et sécurité alimentaire en Afrique, Schulthess, Zurich 2010, 586 p.

TUFFERY, J.-M., Ébauche d'un droit de la consommation, La protection du chaland sur les marchés toulousains aux XVII et XVIIIe siècles, LGDJ 1998, 435 p.

YAMTHIEU, S., Accès aux aliments et droit de la propriété industrielle – Contribution à l'orientation du brevet et du certificat d'obtention végétale sur les ressources agricoles dans les pays en développement, thèse Dactylographiée, Université de Nantes/N'Gaoundéré, 2013, 385.

§ III. Articles de doctrine

ABIS, S., Désordres agricoles et alimentaires en méditerranée, *In* Revue politique et parlementaire « Crise alimentaire mondiale quelle réponse ? » 111e année, n°1051, Trimestriel, Avril/Mai/Juin 2009, p. 127.

AGOSTINI, F., Droit pénal spécial : de quelques applications du Code de la consommation en matière de sécurité alimentaire, les Petites Affiches, 11 novembre 2004, n° 226, p. 5-10.

AHADZI, K., Droit de l'homme et développement : théories et réalités, Revue semestrielle de l'association Ouest-Africaine des Hautes juridictions Francophones (A.O.A.-H.J.F.), n° 3 et 4,2003, p. 9 à 58.

ALLARD, P., La privatisation des services publics dans les pays de périphéries, Recherches internationales, n°81, janvier-mars 2008, pp. 9-32.

BELANGER, M., Les Communautés européennes et la santé, Presses universitaires de Bordeaux, 1985, p. 20.

BELANGER, M., Le droit communautaire de la santé : Un droit en formation lente », Les cahiers du droit, 1985, tome II, p.189.

BELANGER M., Les bases juridiques de la politique communautaire de la santé, RMC, nov. 1989, n°331, p.565.

BORE, L., L'action en représentation conjointe : class action française ou action mort-née ? D. 1995, Chr. p. 267.

BORGHETTI J.-S., Le droit civil de la responsabilité à l'épreuve du droit spécial de l'alimentation : premières questions, Recueil Dalloz 2010 page 1099.

BOURGOIGNIE, Th., et ST-PIERRE, J., Le statut de la protection juridique du consommateur dans les systèmes régionaux économiquement intégrés. Une première évaluation comparative, Revue Québécoise de droit international, 2007, 20-1.

BOURGOIGNIE, Th., Vers un droit européen de la consommation ? Possibilités et limites. RTD eur., 1982, p. 17-74.

BOY, L., Précaution, traçabilité et droits du consommateur. L'exemple de la directive UE du 12 mars 2001 relative à la dissémination d'organismes génétiquement modifiés dans l'environnement, in Mélanges Calais-Auloy, études de droit de la consommation, Liber amicorum Jean Calais-Auloy, Dalloz 2004, p. 131.

BRANLARD, J.-P., Les allégations de vente en matière alimentaire et le consommateur. Le cas des chocolats, confiseries et pâtisseries, in Mélanges Calais-Auloy, études de droit de la consommation, Liber amicorum Jean Calais-Auloy, Dalloz 2004, p. 155.

BREGER, Th., Mondialisation, marchandisation des biens essentiels et ordre public, *In* Programme Lascaux, Penser une démocratie alimentaire, Vol. 1, (F. COLLART DUTILLEUL sous la dir. Th. BREGER, Coordinateur éditorial), INIDA, 1ére Ed. 2013, p. 273à284.

BUISSON, M., La question alimentaire mondiale dans l'entrelacs des crises : essai de diagnostic et de propositions, Ecologie & politique, 2009/1 N°38, p. 57-67.

BURNOD, P., et al, Régulations des investissements agricoles à grande échelle Études de Madagascar et du Mali, *In* Afrique contemporaine 2011/1 - n° 237 pages 111 à 129.

CALAIS AULOY, J., vers un nouveau droit de la consommation, Doc. Fr., 1 984.

CALAIS AULOY, J., Ne mélangeons plus conformité et sécurité, Recueil Dalloz 1993, Chronique XXVIII, p. 13.

CALAIS AULOY, J., La class action et ses alternatives en droit de la consommation, Petites affiches, 10 juin 2005 n° 115, P. 29.

CALAIS-AULOY, J., Les modes d'intervention de la puissance publique pour la défense des consommateurs, In Mélange Pequignot, CERAM Montpellier, 1984, p. 71 à 79.

CHALTIEL, F., Le droit européen de la protection du consommateur, Petites affiches, 2 octobre 2007 n° 197, P. 5.

CHRISTINE C., Le consommateur de justice, in Mélanges Calais-Auloy, études de droit de la consommation, Liber amicorum Jean Calais-Auloy, Dalloz 2004, p. 517.

COLLART DUTILLEUL, F., Éléments pour une introduction au droit agroalimentaire, mélanges en l'honneur d'Yves Serra, éd. Dalloz, 2006, p. 91.

COLLART DUTILLEUL, F., Le consommateur face au risque alimentaire. Pour une mise en œuvre raisonnable du principe de précaution, in Mélanges

Calais-Auloy, études de droit de la consommation, Liber amicorum Jean Calais-Auloy, Dalloz 2004, p. 311.

COLLART DUTILLEUL, F., Proposition pour la reconnaissance internationale d'une « exception » alimentaire sur le modèle de « l'exception culturelle », *In* Programme Lascaux, Penser une démocratie alimentaire, Vol. 1, (F. COLLART DUTILLEUL sous la dir. Th. BREGER, Coordinateur éditorial), INIDA, 1ére Ed. 2013, p.13 à 43.

COLLART DUTILLEUL, F., Heurs et malheurs du droit fondamental à l'alimentation, *In* Droits fondamentaux, ordre public et libertés économiques, F. CollartDutilleul et F. Riem (dir.), Actes du colloque CDRE-LASCAUX, Bayonne, 18 février 2012, coll. Colloques et Essais, Paris, Fondation Varenne/LGDJ, 2012.

COLLART DUTILLEUL, F., Le droit agroalimentaire en Europe : Entre harmonisation et uniformisation, *In* INDRET Revista para el analisisdelDerecho, n° 3/2007, Barcelona Juillet 2007.

COLLART DUTILLEUL, F., et PIRONON, V., Droit économique et sécurité alimentaire, Introduction, Revue internationale de droit économique, 2012/4 t. XXVI, p. 5-14.

COLLART DUTILLEUIL, F. et DIABATE, A., La sécurité alimentaire et le droit à l'alimentation à l'épreuve des investissements internationaux en Afrique de l'Ouest : les risques d'une désillusion, HAL, 2013 (accessible en ligne).

COLLART DUTILLEUIL, F., DIABATE, A., et SIDIBE, I., le respect du droit à l'eau et la sécurité alimentaire dans le cadre des aménagements hydro-agricoles au Mali, *In* Programme Lascaux, Penser une démocratie alimentaire, Vol. 1, (F. COLLART DUTILLEUL sous la dir. Th. BREGER, Coordinateur éditorial), INIDA, 1ére Ed. 2013, pp.143 à 153.

CUMYN, M., Les sanctions des lois d'ordre public touchant à la justice contractuelle : leurs finalités, leur efficacité, Revue juridique Thémis 2007, éd. Thémis 41 RJT 1.

DELCOURT, L., l'avenir des agricultures paysannes face aux nouvelles pressions des terres, *In* De la terre aux aliments, des valeurs au droit Programme Lascaux, (F. COLLART DUTILLEUL, sous la dir. De), INIDIA S.A 2012, p. 95 à 124.

DEVEZE, J.-CL., et al., Grands aménagements hydro-agricoles d'Afrique subsaharienne : poursuivre les évolutions institutionnelles, Afrique contemporaine, 2003/1 n° 205, p. 193-203.

FAUVARQUE-COSSON, B., Quelle protection des consommateurs pour demain ? D. 2007, 956, sp. Note 22.

FENOUILLET, D., Actions en justice des associations agréées de consommateurs, Revue des contrats, 1er juillet 2006 n° 3, P. 743.

FERAL, F., Les politiques publiques du contrôle des marchandises et de la répression des fraudes aux Maroc, Revue Franco-maghrébine de Droit, n°3-1995, Presses de l'institut d'études politiques de Toulouse, p. 17 à 58.

FONTAINE, M., La protection du consommateur et l'harmonisation du droit européen des contrats, in Mélanges Calais-Auloy, études de droit de la consommation, Liber amicorum Jean Calais-Auloy, Dalloz 2004, p. 385.

FRANCK, J., action de groupe : les initiatives européennes en droit interne et en droit communautaire, Petites affiches, 10 juin 2005, n°115, p. 19 à 20,

FRANCK, J., Pour une véritable réparation du préjudice causé à l'intérêt collectif des consommateurs, in Mélanges Calais-Auloy, études de droit de la consommation, Liber amicorum Jean Calais-Auloy, Dalloz 2004, p. 409.

FRIANT-PERROT, M., « Le consommateur vulnérable à la lumière du droit de la consommation de l'Union européenne », RTD Eur. 2013, p. 483

FRIANT-PERROT, M., La consommation durable et la protection des consommateurs : Réflexions sur les nouveaux rapports entre le droit de la consommation et le concept de développement durable, in Production et consommation durables, Colloque international des 18-19-20 sept. 2008 (Sous la direction de Geneviève PARENT), Université de Laval, Éditions Yvon Blais, 2008.

GASCON INCHAUSTI, F., La protection des consommateurs en procédures civile espagnole, In Le droit des consommateurs et les procédures spécifiques en Europe, prec. p. 118, n° 253.

GLISSMAN, M., La protection du consommateur dans l'espace européen, colloque U.D.A., Université de Pau, mai 2002, Droit et Patrimoine, octobre 2002, p. 43.

GOUT, O., L'accès au droit des consommateurs, Petites affiches, 30 mai 2008 n° 109, p. 20.

HALPERIN, J. -L., La naissance de l'obligation de sécurité, Gazette du Palais, 21 au 21 septembre 1997, n° 264-266.

IBRIGA, L.-M., et MEYER, P., La place du Droit communautaire-UEMOA dans le droit interne des États membres, Revue Burkinabé de droit, N° 37, 1er semestre 2000, p. 28 à 46.

ISSA-SAYEGH, J., le droit Ivoirien de la concurrence, ohada. Com.

JAHAN, G., Doit-on importer les class actions en France pour mieux défendre le consommateur ? Gazette du Palais, 19 octobre 2006 n° 292, p. 20.

JIANPING, L., La protection de la sécurité alimentaire en droit pénal Chinois, Revue Internationale de Droit Economique, 2010, p. 123-137.

JOURDAIN-FORTIER, Cl., et PIRONON, V., La sécurité alimentaire dans le droit de l'OMC ; analyse critique et prospective, *In* Programme Lascaux, Penser une démocratie alimentaire, Vol. 1, (F. COLLART DUTILLEUL sous la dir. Th. BREGER, Coordinateur éditorial), INIDA, 1ére Ed. 2013, p.255 à 271.

JOURDAIN-FORTIER, C., et LOQUIN, É., Droit du commerce international et sécurité alimentaire, Revue internationale de droit économique, 2012/4 t. XXVI, p. 21-47. DOI : 10.3917/ride.258.0021

KANTE, A., Réflexions sur le droit de la concurrence et la protection des consommateurs dans l'UEMOA : l'exemple du Sénégal, Penant, Avril juin 2010, n° 871, p. 141-166.

KIEMDE, P., Intégration régionale et harmonisation du droit social en Afrique : problèmes et perspectives, Revue Burkinabé de droit, N° 39-40 - N° spécial 2001, p. 133 à 159.

LAMBERT-FAIVRE, Y., Fondement et régime de l'obligation de sécurité, Recueil Dalloz-Sirey, 1994, 11e Cahier, Chronique XXVIII, p. 13.

LASCOUMES, P., et SERVERIN, E., Théories et pratiques de l'effectivité du droit, Droit et Société 2-1 986.

LECOURT, A., La loi du 1er août 1905 : protection du marché ou protection du consommateur, Recueil Dalloz, 9 mars 2006, n° 10, p. 722-728.

LOHOUSE-OBLE, J., L'apparition d'un droit international des affaires en Afrique, R.I.D.C 3-1999.

MAHMOUD MOHAMED SALAH, M., La problématique du droit économique dans les pays du sud, Revue internationale de droit économique 1998, n° 1, p. 19-33 ; n° 2, p. 165-176.

MALABAT, V., Le délit dit de « mise en danger » la lettre et l'esprit, Semaine juridique édition générale, n°9 du 1er mars 1999, p. 339 à 342.

MALINVAUD, Ph., La protection des consommateurs, D. 1981, Chr. VIII, p. 94.

MAZEAUD, D., Droit commun du contrat et droit de la consommation. Nouvelles frontières ? In Mélanges Calais-Auloy, études de droit de la consommation, Liber amicorum Jean Calais-Auloy, Dalloz 2004, p. 697.

MAZEAUD, D., Le droit de la consommation est-il un droit social ou un droit économique ? Rev. Lamy de la concurrence, 2006, p. 136 et s.

MAZEAUD, D., le régime de l'obligation de sécurité, GAZ. Pal., 23 septembre 1997, p.1201.

MEUNIER, P., Le droit communautaire et le droit du commerce mondial, Actes du colloque de Boulogne-sur-Mer, 14 et 15 janvier 2000, p. 29.

MEYER, P., Le conflit de juridiction dans l'espace OHADA, UEMOA et CEDEAO, in Sensibilisation au droit communautaire de l'UEMOA, Actes du séminaire sous-régional, Ouagadougou, 6-10 octobre 2003, p. 177.

MEYER, P., Le champ d'application du droit communautaire UEMOA, in centre d'études européennes et d'intégrations (C.E.E.I), séminaire d'initiation au droit communautaire (Cahier du participant), Ouagadougou 25 au 25 juin 2001, document dactylographié, module 4, p. 4, note 1.

MUNOZ URENA, H. A., Il faut que la maison abritant l'investissement étranger ouvre ses portes au développement durable et à la sécurité alimentaire !, *In* Programme Lascaux, Penser une démocratie alimentaire, Vol. 1, (F. COLLART DUTILLEUL sous la dir. Th. BREGER, Coordinateur éditorial), INIDA, 1ére Ed. 2013, p. 111à 121.

NICOLAS, F., Les pays en développement face à la mondialisation, RAMSES 2001, pp. 61 –76.

NJEUFACK TEMGWA, R., Regards sur la protection juridique du consommateur africain : lecture comparée, Penant 868.

OPPETIT, B., Droit du commerce international et valeurs non marchandes, in Étude de droit international en l'honneur de P. Lalive, Bâle, Helbing&Lichtenhahn, 1993, p. 309.

PAISANT, G., « l'obligation de sécurité et le droit de la consommation », Gazette du palais du 23 septembre 1997, page 1189.

PAISANT, G., à la recherche du consommateur. Pour en finir avec l'actuelle confusion née de l'application du critère du « rapport direct », JCP G 2003, I, 121.

PAISANT, G., l'introduction de la notion de consommateur en Droit français, D. 1982, Chron. p. 91.

PAISANT, G., Libres propos sur les modes alternatifs de règlement des litiges de la consommation. Variations sur de minimis…, in Mélanges Calais-Auloy, études de droit de la consommation, Liber amicorum Jean Calais-Auloy, Dalloz 2004, p. 767.

PAISANT, G., La définition de la conformité, JCP-Cahiers de Droit de l'entreprise, N° 1, 2003, p. 20-22.

PASQUIER, C., Sécurité alimentaire et liberté du commerce international, In La sécurité alimentaire / Académie de Droit International de La Haye / Hague Academy of International Law, (Ahmed Mahiou et Francis Snyder sous la dir. de), 2006, p. 628 à 673.

PENNEAU, A., Le régime juridique de la médiation en ligne des litiges de consommation : réflexions prospectives, *In* Le droit des consommateurs et les procédures spécifiques en Europe, (J. ROCHFEID et E. JEULAND, sous la dir. de), Collection Droit et Procédures, 2005, p 25, n°42

PIZZIO, J.-P., Le droit de la consommation à l'aube du XXIe siècle. Bilan et perspectives, Mélanges Calais-Auloy, études de droit de la consommation, Liber amicorum Jean Calais-Auloy, Dalloz 2004, p. 877.

PRALUS, M., le délit de risque causé à autrui dans ses rapports avec les infractions voisines, JCP, éd. générale n°11, p. 119 à 121 ;

PUECH, M., De la mise en danger d'autrui, Recueil Dalloz Sirey, 1994, 21e Cahier-Chronique, p.153 à 157.

RAOUL-CORMEIL, G., Aliments et notions voisines, Petites affiches, 24 juin 2010 n° 125, p. 4.

SAMB, M., Privatisation des services publics en Afrique sub-saharienne, Afrilex, Revue d'étude et de recherche sur le droit et l'administration dans les pays d'Afrique, Juin 2009.

STEINMETZ, F., Le droit de la consommation… peut mieux faire, in Mélanges Calais-Auloy, études de droit de la consommation, Liber amicorum Jean Calais-Auloy, Dalloz 2004, p. 1049.

TEMPLE, H., Le droit de la consommation est-il subversif ? in Mélanges Calais-Auloy, études de droit de la consommation, Liber amicorum Jean Calais-Auloy, Dalloz 2004, p. 1067.

TEMPLE, H., Quel droit de la consommation pour l'Afrique ? Une analyse critique du projet d'acte uniforme OHADA sur le droit de la consommation, Revue Burkinabé de Droit n° 43-44, 1er et 2e semestres 2003.

THOMAS, D., À la recherche de la sécurité juridique, une question qui interpelle le droit pénal de la consommation. Que sont devenues les peines accessoires du temps de l'ancien Code pénal ? in Mélanges Calais-Auloy, études de droit de la consommation, Liber amicorum Jean Calais-Auloy, Dalloz 2004, p. 1111.

TOE, J. -Y., Le rôle du droit dans l'organisation économique : Cas du BURKINA-FASO, Revue Burkinabé de droit, n° 22 juillet 1992, p. 211 à 246.

TOUCHENT, D., La protection du consommateur contre les pratiques commerciales déloyales, Petites affiches, 2 août 2006 n° 153, p. 11.

WAZIR ABDELAZIM, M., la protection pénale des consommateurs en Égypte, Revue internationale de Droit pénal, Vol. (54), p.179 à 209.

YONABA, S., L'accès à la justice au BURKINA FASO, Revue Burkinabé de droit, N° 13 spécial janvier 1988, p. 138 à 186.

YAWO KAKPO, S., la FAO et le programme spéciale de la sécurité alimentaire, *In* La sécurité alimentaire / Académie de Droit International de La Haye / Hague Academy of International Law, (Ahmed Mahiou et Francis Snyder sous la dir. de), 2006, p. p. 429à 451.

ZAKANE, V., L'état de la protection des consommateurs au BURKINA FASO : vers une codification du droit de la consommation ? Revue Burkinabé de droit, N° 34, 2e semestre 1998, p. 200 à 228.

ZERHDOUD, B., L'OMS et la sécurité alimentaire, *In* La sécurité alimentaire / Académie de Droit International de La Haye / Hague Academy of International Law, (Ahmed Mahiou et Francis Snyder sous la dir. de), 2006, p. 453à 483

§ IV. Avis, Rapports et Recommandations

Avis n° 001/2007 du 19 octobre 2007 relatif à la possibilité des États membres de l'UEMOA de conclure individuellement des accords d'investissements avec les pays tiers.

Avis n° 003/2000 du 27 juin 2000 relatif à l'interprétation des articles 88, 89,90 du Traité sur les règles de la concurrence dans l'UEMOA.

Banque mondiale, Le développement accéléré en Afrique au sud du Sahara. Programme indicatif d'action, Washington, DC, 1981, VIII p. 223.

BERG, E. coordinateur, Le développement accéléré en Afrique au sud du Sahara. Programme indicatif d'action, Banque mondiale, Washington, DC, 1981, VIII p. 223.

Directives volontaires à l'appui de la concrétisation progressive du droit à une alimentation adéquate dans le contexte de la sécurité alimentaire nationale, 127ème session du Conseil de la FAO, Novembre 2004

Document de politique nationale et de cadre institutionnel de sécurité sanitaire des aliments au Mali », ministère de la Santé Novembre 2002.

Ébauche du plan stratégique de l'UEMOA relatif au renforcement des capacités des services vétérinaires, OIE-UEMOA.

Enquête Démographique et de Santé du Mali 2006, Direction Nationale de la Statistique et de l'Informatique, Mai 2006.

FAO, Perspectives et directives de législation alimentaire et nouveau modèle de loi alimentaire, SPREIJ, M., VAPNEK, J., étude législative n° 94, FAO 2007, p. 307.

FAO/OMS, « Directives pour l'élaboration d'une législation alimentaire nationale », Publication conjointe FAO/OMS, Rome 2003.

FAO « L'État de l'insécurité alimentaire dans le monde », Rapport sur l'Etat de l'insécurité alimentaire dans le monde 2003.

Nations Unies, Comité des droits économiques sociaux et culturels, Observation générale 12. 1999. Le droit à une alimentation suffisante, E/C.12/1999/5 (12 mai 1999).

Organisation de l'Unité Africaine, « Plan d'Action de Lagos pour le développement économique de l'Afrique 1980 -2000 » adopté à Lagos (Nigeria) en avril 1980.

Organisation de coopération et de développement économiques, « La hausse des prix alimentaires : causes, conséquences et solutions », OCDE 2008.

Plan d'action pour la mise en œuvre du règlement n° 007/2007/CM/UEMAO relatif à la sécurité sanitaire des végétaux, des animaux, et des aliments dans l'UEMOA.

Plan opérationnel pour l'application des exigences du règlement n° 007/2007/CM/UEMOA relatif à la sécurité sanitaire des aliments.

Rapport de la Banque mondiale intitulé « la bureaucratie aux affaires », Washington, DC, Octobre 1995.

Rapport sur le développement humain 2013 L'essor du Sud : le progrès humain dans un monde diversifié » Programme des Nations Unies pour le développement (PNUD), One United Nations Plaza New York, NY 10017.

Rapport de l'organisation internationale des consommateurs, La protection du consommateur et la qualité de vie en Afrique, Organisation internationale des consommateurs bureau régionale pour l'Afrique, 2003.

Rapport de la conférence africaine sur la protection du consommateur, La protection du consommateur en Afrique, Hararé, Zimbawé, 28 juin -2 mai 1996.

Rapport de Mission projet MTF/BEN/053/STF, Appui aux systèmes d'information sur les mesures sanitaires et phytosanitaires au Bénin, Document FAO, 30 avril 2010, p. 73.

Rapport de synthèse des rapports des experts internationaux concernant le cadre juridique et institutionnel de la sécurité sanitaire des aliments et des contrôles, les moyens d'analyse en laboratoire et la décentralisation et la société civile face à la sécurité sanitaire des aliments, Projet TF/UEMOA/001/UEM-Projet TCP/RAF/075.

Rapport du Comité européen pour les problèmes criminels, Le Rôle du droit pénal dans la protection des consommateurs, Strasbourg, Conseil de l'Europe, 1983, p. 26.

Rapport final de l'étude sur la qualité et la labellisation des produits agricole du Mali, Secrétariat permanent de la loi d'orientation agricole, Juillet-Aout 2007

Rapport de synthèse des rapports des experts internationaux concernant le cadre juridique et institutionnel de la Sécurité Sanitaire des Aliments et des contrôles, les moyens et l'organisation pratique de la surveillance et des contrôles, les moyens d'analyse en laboratoire et la décentralisation et la société civile face à la sécurité sanitaire des aliments dans l'UEMOA.

Recommandation N° R 81-2 du Comité des ministres du Conseil de l'Europe, La Protection juridique des intérêts collectifs des consommateurs par des organismes de consommateurs, Strasbourg, Conseil de l'Europe, 1981, p. 21.

Résolution n° 39/248 de l'Assemblée Générale des Nations Unies du 9 avril 1985, complétée en 1995, adoptant la Charte Mondiale des Droits des consommateurs ou les Principes Directeurs pour la Protection du Consommateur, ST/ESA/170, Nations Unies, New York, 1986.

§ V. Législations

1. Textes nationale : MALI.

Ordonnance n°07-025/PRM du 18 juillet 2007 portant organisation de la concurrence au Mali,

Loi n°93-041 du 22 Aout 1994 fixant les principes fondamentaux de la privatisation des entreprises du secteur public, JORM du 17 septembre 1994.

Décret n°08/276/ P-RM du 13 mai 2008 fixant les formalités administratives de création d'entreprise par un guichet unique

Ordonnance n° 92-021/P-CTSP instituant la liberté des prix et de la concurrence au Mali.

Loi n° 87/31/AN-RM du 29 août 1987 portant régime Général des Obligations.

Loi n°2012-016 du 27 février 2012 portant code des investissements.

Décret n°2012-475/P-RM du 20 aout 2012 fixant les modalités d'application de la loi n°2012-016 du 27 février 2012 portant Code des investissements

Loi N° 94 – 027/AN- RM du 1er juillet 1994 portant création du Laboratoire Central Vétérinaire.
Ordonnance n° 98-019/P-RM du 20 août 1998 portant création de la direction nationale du commerce et de la concurrence au Mali.
Décret n° 98-332/P-RM du 2 octobre 1998 fixant l'organisation et les modalités de fonctionnement de la direction nationale du commerce et de la concurrence du Mali.
Loi n° 01-079 du 20 août 2001, modifiée par la loi n° 05-045 du 18 août 2005 portant modification du Code pénal, J.O.R.M du 31 octobre 2005, n° 30.
Loi n° 01-080 du 20 août 2001 portant Code de procédure pénale, recueil de textes de droit pénal Malien, Mali, p. 11.
Loi n° 043 du 30 décembre 2003 portant création de l'agence nationale de la sécurité sanitaire des aliments.
Décret n° 04/065/P-RM du 4 mars 2004 fixant l'organisation et les modalités de fonctionnement de l'agence nationale de la sécurité sanitaire des aliments.
Décret n° 04/066/P-RM du 4 mars 2004 portant création d'un conseil national de sécurité sanitaire des aliments.
Arrête n° 05/1812/MS-SG du 1er août 2005 portant création, composition et modalités de fonctionnement du comité national du Codex alimentarius
Décret n° 05/536/P-RM du 7 décembre 2005 portant modification du décret n° 04-066/P-RM du 4 mars 2004 portant création d'un conseil national de sécurité sanitaire des aliments.
Décret n° 06-259/P-RM du 23 juin 2006 instituant l'autorisation de mise sur le marché des denrées alimentaires, des aliments pour animaux et des additifs alimentaires.
Loi n° 07-055/du 29 novembre 2007 portant ratification de l'ordonnance n° 07-025/P-RM du 18 juillet 2007 portant organisation de la concurrence au Mali.
Décret n° 08-260/P-RM du 6 mai 2008 fixant les modalités d'application de l'ordonnance n° 07-025/P-RM du 18 juillet 2007 portant organisation de la concurrence au Mali.
Loi n° 06-05 du 5 septembre 2006 portant loi d'orientation agricole, JORM
Arrêté interministériel n° 07/2650/MS-MEP-MA-MIC-MEF-SG du 26 septembre 2007 déterminant les modalités d'application du décret n° 06-259/P-RM du 23 juin 2006 instituant l'autorisation de mise sur le marché (AMM) des denrées alimentaires, des aliments pour animaux et des additifs alimentaires.
Arrêté interministériel n° 07/2651/MS-MEP-MA-MIC-SG du 26 septembre 2007 déterminant la nature des aliments non soumis à l'autorisation de mise sur le marché.
Loi n°86-13/AN-RM du 21 mars 1986 portant code de commerce en République du Mali.

Loi N°92-013 du 17 septembre 1992 instituant un Système national de Normalisation et de contrôle de Qualité (SNNCQ).
Ordonnance N°37/CMLN du 02 juillet 1975 définissant les unités de mesures et réglementant le contrôle des instruments de mesure.
Décret N°04-150-P-RM du 18 mai 2004, relatif au commissariat à la sécurité alimentaire
Décret d'application N°02-304/P-RM du 03 juin 2002 de la Loi N°02-001/P-RM du 16 janvier 2002 fixant les conditions de production, de transformation et de commercialisation du lait et des produits laitiers.
Arrêté N°01-1735/MICT-SG du 24 juillet 2001, portant homologation de projets de normes en normes maliennes ;
Arrêté N°05-1812/MS-SG du 01 août 2005, portant création du Comité national du Codex (CNC)
Décret N°04-150/P-RM du 18 mai 2004 portant création du Commissariat à la Sécurité Alimentaire ;
Loi N°04-038 du 5 août 2004 portant création de l'ACF ;
Loi N°03-043 du 30 décembre 2003 portant création de l'Agence Nationale pour la Sécurité Sanitaire des Aliments
Loi N°02-006 du 31 janvier 2002 portant Code de l'eau.

2. Autres pays membres de l'UEMOA

BÉNIN

Arrêté n° 075/MAEP/D-CAB/SGM/DRH/DP/DE/SA du 26 février 2009 portant établissement des principes généraux et des prescriptions générales de la législation alimentaire, de sécurité des aliments et fixant des procédures relatives à la sécurité des denrées alimentaires.

Code Civil.

Code de procédure Civile.

Code de procédure pénale.

Code pénal.

Décret n° 2002-310 du 11 juillet 2002 portant institution du système national de normalisation et de gestion de la qualité.

Décret n° 85-239 du 14 juin 1985 portant organisation et fonctionnement du comité technique de contrôle des denrées alimentaires.

Décret n° 85-240 du 14 juin 1985 portant attributions, fonctionnement de la commission nationale du Codex alimentarius.

Décret n° 91-23 du 1er février 1991 instituant un système d'inspection des importations de marchandises à destination de la République du Bénin.

Décret n° 94-13 du 12 avril 1994 portant création, attributions, organisation et fonctionnement du Comité national pour l'Alimentation et la Nutrition (CNAN).

Décret n° 91-13 du 24 janvier 1991 Portant réglementation de l'importation des produits de nature dangereuse pour la Santé Humaine et la sécurité de l'Etat.

Décret n° 97-616 du 18 décembre 1997, portant application de la Loi n° 87-015 du 21 septembre 1987 portant Code d'Hygiène Publique.

Décret n° 97-643 du 31 décembre 1997 portant réglementation de la commercialisation des substituts de lait maternel et des aliments pour nourrissons.

Décrets d'applications de la loi n° 84-009 du 15 mars 1984 relative au contrôle des denrées alimentaires : Décret n° 85-223 du 10 juin 1985 relatif aux déclarations et aux autorisations préalables de production et de commercialisation des denrées alimentaires ; Décret n° 85-238 du 14 juin 1985 organisant la recherche et la constatation des infractions à la loi n° 84-009 du 15 mars 1984 sur le contrôle des denrées alimentaires et réglementant les mesures administratives prises en application de ladite loi ; Décret n° 85-241 du 14 juin 1985 relatif aux additifs utilisés dans les denrées alimentaires, teneurs en contaminants et en substances indésirables dans ces denrées, aux matériaux en contact avec ces denrées et aux produits de nettoyage de ces matériaux ; Décret n° 85-242 du 14 juin 1985 relatif à l'étiquetage et à la présentation des denrées alimentaires ; Décret n° 85-243 du 14 juin 1985 relatif à l'hygiène de la production et de la commercialisation des denrées alimentaires ; Décret N° 88-423 du 28 octobre 1988 Portant organisation du commerce des produits agricoles en République Populaire du Bénin.

Loi n° 2007-21 du 16 octobre 2007 portant protection du consommateur en république du Bénin.

Loi n° 84-009 du 15 mars 1984 relative au contrôle des denrées alimentaires en République du Bénin.

Loi n° 87-008 du 21 septembre 1987 portant régime des taxes de contrôle du conditionnement et de normalisation des produits agricoles.

Loi n° 87-015 du 21 septembre 1987 portant code d'hygiène publique.

Loi n° 87-016 du 21 septembre 1987 portant code de l'eau en République populaire du Bénin.

Loi n° 90-005 du 15 mai 1990 fixant les conditions d'exercice des articles commerce en République du Bénin.

Loi n° 91-004 du 11 février 1991 portant réglementation phytosanitaire en République du Bénin.

Loi n° 98-030 du 12 février 1999 portant loi-cadre sur l'environnement en République de Bénin.

Loi n° 98-30 du 12 février 1999, portant Loi-cadre sur l'Environnement en République

Ordonnance n° 20/PR/MDRC/SP du 25 avril 1966 portant réglementation générale de la pêche dans les eaux continentales du Dahomey.

Ordonnance n° 201/PR/MFAEP du 5 juillet 1967 portant réglementation des prix et stocks au BÉNIN.

Ordonnance n° 72-31 du 27 septembre 1972 portant réglementation de la police sanitaire des animaux et de l'inspection des denrées alimentaires d'origine animale.

BURKINA-FASO

Code Civil.

Code de procédure pénale.

Code de procédure Civile.

Loi n° 15-94/ADP du 5 mai 1994, portant organisation de la Concurrence au Burkina Faso, J.O.B.F du 21 juillet 1994, p. 1292.

Décrets d'application de la Loi n° 15-94/ADP du 5 mai 1994 : Décret n° 96-63 du 14 mars 1996 fixant les modalités d'application de la Loi n° 15-94/ADP ; Décret n° 96-64 du 14 mars 1996 portant composition et fonctionnement de la commission nationale de la Concurrence et de la Consommation, modifié par le décret n° 97-421 du 13 octobre 1997.

Loi n° 23/94/ADP du 19 mai 1994 portant Code de la santé.

Décret n° 92-126/SAN-ASF du 20 mai 1992 portant Nomenclature Nationale des Spécialités Pharmaceutiques et Médicaments génériques autorisés au Burkina Faso

Décret n° 92-128/SAN-ASF du 20 mai 1992 portant institution d'une liste nationale des médicaments essentiels.

Loi n° 043/96/ADP du novembre 1996 modifiée par la loi n° 006-2004/AN portant Code pénal, JORBF n° 23 du 3 juin 2004.

Loi n° 005/97/ADP du 30 janvier 1997 portant Code de l'environnement au Burkina Faso.

Ordonnance n° 74-51 du 9 août 1974 relative à la constatation, la poursuite et la répression des infractions en matière des prix et son modificatif ;

Ordonnance n° 77-7du 1er mars 1977 portant réglementation des prix en Haute Volta ;

Ordonnance n° 91-069/PRES du 25 novembre 1991 portant régime général des importations et des exportations au Burkina Faso, J.O.B.F du 2 janvier 1992, p. 2.

Textes d'application de l'ordonnance n° 91-069/PRES : Décret n° 91-434 du 27 novembre 1991 portant modalités d'application de l'ordonnance n° 91-069/PRES du 25 novembre 1991 portant régime général des importations et des exportations au Burkina Faso ; Arrêté interministériel n° 137/MEF.MCIM du 5 novembre 1997 portant application du décret n° 97-466 du 30 octobre 1997 instituant un programme de vérification des importations ;

Décret n° 94-014/PRES/PM/MCIM du 6 janvier 1994 instituant un certificat national de conformité pour tous les produits destinés à la consommation au Burkina Faso (J.O.B.F du 13 janvier 1994, p. 47) ;

Arrêtés d'application du décret n° 94-014/PRES/PM/MCIM du 6 janvier 1994 : Arrêté n° 96-014/MCIA/MEF du 11 mars 1996 fixant la liste des produits concernés par le décret n° 94-014/PRES/PM/MCIM ; Arrêté n° 95-027/MICM/MEFP du 5 avril 1995 fixant les modalités d'inspection des produits destinés à la consommation au Burkina Faso.

Loi n° 005/97/ADP du 30 janvier 1997 portant Code de l'Environnement au Burkina.

SÉNÉGAL

Arrêté ministériel n° 3145 du 1er avril 2010 portant création d'un cadre d'information et de concertation sur l'évolution des prix des denrées de première nécessité, JORS n° 6543 du samedi 28 août 2010.

Code de procédure Civile.

Code de procédure pénale.

Code des obligations civiles et commerciales.

Code pénal.

Décret 95-77 du 20 janvier 1995 portant application des articles 44 à 64 de la loi n° 94-63 du 22 août 1994 sur le prix, la concurrence et le contentieux économique au Sénégal.

Décret n° 2001-1151 du 31 décembre 2001 modifiant le code de procédure Civile, JORS 22 juin 2002.

Décret n° 2001-282 du 12 avril 2001 portant Code de l'Environnement (partie réglementaire), JORS du 5 mai 2001, p. 313.

Décret n° 60-121 SG du 10 mars 1960 instituant un contrôle phytosanitaire des végétaux, parties des végétaux entrants ou sortants au Sénégal.

Décret n° 62-258 SG du 5 juillet 1962 relatif à la police sanitaire des animaux.

Décret n° 68-508 du 7 mai 1968 fixant les conditions de recherche et de constatation des infractions à la loi n° 66-48 du 27 mai 1966, JORS du 25 mai 1968 p. 593.

Décret n° 69-891 du 25 juillet 1969 règlement le contrôle du lait et de produits laitiers destinés à la consommation humaine.

Décret n° 78-228 du 14 mars 1978 portant création de l'institution Sénégalaise de normalisation.

Décret n° 89-543 du 5 mai 1989 portant réglementation de l'inspection sanitaire et de salubrité des animaux de boucherie, de viande et sous-produits destinés à l'alimentation humaine

Décret n° 96-343 du 2 mai 1996 portant application des articles 44 à 64 de la loi n° 94-63 du 22 Août 1994 sur le prix, la concurrence et le contentieux économique au Sénégal.

Décret n°6O-415 du 23 novembre 1960 organisant le contrôle des instruments de mesure dans la république du Sénégal.

Loi n° 2001-01 du 15 janvier 2001 portant Code de l'environnement, JORS du 10 mars 2001, p. 115.

Loi n° 63-11 du 5 février 1963 portant création de l'institut de technologie alimentaire.

Loi n° 66-48 du 27 mai 1966 relative au contrôle des produits alimentaires et à la répression des fraudes, modifiée par la loi n° 71-09 du 21 janvier 1971, JORS du 25 juin 1966, p. 703.

Loi n° 81-13 du 4 mars 1981 portant Code de l'Eau, JORS du 11 avril 1981, p. 411.

Loi n° 94-63 du 22 août 1994 sur le prix, la concurrence et le contentieux économique au Sénégal.

Décret n° 89-543 portant réglementation de l'inspection sanitaire et de salubrité des animaux de boucherie, des viandes et sous-produits destinés à l'alimentation humaine, JORS, 17-6-1989, 5295 : 225-228.

Loi n°65-25 du 4 mars 1965 sur les prix et les infractions à la législation économique au SENEGAL.

Loi 83-71 du 5 juillet 1983 portant Code de l'hygiène et décrets la complétant, notamment décret 69-891 du 25 juillet 1969 réglementant le contrôle du lait et des produits laitiers destinés à la consommation humaine.

COTE D'IVOIRE

Avant-projet de code de la consommation.

Loi n° 2001-635 du 9 octobre 2001, instituant le fonds de développement agricole,

Décret 95-29 du 20 janvier 1995 portant réglementation de la concurrence et des prix

Décret n° 83-808 du 3 août 1983, portant application de la loi n° 63-301 du 26 juin 1963 sur la répression des fraudes en ce qui concerne la fabrication et la commercialisation des produits laitiers.

Décret n° 91-654 du 9 octobre 1991 portant création et organisation du Laboratoire National de la santé Publique de Côte d'Ivoire (LNSP).

Décret n° 92-595 du 30 septembre 1992, portant application de la loi n° 63-301 du 26 juin 1963, relative à la répression des fraudes en ce qui concerne le commerce des conserves alimentaires.

Décret n° 92-707 du 14 octobre 1992 portant création d'un comité national de salubrité publique (C.N.S.P).

Décret n° 95-29 du 29 janvier 1995 portant interdiction des entraves à la concurrence en Côte d'Ivoire.

Décret n° 99-447 du 7 juillet 1999, portant application de la loi n° 96-563 du 25 juillet 1996 relative à l'inspection sanitaire et qualitative des denrées animales et d'origine animale.

Loi 91-1000 du 27 décembre 1997 portant interdiction et répression de la publicité mensongère ou trompeuse, JORCI du 16 janvier

Loi n° 60-273 du 2 septembre 1960 relative aux prix et à la concurrence ;

Loi n° 60-366 du 14 novembre 1960 portant Code de procédure pénale.

Loi n° 62-214 du 26 juin 1962 définissant les unités de mesure en Côte d'Ivoire ;

Loi n° 63-301 du 26 juin 1963 relative à la répression des fraudes dans la vente des marchandises et des falsifications des denrées alimentaires et des produits agricoles, JOCI du 11 juillet 1963, p. 807-810.

Loi n° 64-292 du 1er août 1964 relatives aux obligations des commerçants.

Loi n° 72-833 du 21 décembre 1960 portant Code de procédure Civile, commerciale et administrative.

Loi n° 81-640 du 31 juillet 1981 instituant le Code pénal, modifiée par la loi n.1995-522 du 6 juillet 1995, JORC n° 1 du 4 janvier 1982, p. 1.

Loi n° 91-999 du 27 décembre 1991 relative à la concurrence en Côte d'ivoire.

Loi n° 96-563 du 25 juillet 1996, relative à l'inspection sanitaire et qualitative des denrées animales et d'origine animale.

Loi n° 96-766 du 3 octobre 1996 portant code de l'environnement.

Loi n° 97-10 du 6 février 1997 portant modification de la loi n° 91-999 du 27 décembre 1991 relative à la concurrence en Côte d'Ivoire.

Loi n° 98-755 du 23 décembre 1998 portant Code de l'eau

Projet de Code de la consommation.

Le décret n° 93-313 du 11 Mars 1993 portant application de la loi n° 91-999 du 27 Décembre 1991 relative à la concurrence, en ce qui concerne les conditions d'entrée en Côte d'Ivoire des marchandises étrangères de toute origine et de toute provenance, ainsi que les conditions d'exportation et de réexportation des marchandises à destination de l'étranger ;

Le décret n° 96-581 du 31 Juillet 1996, portant modification de l'article 9, chapitre 2, titre II du décret n° 93-313 du 11 Mars 1993.

TOGO

Arrêté n° 2/MA/EL du 4 août 1960 modifiant l'article 4 de l'arrêté n° 1120-54/Æ du 31 décembre 1954 relatif à l'inspection des denrées alimentaires, produits et sous-produits d'origine animale.

Code de procédure Civile.

Code de procédure pénale.

Décret N° 90-159/PR du 2 octobre 1990 portant organisation des services de la Direction Générale de la Santé Publique.

Décret N° 2001-207/PR fixe les modalités d'application de la loi N° 99-011 et le décret N° 2001-208/PR porte composition et fonctionnement de la commission nationale de la concurrence et de la consommation.

Loi n° 80-1 du 13 Août 1980 instituant Code pénal, JORT du 13 Août 1980 n° 20-25e année.

Loi n° 88-14 du 3 novembre 1988 portant Code de l'Environnement au Togo.

Loi n° 99-011 du 28 décembre 1999 portant organisation de la concurrence au Togo, JORT du 28 Décembre 1999.

Loi n° 87-015 du 21 Septembre 1987 portant Code de l'Hygiène Publique.

NIGER

Loi n° 97-40 du 1er décembre 1997 instituant un livre IV du nouveau code du commerce.

Journal officiel, 1997-12-15, no 24, pp. 1324-1353

Loi n° 2003-025 du 13 juin 2003 modifiant la loi N° 61-27 du 15 juillet 1961, portant institution du Code Pénal, Journal Officiel spécial N° 4 du 7 avril 2004.

Code l'environnement

Arrêté n° 018/MC/PSP/DNQ/M. du 26 mai 2003, portant création, attributions, composition et fonctionnement d'un comité technique de normalisation sur les produits agroalimentaires.

Arrêté n° 265/MIAT/DAPJ du 27 décembre 1995 portant création de l'Association de Défense des Droits des Consommateurs ADDC - Wadata, Journal Officiel de la République du Niger N° 03 du 9 janvier 1996.

Code Civil.

Code de la santé publique.

Code de procédure pénale.

Code rural.

Décret n° 2004-028/PRN/MC/PSP du 30 janvier 2004, portant attribution, composition et fonctionnement du Conseil National de la Normalisation.

Décret n° 99-531/PC RN/MAG/EL du 21 décembre 1999, portant stratégie de croissance agricole durable.

Loi n° 2002-028 du 31 décembre 2002 instituant la normalisation, la certification et l'accréditation au Niger.

Loi n° 2008-18 du 23 juin 2008, modifiant et complétant la loi n° 61-27 du 15 juillet 1961 portant institution du Code pénal, JORN n° 16 du 15 août 2008.

Ordonnance n° 92-025 du 7 juillet 1992 portant réglementation des prix et de la concurrence au Niger.

Ordonnance n° 92-030 du 8 juillet 1992, fixant les principes directeurs d'une politique de développement rural pour le Niger.

Ordonnance n° 93/013 du 2 mars 1993 instituant un Code d'Hygiène Publique au Niger.

Décret n° 98-107/PRN/MSP du 12 mai 1998, relatif à l'hygiène alimentaire ;

Décret n° 98-108/PRN/MSP du 12 mai 1998 instituant le contrôle sanitaire des denrées alimentaires à l'importation et l'exportation ;

Décret n° 99-433/PCPRN/MSP du 1er novembre 1999 fixant la structure, la composition et le fonctionnement de la police sanitaire.

Arrêté n° 0019/MSP/PHP/ES du 23 janvier 2001 portant organisation et attributions de la brigade nationale, des brigades départementales, des brigades communales et des postes de contrôle aux frontières de la police sanitaire ;

Arrêté n° 0159/MSP/DHP/ES du 16 août 2001 fixant la liste et le contenu des documents de travail de la police sanitaire ;

Arrêté n° 0160/MSP/DHP/ES du 16 août 2001 portant création des postes de contrôle sanitaire aux frontières ;

Arrêté n° 0161/MSP/DHP/ES du 16 août 2001 définissant les caractéristiques de la carte professionnelle des agents de la police sanitaire.

Décret n° 96-021/PCSN/MFP du 12 Février 1996 instituant un programme d'inspection et de vérification des importations, modifié et complété par le décret n°96-370/PRN/MEF/P du 18 octobre 1996.

Ordonnance n° 92-025 portant réglementation des prix et de la concurrence au Niger.

2. Textes communautaires

2-1. Textes en vigueur

Acte additionnel N° 03/2 001 du 19 décembre 2001 portant adoption de la Politique Agricole de l'UEMOA, http : www. Uemoa. Int/actes/2010.

Acte Uniforme OHADA portant droit commercial général (AUDCG), juriscope, 2 éd. 2002.

Décision n° 02/2010/CM/UEMOA portant adoption des lignes directrices pour l'harmonisation des compléments nutritionnels dans les États membres de l'UEMOA.

Décision n° 02/2010/CM/UEMOA portant adoption des lignes directrices pour l'harmonisation des compléments nutritionnels dans les États membres de l'UEMOA, http : www. Uemoa. Int/actes/2010.

Protocole additionnel a/sp. 1 /01/06 du 14 juin 2006 portant amendement du traité révisé de la CEDEAO, http : www. Uemoa. Int/actes/2010.

Règlement d'exécution n° 001/2006/COM/UEMOA portant organisation et fonctionnement du Comité régional de coordination de qualité, http : www. Uemoa. Int/actes/2010.

Règlement d'exécution n° 002/2006/COM/UEMOA portant organisation et fonctionnement du système Ouest Africain d'accréditation, http : www. Uemoa. Int/actes/2010.

Règlement d'exécution n°003/2006/COM/UEMOA portant organisation et fonctionnement du secrétariat régional de la normalisation, de la certification et de la promotion de la qualité, http : www. Uemoa. Int/actes/2010.

Règlement d'exécution n° 004/2006/COM/UEMOA portant organisation et fonctionnement du secrétariat Ouest Africain de Métrologie, http : www. Uemoa. Int/actes/2010.

Règlement n° 007/2007/CM/UEMOA/relatif à la sécurité sanitaire des végétaux, des animaux et des aliments dans l'UEMOA, http : www. Uemoa. Int/actes/2008.

Règlement n° 02/2002/CM/UEMOA du 23 mai 2002 sur les pratiques commerciales anticoncurrentielles qui interdit les abus de position dominante, http : www. Uemoa. Int/actes/2009.

Règlement n° 03/2009/CM/UEMOA portant harmonisation des règles régissant le contrôle de qualité, la circulation et la commercialisation des semences et plants dans l'UEMOA, http : www. Uemoa. Int/actes/2009.

Règlement n° 05/2010/CM/UEMOA portant schéma d'harmonisation des activités d'accréditation, de certification, de normalisation et de métrologie dans l'UEMOA, http : www. Uemoa. Int/actes/2010.

Règlement n°O3/2002/CM/UEMOA relatif aux procédures applicables aux ententes et abus de position dominante à l'intérieur de l'UEMOA, http : www. Uemoa. Int/actes/2009.

Traité constitutif de la CEDEAO du 24 juillet 1993

Traité constitutif de l'UEMOA du 10 janvier 1994, révisé le 29 janvier 2003, http : www. Uemoa. Int/actes/2010.

Protocole additionnel n° 2/1996 du 1er mai 1996 relatif aux politiques sectorielles dans l'UEMOA, http : www. Uemoa. Int/actes/2010.

2-2. Textes en projet

Projet de législation communautaire sur l'information et la protection des consommateurs de l'UEMOA.

Projet de règlement d'exécution du règlement n° 007/2007/CM/UEMOA, portant attribution, organisation et fonctionnement du comité régional de sécurité sanitaire des végétaux, des animaux et des aliments dans l'UEMAO.

Projet d'acte uniforme OHADA relatif à la protection du consommateur.

Projet d'acte Uniforme OHADA sur le droit des contrats.

3. Textes étrangers

Code Civil, Français.

Code pénal Français.

Code de procédure pénale Français.

Code de procédure Civile Français.

Code de la santé publique, Français.

Code de la consommation, Français, Partie Réglementaire, Décret n° 98-879 du 29 septembre 1998, JORF du 2 octobre 1998.

Code rural, Français, Partie législative, Ordonnance n° 2006-1 547 du 7 décembre 2006, JORF du 8 décembre 2006, page 18607.

Décret Français n° 2002-1 025 du 1er août 2002, JORF du 2 août 2002.

Décret Français n° 2005-944 du 2 août 2005 relatif à l'étiquetage des denrées alimentaires, modifiant les dispositions du code de la consommation et le décret n° 64-949 du 9 septembre 1964 portant application de la loi du 1er août 1905 sur la répression des fraudes en ce qui concerne les produits surgelés, JORF du 6 août 2005.

Décret Français no 96-307 du 10 avril 1996, JORF 12 avril 1996, p. 5643.

Loi de finances Française du 31 juillet 1963, JORF du 2 août 1963, p. 7157.

Loi Française du 1er août 1905 sur la répression des fraudes dans la vente des marchandises et des falsifications des denrées alimentaires et des produits agricoles, JORF du 05 Août 1905.

Loi Française n° 73-1193 du 27 décembre 1973 relative à l'orientation du commerce et de l'artisanat, JORF du 30 décembre 1973.

Loi Française n° 94-665 du 4 août 1994, JORF, 5 août 1994, p. 11392.

Loi Française n° 78-23 du 10 janvier 1978 sur la protection et l'information des consommateurs de produits et services, JORF, janvier 1978.

Loi Française no 2008-3 du 3 janvier 2008 pour le développement de la concurrence au service des consommateurs, JORF du 4 janvier 2008, p. 258.

Loi Française no 75-1349 du 31 décembre 1975, JORF, 19 mars 1977, p. 1483.

Règlement (CE) No 510/2006 du 20 mars 2006 relatif à la protection des indications géographiques et des appellations d'origine des produits agricoles et des denrées alimentaires JOCE 31.3.2006.

Règlement CE n° 178/2002 du 28 janvier 2002 établissant les principes généraux et les prescriptions générales de la législation alimentaire, instituant l'Autorité européenne de sécurité des aliments et fixant des procédures relatives à la sécurité des denrées alimentaires, JOCE du 1er février 2002, L 3.

Règlement CE n° 2092/91 du 24 juin 1991 concernant le mode de production biologique de produits agricoles et sa présentation sur les produits agricoles et les denrées alimentaires, JO L 198 du 22.7.1991.

Règlement CE No 509/2006 du 20 mars 2006 relatif aux spécialités traditionnelles garanties des produits agricoles et des denrées alimentaires JOCE 31.3.2006.

Règlement CEE n° 1829/2003 du 22 septembre 2003 concernant les denrées alimentaires et les aliments pour animaux génétiquement modifiés ; JOCE du 18 octobre 2003, L 268.

Règlement n° 834/2007 CE du 28 juin 2007 relatif à la production biologique et à l'étiquetage des produits biologiques et abrogeant le règlement (CEE) n° 2092/91, JOCE, 2007-07-20, L 189.

Règlement n° 1924/2006 CE du 20 décembre 2006 Concernant les allégations nutritionnelles et de santé portant sur les denrées alimentaires JOCE du 30 décembre 2006 L 404.

4. Textes régionaux et internationaux

Charte africaine des droits de l'homme et des peuples (CADHP) a été adoptée le 27 juin 1981 à Nairobi (Kenya) lors de la 18e Conférence de l'Organisation de l'Unité Africaine. Elle est entrée en vigueur le 21 octobre 1986.

Accord de Lomé du 23 juin 2000, JOCE n° L 317 du 15 décembre 2000.

Accord de Marrakech instituant l'Organisation mondiale du commerce, 15 avril 1994, 1867 RT.N.U. 3 (entrée en vigueur : 1er janvier 1995).

Accord sur l'agriculture, Annexe I A de l’accord de Marrakech instituant l’Organisation mondiale du commerce, 15 avril 1994, 1867 RT.N.U. 436 (entrée en vigueur 1re janvier 1995).

Accord sur l'application des mesures sanitaires et phytosanitaires, Annexe l A de l'accord de Marrakech instituant l'Organisation mondiale du commerce, 15 avril 1994, 1867 R.T.N.U. 508 (entrée en vigueur : 1er janvier J995).

Code de déontologie du commerce international des denrées alimentaires, Codex alimentarius, CAC/RCP 20-1979 (Rev. 1-1985) 1.

Convention de Bruxelles du 17 septembre 978 concernant la compétence judiciaire et l'exécution des décisions en matière civile et commerciale.

Directive générale Codex concernant les allégations, CAC/GL 1-1979 (Amendée en 2009).

Directive pour l'emploi des allégations relatives à la nutrition et à la santé, CAC/GL 23-1997 (amendée en 2001, 2008 et 2009).

Directives sur l'élaboration d'accords d'équivalence relatifs aux systèmes d'inspections et de certification des importations et des exportations alimentaires, CAC/GL 34-1999.

Convention des Nations Unies sur les contrats de vente internationale des marchandises.

Déclaration universelle des droits de l'homme du 10 décembre 1948.

Pacte international relatif aux droits économiques, sociaux et culturels (PIDESC).

Normes Codex pour les bananes, CODEX STAN 205-1997 (Amendée en 2005).

Normes générales générale pour l'étiquetage des denrées alimentaires préemballées, CODEX STAN 94-1981.

TABLE DES MATIÈRES

Structures éditoriales du groupe L'Harmattan

L'Harmattan Italie
Via degli Artisti, 15
10124 Torino
harmattan.italia@gmail.com

L'Harmattan Hongrie
Kossuth l. u. 14-16.
1053 Budapest
harmattan@harmattan.hu

L'Harmattan Sénégal
10 VDN en face Mermoz
BP 45034 Dakar-Fann
senharmattan@gmail.com

L'Harmattan Cameroun
TSINGA/FECAFOOT
BP 11486 Yaoundé
inkoukam@gmail.com

L'Harmattan Burkina Faso
Achille Somé – tengnule@hotmail.fr

L'Harmattan Guinée
Almamya, rue KA 028 OKB Agency
BP 3470 Conakry
harmattanguinee@yahoo.fr

L'Harmattan RDC
185, avenue Nyangwe
Commune de Lingwala – Kinshasa
matangilamusadila@yahoo.fr

L'Harmattan Congo
67, boulevard Denis-Sassou-N'Guesso
BP 2874 Brazzaville
harmattan.congo@yahoo.fr

L'Harmattan Mali
Sirakoro-Meguetana V31
Bamako
syllaka@yahoo.fr

L'Harmattan Togo
Djidjole – Lomé
Maison Amela
face EPP BATOME
ddamela@aol.com

L'Harmattan Côte d'Ivoire
Résidence Karl – Cité des Arts
Abidjan-Cocody
03 BP 1588 Abidjan
espace_harmattan.ci@hotmail.fr

L'Harmattan Algérie
22, rue Moulay-Mohamed
31000 Oran
info2@harmattan-algerie.com

L'Harmattan Maroc
5, rue Ferrane-Kouicha, Talaâ-Elkbira
Chrableyine, Fès-Médine
30000 Fès
harmattan.maroc@gmail.com

Nos librairies en France

Librairie internationale
16, rue des Écoles – 75005 Paris
librairie.internationale@harmattan.fr
01 40 46 79 11
www.librairieharmattan.com

Librairie l'Espace Harmattan
21 bis, rue des Écoles – 75005 Paris
librairie.espace@harmattan.fr
01 43 29 49 42

Lib. sciences humaines & histoire
21, rue des Écoles – 75005 Paris
librairie.sh@harmattan.fr
01 46 34 13 71
www.librairieharmattansh.com

Lib. Méditerranée & Moyen-Orient
7, rue des Carmes – 75005 Paris
librairie.mediterranee@harmattan.fr
01 43 29 71 15

Librairie Le Lucernaire
53, rue Notre-Dame-des-Champs – 75006 Paris
librairie@lucernaire.fr
01 42 22 67 13

www.ingramcontent.com/pod-product-compliance
Lightning Source LLC
LaVergne TN
LVHW011147061026
849535LV00003B/637